贵州省社会科学院甲秀智库文库系列

主　编　吴大华
副主编　刘杜若　黄景贤

贵州省发展与改革委员会2018年资助课题
贵州省社会科学院院省合作经费资助
"全国文化名家"暨"四个一批"理论人才经费资助
贵州省2018年度社科规划青年课题"东西部扶贫协作背景下贵州与对口城市产业合作的问题及对策研究"（编号：18GZQN02）

东西部扶贫协作问题研究
——以贵州省为例

Research on the Poverty Alleviation through
East-West Cooperation of China:
Empirical Evidences of Guizhou Province

经济管理出版社
ECONOMY & MANAGEMENT PUBLISHING HOUSE

图书在版编目（CIP）数据

东西部扶贫协作问题研究：以贵州省为例/吴大华主编. —北京：经济管理出版社，2019.4
ISBN 978 - 7 - 5096 - 6438 - 4

Ⅰ.①东… Ⅱ.①吴… Ⅲ.①扶贫模式—研究—贵州 Ⅳ.①F127.73

中国版本图书馆 CIP 数据核字（2019）第 047016 号

组稿编辑：宋　娜
责任编辑：张　昕　田乃馨　姜玉满等
责任印制：黄章平
责任校对：张晓燕

出版发行：经济管理出版社
　　　　　（北京市海淀区北蜂窝 8 号中雅大厦 A 座 11 层　100038）
网　　址：www. E - mp. com. cn
电　　话：(010) 51915602
印　　刷：北京晨旭印刷厂
经　　销：新华书店
开　　本：880mm×1230mm/16
印　　张：21.25
字　　数：572 千字
版　　次：2019 年 4 月第 1 版　2019 年 4 月第 1 次印刷
书　　号：ISBN 978 - 7 - 5096 - 6438 - 4
定　　价：198.00 元

撰稿人（以姓氏笔画为序）：

刘杜若　吴大华　宋迎昌　林　玲　罗以洪

罗　艳　周　欢　娄　伟　柳一桥　黄景贤

盛广耀　梁艳菊　游建民

序

　　打好脱贫攻坚战是党的十九大提出的三大攻坚战之一，对如期全面建成小康社会、实现我们党第一个百年奋斗目标具有十分重要的意义。2018年3月30日，习近平总书记主持召开"两会"后首次中共中央政治局会议，聚焦脱贫攻坚战。习近平总书记亲自挂帅、亲自出征、亲自督战。"让几千万农村贫困人口生活好起来"一直是习总书记心中的牵挂。为了这份牵挂，脱贫攻坚已成为习近平总书记亲自带领省市县乡村五级书记一起抓的"一把手"工程。在以习近平总书记为核心的党中央坚强指挥下，全党全社会广泛动员的扶贫攻坚战已进入冲刺阶段。

　　"产业扶贫是稳定脱贫的根本之策。"习近平总书记强调，东西部扶贫协作和对口支援，是推动区域协调发展、协同发展、共同发展的大战略，是加强区域合作、优化产业布局、拓展对内对外开放新空间的大布局，是实现先富帮后富、最终实现共同富裕目标的大举措，必须认清形势、聚焦精准、深化帮扶、确保实效，切实提高工作水平，全面打赢脱贫攻坚战。

　　自1996年以来，党中央组织东部地区支援西部地区已走过23载。20多年来，西部地区经济发展潜力得到极大释放，城乡居民收入大幅提高，基础设施条件显著改善，东西部发展的协调性进一步提高，区域产业之间的紧密性进一步增强，东西部人民交流日渐频繁。涌现了一批先进的扶贫协作经验做法，如"闽宁合作"模式，福建和宁夏双方坚持以产业扶贫协作为关键，着重激发内生动力，探索建立了联席推进、结对帮扶、产业带动、互学互助、社会参与的东西部扶贫协作机制。

　　东西部扶贫协作被认为是扶贫开发方式中最能解决贫困问题的、极具中国特色的一种扶贫方式。实践也表明，东西部扶贫协作有利于动员全社会力量扶贫、在全国范围内实现扶贫资源的有效整合，促进东西部资源优势互补、实现东西部共同发展。2018年4月，贵州省扶贫开发领导小组办公室出台了《贵州省东西部扶贫协作2018年工作要点》，明确2018年11项重点任务；出台省级加强工作统筹的任务清单，台账化、清单化，推动工作落实。全面提升东西部扶贫协作水平，决战脱贫攻坚，决胜同步小康。在此背景下，《东西部扶贫协作问题研究——以贵州省为例》一书的出版，具有鲜明的时代特征，针对东西部扶贫协作提升理论和实践的新路径，对加强东西部扶贫协作，推动区域协调发展、协同发展、共同发展提出政策建议。

　　《东西部扶贫协作问题研究——以贵州省为例》由贵州省社会科学院院长吴大华研究员主持编写，项目支撑来自贵州省发展和改革委员会2018年第一批省级基本建设前期工作经费课题"对口帮扶城市的产业结构与资源研究"。本书贯彻习近平总书记在宁夏东西部扶贫协作座谈会讲话精神，以国务院办公厅《关于开展对口帮扶贵州工作意见的指导意见》和中共中央、国务院《关于进一步加强东西部扶贫协作工作的指导意见》等文件为依据，把产业扶贫协作作为研究和编写的关键和重点。

近一年来，在吴大华院长的努力推动下，课题组成员先后到贵州遵义、六盘水、铜仁、黔东南、黔西南、安顺、黔南、毕节八个市（州）和东部扶贫协作城市上海、大连、苏州、杭州、宁波、青岛、广州七个城市进行实地调研，取得了大量一手资料。在此基础上，研究分析了东西部扶贫协作过程中的经验做法和存在的问题，比较分析了扶贫协作城市的产业结构和资源状况。课题组多次召开学术研讨会和专家座谈会，形成了20多万字的专题研究报告和包括内参、要报等在内的多项阶段性成果。其中，《贵州在东西部产业扶贫合作中存在的问题及对策》一文，先后被贵州省政府和国务院办公厅采纳，产生了较好的学术影响和社会反响。

本书内容紧扣东西部扶贫协作这一主题，以产业结构和资源状况为重点，有关扶贫协作核心内容均有涉及，具体包括如下四个部分：

第一部分为本书的总论，包括第一章到第四章。内容为：东西部扶贫协作概述、贵州与东部扶贫协作城市产业合作问题研究、国外关于扶贫协作的做法与经验和东西部扶贫协作的理论思考。其中，第一章详细讲解了东西部扶贫协作的由来、发展历程、特征转变和理论依据，归纳总结了国内外研究现状；第二章主要就美国、英国等发达国家，印度、泰国等发展中国家的扶贫协作做法和经验做了归纳总结；第三章主要就贵州和扶贫协作城市产业结构进行了对比分析，归纳了东西部扶贫协作以来的经验做法，分析了存在的问题，并给出了产业合作的方向和政策建议；第四章介绍了东西部扶贫协作的理论思考，拓展和深化了东西部扶贫协作的产业合作与园区共建。

第二部分为本书的专题调研篇，包括第五章至第十二章。内容为：对东西部扶贫协作城市的产业结构和资源进行分析对比，总结东西部扶贫协作以来的成效、做法，分析对口城市在东西部扶贫协作过程中的问题，并有针对性地给出政策建议，提出双方产业合作的方向，最后提供了东西部城市扶贫协作过程中的经典案例，供学习参考。

第三部分为东西部扶贫协作相关法律和规范性文件篇。该部分主要对现今关于东西部扶贫协作的法律和规范性文件进行梳理，包括中央和地方两方面内容。

第四部分为本书的大事记。该部分主要就东部各城市扶贫协作贵州各市（州）以来的大事件进行梳理总结。

总结上述所有的内容，本书具有以下四大特点：

第一，研究素材全面、客观。本书全面总结了贵州八个市（州）与东部沿海七个结对城市的扶贫协作进展和经验做法，资料翔实、客观，为研究东西部扶贫协作提供了各种有价值的数据和资料。

第二，以问题为导向。本书是实地调研结果的结晶，通过对东西部扶贫协作城市的实地调研，发现当前东西部扶贫协作存在的问题，并对此进行归纳、分析，从而提出针对性的对策建议。这对于从事实际工作的各级领导部门具有一定参考价值。

第三，重点分析产业合作。产业合作是东西部扶贫协作最核心的内容。本书以贵州为样本，在产业结构、资源禀赋等方面，将贵州八个市（州）与东部结对城市进行了深入对比分析，找出其相似性、互补性，以"优势互补、合作共赢"为准则，提出了未来产业合作的重点方向。

第四，在研究方法上，注重定性和定量分析方法的结合，通过运用实证计量分析方法，增强结论的科学性和可靠性。

当然，系统深入开展"东西部扶贫协作问题研究"在国内学术界尚不多见，许多问题尚需进一步深化研究。尽管可能存在一些疏漏和不当之处，但瑕不掩瑜，这一具有中国特色的制度性的先发和后发地区间的结对帮扶脱贫安排，通过对贵州样本的案例解析，被证实是有效的、成功的，同时是落实联合国 2030 年可持续发展目标下实现区域协同发展、消除贫困的中国方案，具有世界意义。我乐于向读者推荐。

是为序。

潘家华*
2019 年 2 月 20 日

---

* 中国社会科学院学部委员、城市发展与环境研究所所长，中国社会科学院大学教授、博士生导师。

第一篇　总论

第二篇　专题调研篇

第三篇 东西部扶贫协作相关法律和规范性文件

第一篇　总论

第一章 东西部扶贫协作概述

东西部扶贫协作和对口支援，是推动区域协调发展、协同发展、共同发展的大战略，是加强区域合作、优化产业布局、拓展对内对外开放新空间的大布局，是实现先富帮后富、最终实现共同富裕目标的大举措。历经数十年的努力，东部对西部贫困地区支援、帮扶协作实践形成了多层次、多形式、全方位格局，区域发展差距扩大的趋势得到逐步扭转，西部贫困地区、革命老区扶贫开发取得重大进展。

第一节　对口支援与东西部扶贫协作的演变历程

对口支援与东西部扶贫协作作为一项专项的区域性扶贫政策，其产生、发展和演变都与同时期的扶贫形势紧紧相扣、密不可分。梳理归纳我国对口支援与东西部扶贫协作实践的演变过程，不能脱离我国扶贫开发的历史背景。下文将结合国内主流研究对我国主要扶贫开发阶段的划分①②③，对我国对口支援与东西部扶贫协作实践的演变过程进行回顾。

一、计划经济体制下的广义扶贫（1949～1977年）

1949年中华人民共和国成立初期，长期战乱遗留下的是"一穷二白"的落后局面。为了快速扭转这一局面并赶超发达国家，中国政府建立了计划经济体制。在城市确定了优先发展资金密集型重工业发展战略，在农村实行了土地革命。为了积累资本用于国家的工业化建设，从20世纪50年代起，中国政府开始实施农村合作化运动和人民公社化运动，借以通过土地等主要农业生产资料的集体所有、农产品的指令性低价收购和平均分配等制度安排，来支持国家的工业建设④。

在建立农村财产公有制的同时，国家在农村生产力发展方面采取了一些有效措施，如在全国开展大规模的基础设施建设、建立农村科技服务网络、建立全国性农村合作信用体系、发展农村基础教育、基本医疗卫生事业和初步建立农村社会基本保障体系等⑤。此外，国家还对特别贫困的社会成员采取社会救济式或者"输血式"扶贫⑥。这些努力，促进了中国农业生产力的发展和农村人口福利水平的提高，缓解了中国历史上第一次大规模的贫困。但是，由于计划经济体制贯彻的是农业为国家现代化提供原始积累的宏观发展战略，造成了农村过度集体化，加上后来连续的自然灾害和"大跃进""文化大革命"等战略性的失误，尽管国民经济和各项社会事业取得了长足的发展，现代工业体系初步形成，但是，广大群众的生活普遍低下，农村陷入普遍贫困状态。1978年，中国农村贫困人口有2.5亿人，占当时农村人口的30.7%⑦。

在这一时期，我国地区间对口支援实践产生了萌芽。在"全国一盘棋"的思想指导下，国家采取行政命令的方式，在全国范围内调配财力、物力、人力等各种资源支持民族地区经济社会发展⑧。基于这一背景，地区间对口支援与协作工作有所开展。例如，1956年，教育部在《关于内地支援边疆地区小学师资问题的通知》中要求四川、山西对接邻的边疆省、自治区的师资需求给予较多的支持。1960年，山东遭受严重灾荒，浙江、江苏、福建、江西、安徽以及上海五省一市调运大批物资支持山东，江西、福建还成立了支援救灾的专门机构⑨。尽管此类救济式扶贫并未大规模缓解当时我国贫困状况，但在扶贫协作机制上做了有益的探索⑩。

---

① 国务院扶贫开发领导小组办公室. 中国农村扶贫开发概要［M］. 北京：中国财政经济出版社，2003：2－5.
②⑤ 张磊. 中国扶贫开发政策演变：1949～2005年［M］. 北京：中国财政经济出版社，2007：1－9.
③ 左常升. 中国扶贫开发政策演变：2001～2015年［M］. 北京：社会科学文献出版社，2016：56－57.
④ 张岩松. 发展与中国农村反贫困［M］. 北京：中国财政经济出版社，2004：63.
⑥ 楚永生. 公共物品视野下农村扶贫开发模式研究［M］. 长春：吉林人民出版社，2011：57－58.
⑦ 黄承伟. 政治制度优势与贫困治理［M］. 长沙：湖南人民出版社，2018：46－62.
⑧ 钟开斌. 对口支援：起源、形成及其演化［J］. 甘肃行政学院学报，2013（4）：14－24.
⑨ 钟开斌. 对口支援灾区：起源与形成［J］. 经济社会体制比较，2011（6）：140－146.
⑩ 黄承伟. 扶贫机制创新的理论与实践［M］. 长沙：湖南人民出版社，2018：3－4.

二、制度性改革引发的大规模减贫（1978～1985 年）

1978 年底召开的中国共产党十一届三中全会对计划经济时期的经济社会发展经验教训作了总结与反思，拉开了改革开放的序幕。在对内的国家治理改革方面，中央转变优先发展重工业战略，确立优先发展消费品工业，在农村治理方面建立了以家庭联产承包责任制为核心的农村经济体制，实施了农产品流通、放宽劳动力流动限制等系列改革①。

通过改革，农村贫困状况得到大幅缓解。第一，农村家庭联产承包责任制试点推广和普遍推行。经过由人民公社集体经营到家庭联产承包责任制的推行，农民拥有了使用和管理土地的权利，大大提升了农民的生产积极性，提升了农村生产率，提高了农民收入，对农村减贫起到了至关重要的作用。第二，改革农产品价格制度。改变了长期实施的工农产品价格"剪刀差"制度，中央大幅度提高了农产品的收购价格，从而增加了农民的收入。第三，推进农村市场化制度改革。在农产品交易上逐渐建立以市场化为导向的资源配置机制，从完全限制到鼓励农村劳动力进城务工、经商，提升农村整体收入水平，带动了农村减贫②。从1978 年到 1985 年，农村人均粮食产量增长 14%；农民人均收入增长了 2.6 倍；没有解决温饱的贫困人口从 2.5 亿人下降到 1.25 亿人，占农村人口比例下降到 14.8%③。

农村改革激发了农村发展活力，然而各地资源条件不同，释放的发展潜力有所差异。贫困地区自然条件较差、经济基础薄弱，农村体制改革释放的减贫效益显然要弱于发展条件好的东部地区。为促进贫困地区加快发展，中央政府从制度层面给予贫困地区更大的政策支持，以期加大贫困地区发展活力。1984 年 9 月，国务院颁发《关于帮助贫困地区尽快改变面貌的通知》，提出对贫困地区要进一步放宽政策，试行比一般地区更灵活、更开放的政策，给贫困地区农牧民以更大的经营主动权；对贫困地区要有必要的财政扶持，但必须善于使用，纠正单纯救济观点和依赖思想。

这一时期，是我国对口支援工作的启动和发展初期。1978 年起，在体制改革的大背景下，为了弥补中央财政的不足并促进地区之间的横向经济协作④，国家对援助贫困地区、民族地区工作的思路发生了变化。1979 年，中共中央召开全国边防工作会议，时任中共中央政治局委员、中央统战部部长乌兰夫作了题为《全国人民团结起来，为建设繁荣的边疆，巩固的边防而奋斗》的报告。报告提出，将加强边境地区和少数民族地区的建设，增加资金和物资投入，组织内地发达省市对口支援边境地区和少数民族地区，并确定了北京支援内蒙古，河北支援贵州，江苏支援广西、新疆，山东支援青海，上海支援云南、宁夏，全国支援西藏的帮扶对子。至此，我国对口支援工作正式启动。

这个阶段，东部发达省市对西部落后地区的支援以单方向物资输送的救济式扶贫为主。救济资金和物资的来源以政府拨付、企业赞助和民间捐献为主，救济资金用途与救济物资种类以生活资料为主，救助对象以贫困人群为主，救济性质以应急和定期为主。这种"输血式"扶贫模式在一定程度上缓解了西部贫困地区的燃眉之急，但是并未触及西部地区贫困的根源，反而使部分贫困地区和贫困人群形成了"等、靠、要"的思想⑤。1982 年，国家计划委员会（以下简称国家计委）、国家民族事务委员会（以下简称国家民委）针对这些问题，在银川市召开"经济发达省、市同少数民族地区对口支援和经济技术协作工作座谈

① 黄承伟. 精准扶贫精准脱贫方略 [M]. 长沙：湖南人民出版社，2018：3-5.
② 黄承伟. 扶贫机制创新的理论与实践 [M]. 长沙：湖南人民出版社，2018：4-5.
③ 国务院扶贫开发领导小组办公室. 中国农村扶贫开发概要 [M]. 北京：中国财政经济出版社，2003：2.
④ 胡茂成. 中国特色对口支援体制实践与探索 [M]. 北京：人民出版社，2014：8-9.
⑤ 张莉. 中国东西部地区扶贫协作发展研究 [D]. 天津大学博士学位论文，2016：39.

会"，对有关情况进行了总结。1983 年，国务院以国发〔1983〕7 号文件批转了《经济发达省、市同少数民族地区对口支援和经济技术协作工作座谈会纪要》，强调对口支援必须坚持"共同发展"和"互利互惠"的方针，坚持"经济效益与互助风格的有机结合"原则。1984 年，国家经济贸易委员会（以下简称国家经委）、国家计委、国家民委和国家物资局召开"全国经济技术协作和对口支援会议"，增加了上海支援新疆、西藏，广东支援贵州，沈阳、武汉支援青海等对口支援任务，强调要坚持"平等协商、互惠互利、互相支援、共同发展"的原则①。这些做法都体现出中央政府要求对口支援工作体现互利性、互惠性的意图。

三、区域性瞄准的开发式扶贫（1986～1993 年）

伴随农村经济的增长，农村社会不平等和贫富分化开始显现，经济体制改革的减贫动力开始减弱。从区域看，一些农村地区由于具有区位和资源优势，在改革开放中获得快速发展，另外一些农村地区受自然条件多重限制，发展相对滞后，农民仍处于贫困之中。从个体层面看，大部分农民通过发展农业生产和非农就业摆脱了贫困，另外一些贫困农民则因为自然条件恶劣、自身发展能力弱等原因，难以实现脱贫。20 世纪 80 年代中期以后，伴随着城市经济体制改革的展开，国内工业企业承包制开始实施，农民收入快速增长势头受到城市经济和工业企业快速增长的冲击②③。农村经济增长放缓，农村减贫的不平衡性凸显，以体制改革推进减贫的局限性日益增加。依据当时的国力和政府财政能力，对 1.25 亿农村剩余贫困人口全部采取"输血式"的救济扶贫并不可取，推进以区域经济开发为特色的扶贫战略得到中央政府的采纳④。

1986 年，中央设立国务院贫困地区经济开发领导小组（1993 年更名为国务院扶贫开发领导小组），标志着政府主导的区域开发式扶贫正式启动，拉开了政府主导的有组织、有计划、大规模的扶贫开发行动的序幕。国家扶贫工作重点从之前主要通过救济方式短期解决贫困人口的生存或温饱问题，转变为提高人群和贫困地区的自我发展能力⑤。主要措施包括：一是确立开发式扶贫方针，即在国家必要支持下，利用贫困地区的自然资源进行开发性生产建设，逐步形成贫困地区和贫困户的自我积累和发展能力，主要依靠自身力量解决温饱、脱贫致富；二是确定贫困标准和重点扶持区域，以县为单位确定国家扶持的重点，形成了按区域实施反贫困计划的基础；三是继续执行"支援不发达地区发展基金""以工代赈""三西扶贫"等资金投入政策，开始实施信贷扶贫政策⑥。这一时期，国定贫困县农民人均纯收入从 1985 年的 208 元增加到 1993 年的 483.7 元，兴办了 80 多万个果、茶、桑、药经济园、场和 5 万多个乡镇企业，新建了 2000 多万亩基本农田，修建了 10 万多千米公路，解决了 2500 多万人和 3000 多万头牲畜饮水困难。中国农村贫困人口减少了 8000 万人，贫困发生率从 14.8% 下降到 8.72%⑦。

这一时期，是我国对口支援实践的变革期。城市经济体制改革对对口支援的实践产生了深远的影响：全国各地试行了地方财政包干体制，企业推行了承包经营责任制，地方和企业

---

① 李瑞昌. 中国特点的对口支援制度研究：政府间网络视角 [M]. 上海：复旦大学出版社，2016：105 - 106.

② 黄承伟. 扶贫机制创新的理论与实践 [M]. 长沙：湖南人民出版社，2018：6.

③ 李世义. 我国强调对民族地区实行对口支援 [J]. 瞭望周刊，1991 (47)：16 - 17.

④ 黄承伟. 精准扶贫精准脱贫方略 [M]. 长沙：湖南人民出版社，2018：5.

⑤ 向德平，黄承伟. 中国反贫困发展报告（2012）[M]. 武汉：华中科技大学出版社，2013：3.

⑥ 张磊. 中国扶贫开发政策演变：1949～2005 年 [M]. 北京：中国财政经济出版社，2007：6 - 7.

⑦ 国家统计局农村社会经济调查总队. 中国农村贫困监测报告 2001 [M]. 北京：中国统计出版社，2001：21.

经济上的自主权大大增加，盈亏风险经济责任加大，自身经济利益被强化。这导致早期基于政治责任而承担的对口支援关系开始淡化。虽然针对特定重大事件的对口支援工作仍在开展，但从总体看，这类救济式对口支援关系呈现降温，甚至停滞趋势①。这一时期的对口支援工作围绕着搞活企业、调整结构、优化资源配置而开展②。以江苏为例，江苏主要采取联合开发资源、技术管理承包、传授技术、人才培训、资金融通等方式支援广西。1986～1990年五年间，江苏与广西实施的 415 个项目，使广西新增产值两亿元，新增利税 3200 万元，开发新产品 65 个③。这充分说明，被赋予了全新内涵的对口支援关系是具有无限生命力的。

经济技术协作和对口支援交叉，造成了对口支援工作的弱化。针对这一问题，1991 年，国家民委转发了《全国部分省、自治区、直辖市对口支援工作座谈会纪要》，明确指出"对口支援不同于一般的经济技术协作和横向联合，它是有领导、有组织、有计划的、不以营利为目的而以帮助少数民族地区加快发展作为己任的一项既有经济意义又有政治意义的工作，应按照'支援为主，互补互济，积极合作，共同繁荣'的原则进行"④。此时，国家民委明确将经济协作和对口支援区别开来，这为后来经济协作类对口支援转向东西扶贫协作做了准备⑤。

四、扶贫攻坚阶段（1994～2000 年）

进入 20 世纪 90 年代后，中国贫困形势最显著的变化是东部和西部经济发展的差距不断扩大，贫困人口越来越多地集中在中西部地区。截止到 1994 年，生活在中西部地区的贫困人口数占全国总数的 80.3%。为缩小东西部地区差距，实现共同富裕，1994 年，国务院出台了旨在使剩下的 8000 万农村贫困人口在 2000 年之前脱贫的《国家八七扶贫攻坚计划（1994－2000 年）》。这是中国历史上第一个有明确目标、明确对象、明确措施和明确期限的扶贫开发行动纲领，标志着中国扶贫开发进入了攻坚阶段⑥。1996 年，中央召开扶贫工作会议，总结《国家八七扶贫攻坚计划（1994～2000 年）》实施以来的经验，印发《中共中央、国务院关于尽快解决农村贫困人口温饱问题的决定》，对扶贫政策和措施进行以下调整：进一步明确农村扶贫的"四到省"原则，即资金到省、权力到省、任务到省、责任到省，明确规定按期不能完成扶贫目标的地方政府官员就地免职；大幅增加扶贫投资；确定 10 个对口帮扶的省、区、市，要求沿海的省、市用多种形式支持西部的 10 个贫困省、区；取消对东部贫困县的支持；推广小额信贷项目；强调扶贫到户；逐渐重视特殊群体的贫困问题；加强扶贫监测⑦。以县域为重点的开发式扶贫战略创新将减贫资源聚焦一定区域（贫困县）贫困人口，提升了扶贫投资效率，与经济增长共同推动我国贫困人口进一步减少⑧。到 2000 年底，农村绝对贫困人口减少到 3209 万人，扶贫攻坚目标基本实现⑨。

这一时期，是我国东西扶贫协作和对口帮扶政策的启动期。《国家八七扶贫攻坚计划（1994～2000 年）》明确规定，"中央和地方党政机关有条件的企事业单位，都应积极与贫困线定点挂钩扶贫，一定几年不变，不脱贫不脱钩""北京、天津、上海等大城市，广东、

---

① 金茂林. 向市场经济转换中的对口支援工作初探 [J]. 民族论坛，1994 (2)：14－16.

② 胡茂成. 中国特色对口支援体制实践与探索 [M]. 北京：人民出版社，2014：13.

③ 李世义. 我国强调对民族地区实行对口支援 [J]. 瞭望周刊，1991 (47)：16－17.

④ 中央民族工作会议精神学习辅导读本编写组. 中央民族工作会议精神学习辅导读本 [M]. 北京：民族出版社，2005：56.

⑤ 李瑞昌. 中国特点的对口支援制度研究：政府间网络视角 [M]. 上海：复旦大学出版社，2016：107.

⑥ 楚永生. 公共物品视野下农村扶贫开发模式研究 [M]. 长春：吉林人民出版社，2011：71－72.

⑦ 张磊. 中国扶贫开发政策演变：1949－2005 年 [M]. 北京：中国财政经济出版社，2007：135.

⑧ 黄承伟. 精准扶贫精准脱贫方略 [M]. 长沙：湖南人民出版社，2018：7.

⑨ 向德平，黄承伟. 中国反贫困发展报告（2012）[M]. 武汉：华中科技大学出版社，2013：3.

江苏、浙江、山东、辽宁、福建等沿海较为发达的省，都要对口帮助西部的一两个贫困省、区发展经济。动员大中型企业，利用其技术、人才、市场、信息、物资等方面的优势，通过经济合作、技术服务、吸收劳务、产品扩散、交流干部等多种途径，发展与贫困地区在互惠互利的基础上的合作。凡到贫困地区兴办开发性企业，当地扶贫资金可通过适当形式与之配套，联合开发。"这一系列探索，为东西扶贫协作政策的正式提出奠定了基础。

1996 年，中央政府启动了东西扶贫协作工作。国务院扶贫开发领导小组《关于组织经济较发达地区与经济欠发达地区开展扶贫协作报告》提出，将北京、天津、上海、广东、江苏、浙江、山东、辽宁、福建，以及四市（大连、青岛、深圳、宁波）分别与内蒙古、甘肃、云南、广西、陕西、四川、新疆、青海、宁夏、贵州结为对子，在人才、技术、资金、信息、物资交流、经济技术合作、企业帮扶、劳务合作和社会力量等领域开展扶贫协作。同年，《中共中央、国务院关于尽快解决农村贫困人口温饱问题的决定》将结对行为进一步明确称为对口帮扶。对口帮扶的主要内容有：第一，帮助贫困地区培训和引进人才，引进技术和资金，传递信息，沟通商品流通渠道，促进物资交流；第二，开展经济技术合作，帮助贫困地区发展有利于尽快解决群众温饱的种植业、养殖业和相关的加工业，帮助贫困地区发展劳动密集型和资源开发型产品的生产；第三，组织经济较发达地区的经济效益较好的企业，带动和帮助贫困地区生产同类产品的经济效益较差的企业发展生产；第四，开展劳务合作，根据实际需要，合理、有序地组织贫困地区的剩余劳动力到经济较发达地区就业；第五，发动社会力量，在自愿的前提下，开展为贫困地区捐赠衣被、资金、药品、医疗器械、文化教育用品和其他生活用品的活动。

随着东西扶贫协作和对口帮扶工作的全面启动，各地不断加大合作力度，不断创新协作机制，不断拓宽协作领域，取得了喜人的成效。这一时期，东部 13 个省市政府和社会各界累计捐款、捐物折款近 21.4 亿元，双方签订项目协议 5745 个，协议投资 280 多亿元，实现投资 40 多亿元，从贫困地区输出劳动力 51.7 万人。1995～1999 年，各地先后有 4.6 万名干部到贫困线、村挂职扶贫，直接投入资金和物资折合人民币达 87.62 亿元；帮助引进各类扶持资金 103 亿元，实施扶贫项目 2 万余个，帮助引进技术人才 1.3 万余名，引进技术近 7000 项①。

实践中，还涌现出一批先进的东西扶贫协作实践经验。1996 年 10 月，福建省委、省政府按照中央东西扶贫协作的战略部署，成立了对口帮扶宁夏回族自治区领导小组，时任福建省委副书记的习近平担任组长。习近平于 1997 年 4 月、2008 年 4 月两次赴宁夏考察指导，出席了闽宁对口扶贫协作第一、第二、第三、第四和第六次联席会议，并在第二、第三、第六次联席会议上讲话，签署了第二次联席会议纪要。1997 年 4 月 15 日，由时任福建省省长贺国强、时任省委副书记习近平率领的福建省党政代表团一行 35 人到达银川，开始对宁夏进行为期六天的对口扶贫考察。1997 年 4 月 18 日至 21 日，习近平走访了同心县河西镇建新村吊庄搬迁户，参观了海原县冯川村窖蓄微灌技术示范区、西吉县梯田建设、隆德县土圆井建设，考察了西吉县新营淀粉厂，慰问了当地贫困家庭。习近平集中两省区干部群众的经验和智慧，发表了一系列讲话和指导意见，在实践中形成了全国东西扶贫协作的"闽宁模式"②③。

这个阶段，也标志着对口支援和东西部扶贫协作、对口帮扶工作内容的重新确立。从此

---

① 国务院新闻办公室. 中国的农村扶贫开发［N］. 人民日报，2001-10-16.
② 政协同心县第十届委员会. 同心情结：闽宁扶贫协作 20 周年同心专辑［M］. 银川：宁夏人民出版社，2016：3.
③ 中国经济网-《经济日报》. 闽宁模式：东西对口扶贫协作将输血式变造血式［EB/OL］.［2016-07-20］. http：//politics. people. com. cn/n1/2016/0720/c1001-28569629. html.

起，谈及经济面的对口支援时，就使用东西扶贫协作或"对口帮扶"一词①。与对口支援的救济性、计划性相比，东西扶贫协作、对口帮扶更加强调东部地区在经济事务领域对西部的帮扶协作与合作带动。对口支援成为专指解决具有政治含义的特殊支援问题的政策工具②。例如，对口援疆、对口援藏、三峡移民对口支援工作、手足口病疫情、"甲流"H1N1 流感疫情以及"5·12"汶川特大地震灾后恢复重建对口支援工作等③。

五、综合性扶贫开发的大扶贫阶段（2001~2010 年）

2000 年以后，减贫效果的边际效应递减现象越发突出，农村贫困问题也越发复杂，尤其是影响农村贫困人口增收的体制性问题越发凸显。2001 年，中央出台了《中国农村扶贫开发纲要（2001－2010 年）》。在这一纲领性文件的指导下，农村扶贫工作进入了综合性扶贫开发的大扶贫时代。

这一时期，多项体制机制创新获得了较好的实际效果。一是影响农民增收的体制性问题得到了解决，如取消农业税、建设社会主义新农村、实行农村义务教育阶段免费教育、建立农村最低生活保障制度以及新型农村合作医疗制度等，都对农村扶贫脱贫起到了重要推动作用。二是区域发展带动扶贫开发的机制有了大幅创新。西部大开发、振兴东北老工业基地和中部崛起等区域发展战略的实施，有力促进了当地的减贫事业发展。三是扶贫瞄准机制得到进一步完善。对扶贫区域、扶贫对象进一步校准，扶贫的技术也更加完善，更加注重科技、教育和医疗卫生事业在扶贫开发中的作用，更加积极推进产业扶贫，加大扶贫可持续性能力建设力度，积极开展生态移民和异地扶贫搬迁工作，小额信贷等金融扶贫试点也开始出现并发挥重要作用④。

这一时期，东西扶贫协作工作不断深化。《中国农村扶贫开发纲要（2001－2010 年）》提出了更高的要求，"进一步扩大协作规模，提高工作水平，增强帮扶力度"，"鼓励和引导各种层次、不同形式的民间交流与合作。特别是要注意在互利互惠的基础上，推进企业间的相互合作和共同发展"。同时，东西扶贫协作的范围再次扩大。为了更好地促进重庆发展，2002 年，国务院扶贫开发领导小组确定由珠海、厦门两市对口帮扶重庆⑤。2008 年，国务院扶贫办颁布《2008 年东西扶贫协作工作指导意见》，优先把集中连片特殊困难地区纳入对口帮扶范围⑥。2010 年，对浙江、四川、天津、甘肃、辽宁、青海、上海、云南、山东、重庆、新疆、厦门、珠海 13 个省、区、市的东西扶贫协作关系进行了调整。具体安排是：山东的东西扶贫协作任务由原帮扶新疆 10 个县调整为帮扶重庆国家扶贫开发工作重点县，原对口帮扶重庆的厦门、珠海分别调整至甘肃临夏回族自治州、四川凉山彝族自治州，浙江与四川的东西扶贫协作扩大到四川甘孜藏族自治州、阿坝藏族羌族自治州、凉山州木里藏族自治县，天津与甘肃的东西扶贫协作扩大到甘肃甘南藏族自治州、武威天祝藏族自治县，辽宁与青海重点推进西宁和海东地区的东西扶贫协作。至此，东西扶贫协作首次实现了对全国藏区的全覆盖⑦。

这一阶段，我国东西扶贫协作工作的最大变化，就是由过去政府强势主导的扶贫开发工

---

① 李瑞昌. 中国特点的对口支援制度研究：政府间网络视角［M］. 上海：复旦大学出版社，2016：108－109.
② 李瑞昌. 中国特点的对口支援制度研究：政府间网络视角［M］. 上海：复旦大学出版社，2016：137－139.
③ 赵明刚. 中国特色对口支援模式研究［J］. 社会主义研究，2011（2）：56－61.
④ 黄承伟. 扶贫机制创新的理论与实践［M］. 长沙：湖南人民出版社，2018：9－10.
⑤ 韩广富，周耕. 我国东西扶贫协作的回顾与思考［J］. 理论学刊，2014（7）：34－38.
⑥ 国务院扶贫开发领导小组办公室. 关于印发《2008 年东西扶贫协作工作指导意见》的通知［EB/OL］.［2008－03－11］. http://www.gov.cn/gzdt/2008－03/11/content_916681.htm.
⑦ 韩广富，周耕. 我国东西扶贫协作的回顾与思考［J］. 理论学刊，2014（7）：34－38.

作体系，逐渐转变为政府援助、企业合作、社会参与的多元工作体系。其特点主要包括：一是扶贫协作层次的提高；二是东西扶贫协作的领域日益拓宽、内容更趋丰富；三是东西扶贫协作实效不断凸显①。据统计，2003~2010年间，东部地区向西部地区援助资金44.4亿元，协作企业5684个，实际投资2497.6余元，社会捐助14.2亿元；东部到西部挂职的干部2592人次，西部到东部挂职的干部3610人次；培训专业技术人才22.6万人次，组织劳务输出467.2万人次②。但也存在不少问题，例如，帮扶资金使用范围有待进一步规范；产业合作类项目很少；有关人员工作积极性不高；国家对东部帮扶方的具体要求和政策（如规划纲要的制定、帮扶资金落实、干部挂职交流政策制定、东部企业西进后的优惠待遇、帮扶机构的编制和经费等）要求不够明确，抓手不多，缺乏有效的检查监督机制等问题③。这些问题，对东西扶贫协作效益最大化发挥产生了不利影响，成为精准扶贫下的东西扶贫机制创新的重点关切。

六、精准扶贫机制下的全面创新（2011年以来）

2011年，中央制定和出台了《中国农村扶贫开发纲要（2011—2020年）》，这是我国农村扶贫开发领域又一具有指引性的重要政策，标志着我国在上一阶段扶贫工作圆满完成后进入一个新的起点④。

《中国农村扶贫开发纲要（2011—2020年）》提出了"稳定实现扶贫对象不愁吃、不愁穿，保障其义务教育、基本医疗和住房"的减贫目标；确定了六盘山区、秦巴山区、武陵山区等14个片区作为扶贫攻坚的主战场，以此作为减贫主要区域；形成以扶贫开发与城镇化、新农村建设和生态环境保护相结合的思路，以政府主导、分级负责、突出重点、分类指导，全社会参与、合理推进及扶贫开发与社会保障双轮驱动的扶贫工作格局⑤。

在过去东西部扶贫协作工作的基础之上，党中央对深化东西部扶贫协作和对口支援做出了进一步部署。这些部署涉及东西部扶贫协作与对口支援的重点地区、重点措施和对口支援的机制性安排等方面⑥。《中国农村扶贫开发纲要（2011—2020年）》强调"协作双方要制定规划，在资金支持、产业发展、干部交流、人员培训以及劳动力转移就业等方面积极配合，发挥贫困地区自然资源和劳动力资源优势，做好对口帮扶工作。国家有关部门组织的行业对口帮扶，应与东西部扶贫协作结对关系相衔接"。2013年，国务院办公厅出台《关于开展对口帮扶贵州工作的指导意见》，确定对口帮扶工作由辽宁、上海、江苏、浙江、山东、广东六个省（直辖市）的八个城市，分别对口帮扶贵州的八个市州。2016年7月20日，习近平总书记在银川主持召开东西部扶贫协作座谈会并发表重要讲话，强调东西部扶贫协作和对口支援工作必须长期坚持下去，进一步做好东西部扶贫协作和对口支援工作，必须采取系统的政策和措施，具体有四点要求⑦：

第一，提高认识，加强领导。要坚持精准扶贫、精准脱贫，把帮扶资金和项目重点向贫困村、贫困群众倾斜，扶到点上、扶到根上。要加大投入力度，东部地区根据财力增长情

---

① 曾勇. 中国东西扶贫协作绩效研究［D］. 华东师范大学博士学位论文，2016：94.

② 国务院新闻办公室. 中国农村扶贫开发的新进展［N］. 人民日报，2011-11-17.

③ 国务院扶贫开发领导小组办公室. 东西扶贫协作实现共同发展［M］. 北京：中国财政经济出版社，2005.

④ 黄承伟. 扶贫机制创新的理论与实践［M］. 长沙：湖南人民出版社，2018：10.

⑤ 黄承伟. 政治制度优势与贫困治理［M］. 长沙：湖南人民出版社，2018：62.

⑥ 李小云. 东西部扶贫协作和对口支援的四维考量［J］. 改革，2017（8）：61-64.

⑦ 新华社. 习近平在东西部扶贫协作座谈会上强调：认清形势 聚焦精准 深化帮扶 确保实效，切实做好新形势下东西部扶贫协作工作［EB/OL］.［2016-07-21］. http：//www.xinhuanet.com/politics/2016-07/21/c_1119259129.htm.

况，逐步增加对口帮扶财政投入；西部地区整合用好扶贫协作和对口支援等各类资源，聚焦脱贫攻坚。

第二，完善结对，深化帮扶。要着眼于任务的适当平衡，完善省际结对关系。在此基础上，实施"携手奔小康"行动，着力推动县与县精准对接，还可以探索乡镇、行政村之间结对帮扶。推进东部产业向西部梯度转移，要把握好供需关系，让市场说话，实现互利双赢、共同发展。在科技创新上，西部地区要不求所有、但求所用，东部地区要舍得拿出真技术支持西部地区。

第三，明确重点，精准聚焦。产业合作、劳务协作、人才支援、资金支持都要瞄准建档立卡贫困人口脱贫精准发力。要着眼于增加就业，建立和完善劳务输出对接机制，提高劳务输出脱贫的组织化程度。

第四，加强考核，确保成效。要突出目标导向、结果导向，不仅要看出了多少钱、派了多少人、给了多少支持，更要看脱贫的实际成效。西部地区是脱贫攻坚的责任主体，也要纳入考核范围。

同年，中共中央办公厅、国务院办公厅印发了《关于进一步加强东西部扶贫协作工作的指导意见》，明确了东西部扶贫协作的具体任务：一是开展产业合作；二是组织劳务协作；三是加强人才支援；四是加大资金支持；五是动员社会参与。这五个措施都要聚焦建档立卡贫困人口，在对原有对口帮扶结对关系进行了适当调整，在完善省际结对关系的同时，实现了对民族自治州和西部贫困程度深的市州全覆盖，落实了北京、天津与河北扶贫协作任务（见表1-1）。2017年，国务院扶贫开发领导小组发布了《东西部扶贫协作考核办法（试行）》（以下简称《办法》）。考核内容主要包括：组织领导、人才支援、资金支持、产业合作、劳务协作和携手奔小康六个方面。考核工作由国务院扶贫开发领导小组统一组织，自2017年到2020年，每年开展一次[①]。《办法》在2016年原有东西部扶贫协作统计制度的基础上，做出了三个方面的重要调整：一是改变了原来东西部扶贫协作中单边考核东部地区的做法，分别针对东西部确定了不同的考核指标，增加了对西部地区在整合资金、保障和配合东部扶贫方面的指标；二是增加了以东西部县市、乡镇和村结对为主要内容的携手奔小康部分；三是增加了东部扶贫资源向深度贫困地区倾斜方面的指标。在调整统计指标的同时，《办法》首次对东西部扶贫协作考核的组织、内容、程序和结果运用做出了明确的规定[②]。至此，我国东西部扶贫协作迈入了以结果为导向的东西协作精准扶贫新阶段。

表1-1 东西部扶贫协作结对关系

东部地区	西部地区
北京市	内蒙古自治区，河北省张家口市和保定市
天津市	甘肃省，河北省承德市
辽宁省大连市	贵州省六盘水市
上海市	云南省，贵州省遵义市
江苏省	陕西省，青海省西宁市和海东市
苏州市	贵州省铜仁市
浙江省	四川省

---

① 国务院扶贫开发领导小组. 东西部扶贫协作考核办法（试行）［EB/OL］.［2017-08-08］. http://www.cpad.gov.cn/art/2017/8/8/art_1747_861.html.

② 吴国宝. 东西部扶贫协作困境及其破解［J］. 改革，2017（8）：58.

续表

东部地区	西部地区
杭州市	湖北省恩施土家族苗族自治州，贵州省黔东南苗族侗族自治州
宁波市	吉林省延边朝鲜族自治州，贵州省黔西南布依族苗族自治州
福建省	宁夏回族自治区
福州市	甘肃省定西市
厦门市	甘肃省临夏回族自治州
山东省	重庆市
济南市	湖南省湘西土家族苗族自治州
青岛市	贵州省安顺市，甘肃省陇南市
广东省	广西壮族自治区，四川省甘孜藏族自治州
广州市	贵州省黔南布依族苗族自治州和毕节市
佛山市	四川省凉山彝族自治州
中山市、东莞市	云南省昭通市
珠海市	云南省怒江傈僳族自治州

特别值得指出的是，《办法》首次将产业合作的实效纳入了考核范围。2016年之前，有关产业合作的东西部扶贫协作考核的主要是产业合作的协议合作投资和协议合作项目，不涉及事后监督。2017年公布的《办法》，删除了意向性指标，改为产业合作的实施项目和实际投资，对产业合作的考核"由虚转实"。

第二节　东西部扶贫协作的主要特征

通过上文对相关历程的回顾，可以发现，我国东西部扶贫协作源于对口支援与经济协作，是国家在日益深化的扶贫实践中，为更好地实现东西部协作发展，创新出来的一种区域性扶贫模式。基于自愿互利原则基础上开展的东西扶贫协作，是市场经济条件下地区间资源优化配置的一种实现形式，具有长久的生命力。总结已有研究发现①②③④，与救济式扶贫方法相比，东西部扶贫协作具有显著特征与优势。

一、从随意性实施向制度化执行转变

历史上，我国对口支援和经济技术协作的实施主要以政府法规、规章以及政策文件为依据，而国家政府部门以及地方政府制定的相关法规、规章和文件的规范性欠缺⑤。例如，虽然《民族区域自治法》以及《长江三峡工程建设移民条例》具有较大的稳定性，但是仍然是只具有原则性的规范，不具有可操作性。又如，支援帮扶的财力和物力数量的确定没有规

① 吴国宝. 东西部扶贫协作困境及其破解［J］. 改革，2017（8）：58.
② 李小云. 东西部扶贫协作的实践与成效［J］. 改革，2017（8）：55.
③ 赵伦，蒋勇杰. 地方政府对口支援模式分析——兼论中央政府统筹下的制度特征与制度优势［J］. 成都大学学报（社会科学版），2009（2）：4-7，25.
④ 侯波，林建新. 精准扶贫北京下的科技对口支援研究［M］. 北京：经济科学出版社，2016：17.
⑤ 杨道波. 地区间对口支援和协作的法律制度问题与完善［J］. 理论探索，2005（6）：155.

范化的规则和程序，往往由支援政府班子的意志决定，从而导致数量的不确定性和随意性[1][2][3]。在教育支援、卫生支援和干部支援的选派没有稳定的机制，人员派遣经常与支援单位用人需求相冲突[4]。政府对对口支援和经济技术协作的制度安排和激励机制不到位，致使很多发达地区的企事业单位以及有关人员参与这项活动的积极性不是太高[5]。

随着我国法治化进程不断深入，东西部扶贫协作领域的各项规章制度逐步建立和完善。中共中央办公厅、国务院办公厅印发了加强东西部扶贫协作工作的指导意见，国务院扶贫开发领导小组制定了东西部扶贫协作考核办法，各相关部门出台了支持协作的配套政策措施，有扶贫协作任务的地方因地制宜出台了实施意见。东西部各省（区、市）成立了由党政主要领导同志为组长的领导机构，建立了党政高层联席会议制度，广泛开展了高层互访、调研规划、签署协议等多种形式对接。上述规章制度对东西部扶贫协作各方主体行为的指导性、约束性不断加强，极大地提高了相关工作的规范化和制度化程度。据统计，2016年，东西部省级负责同志互访对接次数是2015年的三倍，有力推动了扶贫协作[6]。

二、从"输血式"支援向"造血式"产业合作转变

在过去，我国对口支援与经济技术协作在实践中更多强调的是救济属性，强调的是东部对西部的单方面支援、帮扶。在这一背景下，西部容易形成对东部的心理依赖，产生"躺着脱贫"的思想。在有些欠发达地区，其社会运行几乎完全依靠中央或发达地区政府的扶持与援助[7]。不仅如此，由于帮扶所需资源均由发达地区援助方开支，给援助方带来了较大的财政压力，也挫伤了其积极性。

近年来，国家逐步弱化对口扶贫协作的政治属性，转而更加强调"政府引导、市场主导"的合作属性，更加强调合作结果的优势互补、互利共赢。习近平总书记在东西部扶贫协作座谈会上明确指出，要加大产业带动扶贫工作力度，着力增强贫困地区自我发展能力。推进东部产业向西部梯度转移，要把握好供需关系，让市场说话，实现互利双赢、共同发展[8]。在中共中央办公厅、国务院办公厅印发的《关于进一步加强东西部扶贫协作工作的指导意见》中，将产业合作列为东西部扶贫协作的首要任务，并明确指出，帮扶双方要把东西部产业合作、优势互补作为深化供给侧结构性改革的新课题，研究出台相关政策，大力推动落实；要立足资源禀赋和产业基础，激发企业到贫困地区投资的积极性，支持建设一批贫困人口参与度高的特色产业基地，培育一批带动贫困户发展产业的合作组织和龙头企业，引进一批能够提供更多就业岗位的劳动密集型企业、文化旅游企业等，促进产业发展带动脱贫，加大产业合作科技支持，充分发挥科技创新在增强西部地区自我发展能力中的重要作用。2017年以来，东西部间扶贫产业合作快速推进，双方在产业链上下游对接融合不断深化，据统计，2018年，东西部扶贫产业合作各项指标都比2017年有明显增加[9]。

① 吴大华，王飞. 制度的治理：西部欠发达地区形成长效开发机制的保障 [J]. 法学杂志，2008（5）：64.
② 宋媛. 发达地区对口帮扶西部民族地区的效益评价及政策建议 [M]. 北京：中国社会科学出版社，2015：62.
③ 胡茂成. 中国特色对口支援体制实践与探索 [M]. 北京：人民出版社，2014：130.
④ 李延成. 对口支援：对帮助不发达地区发展教育的政策与制度安排 [J]. 教育发展研究，2002（10）：20.
⑤ 国务院扶贫开发领导小组办公室. 东西扶贫协作实现共同发展 [M]. 北京：中国财政经济出版社，2005.
⑥ 李小云. 东西部扶贫协作的实践与成效 [J]. 改革，2017（8）：56.
⑦ 靳薇. 干部援藏的成就与局限 [J]. 科学社会主义，2010（6）：66-68.
⑧ 新华社. 习近平在东西部扶贫协作座谈会上强调：认清形势 聚焦精准 深化帮扶 确保实效，切实做好新形势下东西部扶贫协作工作 [EB/OL]. [2016-07-21]. http://www.xinhuanet.com/politics/2016-07/21/c_1119259129.htm.
⑨ 国务院扶贫开发领导小组办公室. 关于政协十三届全国委员会一次会议第2978号（社会管理类253号）提案答复的函 [EB/OL]. [2018-12-15]. http://www.cpad.gov.cn/art/2018/12/25/art_2203_92500.html.

三、从缺乏监督向精准考核转变

实现东西协作精准扶贫，需要充分认识东西部扶贫协作的特点和优势，建立以精准扶贫、精准脱贫为导向的东西部扶贫协作考核评估制度。在过去，对口支援协作实践还存在的问题是更加关注政策的实施，缺乏监督，不关注实施的效果。以三峡库区对口支援项目为例，重庆库区移民对口支援合作项目实施率只有一半。此外，还有很多对口支援帮扶项目在签订协议后很难落实，又缺乏相应跟踪后续监督机制，造成半途而废①。2016 年以前，东西部扶贫协作统计数据的口径不一，由东西部分别报送，缺乏必要的审核程序，尤其是协作项目和资金中意向性和实际发生的存在一定差距②。

2016 年，习近平总书记在东西部扶贫协作座谈会上指出，"要用严格的制度要求和监督，不能做与不做一个样、做多做少一个样，考核要突出目标导向、结果导向"③。按照习近平总书记的讲话精神，国务院扶贫开发办公室出台《关于进一步加强东西部扶贫协作工作的指导意见》，明确要求对各帮扶对子进行绩效考核。随后，《东西部扶贫协作考核办法（试行）》出台，各省陆续制定出台了相应的地方性考核办法。2017 年，国务院首次对结对双方开展了东西部扶贫协作双向考核，考核结果充分发挥了激励先进、鞭策后进的作用，对提升东西部扶贫协作成效具有重大意义。

第三节 东西部扶贫协作理论基础

一、反贫困理论

贫困问题具有一定长期性和复杂性，在不同的发展阶段，每个国家或地区对其有不同的解读，但总的来说，在内涵上基本是一致的。目前在反贫困学术研究领域中，反贫困理论内涵主要有三种表述：一是减少贫困，即减少影响贫困发生因素，降低贫困人口数量；二是减缓贫困，即减轻、缓和贫困的程度；三是消除贫困，即把根除、消除贫困作为最终目标。我国在反贫困过程中，通常用"扶贫"来表述反贫困的具体行为过程，即帮助贫困人口或地区发展。目前代表性的反贫困理论主要有以下几个：

1. 马尔萨斯人口理论

1789 年，马尔萨斯④撰写的《人口论》出版，他认为人口与生活资料存在一个基本的经济比例，人口的过快增长会引起食物的不足，最终导致人口过剩，产生贫困问题。人类若不能对人口增长进行有效的控制，将会陷入幸福与灾难之间的无限循环中。对于人口的控制，马尔萨斯主张采用两种方式：一是积极抑制，通过战争、瘟疫、繁重劳动、贫困、饥荒等抑制人口增长，恢复被破坏的平衡；二是预防抑制，即从道德层面上抑制人口的增长，鼓励人们晚婚、婚前守节和禁欲等。在马尔萨斯看来，贫困的产生在于贫困自身，与政府行为、社会制度和分配方式等无关，较低的社会阶层应承担社会贫困的主要责任。因此，他认为贫民是贫困的原因，应该取消对贫民的救济，原因在于救济会减轻贫困人口的生活压力，

---

① 李盛全. 三峡工程库区移民对口支援的进展、问题及对策［J］. 重庆商学院学报，1998（3）：10－14.

② 吴国宝. 东西部扶贫协作困境及其破解［J］. 改革，2017（8）：59.

③ 人民网－理论频道. 习近平扶贫论述摘编（六）：坚持从严要求，促进真抓实干［EB/OL］.［2018－09－25］. http：//theory. people. cn/n1/2018/0925/c421125－30311398. html.

④ 马尔萨斯，英国政治经济学家，1789 年匿名出版《人口论》。

促进贫困人口的增加。对于马尔萨斯人口理论，我们要批判地继承，虽然该理论包含了许多合理成分，但其试图通过"消灭贫困者来消除贫困"的观点在现代存在错误性。

2. 马克思主义反贫困理论

马克思是最早从制度层面上对贫困产生和反贫困路径展开研究的，他指出资本主义私有制度是造成无产阶级贫困的根源。在马克思看来，资本主义私有制使无产阶级丧失生产资料所有权，资本家可以无偿占有工人阶级生产出来的剩余价值，使其变成资本并不断集聚，进而使资产阶级的财富不断增多，而工人阶级的生活资料却日益减少，逐渐陷入贫困的境地。马克思认为要彻底解决贫困问题就必须消灭私有值、消除两极分化，建立公有制①。马克思反贫困理论，对于现在我国实行精准扶贫、精准脱贫具有重要的指导意义，启示扶贫协作必须坚持走社会主义道路，坚持公有制为主体。

3. 收入再分配理论

19 世纪后期，随着资本主义的发展，为缓和社会矛盾，资本主义社会开始重视社会福利的增加。这一时期，人们已经改变传统贫困价值观的认识，认为贫困的产生不仅和贫困者个人有关，也与国家和社会有很大关系。各个学派相继认为提出消除贫困是个人与社会的共同责任，国家应注重社会经济福利的增加，调整社会财富的分配关系，加大对贫困人群的帮助，健全社会保障体系。从目前看，现代的社会保障制度是建立在收入再分配理论基础上的，这不仅有利于保障贫困者的生存权益，也有利于消除绝对贫困、缓解社会矛盾，促进社会经济福利的增加。

4. 阿玛蒂亚·森②反贫困理论

阿玛蒂亚·森反贫困理论分为两个部分：权利贫困理论和能力贫困理论。在权利贫困方面，阿玛蒂亚·森认为在现实生活中，饥荒往往不是由于食物短缺造成的，而是因为人们缺少获得充分食物的权利，这一权利主要是指禀赋权利和交换权利。当个人的禀赋权利不能发挥或交换权利弱化时，贫困就会发生，而社会权利体系和制度不健全或不合理，也会引发贫困。基于此，阿玛蒂亚·森提出解决贫困问题的关键不是保证食物的供给，而是保护人们拥有食物的权利和获取食物的能力。如建立具有赋权功能的社会制度，通过赋权使贫困人口能够满足基本的生活需要，享有一定的社会保障，且在进行社会制度建设时要考虑贫困者的自由权利，建立适应社会底层民众需求的民主政治体制和市场经济制度。在能力贫困方面，阿玛蒂亚·森认为贫困看似是贫困者收入水平低下，但其实质是贫困者的可行能力被剥夺或缺失，而这意味着贫困人口缺少获取和享受正常生活的能力、缺乏创造收入的能力，贫困才是人们可行能力被剥夺的结果。基于此，阿玛蒂亚·森提出要加大对贫困人口的教育、就业培训和医疗保障等力度，提升贫困者的知识水平和劳动技能，改善健康状况，帮助其自我发展，提高其自我谋生能力。阿玛蒂亚·森的权利能力理论对贫困问题的研究开创了独特的贫困识别理论和方法，提出解决贫困问题的新思路，这对我国扶贫事业的发展具有重要启发作用。

二、区域分工理论

区域分工也称劳动地域分工或地理分工，是一个国家的不同区域，在充分利用比较优势的基础上，实行区域专门化分工与经济合作。各区域通过生产要素或产品的交换，突破了单个区域资源限制与生产率限制，极大地提高了区域经济资源配置效率，促进专门化产业部门

---

① 资料来源：参考《资本论》。
② 阿玛蒂亚·森，1933 年出生，印度经济学家，1998 年获得诺贝尔经济学奖。

的发展，从而实现规模经济效益，扩大区域的生产能力。

1. 绝对成本理论

绝对成本理论是由亚当·斯密①在《国富论》一书中提出的，他从利己的角度出发，认为每个国家都有两个优势：自然优势和获得性优势，具有适宜生产某些特定产品的绝对成本优势，同时也会在另外一些产品生产上处于劣势。如果每个国家都按照自己绝对成本优势进行专业化生产，然后相互间进行商品交换，则各国皆能获取"绝对利益"，社会财富也能得到快速增长。该理论解释了生产成本上的绝对差异是区域产业分工的主要原因，但是仅适用于生产力和贸易并不发达的情况。

2. 比较成本理论

该理论由大卫·李嘉图②提出，他认为一个国家或地区即使各个行业的生产缺乏效率，无低成本产品，但是通过国际贸易和区域分工，生产和出口优势相对较大的商品，进口优势相对较小的商品，也能获得"比较利益"。比较成本理论很好地揭示了地域分工和国际贸易所具有的利好性。

3. 要素禀赋理论

要素禀赋理论由赫克歇尔和俄林③两人提出，该理论认为每个国家或地区的要素禀赋不同，且在生产中使用的要素比例也不同，也就产生了比较成本差异。因此，参与国际贸易的各国应当利用自己有利的生产要素，生产与输出本国禀赋充裕和廉价的商品，进口本国禀赋稀缺的产品。要素禀赋理论对区域分工与协作最大的贡献是根据经济结构中的要素禀赋的相对比重来说明贸易走向和产业布局。

4. 新经济地理理论

新经济地理理论杰出代表人物有克鲁格曼④和斯蒂格利茨⑤。该理论主要观点为：比较成本和要素禀赋已渗透到生产的不同环节，国际或区域之间的分工不仅停留在产业间，更是渗透在产业链上不同环节；要素禀赋相似的国家或地区之间可以进行产业内相似产品的贸易；贸易的原因不仅在于比较优势，还在于规模递增收益；要素禀赋差异决定产业间的贸易，规模经济决定产业内的贸易。

三、梯度转移理论

梯度转移理论最早由美国哈佛大学经济学家弗农⑥等提出，即工业生产的产品生命周期理论。该理论认为，工业各部门及各种工业产品都处在生命周期的不同发展阶段，经历创新、发展、成熟和衰退四个阶段。主要观点为：经济技术发展在一国范围内处于非均衡状态，经济技术梯度是客观存在；生产活动空间推移，随着时间和发展阶段的变化，会从高梯度地区向低梯度地区推移；创新活动是决定区域发展梯度层次的决定性因素，如果该地区主导产业处于创新阶段和发展阶段，该地区则为高梯度区；反之，如果产业部门处于成熟阶段后期和衰退阶段，则形成低梯度地区。

---

① 亚当·斯密，1723 年出生，英国人，古典经济学主要创立者，著有《国富论》《道德情操论》等书。
② 大卫·李嘉图，1772 年出生，英国古典政治经济学的主要代表之一，著有《政治经济学及赋税原理》。
③ 赫克歇尔，1879 年出生，瑞典人，著名的经济学家；俄林，1899 年出生，瑞典经济学家和政治家，曾任瑞典自由党主席和贸易大臣，现代国际贸易理论的创始人。新古典贸易理论最重要部分——要素禀赋论就是赫克歇尔和俄林最早提出来的，并命名为赫克歇尔—俄林理论（简称 H－O 定理）。
④ 保罗·克鲁格曼，1953 年出生，毕业于耶鲁大学经济学专业，美国经济学家，创建新国际贸易理论。
⑤ 斯蒂格利茨，1943 年出生，美国经济学家，美国哥伦比亚大学校级教授，2001 年获得诺贝尔经济学奖。
⑥ 弗农，1913 年出生，美国经济学家，创立产品周期理论，代表作：《产品周期中的国际投资和国际贸易》。

缪尔达尔①从动态角度上对梯度转移理论进行了继承发展，提出循环累积因果理论。该理论认为，在区域经济发展中，存在三种效应，即极化效应、扩展效应和回流效应，三种效应在不同阶段所起到的作用则不相同，对生产活动的梯度转移具有很大的影响。极化效应是指在发展的前期，一些区域凭借其在区位、科技、交通、资源要素上的优势获得优先发展，催生了自我发展的力量，促使区域发展水平的梯度上升，引起周围地区的生产要素和经济活动不断向其集中，从而获得规模经济。在极化效应发挥作用的同时，扩展效应也在起作用，促使生产活动向其周围的低梯度区域扩散，从而带动周边地区的经济发展。回流效应与扩展效应相对应，不发达地区在扩展效应的帮助下有所发展，但是由于诸多原因，如营商环境，由于回流效应使人才、资金和技术仍向发达地区集中，发达地区仍能保持竞争力，从而削弱了扩展效应的作用，造成两极分化。

梯度转移理论主张发达地区应优先发展，然后通过产业和要素向较发达地区和欠发达地区转移，带动整个经济的发展。这一理论在我国有很好的运用，改革开放以来，我国将地域划分为东部、中部、西部三大经济地带，并提出在开发次序上应循东—中—西的顺序进行，即按照一、二、三级梯度进行经济建设，实现由高梯度向低梯度转移。当前，经过40年来的经济发展，东部地区已获得巨大的发展成就，部分产业依次向二级梯度、三级梯度的区域进行转移，地区间的差距逐步缩小，经济分布均衡性增加。

四、经济发展辐射理论

经济发展辐射的内涵主要是指资本、人才、技术、市场等要素在发达地区与欠发达地区进行双向的流动和转移，以及思想意识、思维观念、生活方式等文化方面的传播，以现代化的思想意识、先进理念、生活方式替代与其相悖的旧习惯势力，从而提高资源要素配置效率②。目前，东西部扶贫协作可借鉴的辐射理论主要有以下两个：

1. 增长极理论

增长极理论最早由法国经济学家弗朗索瓦·佩雷③提出。其核心内容是：增长极是围绕推进性的主导工业部门而组织的有活力高度联合的一组产业，它不仅增长迅速，而且能通过乘数效应推动其他部门的增长。因此，经济增长不会在所有地区同时出现，而是以不同强度首先在一些区位条件优越的增长点或增长极上出现。增长极一旦形成就会产生较大的经济辐射作用，表现为通过增长极的极化效应使人、财、物等要素向发达地区集中，之后再通过扩散效应把经济动力与创新成果传导到广大的腹地，以带动周边地区的经济增长和均衡发展。

2. 中心—外围论

该理论由弗里德曼④在《极化发展的一般理论》一文中提出，他将空间经济系统划分为中心和外围两部分，两者共同构成一个完整的二元经济结构。在经济发展初期，区域间的二元结构表现明显，中心区由于具有优越的区位条件，经济发展水平较高，在二元格局中处于支配地位；反之，外围区由于区位条件较差，经济发展基础薄弱，处于被支配地位。在这样的情形下，随着经济发展，资本、人才、技术等生产要素必然从外围区向中心区转移集聚。当中心区发展到一定程度后，由于中心区的"扩散效应"和政府经济布局政策的干预，中心区的生产活动将向外围区扩散和倾斜，两者之间地理经济界限逐步消失，最终实现经济一体化发展。

---

① 缪尔达尔，1898年出生，瑞典人，是瑞典学派和新制度学派以及发展经济学的主要代表人物之一。

② 高洪深．区域经济学［M］．北京：中国人民大学出版社，2002.

③ 弗朗索瓦·佩雷，法国经济学家，1955年提出经济增长极理论。

④ 弗里德曼，美国人，1912年出生，美国著名经济学家、芝加哥大学教授、芝加哥经济学派代表人物之一。

第四节 东西部扶贫协作的文献综述

一、国外有关落后与发达地区扶贫合作的研究

东西部扶贫协作是我国为解决区域发展不充分不平衡问题，利用中国特色社会主义制度优势所采取的一项独有的区域扶贫开发政策。从学术研究角度来看，国外学界和机构对此并没有专门的研究，仅对包含东西部扶贫协作在内的中国特色扶贫模式及其成就给予了高度的评价。但要看到的是，世界各国在应对区域经济发展不平衡问题时，也会基于不同的社会制度、不同的目标采取一些特殊策略。例如，美国在通过明确的区域开发目标和法规来促进落后地区发展的同时，会设立区域开发管理机构，负责规划和指导落后地区的开发工作；日本则是注重欠发达地区基础设施建设，通过投资环境改善来吸引投资；意大利南北差距很大，经过政府战后数十年一贯强力的干预以及欧共体区域发展基金和区域政策的援助，才使南部经济有了相当改观。这些政策措施，对我国东西部扶贫协作政策的选择有重要的借鉴与启发价值。我们对此进行了归纳，详见本书第二章。

二、对国内相关研究的综述

1. 关于东西部扶贫协作的研究

历史上，我国东西部扶贫协作是一项由东西部政府主导的，在民生改善、基础设施建设、产业发展、教育医疗科技等领域开展的工作，资金来源主要是双方政府财政支出。因此，已有的绝大多数研究把这项工作整体视为政府财政扶贫的一种模式加以研究。根据研究内容可将已有研究分为五个大类。一是从历史角度对东西部扶贫协作进行回顾和总结①②③④。这类文献主要从历史角度，对东西部扶贫协作的历程、发展阶段、经验做法等进行总结与评价。二是从模式角度研究如何优化东西部扶贫协作。如徐静⑤认为引进非政府组织有益于完善对口帮扶效果；周晓丽和马晓东⑥，罗强⑦认为必须从单向对口帮扶专向双边协作发展模式。三是从扶贫参与者角度讨论东西部扶贫协作。如和丕禅等⑧从企业角度讨论了企业投资动机、投资方式在扶贫协作中的作用；兰英⑨认为地方政府间合作关系的增进是扶贫协作需要解决的关键。四是从政策或体制角度研究东西部扶贫协作，认为有关政策存在贯彻落实中的执行偏差问题。需要采取绩效评价、监督机制建立等对政策落实进行

① 江明敏. 东西扶贫协作：回顾与展望 [J]. 中国贫困地区，1999（10）：24-25.
② 占晓林等. 当前我国东西合作历史、问题及发展对策 [J]. 经济地理，2006（S1）：24-28.
③ 李勇. 中国东西扶贫协作的政策背景及效果分析 [J]. 老区建设，2011（4）：33-36.
④ 李勇. 改革开放以来东西扶贫协作政策的历史演变及其特点 [J]. 党史研究与教学，2012（2）：36-43.
⑤ 徐静. 对口帮扶新视野：由政府主导型转向市场化基础上政府与 NGO 共同推动型 [J]. 红旗文稿，2005（14）：17-19.
⑥ 周晓丽，马晓东. 协作治理模式：从"对口支援"到"协作发展" [J]. 南京社会科学，2012（9）：67-73.
⑦ 罗强. 东西部扶贫协作对口帮扶思考——以青岛对口帮扶为例 [J]. 理论与当代，2018（6）：33-35.
⑧ 和丕禅等. 企业对口扶贫模式比较与政策建议 [J]. 浙江学刊，2001（2）：4.
⑨ 兰英. 对口支援：中国特色的地方政府间合作模式研究 [D]. 西北师范大学硕士学位论文，2011.

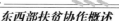
约束①②③④。五是从帮扶效应角度研究。如席建国⑤从全要素生产率角度建立多元回归模型研究发现，东部城市的科技活动经费对西部存在空间溢出效应。值得一提的是，一些学者对有关调整和东西部扶贫协作未来发展方向进行了讨论思考。黄承伟⑥、吴国宝⑦、李小云⑧在《改革》杂志上发表了"加强东西部扶贫协作"笔谈系列，从考核机制改革、重点任务调整、实践与成效、社会工作组织角度详细讨论了我国东西部扶贫协作的未来发展方向。上述研究对本书的研究有十分重要的指导参考价值。

2. 关于东西部扶贫产业合作的研究

新形势下，产业合作成为东西部扶贫协作的最核心内容。然而，扶贫领域的相关研究很少。原因在于，长期以来，结对城市主要以东部对口帮扶财政资金出资，为西部扶贫农业提供必要支持的方式来完成支援帮扶中的产业发展任务。由于没有充分调动市场资源和市场力量，东西部间扶贫产业合作规模小、能效弱，未能引起相关学者重视。反而是其他领域，如区域经济学、产业经济学的研究较为关注市场机制下的东西部产业转移与承接问题，为后人研究提供了宝贵线索。相关研究内容主要有三个方面。一是探讨东西部产业合作可能性。王礼茂⑨探讨了东部纺织工业向西部转移的可能性，认为原材料生产的比较优势是西部承接东部产业的关键，如棉纺工业能够利用西部原材料优势顺利转移，而毛纺和化纤工业则因原材料依赖进口而需留在东部。石茗露⑩从经济发展差异性、要素禀赋互补性、产业结构梯度性、产业转移迫切性、西部工业化进程必然性角度分析了西部承接泛珠三角产业转移的可能性。二是讨论政府在东西部产业合作中应发挥的作用。邹蓝和王永庆⑪提出，东西部区域差距有利于产业转移，政府则应加大对东部产业转移至西部的政策引导力度，补足西部在引进东部企业时面临的政策资源、资金资源缺乏问题。刘澈元⑫分析了台湾与大陆西部间的产业互补性，并提出应建立制度性协商机制、利益协调机制、产业转移成本分担机制、效益传导机制作为两岸产业合作的制度保障。陈映⑬指出，政府应重视东西部产业合作中产业布局缺乏统筹规划、产业配套能力不强、重视政府作用而忽视市场作用、产业载体建设依然滞后、重引进轻质量等问题。三是对当前东西部产业合作的情况进行研判。如吴静⑭发现，当前东部产业转移的规模效应并未实现，西部"只见企业不见产业"现象依然存在；西部地区制造业对转移资本的吸收效率最高，对转移劳动力和技术的吸收效率较低，说明当前西部制造业发展在产业价值链中的地位仍然有待提升。

① 王晓东. 对口支援政策实施研究——以鄂尔多斯市对口支援兴安盟为例 [D]. 内蒙古大学硕士学位论文，2012.

② 黄艳芳. 我国对口支援政策执行偏差研究 [D]. 上海交通大学硕士学位论文，2012.

③ 谢芬，肖育才. 财政分权、地方政府行为与基本公共服务均等化 [J]. 财政研究，2013 (11)：2－6.

④ 孔陇，何晓斐. 东西部扶贫协作的实践困境与对策建议——以福州市、定西市对口协作为例 [J]. 黑龙江工程学院学报，2018 (4)：55－59.

⑤ 席建国. 我国东西部地区对口帮扶效应研究——TFP 的视角 [D]. 华侨大学博士学位论文，2011.

⑥ 黄承伟. 东西部扶贫协作的实践与成效 [J]. 改革，2017 (8)：54－57.

⑦ 吴国宝. 东西部扶贫协作困境及其破解 [J]. 改革，2017 (8)：57－61.

⑧ 李小云. 东西部扶贫协作和对口支援的四维考量 [J]. 改革，2017 (8)：61－64.

⑨ 王礼茂. 我国纺织工业东、西部合作与产业转移 [J]. 经济地理，2000 (6)：25－29.

⑩ 石茗露. 泛珠三角区域合作背景下西部地区承接产业转移分析 [J]. 市场论坛，2006 (8)：30－33.

⑪ 邹蓝，王永庆. 产业迁移：东西部合作方式和政策研究 [J]. 特区理论与实践，2000 (3)：27－31.

⑫ 刘澈元. 台湾与大陆西部经济合作：产业选择、区域布局与政策实施机制 [J]. 福建师范大学学报（哲学社会科学版），2009 (6)：22－26.

⑬ 陈映. 西部重点开发开放区承接产业转移的产业布局政策探析 [J]. 西南民族大学学报（人文社会科学版），2014 (6)：113－116.

⑭ 吴静. 区际产业转移对西部制造业转型升级的影响——基于产业价值链视角 [J]. 软科学，2017 (5)：21－25.

3. 以贵州为样本的相关研究

以贵州为样本的相关研究大多也从政府主导的视角入手，对如何发挥市场因素作用带动贵州与东部扶贫协作的考虑较少。例如，张晓阳①提出，要建立一套完整的对口帮扶政策和制度保证系统，以保证从中央政府到地方政府对对口帮扶的规范化管理。徐静②指出，单一行政计划机制是制约贵州对口帮扶成效的根本因素，认为政府应与 NGO 共同推动对口帮扶。少数研究讨论了当前市州参与东西部扶贫协作中存在的问题。罗强③以青岛—安顺为例，认为传统帮扶方式瓶颈、"引企入安"质效不强、共建机制未建立、项目管理有待加强、社会化合作程度不高等问题影响了东西部扶贫协作成效的发挥。在产业经济学领域，一些学者研究了贵州承接外省产业转移的可能性，如田军④根据对福建、江苏、广东、浙江四家在贵州商会的调查，发现东部转移企业在贵州主要面临体制不活、政府支持力度小、社会环境不佳、政府管理不足、基础设施落后等方面问题。孔凡英和王多明⑤基于玉屏等六县的调查，发现贵州承接产业存在过度看重眼前利益、追求快速创造政绩、忽视环境保护和土地集约开发利用等问题。张慧⑥从市场因素、成本因素和地方政策方面探讨了贵州在承接产业转移方面存在的不足。上述研究为我们寻找制度红利背景下的贵州与东部扶贫协作的有效路径提供了启示。

三、研究动态

总之，国内有关东西部扶贫协作领域的研究为数较多，研究成果也较为丰富，但绝大多数研究将其视为政府主导的扶贫行为来研究，很少有研究从政府引导、市场主导的角度展开。随着国家对东西部扶贫协作重点任务做出调整，更加强调产业合作重要性，如何在"优势互补、互利共赢"原则下用好用足东西部扶贫协作这一政策资源，成为各地尤其是西部贫困地区亟待研究的新问题。

对贵州而言，同样缺乏专门针对贵州与东部城市开展扶贫协作的规范研究。自 2016 年以来，贵州各市州与东部城市扶贫协作成效如何，有什么经验做法值得总结？在实践中，又存在哪些问题和不足亟待解决？在未来，贵州与东部城市扶贫产业合作的重点方向是什么？这些都是当下备受关注的新问题，也是本书拟回答的重点。

---

① 张晓阳. 关于贵州实施"西电东送"战略的发展趋势分析及对策［J］. 贵州财经学院学报，2001（4）：71 - 73.

② 徐静. 对口帮扶新视野：由政府主导型转向市场化基础上政府与 NGO 共同推动型［J］. 红旗文稿，2005（14）：17 - 19.

③ 罗强. 东西部扶贫协作对口帮扶思考——以青岛对口帮扶安顺为例［J］. 理论与当代，2018（6）：33 - 35.

④ 田军. 贵州承接东部产业转移调查［J］. 统计与管理，2014（4）：44 - 45.

⑤ 孔凡英，王多明. 承接产业转移的贵州实践：基于玉屏等六县的调查［J］. 贵州商业高等专科学校学报，2013（1）：28 - 33.

⑥ 张慧. 贵州承接产业转移问题研究［J］. 铜仁学院学报，2013（2）：85 - 88.

第二章 国外扶贫协作概述

　　区域发展不平衡问题，并非中国独有，世界上的许多国家，无论是发达国家还是发展中国家都遇到过这个问题。重视区域的均衡发展，特别是扶贫协作欠发达地区的经济发展已经成为许多国家经济干预政策的重要内容之一。许多国家在扶贫协作过程中积累了大量经验和教训。尽管这些国家的自然条件和社会、历史、文化背景差异很大，政府所实施的扶贫协作政策也不尽相同，但从他们缩小区域经济发展差距，实现先富带后富的扶贫协作的实践中，我们可以汲取许多值得借鉴的经验。这些成功的经验对于我国东西部扶贫协作，缩小区域经济发展的差距，选择优化道路，确立新的发展模式，避免或减少东西部扶贫协作实践的盲目性和随意性具有现实的意义，需要我们认真总结和学习。

第一节 国外扶贫协作的做法与经验

一、美国东西部扶贫协作的做法与经验

美国曾经是一个地区经济发展很不平衡的国家。从18世纪美国建立一直到20世纪30年代，美国的制造工业主要集中于东北部地区，而南部和山地诸州则是明显落后的农业区，为解决地区发展的差距问题，美国历届政府对西部、南部地区采取了一系列扶贫开发的措施。在其扶贫过程中，经历了两个大规模集中扶贫开发的时期。

第一个时期，即从18世纪末到19世纪中后期，被称为"西进运动"。这一时期，美国政府为鼓励扶贫开发西部，于1862年通过《宅地法》，1864年又通过《移民法》，使西进运动在美国逐渐演变成为群众性的移民运动。1880年以后的30年内，至少有400万人从东部移往西部。人口的大量西移，使美国西部的广大土地得以开垦。在1860~1913年，美国耕地面积从4亿多英亩增加到9亿多英亩，增加了一倍以上。同时，农场数目从204万个增加到643.7万个，西部很快成为美国的"小麦王国""棉花王国"和"畜牧王国"，为美国成为世界农业大国奠定了坚实基础[①]。

"西进运动"是美国国内的一次大规模的移民拓殖运动，也是美国工业化和美利坚民族大融合的过程，对于改变美国的面貌发挥了巨大作用。首先，促进了美国工业化进程，西部农业的发展为工业的发展提供了大量的粮食、原料、出口产品和国内市场，近代生产方式先后在农业和工业领域得以确立，资本和生产集中步伐明显加快；其次，改变了美国的劳动力布局，对美国经济发展产生了长远的有利影响；再次，促进了美国国内统一大市场的形成，东西部之间的互补性贸易迅速发展，特别是交通运输业的飞速发展大大加速了区域经济的专业化和整个经济的商品化；最后，推进了美国的城市化进程，19世纪中后期，美国西部的城市化水平和程度都高于全国的平均数，一个个新兴的工业商业中心城市拔地而起，象征着新西部的诞生。总之，这一时期的西部开发，提高了美国的综合国力和国际地位，对美国整个国民经济的起飞具有重要的意义[②]。

第二个时期，即从第二次世界大战前到20世纪70年代，是西部大发展和"阳光地带"的崛起时期。从罗斯福新政起，美国政府开始加大对西部的财政补贴和资金投入，成立专门的开发机构，出台相关开发政策，实行各种优惠政策。第二次世界大战前后，美国军事工业急剧扩张，经济实力迅速增强，为西部的振兴和发展奠定了资本、技术和人力资源的雄厚基础。"冷战"期间，美国政府继续在西部投入巨额国防经费，为西部创造了大量就业机会，刺激了西部城市人口剧增，使西部大城市的产业结构得以调整，国防工业逐渐成为西部主导产业并吸引了众多相关工业和企业迁往西部，使美国的经济重心逐渐西移。同时，位于美国西部和南部在北纬37度以南的"阳光地带"，由于联邦政府的支持，高新技术产业发展迅速，很快成为宇航业、航空业、电子工业、信息产业、生物工程等的研究和生产基地，成为20世纪六七十年代美国迅速崛起的地区，极大地提高了西部在美国经济中的地位。从1940年至1970年，美国全国有49个大城市人口增长率超过全国平均水平，西部和南部就有40个，西部和南部的城市人口增加了近4000万人。到1980年，美国西海岸地区的贸易额首次

---

① 吴大华，徐杰.西部大开发的法律保障[M].北京：民族出版社，2001：33-34.
② 吴大华，徐杰.西部大开发的法律保障[M].北京：民族出版社，2001：34.

超过东海岸地区的贸易额。西海岸的经济发展速度和城市化水平远远高于东部和全国的平均水平，西海岸的大部分城市成为美国新的经济中心①。

美国东西部扶贫协作史是一部不断通过立法来干预和规范的历史。通过制定一系列政策法规、驱动移民西进、促进西部土地开垦、改善西部交通条件、规范西部商品市场、发展西部教育及保护生态环境，及时、适宜地为东西部扶贫协作创造出一个自由、开放的公平竞争环境，使每一个开发主体的作用都得以发挥，是美国西部经济发展的最大保障②。美国通过立法促进东西部扶贫协作主要表现在以下几个方面：

1. 土地开发和利用方面的立法

西部开发伊始，美国政府通过一系列法令，将西部土地收归国有，再向广大移民公开出售。土地商品化方针使西部建立起一种自由、公开、灵活的土地市场机制，为西部开发创造了有利的法律环境。在土地方面，1784 年，杰斐逊起草的《土地法》宣布西部土地属于美国人民，确定了土地治理的原则。1785 年美国政府通过了新的《土地法令》，对西部土地的测量和出售做出规定，确定了出售西部公共土地的大政方针，从根本上决定了西部公共土地的商品化方向。规定每英亩土地售价为一美元，最少出售单位 640 英亩。1787 年的《西北法令》确定了西部领地政府的组织原则，从法律上保障了西部居民的生命、人身和财产的安全及宗教自由。三个土地法令为以民主方式解决西部土地问题及建立自由农民土地制度奠定了法律基础。1800 年 5 月 10 日，国会通过的《土地法》，把最低出售单位由 640 英亩减少一半（320 英亩）；1804 年 3 月 26 日通过的新《土地法》，又把出售最小单位面积降为 160 英亩；1854 年 8 月 3 日国会通过的《地价递减法》规定对无人购买的土地可以直降到每英亩 25 美分为止。1862 年 5 月，美国国会通过了《宅地法》，进一步放宽了西部土地政策。该法规定，凡年满 21 岁的美国公民，或符合入籍条件自愿做美国公民的外国移民，可免费或只交纳 10 美元的手续费，即可得到不超过 160 英亩的土地，用于定居经营。《宅地法》的规定，使拓荒者免除了因购买土地而造成的经济负担，他们的财富可以直接转作经营资本，从而助长了拓荒农业向商品农业演变的势头。但是依《宅地法》获得的土地规模毕竟较小，特别是落基山以西 160 英亩土地不足以维持一个农场的经营，于是在 19 世纪末 20 世纪初，美国又相继颁布了新的法令，将宅地逐次增加到 320 英亩和 640 英亩③。

与公共土地有关的法规体系。在此过程中，美国政府又适时调整和制定新的法规，从而形成了整套与公共土地有关的西部法规，推动着西部开发向广度和深度发展。这些法规措施主要有：①与土地开发本身有关的法规。1873 年 3 月通过了《鼓励西部草原植树法案》；1877 年 3 月颁布了《沙漠土地法》。②与矿产开发有关的土地法规。原法令规定，在出售公共土地时，矿藏地区 1/3 保留给政府，到 1866 年 7 月规定，公共领地上的矿产地对所有美国公民开放，即公共出售土地的政策扩大到矿产地。到了 20 世纪，为了加强对后进地区的开发，美国政府先后成立了再开发署和经济开发署等专门机构，负责落后地区的开发工作，并相继颁布了一系列重要法令④。

农业方面的立法。美国西部最大的资源是土地，历史最久的产业是农业，早期流入西部的移民也绝大多数是农民，因而美国政府采取了一系列政策措施促进农业发展和开发土地资源。1862 年美国国会通过《宅地法》。规定凡年满 21 岁的美国公民或宣布愿意成为美国公

---

① 西部大开发战略干部读本编写组. 西部大开发战略干部读本 ［M］. 北京：中共中央党校出版社，2000：299 –
303.

② 吴大华. 西部大开发中的法律制度建设研究 ［M］. 成都：西南交通大学出版社，2011：44 – 45.

③ 吴大华，徐杰. 西部大开发的法律保障 ［M］. 北京：民族出版社，2001：33 – 34.

④ 吴大华，徐杰. 西部大开发的法律保障 ［M］. 北京：民族出版社，2001：36.

民的人，只需交纳 10 美元手续费就可获得不超过 160 英亩的土地；1873 年通过的《鼓励西部草原植树法》规定，任何人只要在自己的土地上植树 40 英亩并保持 10 年以上，即可获得 160 英亩土地；1877 年又颁布《沙漠土地法》，规定移民在产权申请登记后三年内灌溉了土地，即可按每英亩 25 美分的价格购得 640 英亩土地。这些措施，对于土地开发者极为有利，有助于其财富的积累和投入的再增加。同时积极扶持和鼓励农业科技的研究与开发，促进农业教育、科研和技术推广体系的形成、完善，实施有利于农业发展的优惠政策①。

1878 年的《木材石料法》规定，允许把不宜农耕但是出产木材和石料价值的土地，以每英亩 2.4 美元的价格出售，每人限购 160 英亩。1902 年，17 个西部州议员聚会通过了具有重要意义的《垦荒法令》，同时成立了土地开发署，负责西部灌溉工程的修建和管理。法令规定，16 个经指定的西部干旱州出售国有土地的款项可以保留下来作为灌溉基金。在工程覆盖的土地上定居五年并开垦一定面积土地的农户可以获得 80 英亩土地，但必须每年向有关水利机构交付 20～30 美元的灌溉费，大体上在 10 年内把工程费用付清。这样就使这笔灌溉基金得以永久保存下来，并得以有效运转。1906 年国会又颁布《森林宅地法》，规定对森林地带可以在不伤害森林的情况下占用。1914 年国会通过一个土地法令，把 10 年归还期改为 20 年。此后美国政府还为西部干旱地区不断拨付水利专款。据统计，到 1950 年，美国耗费在干旱地区水利工程的探查、建筑和营运上的费用达三亿美元以上，而经灌溉后投入耕种的土地在 22.75 万英亩以上，每年可以生产价值 2.5 亿美元的农产品。不断放宽的土地政策吸引了大批农民西进，有利于西部建立自由农民土地制度，有利于以商品化生产为特征的农业经济蓬勃发展②。

2. 交通运输业方面的立法

美国西部交通运输的飞速发展，同政府把交通运输业置于优先发展位置的政策密切联系，政府对修筑西部铁路实行"积极资助，参与管理"的政策，包括：①"修路拨地"，即给铁路公司划出路基两侧 10～40 英里的土地，允许无偿使用公共地上的木材和石料；②提供优惠的银行贷款并允许铁路享有长期或短期的免税特权；③价格管理，通过立法，反对歧视、不合理的运价和搞托拉斯。自 20 世纪 30 年代以来，经过半个多世纪的不断建设，目前美国已形成纵横交错、连接各地的州际高速公路干线网络③。

随着 1830 年美国第一铁路——巴尔的摩至俄亥俄铁路的投入运营，美国迎来了"铁路时代"。大规模的铁路建设得到美国政府的大力扶持。19 世纪末，美国建成的铁路总里程达到 30 万英里。铁路的兴起，不仅促进了美国全国性市场的形成，而且在西部催生了众多的"铁路城镇"，使西部铁路沿线附近地区步入了早期繁荣④。

美国政府对铁路开发的支持包括技术援助和财政援助两种形式，在铁路建筑初期，联邦政府提供了大量的技术援助。在巴尔的摩—俄亥俄铁路建设期间，美国政府曾根据《综合勘测法》授权陆军部派出三支勘测队伍协助勘测、设计线路。到 1838 年《综合勘测法》废除时，军事工程人员帮助修建的铁路长达 1879 英里，而 1840 年全美铁路的营运里程不超过 2818 英里⑤。

美国政府对铁路建筑的财政援助主要采取土地赠与的形式。从 1850 年，美国政府开始将联邦公共土地无偿赠与各铁路公司，支持其修筑铁路。这些土地既可以被铁路公司用来持其发行债券，又可以作为获得私人贷款的抵押担保，还可以由铁路公司出售。这一时期的土

---

① 吴大华，徐杰. 西部大开发的法律保障 [M]. 北京：民族出版社，2001：36－37.
② 吴大华. 西部大开发中的法律制度建设研究 [M]. 成都：西南交通大学出版社，2011：45－46.
③④⑤ 吴大华，徐杰. 西部大开发的法律保障 [M]. 北京：民族出版社，2001：37.

地赠与的做法通常是：对于每英里铁路建设里程，以铁路沿线两侧纵深方向相互间隔的六块一平方英里的土地直接赠与州政府。尽管其规模还很有限，但这种新的土地赠与政策毕竟在快速推进铁路建设上发挥了极大的作用。在修建第一条横穿北美大陆的铁路线时，由林肯总统签署的《大西洋铁路法》授予联合太平洋公司和中央太平洋公司，每家一条宽度400米的选道优先权，并为每一英里的铁路建设赠与铁路公司沿线两侧纵深方向相互间隔的10块一英里见方的国有土地。1864年，一项新的法案将土地赠与数额增加到了向每英里铁路赠与沿线两侧纵深方向相互间隔的20块一英里见方的土地，而北部太平洋铁路公司甚至得到了为每英里铁路投予沿线两侧纵深40平方英里土地的极其优惠的补贴①。

第二次世界大战后，美国政府把交通运输业置于优先发展位置，对修筑西部铁路实行"积极资助，参与管理"的政策更促进了美国西部交通运输的飞速发展。在第二次西部大开发中，美国交通运输发展的重点放在四通八达的高速公路的兴建上。1956年的《州际国防公路法》授权美国政府为州际公路网建设提供资金，美国国会同意修建州际和国防公路系统。此后15年间，美国政府耗资430亿美元建成了42500多英里的高速公路，把全国9%的城市连接起来。再加上地方自己修建的超级公路，到20世纪70年代，遍布美国全国各地的网状高速公路基本已完成。至此，西部拥有了州际高速公路里程的42%，平均每3000人就有一英里州际公路，而东部平均每6000人才有一英里州际公路。五条铁路先后建成，横贯大陆的铁道大动脉将东部和西部，城市和农村紧密联系起来，加速了人口和劳动力的西移和国内统一市场的形成与发展②。

3. 教育方面的立法

美国政府对美国西部地区教育的发展所作出的政策主要表现在以下几个方面：

（1）拨地兴学，解决教育资金投入问题。建国之初，美国政府资金缺乏，于是美国政府通过实施拨地兴学的政策来投资教育。在1785年颁布的《土地法令》中就为市镇学校的发展专门保留了土地，而1862年和1890年美国国会两次通过《莫里尔法》，规定美国政府在每个州至少资助一所从事农业和技术教育的学院。出售公地所获资金，除10%可用于购买校址用地之外，其余将设立为捐赠基金，其利息不低于5%。这笔基金如果在五年内未能使用，将全部退还给美国政府。美国政府将赠地基金分配到各州后，各州在法案规定的范围内发展教育，如设立农工学院，创办以农业和机械为主的州立大学；或将赠地基金和私人捐赠一起用于建立新的大学和新的学院等。美国著名的马萨诸塞理工学院、伊利斯大学、康奈尔大学等均是在此基础上建立起来的。可以说拨地兴学造就了美国工业和农业急需的技术人才，强有力地推动了美国西部教育的发展，为美国西部开发打下了坚实的科教基础③。

（2）实行义务教育，提高西部人口的基本素质。19世纪20年代，美国开始在其北部和中西部大办公立学校，实行义务教育，各州纷纷颁布强迫教育令，提高入学率。并且通过改革和充实现有学科，使中小学学科设置趋于实用化。同时，还大力兴办师范教育。1823年，霍尔教士在美国首创师资培训班，同时设立附属小学，以供学员教学实习之用。霍尔的这一创举开启了美国师范教育的先河，1839年，马萨诸塞州颁布《师范学校法》，实现了初等教育师资培训的制度化和法制化④。

（3）大力兴办职业教育，培养新型实用型人才。出于解决西部地区农业人口素质普遍

---

① 吴大华. 西部大开发中的法律制度建设研究［M］. 成都：西南交通大学出版社，2011：46－47.
② 吴大华. 西部大开发中的法律制度建设研究［M］. 成都：西南交通大学出版社，2011：47.
③ 吴大华. 西部大开发中的法律制度建设研究［M］. 成都：西南交通大学出版社，2011：47－48.
④ 吴大华. 西部大开发中的法律制度建设研究［M］. 成都：西南交通大学出版社，2011：48.

偏低的现实需要，美国的职业教育开始主要是面向西部农业。1785 年美国成立的农业促进协会最先提出对青年农民实行农业技术教育。1821 年，缅因州、康涅狄格州、密歇根州等西部各州建立了农业学校。1862 年的《莫里尔法》将大力提倡发展职业教育规定上升为法律的要求。1917 年通过的《史密斯—休斯法》规定，拨款资助各州的职业技术教育，并且要求在发展农业教育的基础上，大力发展工业技术教育和商业教育。西部人力资源开发中兴起的职业教育，成了美国今天遍布全国城乡职业教育网络的序幕①。

4. 科技方面的立法

首先，美国政府历来重视技术创新工作，不断通过加强科技立法激励西部开拓者进行实用科技发明的积极性。美国 1787 年颁布的《宪法》就已通过保障发明家在限定期限内对其发明的专有权利来促进科学和有用技术的发展。1790 年美国设专利委员会并颁布第一部《专利法》，该部法律以其内容详尽完善，专利保护对象广泛为特色，对一般的发明专利及一些别国不承认的专利都予以承认，有效地保护和推动了发明创新。正如美国人认为的："专利制度促进了美国从一个小的农业国逐渐发展成为一个大的技术和工业国家。"同时美国政府特别提倡发明的实用性，利用专利等手段奖励有实用价值的技术发明和创新，实用技术发明掀起一股热潮。同年，美国政府正式成立专利局来管理发明创造和技术革新，以专利度来保证技术发明的推广。其次，美国政府还以种种手段和优厚条件吸引外国科技人员移民美国。美国移民法中有专门条款对科技专家移民美国提供便利，对一些移居美国或从事引进工作的科学工作者给予一定的奖励。惠特尼在引进标化生产的过程中就曾得到联邦政府的大量贷款。此外，美国政府注重引导科技与农业相互作用，将其视为西部开发的两大支柱产业②。

5. 财政金融方面的优惠政策和立法

区域发展援助的目标是为落后地区创造经济机会，培育其自我发展的创造能力。具体方式有财政转移支付，对欠发达地区给予财政上的大力补助，以平衡各地区的公共服务水平。还有各种财政补贴，分为专项补助和分类补助。专项补助提供给需要特别支持的专门项目，一般由美国政府规定用途、金额、使用期限和各种具体要求，有的还规定地方政府要投入配套资金。分类补助是给地方提供的一种消除地区差距的资金，美国政府只规定使用范围，一般没有配套资金的要求。从支出构成看，财政补贴主要用于医疗卫生、保障、教育培训和就业服务等方面。美国政府还允许各州实行相对独立的有差别的税收政策，以利于创造有利的地区投资环境。还实行灵活的金融政策，落后地区的有关建设项目，经美国政府批准可向社会发行债券并由州政府担保，给企业长期低息贷款，对效益好的中小企业提供出口信贷，还对在西部的投资者给予资金返还和折扣的优惠等③。

6. 工业布局方面的立法

美国在西部布局军事工业，导致大量国防开支源源流入西部，带动了西部的经济增长。第二次世界大战以后，又抓住军事工业转为民用的契机，在西部迅速发展了宇航、原子能、电子等高科技产业，形成和建立了加利福尼亚州以英特尔、IBM、雅虎等为代表的"硅谷"，北卡罗来纳的"三铁研究区"，佛罗里达的"硅滩"，亚特兰大的计算机工业区等。这些区域的高新技术产业的迅速发展，极大地推动了美国西部产业结构升级换代的步伐，构成了西

---

① 吴大华. 西部大开发中的法律制度建设研究［M］. 成都：西南交通大学出版社，2011：48.
② 吴大华. 西部大开发中的法律制度建设研究［M］. 成都：西南交通大学出版社，2011：48 – 49.
③ 吴大华，徐杰. 西部大开发的法律保障［M］. 北京：民族出版社，2001：37 – 38.

部以高科技产业为重要支柱产业的经济特色①。

7. 环境保护方面的立法

美国西部开发初期出现过严重的掠夺式开发，草原过度利用、土地滥用、水质污染等问题，造成了严重的生态环境破坏。针对这些出现的问题，美国开始重视环境保护和生态建设。1935 年，美国为了实施水土保护，在农业部设置了土壤保持局，并在 1933 年到 1954 年间先后颁布了《农业复兴法案》《水土保持法案》《流域保护与防洪法案》，各州政府也颁布了水土保持示范区案，成立了相应机构。1935 年 5 月，美国国会通过了《田纳西河流域管理法》，设立田纳西河流域管理局（以下简称 TVA），统一指挥流域内的水电工程、洪水控制、土壤保护、植树、土地休耕、河流净化和通航等。TVA 把水土资源管理、防洪和环境保护放在第一位，发电放在第二位。实践证明这些措施取得了很好的经济和社会效益，对该地区的发展起到了很重要的促进作用。此外，1946 年 7 月美国政府在内政部成立了土地管理局，该局的职责是从维护国家的长远利益出发，保证土地最佳综合利用，对土地进行宏观管理，要求资源开发和环境保护并重；并基于国家对土地的监察权的行使，对土地用途进行管制。20 世纪 60 年代以来，美国工业污染日益严重，美国国会修改通过了《清洁空气法》（1963）、《水质法》（1965）、《国家环境政策法》（1974）、《水质改进法》（1970）、《噪音控制法》（1972）、《安全饮水法》（1974）等数十个有关控制污染的法律，建立环境质量委员会和联邦环保局，政府和企业每年花费数百亿美元用于减少和控制污染。这些措施使美国西部在开发的同时生态环境得到了很好的保护，实现了良性发展②。

二、英国开发落后地区扶贫协作的做法与经验

英国主要是以依法实施区域开发政策推动落后地区的开发，其基本方针是把失业率高于平均水平的地区确定为需要援助的特别地区，然后采取各种措施促进这些地区的开发和发展。英国制定区域政策的历史可以追溯到 20 世纪 20 年代末，即以 1928 年"工业转移委员会"为标志。虽然区域政策多年来有了很大变革，且时断时续并严重地受政党政治的左右，但其首要目标未变，即缩小失业率在地区间的差异③。

在英国，投资补贴往往和企业所创造的就业机会密切相连。在现行区域政策中，有"区域发展补贴"和"区域选择性资助"两项财政支出，对到衰退或萧条地区进行投资的私人企业进行补助。1934 年英国政府颁布《特区法案》，对四个失业率高的特区进行财政援助，援助资金主要用于基础设施，鼓励厂商到特区投资，并通过建立商业区来援助企业。1940 年英国皇家委员会的特区委员会向美国政府提交了著名的"巴洛"报告，提出了"工业合理配置"的概念。这个概念的广义就是按照现存的人口规模搞好工业布局，重新创造衰落地区的就业机会。1944 年，英国政府在关于"就业政策"的白皮书里，接受了"巴洛"建议。1945 年，《工业分布法》颁布，特区更名为"开发区"，并扩大了开发范围，鼓励企业迁进开发区，借以增加落后地区就业机会。1975 年通过《工业法案》，采取两项新政策：一是政府可以和工业公司缔结计划协议，以吸引和促使更多的企业到开发地区投资；二是在主要援助地区建立开发机构，以购买公司股份的方式支持企业投资，这是区域政策的新特点。1979 年，提出"选择性地区援助"计划，援助资金集中于失业率最高的地区，同时，也加强了对项目支持的选择弹性。1984 年，英国又调整区域开发政策，其内容为：一是援

---

① 吴大华，徐杰.西部大开发的法律保障［M］.北京：民族出版社，2001：38.
② 吴大华.西部大开发中的法律制度建设研究［M］.成都：西南交通大学出版社，2011：49-50.
③ 吴大华，徐杰.西部大开发的法律保障［M］.北京：民族出版社，2001：39.

助分为两类，即发展补助和选择性援助，开发区可得到 15% 的发展补助，中间地区只能得到选择性财政援助；二是资金补贴，按就业成本和就业规模为企业提供就业补贴，鼓励劳动密集型企业的发展；三是迁入企业可得到资金补贴；四是给服务业以地区性补贴①。

英国的区域开发政策取得了一定的成效。一方面，区域开发政策对英国经济活动的地区间布局产生了显而易见的重大影响。由于解除了一些不利于落后地区经济发展的主要限制，增强了对资本和熟练劳动力的吸引，大大改善了这些地区的要素配置状况，逐渐在那里形成了新的有活力的经济。另一方面，区域政策与调整地区格局的其他推动力结合在一起，增强了开发地区经济的制造业优势②。

通过考察英国的区域开发政策，可以看出其开发过程有以下几个特征：①区域开发政策始终把解决落后地区的失业率作为整个目标，也是以高于全国平均失业率水平来划线，以此实现区域划分和开发目标的统一；②以工业开发证书、多种形式的补贴和奖励以及对营业费用的捐助是政府促进区域经济发展的三大手段，政策调整是这三大手段在区域政策系统中的交替使用；③对落后区域的开发一直以激励企业的迁入为基础，并根据失业率的最低确定激励程度的轻重缓急，更多地使用选择性财政援助，以随时调整政府的区域援助行为③。

三、法国开发落后地区扶贫协作的做法与经验

法国在开发落后地区时采取以保护为主的国土整治和环境管理相结合的开发政策。"国土整治"一词在法国正式出现于 20 世纪 50 年代，主要是指全国自然条件和经济发展水平不同的地区的平衡发展，同时也包括山地与河流的治理、海岸线的整治、生态保护等。半个多世纪以来，国土整治工作为法国经济和社会平衡发展提供了重要保障④。

洛林地区是法国传统的煤炭、钢铁等重工业基地。然而，进入 20 世纪 60 年代以后，由于国内外经济形势的变化，煤炭、钢铁等行业逐渐走入低谷，洛林地区面临严峻考验。法国国土整治与地区行动署联合洛林地区的官员和专家对形势进行了分析后得出了三个结论：①传统工业可以继续发展，但已经不可能成为当地经济的龙头，新工业、新技术和新发明的推广应用才是洛林地区经济复兴的关键；②洛林地区经过多年建设，基础设施好，与国内外联系广泛，作为法国工业基地的名声较大，科研力量较强，完全具备支柱产业转型的基本条件；③环境工业及与人类健康有关的产业方兴未艾，将成为洛林经济发展的新的增长点⑤。

法国海疆漫长，约有 3115 千米，常住居民 500 多万人，占法国人口的 1/10，其中 1/3 的滨海带为人口高度密集的地区。滨海区拥有 880 个城镇，其中 10 万人以上的城镇有八座。滨海区拥有丰富的海洋资源，直接从事海洋业活动的劳动力约有 50 万人。沿海分布着许多重要港口，法国对外贸易的 2/3 商品通过海港转运。滨海带还是理想的避暑胜地，每年接待国内外游客约 1300 万人。特别是享有"蓝色海岸"盛名的地中海海岸尼期—科达祖尔滨海带，景色分外秀丽，这里旅游设施完善，日光浴和疗养业十分兴旺。然而，海滨区都市化和旅游业的迅速发展也带来了越来越多的问题。由于都市化的扩展，特别是地中海海滨地区人口日趋密集，致使海洋受到严重污染，对海洋捕捞造成巨大威胁。此外，旅游业的发展损害了海洋业的开发，矛盾日显突出，加之海岸受到自然的破坏严重，因此，保护和合理开发滨海地区便成为法国政府十分关心的问题。特别是 20 世纪 70 年代以来，法国政府对滨海地区

---

① 吴大华，徐杰. 西部大开发的法律保障 [M]. 北京：民族出版社，2001：39 - 40.
②③ 吴大华，徐杰. 西部大开发的法律保障 [M]. 北京：民族出版社，2001：40.
④ 吴大华，徐杰. 西部大开发的法律保障 [M]. 北京：民族出版社，2001：40 - 41.
⑤ 吴大华，徐杰. 西部大开发的法律保障 [M]. 北京：民族出版社，2001：41.

采取了保护与开发相结合的方针，即一方面严格控制都市化的发展，规定滨海带新建筑占地必须得到批准，取得"许可证"；另一方面大力开发海洋资源，实行海洋业与旅游业同时并举、协调发展。为此，政府于 1974 年制订了"滨海带整治方案"，确定对地中海、大西洋和芒什海沿岸六个滨海区进行重点治理，并分别制定了不同的整治方针。1975 年又建立了"滨海管理机构"，决定在"第七计划"期间开发一万公顷滨海带，并扩大滨海保护区。截至 1982 年，仅受"滨海环境保护机构"管辖的滨海带就已达 23000 公顷和 150 个城镇。目前正在制订中期计划，以进一步扩大滨海保护范围①。

从生态环境管理上讲，法国环境能源局于 1992 年成立，得到了法国土地使用规划、环境保护、工业企业和科研等部门的支持，目的是便于统一进行法国的环境管理，强化环境保护的有关法律、法规的实施和执行，具体涉及以下方面：

（1）能源与原材料的保护。促进再生能源利用，提高清洁和能源效益，废物最少化和处置、回收废物等；减少大气污染，控制噪声污染，补救土壤污染，保护环境②。

（2）法国环境能源局的经费达 46.64 亿法国法郎。主要来源于政府（法国土地规划部、环境部和法国科学研究部）拨款和咨询服务（占 5%）。法国环境能源局在全国 28 个区都设有分支机构，共有 6000 余人，各区的分支机构分别负责该地区的环境管理、法律法规的实施。法国环境能源局全面负责水、废物和大气的环境保护法律法规的实行和执行，其经费主要来自污染费、回收费、政府补贴费以及法国的有关基金会等③。

（3）法国在废物处置和管理方面具有较先进的经验，在城市废物的处置和管理方面采取了政府与公众相合作的办法，废物处置和管理费用由政府和居民共同分担，其中工业废物的处置和管理将由工业企业负担所有的费用，对于能回收的废物，均由企业负担回收的费用④。

（4）法国的环保产业市场有很大的开发潜力，但是其环保市场的增长远低于期望的结果。统计资料表明，法国 1999 年环保市场增长 1.5%，回收市场增长 3%。监测设备市场将由 1998 年的 2% 增长到 1999 年的 3%，2000 年达 6%。大气污染控制无可非议是法国目前重要的环保市场，其增长从 1998 年的 10% 到 1999 年的 14%，2000 年达 17%。欧盟国家 1998 年向亚洲和北美国家出口的大气污染控制技术和设备增加到 55%，主要有噪声控制、环境工程技术以及土壤清洁技术等，其中土壤清洁技术增长幅度最小⑤。

四、意大利北南部扶贫协作的做法与经验

意大利经济是南方落后，北方发达。早在 1861 年国家统一时，就已表现出南北方经济发展的严重不平衡。第二次世界大战期间，南方工业又遭受了严重的破坏，而第二次世界大战结束以后，"马歇尔援助计划"绝大部分用在了北方。1951 年南方农业产值占 55.7%，工业产值仅占 18.4%，服务业产值占 29.7%，人均产值只有北方的 46.7%，南方人民生活水平大大低于北方。以人均消费的肉类比较，南方仅为 7.6 公斤，不到北方人均消费的一半。落后的南方拖了意大利经济发展的后腿，因而意大利政府决定对南方落后地区进行开发，扶持南方地区经济的发展⑥。

意大利政府开发南方的过程，分为四个阶段。第一阶段：1950～1957 年，这个阶段意

① 吴大华，徐杰．西部大开发的法律保障［M］．北京：民族出版社，2001：41－42.
② 吴大华，徐杰．西部大开发的法律保障［M］．北京：民族出版社，2001：42.
③ 吴大华，徐杰．西部大开发的法律保障［M］．北京：民族出版社，2001：42－43.
④⑤⑥ 吴大华，徐杰．西部大开发的法律保障［M］．北京：民族出版社，2001：43.

大利政府对南方开发的重点是农业和基础设施，目的是增加农业投入和为南方的工业化创造条件，并缓解失业人口的压力。政府征收了50万公顷的地产，通过分期付款和优惠贷款的办法分配给无地和少地的农民。1950年成立了意大利南方开发银行，即著名的南方基金局，接受政府拨款并进行开发投资。这一时期开发基金的60%用在农业上，其余的40%全部用于基础设施改造，如水道、电网、铁路、公路。第二阶段：1958～1965年，这个阶段意大利政府对南方开发的重点转向推进南方的工业化进程，奠定南方经济发展的基础。这个时期的开发基金70%以上用于工业，采取区域开发战略，推进南方工业化进程，把发展较快、具有发展潜力的地区确定为工业开发区或工业开发中心，设立机构进行规划和管理，政府投资、国家参与制企业投资和私人企业投资都向开发区域内集中。第三阶段：1966～1975年，这个阶段意大利政府对南方开发的重点是继续推进工业化，同时促进该地区第三产业尤其是旅游业的发展，以适应工业化发展的需要。第四阶段：1976年以后，这一阶段意大利政府对南方开发的重点是发展南方的中小企业，改善其技术设备，改变单纯依靠大企业促进南方的工业化并仅局限于区域开发的做法，使南方的工业企业地方化和普遍化。政府为扶持中小企业拨款18.7万亿里拉，成立了租赁公司，向南方中小企业以优惠价格出租先进技术装备[1]。

经过40多年对南方落后地区的开发，成效很显著。到1981年，意大利南方人均国民生产总值为北方的61%，这比1951年南方人均国民生产总值为北方的51%已有了显著的提高；南方农业就业人口的比重也由57%降到23%，工业、商业、服务业就业人口的比重分别由19%上升到29%、由16%上升到30%、由9%上升到18%，人均国民生产总值由410万里拉上升到1530万里拉，增长了273%；公路总长度由1951年的4.3万千米增长到1981年的10.3万千米，人均长度达到国内其他地区水平；每100人拥有的电话由1951年的一部增加到23部，家用电器、小汽车基本普及。无论是城市还是农村，都具有了工业化社会的主要特征[2]。

五、德国开发落后地区扶贫协作的做法与经验

德国的经济发达程度较高，经济实力较强，其区域政策目标的着眼点比较偏重于追求社会公平。这些目标，在许多法律上都有较明确的规定，如《联邦基本法》第72条规定：联邦各地区的发展和居民生活水平应该趋于一致；《联邦改善区域结构共同任务法》规定，联邦和州共同出资（各占50%）对落后地区的发展给予补助。所以说德国区域政策追求的目标是实现经济、社会发展的平衡[3]。

1. 地区发展和地区结构的平衡

主要是通过促使发达地区的资金、劳动力等生产要素向落后地区流动，帮助落后地区进行开发来促进落后地区的发展，实现各地区均衡发展。同时，帮助各地区形成适宜于本地区的各行业的生产结构和大中小合理配置的企业结构，避免某一地区因经济结构过于单一、市场竞争力下降而发生经济衰退[4]。

为实现这一目标，在区域发展政策的制定方面，德国政府努力建立健全区域发展的法规。根据《联邦基本法》第91条（修正案）的精神，德国政府颁布了一系列区域发展的法律和法规。1965年颁布了《联邦区域规划法》，1967年颁布了《促进经济稳定与增长法》

---

① 吴大华，徐杰. 西部大开发的法律保障［M］. 北京：民族出版社，2001：43－44.
② 吴大华，徐杰. 西部大开发的法律保障［M］. 北京：民族出版社，2001：44－45.
③④ 吴大华，徐杰. 西部大开发的法律保障［M］. 北京：民族出版社，2001：45.

和《区域经济政策的基本原则》，1969 年颁布了《投资补贴法》和《改善区域经济结构的共同任务法》，1975 年发布了《联邦区域规划纲要》等。在调整区域结构方面，德国政府通过法律把产业政策和区域发展政策有机结合起来，通过经济结构调整、支持中小企业的发展等途径，促进地区经济结构的转变，保持地区经济的发展优势①。

2. 地区分配平衡

德国政府允许各州间的人均税收有 10% 的差距。根据社会收入水平、失业率、基础设施水平和未来发展四项标准，判断各州生活是否趋于一致。超出全国平均水平的州，要拨出部分收入分给低于平均水平的州。低于全国平均水平的州都有权利得到财政补贴，而所谓财政平衡政策就是联邦州和各级地方政府间通过平衡拨款（横向平衡）和垂直拨款（纵向平衡），达到各地经济发展和生活水平的相对平衡，其中最重要的是纵向平衡。这种财政支持的对象，主要是特定的项目和贫困地区。支持的形式包括按财政收入的一定百分比拨款，或按项目投资的一定比例划拨，还包括对落后地区的减免税。这类拨款的数额相当于地方收入的 1/3。资金的重要来源是增值税。1969 年的德国《宪法》修正案规定，增值税的 75% 应按人口进行分配，25% 应分配给总收入低于全国平均水平的那些州，以使其达到全国平均水平的 92%②。

除此之外，德国区域政策的目标还包括环境保护、教育、文化、交通等方面，其中环境保护的目标是目前最重要的。所以，由此可见，建立在法治基础之上努力实现社会的公平发展是德国这样高度发达的国家区域政策所追求的目标③。

六、日本开发落后地区扶贫协作的做法与经验

在日本人看来，他们的后进地区是山区和一部分人口过疏地区。为了振兴这些地区的经济，1960～1998 年，日本先后制定了《山村振兴法》和《过疏地域振兴特别措施法》，促进这些地区的经济开发。并且，日本的区域政策目标是与其经济发展的不同阶段相适应的，有明显的阶段性特点④。

1950～1955 年为第一阶段，这一阶段是实施《特殊地区综合开发计划》，目标是整治河流、增产粮食和合理利用水资源。第二阶段始于 1955 年，这时日本的经济建设重点转向了工业领域。便于得到外来资源的太平洋沿岸成为此时日本发展的重点区域。1960～1974 年是日本区域政策实施的第三阶段。1961 年制定了《欠发达地区工业开发促进法》，1962 年又制定了《新产业城市建设促进法》，这两项法律是 1962 年制定的《全国综合开发规划》中所提出的"据点开发方式"的具体体现。1972 年，日本又颁布了《工业再配置促进法》，主要目的是"促进工厂从工业过度集中地区向工业开发水平尚低的地区转移"。同时，为了缓解这一过于不均衡的矛盾，日本政府先后通过了《工业产地白皮书》以及连续四个全国综合开发计划。从 1974 年起，日本政府制定了《国土开发利用法》，标志着日本的区域政策进入新的阶段⑤。

在这三个发展阶段中，日本采取了一系列的战略举措，主要包括：

1. 积极建设和发展技术密集城市

20 世纪 70 年代末 80 年代初日本实施"技术立国战略"，1983 年初颁布了《技术密集城市法》。该法明确规定：技术密集城市的建设必须在传统的三大经济圈之外。为此，日本

---

① ② 吴大华，徐杰. 西部大开发的法律保障 [M]. 北京：民族出版社，2001：45 – 46.
③ ④ 吴大华，徐杰. 西部大开发的法律保障 [M]. 北京：民族出版社，2001：46.
⑤ 吴大华，徐杰. 西部大开发的法律保障 [M]. 北京：民族出版社，2001：46 – 47.

政府在欠发达地区选择了 19 个区域，根据各区域的特点和优势，因地制宜地建设各种不同类型，不同主导产业的科技城。这些科技城的建立，既促进了日本高科技产业的发展和创新，又通过其创新和扩散效应，有力带动了周围欠发达地区的经济发展，从总体上优化了日本经济的地域空间结构。建设技术密集型城市是日本开发欠发达地区和推进城市化的一种新模式，收到了较好的成效①。

1973 年，日本政府根据田中角荣提出的《日本列岛改造论》制定了《经济社会基本计划》，力图通过有关产业开发和环境保护的大型开发项目的实施，解决第一阶段出现的问题。首先，调整了工业格局，收缩战线，规定了工业选址的必要条件。国家对下决心迁出东京、大阪、名古屋和九州四个工业经济圈的工业企业，以提供贷款、补金和免税等优惠条件加以鼓励。另外指定北海道、东北、北陆、山阴、四国、冲绳等落后地区容纳从过分集中地区迁出的工业。在进行工业重新分配的时候，日本也如同世界上其他国家一样，注重开发高附加值的高科技产业，把这些极具潜力的行业引导到那些等待开发的地区去，以促使其他产业的发展②。

2. 大力振兴落后地区的科教事业

为了提高落后地区的科技水平，日本政府非常注意科研机构的布局，在每个地区分别设立了一个国立的工业开发试验所和一个农业试验场，各地方政府在本地区也设有公立的科研机构。国立的科研机构主要任务是在进行基础性的共同研究（先导性的基础研究、技术或产品的评价方法等）的同时，对基层的科研机构的科研活动给予指导。各地区设立的公立科研机构的主要任务是适应当地经济发展的需要，进行有关课题的试验研究，为中小企业设立开放的试验室，为他们进行有关试验研究提供方便，实行技术指导员制度。除了在各地区设立科研机构外，日本在振兴落后地区科学技术方面还采取了为中小企业设立"技术银行"等措施。日本通产省中小企业厅从 1985 年开始在日本全国设立 50 个"技术银行"，对大企业的技术人员和专家、国立研究机构的研究人员、社会上的技术人才进行登记。根据中小企业的需要派遣技术人员到委托企业进行有关质量管理、产品的设计和标准化、市场情报等方面的技术指导，以提高中小企业的技术水平。由于落后地区中小企业较多，通产省中小企业厅"技术银行"这一计划的实施，对改变中小企业的处境，提高落后地区科技水平，起到了一定促进作用③。

为了振兴落后地区的教育，日本制定了《偏僻地区教育振兴法》《振兴落后地区特别措施法》等法规，在《偏僻地区教育振兴法》中，明文规定了部大臣、都道府县、市町村各级政府在振兴落后地区教育方面的任务；明文规定都道府必须对在偏僻地区任教的教职员发放教育津贴，国家对都道府县市町村各级政府为振兴落后地区教育予以补助。日本通过制定与实施这些法规，不仅保证了教育方针政策的连贯性，而且使广大教职员工有法可依，有章可循，便于发挥其积极性，有利于振兴落后地区的教育④。

3. 振兴山村，对山区实行综合开发

为了抑制产业和人口过度集中于大城市，日本政府于 1965 年颁布了《山村振兴法》。当时日本共有山村 2000 余个，分布在 3/4 的国土上，这些山村由于经济落后，逐步成了日本的"过疏"地带。《山村振兴法》选择了近 1200 个山村（占全国面积的 48%），国家大

---

① 吴大华. 西部大开发中的法律制度建设研究 [M]. 成都：西南交通大学出版社，2011：50.
② 吴大华. 西部大开发中的法律制度建设研究 [M]. 成都：西南交通大学出版社，2011：50 - 51.
③④ 吴大华. 西部大开发中的法律制度建设研究 [M]. 成都：西南交通大学出版社，2011：51.

力增加对这些山村的投资，实行以林为主的综合开发①。

对中部山地高寒地区的综合开发，是日本开发欠发达地区的一个典型。日本的中部山地气候条件恶劣，但通过综合开发，这些高寒地区目前都建成了蔬菜、畜产、旅游综合发展的农业基地，已成为日本的旅游基地：夏季是高尔夫球场、网球场，冬季是滑雪场，成了日本人休闲、旅游的好去处②。

4. 建设偏远农基地

第二次世界大战后初期，日本农业区域分布的突出特征是从大城市近郊农业地带向中间农业地带、偏远农业地带逐步移动。当年的偏远农业地带今天已经成为日本最重要的农业基地。为开发偏远农业地区，日本主要采取了以下措施：①利用偏远地区的自然优势，发展牧草和青贮饲料的种植，使之成为全国最重要的畜牧业基地；②不断改良水稻品种，培育耐寒、早熟品种，大力预防自然灾害并加强土地改良工作，政府给予农业补贴，使偏远地区为全国最重要的粮食基地；③大力发展偏远地区的交通运输系统，使这些地区的蔬菜、水果等农产品能及时、低成本地运往大城市。偏远农业基地的建设是日本成功开发欠发达地区的又一典型③。

与此同时，在20世纪70年代末80年代初，日本欠发达地区还兴起了振兴乡村经济的"一村一品运动"。"一村一品"只是个形象提法，实际上是"一村数品"或"数村一品"。"一品"指的是发展具有本乡特色的产业，政府号召偏远地区的居民"站在世界的角度，考虑家乡的建设"。日本的"一村一品运动"对于利用和发挥欠发达地区的优势与特色，促进欠发达地区开发起到了重要作用④。

5. 加强对落后地区的文教、医疗、福利设施投资，改善文化生活环境

日本政府十分重视改善落后地区的文化教育条件，在《偏僻地区教育振兴法》中明文规定，为振兴落后地区教育，国家和地区政府逐年增加教育投资；该法第六条还规定，国家对都道府县及市町村政府为振兴落后地区教育所花费经费补助1/2。在生活环境方面，日本对贫困地区修建老人、儿童福利设施及各种娱乐设施所需费用给予特别补助；对兴建医疗设施，配备救护车，进行定期巡回医疗、保健指导活动等所需费用和落后地区建立公共医疗合作体制方面的费用，国家在行政上补助1/2。而且，从1985年以来可用这笔补助金充当税收。1977年，日本制定《第二次全国综合开发计划》，提出要"有计划地建立地方居民的综合生活环境"，开始提高落后地区生活性基础结构的投资比重，这标志着日本的地区开发政策从单纯重视生产向同时重视生活转变⑤。

6. 对落后地区的企事业单位实行优惠税收和贷款政策

在税收方面，日本为振兴落后地区的产业，按照《税收特别措施法》采取以下措施：①对落后地区开发事业用资产实行特别税制；②对工业用机械设备，实行加速折旧制度；③对同落后地区开发事业有关的经营者实行减免税收制度，而且对免收的事业税，不动产所得税、固定资产税等可充当地方税。在贷款方面，首先，由有关金融部门对落后地区的中小企业的资金需求给予保证；其次，由政府的专门金融机构提供专项贷款，如住宅金融公库优先提供用于住房建设和购买建房用地贷款，农、林、渔业金融公库优先提供改善农、林、渔

① 吴大华. 西部大开发中的法律制度建设研究 [M]. 成都：西南交通大学出版社，2011：51－52.
② 吴大华. 西部大开发中的法律制度建设研究 [M]. 成都：西南交通大学出版社，2011：52.
③ 吴大华. 西部大开发中的法律制度建设研究 [M]. 成都：西南交通大学出版社，2011：52－53.
④ 吴大华. 西部大开发中的法律制度建设研究 [M]. 成都：西南交通大学出版社，2011：53.
⑤ 吴大华. 西部大开发中的法律制度建设研究 [M]. 成都：西南交通大学出版社，2011：53－54.

业经营计划的各种事业贷款，而且贷款期限较长为 5~10 年，有的甚至长达 30 年①。

为了更好地促进落后地区的开发，日本于 1950 年和 1976 年分别设立了"北海道东北开发公库"和"冲绳振兴开发金融公库"，这两个公库除了经营一般的金融业务外，还对从事与日本落后地区开发有关的各项经营对地区的产业振兴做出贡献的企业或个人给予优惠贷款，并为本地区开发筹措资金②。

按照有关法规发行特别公债，这是专门为落后地区开发而发行的公告。主要用于国家指定的落后地区筹措道路建设，渔港建设、住宅建设、医疗设施，以及老人儿童福利设施，通信设施和振兴地方传统产业所用资金。特别公债在每年的开发资金中占 45% 左右，它成为落后地区开发的重要资金。而且，公债本利的 70% 可用来充当地方税③。

7. 北海道地区的开发

值得一提的是，在日本开发其不发达地区的程中，对于北海道地区的开发尤其具有代表性，对于我国东西部扶贫协作具有较大的借鉴意义。北海道地区位于日本的北部，是日本经济发展水平比较落后的地区。20 世纪 50 年代，为了解决战后严峻的粮食、煤炭、木材供给和复员军人安置问题，日本决定开放北海道，一起利用北海道人少地多的条件，达到为全国经济的恢复提供粮食和资源的目的。为此，日本专门制定了《北海道开发法》，于 1950 年 5 月 1 日正式发布实施，这标志着北海道开发进程的开始。《北海道开发法》是推动北海道各项开发工作的法律依据，内容包括开发计划的制订、计划推动的行政组织、预算编制程序、优惠措施等，并视需要按年加以修订④。

综合分析，日本开发北海道实施了以下有特色的政策：

（1）高效的综合开发行体系。日本行政体系由中央政府、都道府县和市町村三级构成。按地方自治法，国家不能干涉地方行政，只能在法定范围按照事权和财权实施区域政策，而北海道综合开发试行以北海道开发厅为主体和北海道地方政府为主体构成二级行政。1950 年在中央设立北海道开发厅，1951 年在北海道设立开发局；2001 年北海道开发厅移交到新组建的国土交通省。北海道开发厅在开发商拥有开发计划调查、制订综合发展规划、通管预算、推进法定事业项目的实施、监管北海道东北开发公库等权限。北海道开发局作为中央驻道机构，负责实施和完成农林水产省、运输省、建设省等部门所管辖的国家直接项目，建设国道、河流、水库、海港、机场、农业基础等设施，对地方政府项目进行补助和指导。这种行政体系确保了跨省（部）、跨部门的综合开发得以高效实施⑤。

（2）科学合理的综合开发。依据《北海道开发法》，日本于 1951 年先后编制并经内阁表决批准实施《北海道综合开发规划》。每一期综合开发规划都有一个重心。第一期规划的重点是开发资源和振兴产业；第二期规划是实现产业结构现代化；第三期规划是进行社会发达福利设施建设；第四期规划是促进社会经济安定性和综合环境的形成；第五期规划是使北海道经济在国内外具有更强的竞争力，能够为日本的长期发展做出更大贡献。中央管辖部分与地方管辖部分之间的分歧意见，要在规划规定前协调，并将协调结果体现在规划要旨中，而对规划的实施只是分工负责，多少存在责任不清和扯皮现象，保障各项政策的有效执行⑥。

（3）建立了独立的财政预算。一是国家对北海道地区开发财政预算进行统管、单独列支。北海道开发厅根据《北海道开发法》和《北海道综合开发规划》，统一管理和调整北海

---

① 吴大华. 西部大开发中的法律制度建设研究［M］. 成都：西南交通大学出版社，2011：54.

② 吴大华. 西部大开发中的法律制度建设研究［M］. 成都：西南交通大学出版社，2011：54 - 55.

③④⑤⑥ 吴大华. 西部大开发中的法律制度建设研究［M］. 成都：西南交通大学出版社，2011：55.

道综合开发需要的公共投资预算，分别把预算分配给建设、农林、运输和厚生等中央部门设在北海道的分支机构，以此确保北海道开发财政及时到位。从 1950 年到 2003 年末，北海道开发局累计从国家得到的开发事业费预算为 24.97 兆日元，占国家财政预算的比重平均每年都在 10% 左右。二是采取提高国库补助负担率的特殊措施，扩大国家直接管理的公共投资项目范围。例如，北海道的河流、国道、一般港口、渔港、机场建设项目的国家财政补助率高达 80% 以上，而北海道以外地区的国家补助标准一般不超过 2/3。三是中央财政转移支付的财力补助比例高于其他地区①。

（4）建立了扶持开发的金融体系。日本中央政府在北海道综合开发中实施的金融政策，主要体现在北海道东北开发公库形式多样的金融借贷措施上。北海道东北开发公库成立于 1956 年，作为政府全额出资的政策金融机构，主要履行了四大功能：一是支持创新性高风险事业的风险弥补功能；二是向城市基础设施等投资回报期较长的事业提供资金的周期弥补功能；三是向研究开发等低收益事业提供资金的收益弥补功能；四是向实力不强的地方中小企业提供资金的信用弥补功能。此外，日本开发银行、中小企业公库、农林中央公库等政府金融机构在各专门领域也为北海道综合开发提供了大量优惠贷款②。

（5）始终坚持开发与资源保护并重。日本政府在北海道开发中不仅重视和加强落后地区的基础设施建设，而且还十分重视生态环境的保护，妥善处理好经济发展与资源环境的关系，积极推动北海道生态、经济、社会协调发展。农业是北海道的支柱产业，日本全国的粮食自给率仅为 40%，其中相当一部分来自北海道。因此，在北海道开发过程中，日本政府采取了各种措施大力支持农业发展：①进行土地开拓和改良。20 世纪 50 年代以来，北海道开发局向水坝、基础引水、排水渠道等设施进行重点投资，实行土地改良计划，将未开发的泥炭地改造成水田。经过土地改良后的农业综合开发保证了粮食、蔬菜的稳定增产③。②不断采用农业新技术和新方法。在开发初期就创立了北海道机幌农业学校，从美国招聘技术人员，不断培育新品种④。③实行农业保护政策，北海道的牛奶在发展之初，由于运输原因，大部分用于加工成奶制品，而作为加工原料的牛奶收购价格低，不利于鼓励农户发展奶牛。因此，日本政府实施了"不足支付制度"补助，有效地调整了加工用牛奶和鲜食牛奶的价格关系，保障了养殖户的收入，促进了北海道奶牛产业的发展。近几十年，由于小规模的家族经营造成了农产品的生产费用增多，政府又以"制度资金"的形式给农民长期低息贷款，促进了农业机械化⑤。

在北海道实施的六期综合开发计划中，从最初的资源开发与产业振兴、建设高生产、高福利社会，发展到形成稳定性的综合环境，为北海道良好的人居和生态环境创造了条件。同时，北海道还以自然资源的恢复和可持续开发利用为重点，大力发展循环经济。强调资源的循环利用，提高资源利用率⑥。

七、俄国及苏联开发落后地区扶贫协作的做法与经验

与美国一样，俄国的地区差别亦很明显：作为其发源地的欧洲部分，在 1917 年十月革命前至少已有 1000 多年的发展，而且有白海、波罗的海和黑海做出海口；而它的边疆，即拥有 1200 万平方千米土地的西伯利亚，却基本上是浩瀚无际的"处女地"，生活在那里的大约 100 万土著人尚处于部族状态。俄国对西伯利亚的征服完成于 1582～1689 年，并从 1648 年起开始向那里移民，但在其早期开发阶段（1648～1860 年）的 212 年间移民仅四五

---

① ② 吴大华．西部大开发中的法律制度建设研究［M］．成都：西南交通大学出版社，2011：55－56．
③④⑤⑥ 吴大华．西部大开发中的法律制度建设研究［M］．成都：西南交通大学出版社，2011：56．

十万且主要成分是被放逐的罪犯，1820～1890 年平民在移民中也只占 1/4。1861 年废除农奴制，1900 年取消流放制，特别是俄国在 1904 年日俄战争中的失败，使俄国感受到西伯利亚和远东在其战略上的重要性，开始逐步加快对西伯利亚的开发，举措之一是修建西伯利亚大铁路，1906～1910 年前往那里的移民平均每年猛增至 44 万。但到十月革命前，整个西伯利亚人口不过 800 万，耕地 2100 万英亩，牲畜 3700 万头，农业为主，工业较少。1917 年十月革命后，国家百废待举，又面临西方的威胁，苏联政府决定实行工业东移政策。一方面，将一些工业从欧洲迁往东部，如卫国战争期迁入亚洲部分的工厂达 450 个；另一方面，有计划有步骤地加快西伯利亚的开发。所以，从第二个五年计划（1933～1937 年）起，国家投资使用方面就开始向西伯利亚倾斜，其中用于西伯利亚的费用煤炭占 49％，钢铁占 40％，重工业占 37％，非金属工业占 70％，机器制造占 27％，化学工业占 34％。此后历次五年计划都有大量投入。至 1942 年，西伯利亚的工业生产的钢材已占全国的 1/4，生铁已占 1/3，煤炭已占 1/2。20 世纪 50 年代以后，西伯利亚不仅已成为苏联工业的重要基地，也是各种高科技研究和产业的重要基地。著名的新西伯利亚就是其中之一①。

俄罗斯对于其欠发达地区的开发主要包括苏联时期和苏联解体后俄罗斯的开发，苏联时期，大约每隔 10 年，政府就在西伯利亚和远东地区实施一项长期投资纲要，每实施一项长期投资纲要就形成一个开发阶段。俄罗斯独立政府，于 20 世纪 90 年代初，远东经济协会制定了《解决远东地区、外贝加尔地区的危机及到 2000 年的社会经济开发纲要》，近几年由于各种因素的作用，俄罗斯对西伯利亚和远东地区的开发更加重视，并开始实施全面的开发战略规划。即 1996 年 4 月通过的《1996～2005 年远东和外贝加尔经济与社会发展联邦专项纲要》和 1996 年 5 月通过的《1997～2005 年西伯利亚社会与经济发展联邦专项纲要》。这两项纲要与苏联历次纲要相比，无论在开发内容的广度上，还是在开发措施的力度上都比以前有更新的发展②。

1. 建立区域性生产综合体是苏联东部大开发的重要形式

区域性生产综合体最初成为区域性生产组合，它是苏联著名学者克洛索夫斯基提出来的，后来发展为区域性生产综合体。它是按区域配置生产力的一种形式，即根据某一地区的自然地理条件、经济因素，有计划配置专业生产部门及辅助生产部门（包括输电网、电力网、建设基地、器材与机器供应基地以及其他社会生活的基础设施，如住宅、商店、公共设施等）。目的在于合理利用各种资源，统筹规划，以最少的资金、人力和物力谋求最大的经济效果③。

苏联第一个区域性生产综合体乌拉尔—库兹巴斯综合体从 1928 年开始组建，到 1937 年基本完成。从 20 世纪 60 年代起，区域性生产综合体在苏联东部得到广泛推广，1971 年苏联共产党第二十四次代表大会首次正式肯定了这种组织形式，并决定将其作为开发东部的新的重要方法④。

苏联采用区域性生产综合体的方法开发远东部，主要是由于苏联东部的经济发展水平非常低，不可能一开始就全面开发，所以，以区域为单位就是其首选。另外，还有在严酷的自然条件和劳力不足等条件下开发东部，所以，要比其他地区更多考虑节约开发费用和提高生产效率的问题。但是，区域性生产综合体本身的优越性及其对生产的推动作用，是苏联采用

① 吴大华，徐杰. 西部大开发的法律保障 [M]. 北京：民族出版社，2001：48－49.
② 吴大华. 西部大开发中的法律制度建设研究 [M]. 成都：西南交通大学出版社，2011：57.
③ 吴大华. 西部大开发中的法律制度建设研究 [M]. 成都：西南交通大学出版社，2011：57－58.
④ 吴大华. 西部大开发中的法律制度建设研究 [M]. 成都：西南交通大学出版社，2011：58.

这一形式开发东部的主要原因①。

苏联综合体问题专家班德曼博士总结了区域性生产综合体的五大优点：

（1）资本、劳动力、原材料、燃料、水、土地等资源以及生产废料和副产品能得到更好、更合理的利用②。

（2）专业生产部门和辅助生产部门的结合、企业的合理集中以及生产的协作化、综合体内部各企业合理分布。

（3）综合体整体或各部分共同的新的基础设施的建设及其合理的配备和利用。

（4）改善综合体内外的社会经济和生产的联系。

（5）地区的技能分配合理化，改善人口分配及建设系统。虽然区域性生产综合体也出现了某些问题，但是总的来说，它的优点大于缺点，而且它是开发落后地区必须使用的一种方法，它代表着一种发展趋势。总之，它对苏联的东部大开发起到了巨大的推动作用③。

2. 非常重视教育，充分发挥科学研究及专家的作用

从20世纪50年代起，苏联实施东部开发计划后，为了适应经济发展需要，1957年5月18日苏联部长会议通过决议，决定创建苏联科学院西伯利亚分院；同年6月8日又决定在西伯利亚城郊建设科学城。为此，苏联协调全国著名科学家到西伯利亚分院担任领导和从事科研工作，为建设西伯利亚科学城，花费了数十亿卢布④。

上述努力没有白费，科学研究在东部开发中确实发挥了重要的作用，或为东部经济发展的先导和推动力。东部地区的高等校、科研单位及有关部门结合本地实际，制订出了科学的、全面的、综合的经济发展目标。东部经济发展中的重大问题都经有关专家、学者充分讨论、论证，确实发挥了专家在制订规划和管理经济中的智囊、参谋乃至决策的作用⑤。

3. 不断扩大国外经贸和技术合作

为开发东部的能源及动力资深，需要巨额资金及先进的技术设备，仅靠苏联自己的力量是远远不够的，急需从西方引进技术设备；与此同时，由于西方缺乏能源原材料、矿产品和木材等，也乐于同苏联扩大合作。为扩大同国外的经贸和技术合作，苏联不仅成立了由中央直接管理的地方外贸机构——远东国外贸易公司，允许该公司同周边国家进行地方边境（或沿海）贸易，还采取了比较灵活多样的贸易和技术合作形式，如合作开发、补偿贸易等形式，对东部大开发战略的顺利实施起到了巨大的推动作用⑥。

4. 采取措施保护自然环境，合理利用资源

随着工农业和交通运输业的发展与自然资源的开发，保护自然和合理利用自然资源已成为极为重要的经济和社会发展的任务之一。为此，苏共中央和苏联部长会议于1972年和1978年先后通过了《关于加强自然保护和改进自然资源利用》的决议及其补充决议。除了强调保护自然资源外，对城市的噪声污染也给予了很大的关注，1973年苏联部长会议专门作出了《关于降低工业企业，城市和其他居民点的噪音的措施》的决议⑦。

5. 采取优惠政策措施，解决干部与劳动力不足问题

针对前期在稳定熟练的建筑业干部队伍工作中存在的问题和不足，1968年1月12日，苏共中央和苏联部长会议作出了《关于保证向基本建设提供干部的措施》的决议，强调要采取一些优惠措施，创造条件使建设单位有稳定的干部队伍，特别是对于按照有组织地招募

---

① 吴大华. 西部大开发中的法律制度建设研究［M］. 成都：西南交通大学出版社，2011：59.

②③ 吴大华. 西部大开发中的法律制度建设研究［M］. 成都：西南交通大学出版社，2011：59.

④ 吴大华. 西部大开发中的法律制度建设研究［M］. 成都：西南交通大学出版社，2011：59－60.

⑤⑥ 吴大华. 西部大开发中的法律制度建设研究［M］. 成都：西南交通大学出版社，2011：60.

⑦ 吴大华. 西部大开发中的法律制度建设研究［M］. 成都：西南交通大学出版社，2011：60－61.

的方式送往北方、远东、西伯利亚、乌拉尔等地的工人，可由建筑安装组织发给他们较高的一次性无须偿还的补助费①。

为了进一步提高人民的物质福利，1967年9月26日，苏共中央和苏联部长会议作出了《关于进一步提高苏联人民福利的措施》的决议，决定对尚未规定工资差额的远东地区的轻工业和食品工业企业、单位以及教育、卫生、住宅公用事业、科学、文化和国民经济其他部门的工人和职员规定工资差额扩大对极北地区和相当于极北地区的工作人员的优待，给这些地区规定工龄标准较低的百分比计算的例行的工资津贴，对在新开发地区工作的工人和员工在劳动报酬方面给予照顾，并且对上述人员实施其他优待的措施②。

1976年12月24日，苏共中央、苏联部长会议和全苏工会中央理事会做出了《关于提高国民经济生产部门职工最低工资，同时增加中等收入工作人员的标准工资和职务工资》的决议。强调要进一步提高人民的生活水平，特别是在下列地区逐步实行新的职务工资和标准工资：极北地区和与极北地区相似的地区，以及远东、西伯利亚、欧洲北部、乌拉尔、哈萨克斯坦、中亚等地区。除提高工资以外，还有其他福利措施，如疗养等。为了鼓励人们到东部地区安家落户，俄罗斯还采取了如移民可免除几年的农业税，向国家义务缴纳农产品，增加节假日，提高退休待遇等措施③。

八、加拿大东西部扶贫协作的做法与经验

加拿大最早获得开发并处于领先地位的是东部。1867年7月1日加拿大联邦政府成立后，为了推动西部和内地的开发，采取了一系列措施：于1872年颁布《自治领土地法案》，规定凡10美元注册费的移民，即可领取160英亩公共土地；拨付大量土地用于修筑横贯大陆的太平洋铁路；将西部1/8的土地约400万英亩拨给学校作办学基金；于1878年开始实行保护性关税，将进口工业品的关税率由15%提高到35%。据统计，到1906年，按1872年土地法领取宅地者达4.1万户，其中不少人来自英国和美国。不到半个世纪，西部基本被占领完毕。但加拿大东西部的差别并不特别明显，因早在1858年英国人就在其西部建立"不列颠哥伦比亚"，后又把温哥华殖民地收入其下，并将它作为西部开发的中心。加拿大4/5的工业在东部，但90%的煤蕴藏在西部，这影响了加拿大制造业的发展，加拿大出口的主要产品是原料和粮食，它们均主要产自西部大草原④。

九、澳大利亚开发落后地区扶贫协作的做法与经验

澳大利亚四周是山，中部是平原，西部高而东部低。1605年它由荷兰人发现，1688年又由英人威廉·丹皮尔再次发现。其面积约768万平方千米，但当时土著人口仅约30万，人口密度每平方千米不足0.04人，还生活于采集和狩猎时代。英国对澳洲的移民始于1788年，这正是工业革命在英国刚刚兴起的时候，英国政府尚无暇顾及这块遥远的殖民地，只把它当作英国犯人的流放地，期间对土地的处理采取无偿授予方式，土地操纵于少数人之手。至1830年，按威克菲尔德"循序垦殖理论"，废除土地无偿授予制，确立"土地公卖制度"，地价为每英亩5先令、12先令或1镑，但后来实际上有些人却占地无数，只交1镑或10镑，就可占有成千上万英亩土地。但无论如何，"公地出售"政策，标志着澳洲大规模移民和开发的真正开始，此后前往那里的移民逐渐增多。对澳洲早期开发起作用的有两大因素：一是澳洲内地有适宜养羊的辽阔草原；二是1851年在悉尼附近发现金矿，它吸引大批

---

① 吴大华. 西部大开发中的法律制度建设研究 [M]. 成都：西南交通大学出版社，2011：61.
②③④ 吴大华，徐杰. 西部大开发的法律保障 [M]. 北京：民族出版社，2001：49－50.

移民蜂拥而至。因此，以悉尼为中心的新南威尔士成为澳洲第一块英人殖民地，它也是澳洲最先开发的先进地区。不久，又建立了五个新的殖民地，它们是维多利亚、昆士兰及西、南澳大利亚和斯塔马尼，它们分布于东、西、南、北、中，使澳洲的开发相对平衡。至 1860 年，全澳人口已突破 100 万，1901 年又突破 382 万。据统计，1901 年时，全澳有绵羊 7204 万头，耕地 512 万英亩，铁路 1.25 万英亩。1901 年成立独立的联邦政府，虽然英王仍是澳大利亚的国家元首，但澳大利亚实际上已不是英国的殖民地。虽然澳洲的开发比较平衡，但以悉尼为中心的地区始终处于先进地位，那里从 1861 年起英国人就开始投资办厂了①。

十、韩国开发其欠发达地区的做法与经验

落后地区开发一直都是韩国社会经济建设的一项重大任务，从落后地区开发在韩国社会经济发展中的地位与作用来看，韩国的落后地区开发模式大体经过了三个不同的阶段：①以促进经济成长为目标的落后地区开发阶段（20 世纪六七十年代）；②以区域均衡开发为目标的落后地区开发阶段（20 世纪 80 年代）；③以强化国家竞争力为目标的落后地区开发阶段（20 世纪 90 年代至今）②。

韩国政府在开发落后地区的过程中，极其重视落后地区开发的法治建设，制定了较完善的法规体系，以法律的形式阐明了落后地区开发的合理性与必要性，为落后地区开发奠定了坚实的制度基础。韩国保障落后地区开发的法律分为以下三个层面：

第一，在宏观层面规范落后地区开发的法规。主要有《国土基本法》（2002）、《国土综合规划法》（1963）、《国土利用法》（1972）等③。

第二，直接规范落后地区开发的法律。主要有：规范落后地区开发的一般性法规，如《促进特定地区综合开发特别措施法》（1980）、《地域均衡开发及中小企业育成法》（1993）；规范落后属性区域开发的法规，如《农地扩大开发促进法》（1975）、《农地保护与利用法》（1972）、《农渔村开发促进法》（1983）、《岛屿开发促进法》（1986）、《奥地开发法》（1988）；规范特定落后地区开发的法规，如《济州岛开发特别法》（1991）④。

第三，与落后地区开发相关的法律规范。主要有：促进产业振兴的法律如《输出产业园地开发造成法》（1964）、《输出自由地域设置法》（1970）、《地方工业开发法》（1970）、《产业基地开发促进法》（1973）、《工业配置法》（1977）、《产业布局及开发法》（1990）；促进企业成长和引进民间资本的法律，如《中小企业振兴法》（1987）、《民资诱致促进法》（1994）、《交通设施的民间资本促进法》（1994）；规范资源开发与环境保护的法律，如《环境保护法》（1977）、《水资源开发综合规划法》（1977）、《多目的坝法》（1966）⑤。

此外，需要特别提到的是，韩国在开发其落后地区方面对于技术创新的支持是不遗余力的。韩国在发展知识经济、加强国家科技创新体系的建设上，主要采取了以下举措：政府大力扶持、实行"产学研"联合创新；发挥企业技术开发主体的作用、增加对科技的投资；加强基础研究、大力培养和吸收高科技人才、加速高新技术产业的发展等⑥。

以政府的扶持措施为例，韩国是典型的政府主导型科技发展模式，政府在技术创新中的作用主要表现为：

---

① 吴大华，徐杰. 西部大开发的法律保障［M］. 北京：民族出版社，2001：50－51.
② 吴大华，徐杰. 西部大开发的法律保障［M］. 北京：民族出版社，2001：51－52.
③ 吴大华，徐杰. 西部大开发的法律保障［M］. 北京：民族出版社，2001：52.
④ 吴大华，徐杰. 西部大开发的法律保障［M］. 北京：民族出版社，2001：52－53.
⑤ 吴大华，徐杰. 西部大开发的法律保障［M］. 北京：民族出版社，2001：53－54.
⑥ 吴大华，徐杰. 西部大开发的法律保障［M］. 北京：民族出版社，2001：54－55.

（1）战略指导、宏观管理与协调。韩国历届政府都十分重视高科技开发，从1982年确立"科技立国"战略开始，总统每季度主持召开一次"科技振兴大会"，制定和调整科技政策。1999年，韩国政府通过了《科学技术革新特别法》，决定设立以总统为首的国家科学技术委员会，负责协调政府各部门提出的科研计划，强化国家对科学技术的领导。近年来，"知识经济"席卷国际社会，韩国政府又提出了建设以科技知识为推动力的"头脑强国"口号①。

（2）税收方面的政策支持。税收方面的优惠主要有：技术开发准备金制度；新技术推广所需资产投资税金减免或折旧制度；研究实验用设备投资税金减免或折旧制度；技术及人才开发费税金减免制度；实验研究用样品和新技术开发产品免特别消费税制度；技术转让收入法人税减免制度②。

（3）技术开发的资金支援。韩国政府对技术开发的资金支援主要有政策金融、技术开发基等形式。政策金融中包括了政府财政拨款和各种政策性贷款。财政拨款主要用于政府部门主管的和国家级技术开发计划，对企业的研究开发费用在50%～90%的范围内给予无偿支援。1999年韩国政府用于研究开发的财政支出有较大幅度增长，如对特定研究开发计划的资助增长68%；对企业的研究开发费用支出也达到1300亿韩元，比1998年增加311亿韩元，增长31.4%。政策性贷款以低息向企业开发项目提供资金支持。目前韩国的技术开发基金主要有科学技术振兴基金、产业基础基金、产业技术开发基金、中小企业创业基金等，用于对特定部门的技术开发活动进行支援③。

十一、巴西开发落后地区扶贫协作的做法与经验

巴西南北差距明显，其东南部、南部地区发达，东北部、北部和中西部地区落后。三个落后地区面积占全国面积的82%，人口占42%，但国内生产总值仅占30%。东南部地区的人均产值为东北部地区的3.3倍。地区经济发展的严重不平衡，制约了巴西经济的发展，影响了市场的扩大，加剧了贫困地区收入的差距，也影响了巴西在国际上的形象。因此，巴西历届政府都十分重视对落后地区的经济开发④。

1967年，为了开发北部地区，巴西政府颁布法令在亚马孙地区建立马瑙斯自由贸易区。同时为鼓励企业到自由贸易区投资办厂，规定在特区投资设厂的私人企业15年内免交所得税，用于扩大再生产的进口商品免交进口税，从国内其他地区购入的消费品和材料免交商品流通税。并且，政府还设立了"亚马孙投资基金"，用于扶持重点项目等。由于亚马孙地区自然资源丰富和政府制定的正确法令及提供的优惠开发政策，经过几十年的努力，马瑙斯自由贸易区已成为巴西电视机、钟表、摩托车和光学仪器的主要生产基地，年产值达百亿元之巨。同时，随着经济的发展，马瑙斯市人口也从自由区建立初期的24万人增加到目前的150万人⑤。

1970年，巴西政府在"2000年成为世界经济强国"目标的引导下制定了全国一体化计划，试图将落后地区纳入国家现代化进程，同时以法令及其他形式制订了鼓励北部和东北部工农业发展和土地分配计划，将东北部地区的农民迁移到在亚马孙地区修建的长达5000千

---

① 吴大华，徐杰. 西部大开发的法律保障［M］. 北京：民族出版社，2001：55.
② 吴大华，徐杰. 西部大开发的法律保障［M］. 北京：民族出版社，2001：56－57.
③ 吴大华，徐杰. 西部大开发的法律保障［M］. 北京：民族出版社，2001：58.
④ 吴大华，徐杰. 西部大开发的法律保障［M］. 北京：民族出版社，2001：51.
⑤ 吴大华，徐杰. 西部大开发的法律保障［M］. 北京：民族出版社，2001：51－52.

米的公路沿途，以开发经济①。

巴西东南部以圣保罗、里约热内卢和贝洛奥里藏特为支点的经济三角区是该国经济最发达的地区，而中西部、东北部和地域广大的亚马孙河流域经济相对落后，甚至处于低度开发状态。巴西国内经济发展的不平衡，造成了所谓"两个巴西"的说法。巴西政府非常重视地区发展不平衡现象，认为这事关国家的经济与发展甚至国防安全。因此，巴西很早即提出实现"国家一体化"，从疆域治理和社会、经济发展方面使国家成为不可分割的统一体。根据经济发展水平状况，巴西全国可以分为三大区域，经济发达的东南部和南部地区、发展中的东北部地区和落后的中西部和北部地区。其中西北部地区虽然自然资源比较丰富，但由于人力不足、资金短缺和技术落后等不利因素，经济发展水平大大低于全国平均水平。据巴西国家地理统计局公布的资料，中西部和北部地区占巴西全国面积的64%、人口的13.8%，但在巴西全国国内生产总值中的比例仅分别为9%和7%。巴西政府从20世纪50年代开始积极开发西北部和东北部落后地区，并取得了一定的成果②。

应指出，战后以来，巴西经济在历届政府的努力下得到了长足的发展，目前已经成为世界第10位经济大国，国内生产总值达8000亿美元，人均国内生产总值达5000美元。巴西政府十分重视对落后地区经济的开发。经过几十年的努力，巴西落后地区的经济面貌有了很大的改变，取得了令人瞩目的成果。由于巴西政府对落后地区的开发，在1985～1997年，位于发达的东南部地区的圣保罗州生产总值由占全国的36.1%下降为35.5%，里约热内卢州由占12.7%下降为11.2%，而落后地区的西阿拉州由占1.7%上升为2.0%，马拉尼昂州由占0.7%上升为1%，联邦区由占1.3%上升为2.3%③。

巴西的"西部大开发"格外关注生态安全，其开发策略是"因地制宜"。巴西是一个面积辽阔，土地资源丰富，人口相对稀少的国家，地处热带和亚热带，一年四季都适合农业生产。经济发达地区主要以工业发展为主，落后地区由于其经济的落后，基础设施也落后，已很难在工业方面与发达地区进行公平的竞争，因而要发挥自己的相对优势进行因地制宜的开发，在开发中坚持以农牧业为主，同时也不放弃由资源优势提供的发展工业的机会。东北部地区在巴西历史上曾经是发达地区，其经济逐步衰退、农牧业落后的主要原因是干旱。因此，巴西政府将投资水利、增加灌溉土地作为开发的重点目标。1985年，制定了东北部地区百万公顷灌溉地计划，投资40亿美元。目前已经建成300多个大中型水库和70多个灌溉区，面积达20余万公顷。1999年，巴西政府投资29亿美元修建1400千米长的渠道，将圣弗朗西斯科的河水引入东北部地区的水库。据预测，该计划将需要25年的时间④。

北部地区的开发，除了建立马瑙斯自由贸易区外，还因地制宜发展采矿业。大型铁矿由国有公司开采，同时修建了通往出海口的公路，从而带动了该地区的经济发展。中西部地区在政府迁都巴西利亚后，仍然以发展农业为主，巴西建立了隶属农业部的农牧业研究机构——巴西农牧业研究公司，截止到1996年，该公司已经研究出8000余项农业成果并得到推广，使巴西农业在很短的时间内取得令世界瞩目的成就⑤。

十二、印度开发落后地区扶贫协作的做法与经验

印度是一个农村人口占全国总人口80%左右的农业国，农村一直存在众多的贫困人口。

---

① 吴大华，徐杰. 西部大开发的法律保障 [M]. 北京：民族出版社，2001：52.
② 吴大华，徐杰. 西部大开发的法律保障 [M]. 北京：民族出版社，2001：52.
③④ 吴大华，徐杰. 西部大开发的法律保障 [M]. 北京：民族出版社，2001：53.
⑤ 吴大华，徐杰. 西部大开发的法律保障 [M]. 北京：民族出版社，2001：53－54.

根据印度政府的全国抽样调查资料，印度农村中低于贫困线的人口在总人口中所占的比重是：1956～1957 年为 54%；1967～1968 年为 56.5%；1977～1978 年为 50.8%；1984～1985 年为 36.9%；1987～1988 年为 30%。农村贫民主要由小农、边际农（耕种土地不足半公顷）和无地农（农业和非农工人）组成，贫困家庭的成员每月人均消费支出不到 106.6 卢比（按 1984～1986 年价格），不能维持基本生活需要，即每人每天摄入的热量不到 2400 卡，不能满足生理上的最低需要。印度政府逐步认识到，大量存在的农村贫民，不仅是影响农村经济发展的制约因素，同时也是影响社会稳定的不安定因素。1971 年印度国大党把"消除贫困"作为竞选口号并获得大胜。自 20 世纪 70 年代以来，印度政府针对严重的农村贫困问题，以农村综合开发为中心，实施了一系列缓解农村贫困的计划①。

1970～1971 年开始实施小农发展计划和边际农及农业劳工发展计划。这两项计划规定对一部分贫穷的小农以及边际农和农业劳工提供生产资料，安排水利设施，给予信贷优惠以及提供就业机会等②。

1972 年 1 月开始实施干旱地区发展计划。这个计划的主要目的是：更好地利用土地、水和畜牧资源，减少干旱的影响；增加人民的收入，尤其是贫民的收入，恢复生态平衡。计划主要包括如中小型水利、水土保持、造林、修路和饮水工程的项目等。计划需要的资金由印度中央政府和邦政府均摊。在印度的"七五"计划（1985～1990 年）期间，这个计划的实际支出是 461859 万卢比，其中 30% 用于土地开发和土壤改良，25% 用于造林和种草，20% 用于水资源开发，15% 用于其他活动，10% 用于管理费用③。

1979 年开始实施农村综合发展计划。这是一个非常重要的综合性缓解农村贫困的计划，计划的目标是为改善农村贫民的生产条件、提高农业生产率，发展农村工业，商业和服务业提供生产性资金和农业投入，为农村贫民创造更多的就业机会。中心是提高农村贫民的经济地位，使他们的生活水平提高到贫困线以上。计划所需的资金分别由财政和贷款两方面解决。实现这个计划的主要措施有：①向生活在贫困线以下的小农、边际农和农业劳动者提供补助和贷款，同时向他们供应种子、化肥、农药等生产性投入，提供各种技术性服务；政府投资兴办一些水利设施，免费（或低费）给农村贫民供水，以帮助他们发展生产，提高生产率。②在农村开办各种职业培训中心，给无地者和边际农提供职业培训，在此基础上通过提供一定数量的补助和贷款，帮助他们发展畜牧业、农村工业、商业和服务业，使这些无地少地的贫民有条件从事种植业以外的其他生产活动。③由政府投资在农村兴办一些小型农村工业、农产品工业、商业和支持性服务事业，专门吸收经过职业培训的农村贫民就业④。

1979 年 8 月开始实施农村青年自营职业培训计划。这个计划是农村综合发展计划的有机组成部分，目的在于以必要技能和改良的传统技术武装农村青年，使他们能在农业、工业、商业和服务业方面从事自营职业。这个计划只有属于农村综合发展计划目标的家庭中18～35 岁的青年才有资格参加，并且一户只能参加一人。选择的重点是种姓和部落民、退役军人，并规定至少有 13% 的受训人是农村女青年。在印度的"六五"计划（1980～1985 年）期间，实际培训了 94 万人，在"七五"计划（1985～1990 年）期间培训了 100 万人⑤。

1980 年 10 月开始实行全国农村就业计划。这个计划是在原来的"以工代赈"计划的基础上组织起来的，并于 1981 年 4 月正式列入政府的计划项目。计划的目的有：在农村地区

---

①② 吴大华，徐杰. 西部大开发的法律保障 [M]. 北京：民族出版社，2001：54.

③④ 吴大华，徐杰. 西部大开发的法律保障 [M]. 北京：民族出版社，2001：55.

⑤ 吴大华，徐杰. 西部大开发的法律保障 [M]. 北京：民族出版社，2001：55－56.

扩大就业，每年达到3亿~4亿个劳动日；创造永久性的社会资产；改善贫民的营养状况和生活环境。这三个目标是相互促进的，发展目标和创造就业项目结合在一起，就业和发展为相互促进因素。这个计划的特点是着重在农村地区创造持久耐用的固定资产，为此，规定把计划费用总数的40%~50%用作原料支出，10%作为能使最贫穷的种姓和部落民直接受益的工程专款，这些工程包括建造饮水井、提供住房等；10%用于营造公共森林。计划所需要的经费由印度中央政府和邦政府均摊，各负担一半。计划由县农村发展机构负责执行，但不允许承包商介入全国农村就业计划的任何活动①。

1982年9月开始实施农村妇女和儿童发展计划。这个计划是农村综合发展计划的特殊组成部分，之所以实施这个计划，是因为在"六五"计划的前三年中，农村综合发展计划的利益没有令人满意地流入妇女手中。计划的主要目的是为农村妇女的就业提供便利条件，提高妇女的收入水平，提供使她们能够承担创收活动所必需的支持性服务②。

1983年开始实施农村无地者就业保证计划。计划所需要的资金完全由中央政府提供，计划的目的有两个方面：一方面是增加农村无地者的就业机会，打算为每户无地家庭中的一名成员每年至少提供100个劳动日的就业；另一方面是增加农村基础设施等，以满足农村经济日益增长的需要。提供就业方面的重点是：至少每户无地家庭有一名成员得以就业；在无地家庭中，种姓和部落民及妇女优先就业；超过最高限额的剩余土地和荒地的接受者，也给予优先就业机会。在增加农村基础设施方面，和全国农村就业计划不同，这个计划的工程是通过有技术专家的机构实施，即道路建筑由公共工程部门施工，小型灌溉工程由水利部门施工。主要的工程有在流域地带开发土地、建筑和改建现有住房、建造公共设施等③。

1989年，全国农村就业计划和农村无地者就业保证计划合并成单独的农村工作工资就业计划，并在全国开始实施。这个计划包括印度农村4400万户家庭，按平均计算，拥有3000~4000人的村，每年可获得10万卢比的拨款。计划的主要目的是通过既能为贫民持续获益又能扩大农村基础设施的生产性工程，来创造新的就业机会。计划的费用由印度中央政府负担80%，邦政府负担20%。中央政府的拨款根据各邦直辖区的农村贫民占全国农村贫民总数的比例分配给邦政府，这种拨款从邦分配到县，是根据指数化了的各县贫困程度拨付的④。

十三、泰国开发落后地区扶贫协作的做法与经验

在泰国北部和东北部山区，居住着苗、瑶、哈尼、傈僳、拉祜、克伦、拉佤、黄蕉叶等20余个少数民族，泰国官方统称为"山民"。长期以来，泰国"山民"处于边地山区一隅，一般靠村社头人、酋长管理本民族内部事务，极少参加国家的政治、经济活动，因而也很少与外界发生联系。从20世纪50年代以来，泰国政府一直很重视"山民"问题，从法律上、政策上采取一系列措施来解决"山民"问题。这些措施的目的是将"山民"列入主流社会，从而促进政府对落后边区的开发，有利于国家政治、经济的发展。20世纪60年代后，公共福利厅根据泰国的法律法规，配合泰国内阁的指导路线，主要开展了以下几方面的工作⑤：

（1）建立"山民自助居住区"。1960~1962年，共建立了四个"山民自助居住区"。公共福利厅在每个区内建立了工作站，首先修建一条国家公路将工作站和平原地区的高速公路

---

①② 吴大华，徐杰.西部大开发的法律保障 [M].北京：民族出版社，2001：56.

③④ 吴大华，徐杰.西部大开发的法律保障 [M].北京：民族出版社，2001：57.

⑤ 吴大华，徐杰.西部大开发的法律保障 [M].北京：民族出版社，2001：57-58.

连接起来，然后又建办公楼、职工宿舍、学校、医院等①。

（2）建立"发展福利中心"及流动工作组。"发展福利中心"的任务是建立基地、开展山地农业实验、发展山地交通、销售"山民"产品。流动工作组分为两类，即联络小组和中心村寨小组，他们共同开展工作，包括教育、卫生、推广农业知识、传授心理学知识等②。

（3）开展替代种植。种植罂粟是"山民"最突出的问题，泰国政府主要是向其提供种植经济价值较高且多年生的植物。与此同时将此项工作与发展交通运输、市场供销以及"山民"文化教育事业协调起来进行③。

（4）发展文化教育。政府规定，"山民"适龄儿童应普及小学教育，学制一般为五年。发展中心根据"山民"的特点编写教材对学生进行爱国主义教育④。

（5）发展医疗卫生事业。从1959年开始，公共福利厅就开始派人到山区向"山民"介绍卫生保健知识。1974年，公共福利厅扩大了卫生发展区，制定了"山民"卫生发展方针，为山民提供免费医疗⑤。

十四、瑞士后发赶超，迎头追赶发达国家的做法与经验

瑞士是一个典型的内陆国家，人口不足800万，国土面积仅4.1万平方千米。历史上，瑞士的工业化、城镇化、现代化进程曾比英国、德国、法国落后八九十年。但瑞士通过制定科学合理的发展战略，扬长避短，充分利用自身禀赋，发挥比较优势，始终坚持后发赶超，迎头追赶发达国家，取得了令人瞩目的建设成就。2012年人均GDP达到8万多美元，居世界第四位，在全球竞争力排名中连续三年（2010～2012年）位居榜首。贵州位于中国西南部，国土面积17.6万平方千米，山地和丘陵占92.5%，年均气温在15℃左右，森林覆盖率约50%，与瑞士在自然地理、生态环境、区位优势等许多方面有相似之处。2002年，瑞士日内瓦世界经济论坛首席经济学家胡祖六教授到贵州考察后指出，如果把中国版图上的贵州与欧洲版图上的瑞士做一个比较，两者在地理上的相似性显而易见。百多年前，瑞士比周边国家都要穷，但瑞士通过自己的努力，成功地跃入了富裕社会。如果说瑞士能对地理决定命运的论调说"不"，那么，贵州也有理由通过努力成为"东方瑞士"。原博鳌亚洲论坛秘书长龙永图也曾说过："我进进出出瑞士一百多次，每次都觉得，这多么像贵州。如果贵州有一天像瑞士一样，用今天的话来说，我的梦想就成真了。"⑥贵州山清水秀、资源丰富，总体生态良好，但山多地少水缺，生态基础脆弱，经济发展长期滞后，贫困人口多、贫困程度深。面对这样的省情，早在20世纪80年代后期，时任贵州省委书记的胡锦涛就亲自倡导建立毕节试验区，以"开发扶贫、生态建设、人口控制"为主题，对贫困地区实现可持续发展进行了率先探索，取得了明显成效⑦。

从瑞士生态建设的经验看，全面而严格的生态环保立法是其实现可持续发展的坚实保障。早在1876年，瑞士议会就通过了第一部有关森林保护的法律《森林检查团法》（1991年修订为《联邦森林法》），1877年继而制定了《水利工程检查团法》（1991年修订为《水利工程法》）。这两部法律为以后构建起可持续发展的法律体系奠定了重要的基础。1983年通过的《联邦环境保护法》是瑞士环境保护的基石。该法对环境保护的基本原则以及一些

---

① 吴大华，徐杰．西部大开发的法律保障［M］．北京：民族出版社，2001：58.

②③④⑤ 吴大华，徐杰．西部大开发的法律保障［M］．北京：民族出版社，2001：58.

⑥ 龙永图．听龙永图讲述"东方瑞士"梦［N］．贵州都市报，2013－07－21（04）.

⑦ 吴大华．贵州与瑞士发展比较研究［M］．北京：社会科学文献出版社，2014：1－2.

关键领域进行了规定。1998 年修改的宪法专门设有"环境保护和领土政治"的章节，内容包括可持续发展、环境保护、国土整治、水资源保护、森林保护、自然与文化遗产保护、渔业和狩猎、动物保护等部分，以基本法的形式表达了瑞士人民坚持环保的决心。正是由于有了科学合理的生态环保立法，瑞士以其优美的自然环境和清新的空气赢得了"欧洲花园"的美誉。一方面，瑞士生态环保立法非常全面。分别从大气污染防治（空气污染防治、非电离辐射防治、噪声污染防治、震动污染防治）、土壤污染防治、有机体污染防治、化学物质污染防治、废物处置、污染场地修复、水资源保护、森林保护、气候保护、物种保护、生态系统保护、风景区保护、自然灾害预防等方面对瑞士环境进行了全方位的保护，为瑞士实现可持续发展提供了坚实的保障。另一方面，瑞士生态环保立法相当严格。《联邦森林法》第三条就明确规定：森林面积不得减少。谁伐一棵树就得种一棵树，乱砍伐者要受到法律制裁。此外，该法还规定了一系列的禁令，包括禁止生产对环境有害的产品、禁止对树木进行转基因等①。

贵州山川秀丽，资源丰富，生态环境良好。同时，喀斯特地形地貌分布广泛，生态基础十分脆弱，一旦受损难以修复。贵州正处于科学发展后发赶超、同步小康关键时期，面临着既要"赶"又要"转"的双重任务，处理好生态环境保护和发展的关系，是贵州经济社会发展最大的辩证法。被称为"公园省"的贵州也是中国生态文明的先行者，贵阳是第一个循环经济试点城市，从 2000 年起就开始探索循环经济的发展。2002 年 3 月，贵阳结合当地的经济、社会和环境条件，做出了建设循环经济生态城市的决定。同年 5 月，贵阳市被国家环保总局确认为全国建设循环经济生态城市首家试点城市。2004 年初，又被联合国环境规划署确认为全球唯一的循环经济试点城市。2004 年发布了《贵阳市循环经济型生态城市建设规划》。2004 年 11 月，贵阳颁布施行了我国第一部循环经济方面的地方性法规《贵阳建设循环经济生态城市条例》，明确了贵阳发展循环经济的原则、方向和途径。2009 年出台国内首部促进生态文明建设的地方性法规《贵阳市促进生态文明建设条例》，为贵州的生态文明建设立法提供了可贵经验。近年来，贵州省人大常委会先后制定了《贵州省水土保持条例》《贵州省森林防火条例》《贵州省义务植树条例》等，逐步形成了贵州推动石漠化治理、加强生态文明建设的法规体系。2011 年 7 月出台《贵州省赤水河流域保护条例》，开创了贵州为一条跨省河流保护立法的先例，并与云南、四川签订了《川滇黔三省交界区域环境联合执法协议》，共同开展赤水河流域生态环境保护的会商和联动执法行动，形成了中国第一个全流域跨省区河流生态保护协调机制和工作机制②。

第二节　国外扶贫协作经验的述评

无论是国外的发达国家还是发展中国家，它们在开发西部（落后）地区的过程中都取得了较大的成功。例如，美国在通过明确的区域开发目标和法规来促进落后地区发展的同时，设立区域开发管理机构，负责规划和指导落后地区的开发工作；日本则是注重欠发达地区基础设施建设，通过投资环境改善来吸引投资；意大利南北差距很大，经过政府战后数十年一贯强力干预以及欧共体区域发展基金和区域政策的援助，才使南部经济有了相当改观。这些政策措施，对我国东西部扶贫产业合作政策的选择有一定的借鉴与启发。

---

① 吴大华. 瑞士生态环保法律法规译汇［M］. 北京：社会科学文献出版社，2014：1-2.
② 吴大华. 瑞士生态环保法律法规译汇［M］. 北京：社会科学文献出版社，2014：2.

一、东西部扶贫协作要注重理论研究的先导性

数十年来，国际上关于反贫困的理论派别较多，各自侧重的角度和主要内容以及力图解决的问题也不相同。本书第一章对反贫困理论已经做了文献综述，在这里针对扶贫协作问题，对目前为止的国外研究再进行深入探讨。吴大华等[1]指出，如若从理论体系来归纳，世界反贫困理论大致可以分为发展经济学理论、区域和空间经济学理论、福利经济学理论三大主要流派。曾勇[2]指出，如若从不同的理论视角来归纳，世界反贫困理论可以理解为从经济学视角的反贫困理论、从地理学视角的反贫困理论和从社会学视角的反贫困理论。

1. 区域和空间经济学关于反贫困的理论体系

这一理论体系主要侧重于从空间地域的角度，研究经济和社会因素在地区间的分布和变化规律，促进发达地区扶贫协作落后地区实现经济社会以较快速度发展的途径。自有人类发展史以来，世界上任何国家和地区都程度不同地存在区域经济发展不平衡的现象。因此，如何推动本国落后地区加快发展一直是绝大多数国家政府希望达到的目标之一。特别是从 20 世纪中叶开始，许多西方国家在基本实现了工业化的基础上均较大规模地推进其落后地区的发展。在这一过程中，陆续产生了一些比较著名并产生广泛影响的关于发达落后地区扶贫协作的理论流派，如约翰·弗里德曼的核心—外围区域不平衡发展理论思想[3]，以弗朗索瓦·佩鲁[4]为首的一批经济学家的发展的增长极理论，冈纳·缪尔达尔的循环累积因果理论[5]。

2. 发展经济学关于反贫困的理论体系

这一理论体系主要侧重于从产业和部门结构的组成、变动和相互影响关系来探寻实现欠发达地区扶贫协作落后地区经济发展的途径。发展经济学本身就是探索发展中国家如何实现经济发展的理论，因而其关于发达地区扶贫协作落后地区经济发展的理论更多地适合于发展中国家经济发展的实际。发展经济学中许多理论对于发达地区扶贫协作落后地区开发都具有借鉴和启示作用，比较有代表性的理论主要包括刘易斯的二元结构论[6]，赫希曼[7]的不平衡增长理论等，分别从不同角度结合广大发展中国家的实际，提出了发达地区扶贫协作落后地区，实现经济发展的理论和对策。

3. 福利经济学关于反贫困理论的体系

福利经济学派是当代西方经济学的一个重要流派，最初形成于 19 世纪末 20 世纪初，其要旨是以一定的价值判断为基础，以追求最大的社会福利为理论标榜，其对落后地区的扶贫协作理论主要体现在效用最大化、收入均等化、资源配置的最优化等方面，更多地通过社会、群体、个人、产业和部门等得到反映和实现，很少涉及具体一个区域。

4. 从经济学视角的反贫困理论

从世界范围来看，经济发展总是存在先后顺序，各国发展程度也不完全一致。因此，如何推动落后国家的社会经济发展和成功实现减贫脱贫，就成为经济学研究的重大课题。这种情况同样会出现在一国之内。由于面对着不同的地域情况，国家无法使其国内各地实现同步的经济增长，这就往往导致都市与乡村、大都市与地方都市、都市与周边相邻农村等地区之

① 吴大华，徐杰. 西部大开发的法律保障 [M]. 北京：民族出版社，2001：59.
② 曾勇. 中国东西扶贫协作绩效研究 [D]. 华东师范大学博士学位论文，2017：27.
③ 约翰·弗里德曼. 再思贫困：赋权与公民权 [J]. 国际社会科学杂志，1997（2）.
④ 弗朗索瓦·佩鲁. 新发展观 [M]. 张宁，丰子义，译. 北京：华夏出版社，1987.
⑤ 冈纳·缪尔达尔. 世界贫困的挑战——世界反贫困大纲 [M]. 顾朝阳，译. 北京：经济学院出版社，1991.
⑥ 刘易斯. 二元经济论 [M]. 北京：经济学院出版社，1989.
⑦ 赫希曼. 经济发展的战略 [M]. 曹征海，潘照东，译. 北京：经济科学出版社，1991.

间出现发达与落后的巨大差别，从而造成严重的社会经济问题和农村贫困问题。关于我国沿海与内地的地域差别问题及其所造成的农村贫困问题，从经济学的视角我们可列举如下理论①：

（1）收入差别倒 U 形假说。在 1955 年的美国经济协会的演讲中，美国著名经济学家、1971 年诺贝尔经济学奖得主西蒙·库兹涅茨首先提出了著名的倒 U 型假说。他认为"先增加，后减少"是国家收入分配的长期变动轨迹。他总结出处于发展早期阶段的发展中国家与处于发展后期阶段的发达国家相比，前者的收入不平等现象更加明显，即著名的库兹涅茨曲线。根据该理论，家庭间的收入差别在经济发展的初期阶段会先扩大而后缩小，从而呈现出倒 U 形的轨迹②。与此相同，地区间的收入差别也会呈现出先扩大而后缩小的态势。这就是美国著名经济学家威廉姆森于 1965 年进一步提出的一国经济发展阶段与区域发展差异之间关系的倒 U 形理论③。

（2）二元经济理论。刘易斯的观点为农业是以剩余劳动力为发展基础的传统部门，同时农业产出的积累和农业部门中剩余劳动力的流出是同时发生的。刘易斯为代表的古典二元经济理论具有较强的理论指导意义和作用，其主要分析结论及其对我国贫困地区的影响包括：不发达、欠发达的发展中国家和地区普遍存在强大的传统部门与弱小的现代部门并存的"二元经济结构"。两大部门之间的差异主要表现为生产方式、资本运用方式、生产规模、生产率以及收入水平五个方面的完全不同④。我国现阶段城市人口与农村人口、暴富群体与贫困群体、精英阶层与平民阶层、市民与农民工等鲜明的人口差别，造成一系列的社会不稳定现象及不稳定因素。这种经济、社会的二元结构现象，在我国的贫困落后地区都最显著。面对这样一种社会经济结构现状，我国贫困地区从根本的经济体制上讲就无法进入工业化，贫困也就成了这些地区必然的社会经济现象。其结果，必然是造成农村剩余劳动力的大量转移，并由此造成现代部门的不断发展和扩张，越来越强大。这在我国改革开放后的快速工业化阶段表现得尤为明显。因此，我国贫困地区只有走工业化、农业现代化的发展道路，才能不断提高劳动生产率以降低贫困，最终实现脱贫致富⑤。

（3）临界最小努力命题理论。1957 年，美国经济学家哈维·赖宾斯坦在《经济落后和经济增长》一书中提出了临界最小努力命题理论。他认为，在一个不发达的国家或者地区，人们收入水平的提高抑或下降的可能性是同时存在的。如果该国家或地区经济发展的努力程度不能促使人们的收入水平达到一个最低的临界水平，则经济发展的障碍就难以克服，经济发展就将长期处于低水平的均衡状态中而难以冲破。故此，在此特定时期的该国或者地区必须采取一系列刺激措施，冲破低水平的均衡状态，形成大于临界最小规模的持续增长态势，以实现经济的长期增长。

5. 从地理学视角的反贫困理论

（1）区域发展理论。贫困问题始终具有很强的区域性，它是财富、硬件或软件资源等在空间上分配不均的具体体现。研究贫困现象，地理学视角下的区域发展理论就具有很强的研究及指导意义。主要有：①历史经验学派的区域发展理论，其代表性理论有输出基础理论、区域发展的倒 U 形假说和部门理论等；②现代化学派的区域发展理论，其流派中较为

① 曾勇. 中国东西扶贫协作绩效研究 [D]. 华东师范大学博士学位论文，2017：29.

② 西蒙·库兹涅茨. 经济增长与收入不平等 [J]. 美国经济评论，1955，45（1）.

③ Jeffrey G. Williamson. Regional Inequality and the Process of National Development：A Description of the Patterns [J]. Economic Development and Cultural Change，1965，13（4，Part 2）：1-84.

④ A. Lewis. Economic Development with Unlimited Supplies of Labor [J]. Manchester—School，1954（22）：139-191.

⑤ 曾勇. 中国东西扶贫协作绩效研究 [D]. 华东师范大学博士学位论文，2017：34.

著名的有增长极理论；③主流经济学派的区域发展理论，其中最有影响的理论观点为波特的产业集群理论和克鲁格曼等为代表的新经济地理学理论①。

（2）增长极理论。一国国民经济在各个地区的发展规模和发展速度是不一样的，在不同时期，增长的势头往往集中在那些聚集着大量具有竞争优势的主导产业和富有创新能力的企业的地区，这些地区往往会通过内部的规模化、集约化首先发展起来，再向周围地区扩展其效应，并有效带动周边地区的发展。这种依靠自身优势进行技术创新和资本要素聚集与扩散的经济单元和经济空间，即称为增长极②。增长极对于区域经济发展的影响有两个方面：一是极化中心本身的经济增长；二是极化中心对周围地区的影响。

（3）新经济地理学理论。克鲁格曼认为，新经济地理学最大的贡献就是帮助主流经济学家结束了从不考虑空间结构问题的做法，而主流经济学家从不重视空间问题的原因则是缺少精确模式分析收益递增的假设③。他把空间分析的思想引入正式的经济分析，把区位问题和规模经济、竞争、均衡这些经济学命题结合在一起，并对产业集群给予了高度的关注。研究贫困现象，地理学视角下的区域发展理论就具有很强的研究及指导意义，而新经济地理学的理论能够更好地解释贫困现象出现的根源，即地区差别问题和市场差别问题④。

6. 从社会学视角的反贫困理论

（1）人口和人力资本理论。马尔萨斯的人口理论认为，贫穷有助于降低一国或一地人口的自然增长率，进而使生产的物资水平达到区域总人口的生活需求并使之有余，产生社会剩余劳动并带动经济发展⑤。马克思主义的人口学观点是社会生产方式才是决定人口增长和经济发展的主要因素⑥。美国学者舒尔茨认为，人力也是一种资本，表现为知识、技能、体力价值的总和。同时，人力资本是通过个人或社会为了获得收益在劳动为教育培训等方面的投资而形成的⑦。

（2）社会福利与社会保障理论。理查德·蒂特马斯认为：建立国家福利体系的根本目的，在于满足个人和社会的需要；从而使个人的意愿得到表达，社区得以健康发展；国家福利的本质是国家公共服务供应的大众化和普及化，以便避免个人产生耻辱感并促进社会的整合；社会福利必须从三种制度性角度予以概念化，即职业福利（来自雇主的津贴）制度、财税福利（税收津贴和减免）制度和公共福利（社会服务）制度⑧。

（3）社会不平等理论。阿玛蒂亚·森认为要理解普遍存在的贫困和频繁出现的饥饿与饥荒，不仅要关注所有模式和交换权利，还要关注隐藏在它们背后的因素，这些都是社会的不平等造成的。正是因为贫困者在经济上缺乏竞争力，在政治上没有权力，在利益分配上难以有效表达自己利益诉求的机会等社会不平等现象和不平等制度的存在，因而陷入贫困之中。以交换权利为中心的贫困观和以实质自由为核心的发展观，认为要避免和消除贫困，可通过重建个人能力来提高经济收入和提高生活质量⑨。

（4）贫困文化理论。这一理论认为，贫困者因为贫穷居住在独特的生活环境中，如贫

---

① 曾勇．中国东西扶贫协作绩效研究［D］．华东师范大学博士学位论文，2017：37.

② 弗朗索瓦·佩鲁．新发展观［M］．张宁，丰子义，译．北京：华夏出版社，1987.

③ Krugman. Increasing Returns and Economic Geography［J］. Journal of Political Economy. 1999.

④ 曾勇．中国东西扶贫协作绩效研究［D］．华东师范大学博士学位论文，2017：42.

⑤ 马尔萨斯．人口原理［M］．丁伟，译．兰州：敦煌文艺出版社，2007.

⑥ 马克思．马克思恩格斯全集［M］．北京：人民出版社，2007.

⑦ 西奥多·威廉·舒尔茨．论人力资本投资［M］．吴巧华，译．北京：经济学院出版社，1990.

⑧ 保罗·怀尔丁，刘继同．福利与社会的关系：社会福利理论渊源与蒂特马斯典范［J］．社会保障研究（北京），2009（2）：1-14.

⑨ A. Sen. Development is Freedom［M］. Oxford：Oxford University Press, 2001.

民区、山区、交通不便、信息不畅等，从而形成了他们独特的生活方式，即在其内部群体中互动紧密，却忽略了与社会中其他群体的交往互动，久而久之便产生出一种脱离社会主流文化的贫困亚文化。处于贫困亚文化之中的人有自己的文化观念和生活方式，并且逐渐被制度化，进而维持和固化了贫困的生活。在这种环境中成长的下一代会自然地习得贫困文化，于是这种贫困文化就会发生世代传递，并且对在贫困中成长的一代代人的人格等产生塑造力，使他们即使能够偶然遇到摆脱贫困的机会也难以利用这些机会走出贫困①②。

二、东西部扶贫协作要重视立法

在理论探索的同时，西方国家的区域政策、法规，经过不断调整、改革和修补，从20世纪20~80年代已经基本达到完善和配套。他们的一些经验可以给我国今后制定、执行和完善区域政策、法规提供借鉴。巴西、美国、日本、意大利等国家在发达地区扶贫协作落后地区时，都具有重视立法和加强配套机构建设的特点。只有这样才能保障东西部扶贫协作的法律地位和整个开发活动的有序性、规范性和稳定性。同时，要建立健全相应的执行机构来组织起有效率的指导、监督、管理和协调工作。

西伯利亚开发采取政策主导，以计划为依靠，导致经济过度集中，开发成为政府短期行为，阻滞欠发达地区进一步发展。随着苏联的解体，西伯利亚开发也告一段落。以立法主导开发，形成规范、持续、稳定的制度，保证开发的持续一贯性，欠发达地区基本上得到了成功而有效的开发，甚至某些地区赶超原有的发达地区。如美国的中西部地区在开发后甚至领先于东部地区。

我们认为，需要基于法律与政策双重因素，以立法为主导、在法治轨道上运作政策，形成系列东西部扶贫协作制度。这主要是有以下几方面的考虑：其一，法律与政策的辩证关系。政策是处理国家事务、公共事务，调整各种关系的路线、方针、规范和措施的统称。执政党的政策是国家法律、法规的最核心内容。法律是贯彻政策的重要武器。法律与政策不宜割裂、对立，更不宜简单等同。建设社会主义法治国家，要求法律制定以政策为指导，体现政策的核心和意志，但政策运行必须遵循法治轨道。东西部扶贫协作是宏观政策，需要立法确认和具体落实。其二，东西部扶贫协作是历史问题，也是现实问题。解决东西部扶贫协作问题涉及面大，遇到的难题多，是一项以经济问题为中心，包含民族问题、教育问题、环境问题等多方面的复杂社会系统工程，绝不可能一蹴而就。这项社会系统工程是几代人的艰巨任务。法律具有长期性、稳定性，不因人而异，不因事而变，利于形成较长期的、具体的、有稳定性的制度；政策具有灵活性，适用于各种具体事项，并作为探究立法精神的依据。制度作为一定条件下的政治、经济、文化体系，既包括长期性的较为稳定的定型化制度，也包括限于短时间内针对特定事项的具体制度。东西部扶贫协作既需要长期性制度作为保障开发的持续一贯性，也需要短期性制度以灵活处理开发中遇到的各种具体事项。应当重视立法的先行地位和主导作用，但也不应忽视政策在宏观导向、具体运作中的作用③④。

反观美国、日本、英国、联邦德国等国家对境内欠发达地区的扶贫开发，可以看出，立法先行对欠发达地区扶贫开发起到了巨大的作用。综观这些国家的欠发达地区开发的立法，基本内容为：①地区协调发展的基本法，主要是关于欠发达地区扶贫开发的总方针、政策及

① 周怡.贫困研究：结构解释与文化解释的对垒［J］.社会学研究，2002（3）：49－63.
② 曾勇.中国东西扶贫协作绩效研究［D］.华东师范大学博士学位论文，2017：47.
③ 吴大华，徐杰.西部大开发的法律保障［M］.北京：民族出版社，2001：60－62.
④ 吴大华.国外开发不发达地区法律法规汇编［M］.北京：民族出版社，2001：1－4.

制度保障的明确性规定，如日本的《国土综合开发法》、联邦德国的《改善区域经济结构法》；②欠发达地区扶贫振兴的法律，主要是针对欠发达地区的特别振兴措施，如韩国的《促进特别地域综合开发特别措施法》、日本的《山村振兴法》与《不发达地区开发工业促进法》；③重组产业布局的法律，主要是调整东西部扶贫协作（发达地区与欠发达地区）的产业，以进一步协调一国之内的经济互补性发展，实现一国内的经济一体化；④大型项目的专项立法，主要是针对国家投入的大量资金、关系到国家在一个地区内进一步发展的重大项目进行立法，如美国的《麻梭浅滩与田纳西流域开发法》；⑤特定事项的专门立法，主要是对特定事项加以立法，以刺激加快该特定事项的发展，如联邦德国的《投资补贴法》；⑥欠发达地区开发的其他立法，主要是为防止经济开发和振兴中的短期行为，实现可持续发展，如日本的《公害对策基本法》等。采取立法先行的做法，上述国家成功实现了扶贫协作，国内经济实现了协调发展①。国外关于发达地区扶贫协作欠发达地区的立法经验值得我们在东西部扶贫协作进程中加以借鉴。

针对我国的东西部扶贫协作问题，应制定相关法律，以法律的严肃性、规范性、稳定性保证东西部扶贫协作的持续、顺利进行。在这方面，政策不能代替法律；而且，随着东西部扶贫协作的推进，根据过程中出现的新情况和新问题，要及时、不断地制定和出台相关法律，保障东西部扶贫协作战略的正常和连续实施。另外，立法必须要有相应的机构来执行、监督、管理和协调。随着法治化进程不断深入，对东西部扶贫协作领域的各项规章制度逐步建立和完善。可以看到，我们国家已经在此方面做出了很多的努力。例如，国务院扶贫开发办公室出台了《关于进一步加强东西部扶贫协作工作的指导意见》《东西部扶贫协作考核办法（试行）》等。在地方层面，以贵州为例，先后出台了《对口帮扶贵州工作总体计划》《对口帮扶贵州共建产业园区工作方案》《东西部扶贫协作和对口帮扶工作联席会议制度》《东西部扶贫协作和对口帮扶工作信息通报制度》等，各扶贫协作城市分别出台了《对口帮扶工作规划（2016－2020年）》《2016－2020年援助资金增长机制帮扶》等各项政策文件。上述规章制度对东西部扶贫协作各方主体行为的指导性、约束性不断加强，极大地提高了相关工作的规范化和制度化程度。

三、东西部扶贫协作要坚持规划和目标分期推进的方式

从国外东西部扶贫协作的做法和经验来看，每个国家都经历了几十年的发展，每个阶段都有阶段性的规划和目标，期期相连，层层推进，取得了显著的成效。我国的经济发展实力有限，东部地区近期内不可能一下拿出大量的财力、物力投入西部的扶贫协作，因此东西部扶贫协作要力求避免目标过于笼统，以至于东部有限的力量用不到刀刃上，最终影响东西部扶贫协作的效果。

东西部扶贫协作要根据国家经济发展的整体需要和东西部结对城市的客观情况，因地、因时制宜地制定每一阶段的开发目标，适时转换和推进，确保开发的成效。而且，在制定每一期东西部扶贫协作的规划和目标时，应注意中央与地方之间的协调和分工，避免实施过程中的冲突和扯皮，造成规划和目标空置；应增强规划和目标的透明度、权威性、协调性和可操作性，提高其实施的效率和质量，保障开发的有序推进。在制定东西部扶贫协作的分阶段

---

① 本部分内容参考了吴大华《国外开发不发达地区法律法规汇编》一书的内容。另外，编辑过程中参考了大量国外东西部扶贫协作的法律法规以及译文，在此不一一加以注明。

规划和目标时，必须从当地实际出发，切忌急功近利①②。

四、东西部扶贫协作要成立专门机构、建立专门基金

在实行区域政策的西方国家一般都成立专门机构以负责对政策做出权威性解释，根据有关措施分配经济和社会资源，协调与其他政策的关系等。如在欧共体，欧共体委员会下设专职委员会主管区域政策的实施，负责"从共同体的角度确保成员国区域政策与共同体在落后地区的优先发展项目相协调，并管理欧洲地区发展基金"。1975 年，又建立了由成员国政府官员组成的，隶属于欧共体理事会和委员会的区域政策委员会。在美国有商务部经济开发署，在荷兰有区域开发署，在法国有国土整治与区域行动评议会，在德国有从联邦到地方各级政府内的专门负责区域政策的委员会，在日本有国土厅等专门机构来负责本国区域政策的实施。

建立专门基金或者使用于区域政策的资金有明确的法定来源保证对"问题地区"的开发有确定的资金来源是实施好区域政策的一个重要前提。因此，西方国家或者通过建立专门基金，或者用法律形式保证使用于区域政策实施的资金有明确的来源。如欧共体于 1975 年建立了专门用于实施区域政策的欧洲地区发展基金，法国政府于 1964 年设立了地区开发资金以鼓励在萧条地区投资建立工业企业和兴办第三产业③④⑤。

五、东西部扶贫协作要保持中央统一，赋予地方自主

美国扶贫开发西部过程中，除了美国政府采取了大规模的财政补贴和转移支付政策外，州、县等地方政府具有相当大的、灵活的自主权，因地、因时地制定包括税收减免、人力培训、促进中小企业发展等多方面的优惠政策，很大程度上吸引了企业的进入，巩固了美国扶贫开发西部的经济基础。日本进行北海道开发扶贫也将行政管理人员的配置、权力的分配和经费的支配权等相当多的权力下放到北海道地方政府，有利于地方政府根据当地的实际情况使用自己较大的自主权，执行贯彻中央政府的有关政策和意图。

例如，在我国的东西部扶贫协作中，西部地区可实行更加灵活优惠的土地政策，可以考虑将一定面积的待开发治理土地以低价、无偿或先期注入资金扶持的方式，承包、分租或批租给某些东部的单位和个人，给予东部入驻东西部扶贫协作产业园的企业贷款、补贴、贴息、雇佣工人工资、医疗有保障等优惠政策。可考虑入驻东西部扶贫协作产业园在项目审批、进出口企业登记、企业上市、开发区设立等方面拥有更大的自主权；还可以考虑赋予西部各省在对外开放、引进东部以及外资方面更大的权力，自行做出放权让利的幅度和优惠的程度，而无须经中央政府的审批；着力探索打造黔沪、黔浙、黔广协同开放联盟，举办协同开放高峰论坛，协同产业转移等⑥。

六、东西部扶贫协作要大力培育和扶持中小企业的发展

1975 年以前，意大利政府过于强调重点发展大型企业的开发导向，这一导向使南部工业过分地依赖国外原料、能源，如北非、中东的石油。这使意大利在 20 世纪 70 年代的两次

---

① 吴大华. 营造西部大开发良好的法治环境 [J]. 中国法学，2004（1）：5 - 11.
② 吴大华，徐杰. 西部大开发的法律保障 [M]. 北京：民族出版社，2001：62 - 63.
③ 吴大华. 坚持依法治国推进西部大开发 [J]. 法学论坛，2003（2）：94 - 95.
④ 吴大华，徐杰. 西部大开发的法律保障 [M]. 北京：民族出版社，2001：63 - 64.
⑤ 吴大华，蒋熙辉. 西部大开发的法治环境建设 [J]. 黔南民族师范学院学报，2001（2）：1 - 4.
⑥ 吴大华，徐杰. 西部大开发的法律保障 [M]. 北京：民族出版社，2001：64 - 65.

石油危机中，意大利南部工业几乎趋于瘫痪，造成大批工人失业。在此沉痛的教训面前，意大利政府于1975年后对开发计划进行了重大调整，由过去的强调发展大型企业转变为重点发展中小型企业，进一步推进工业化、城镇化。美国在扶贫开发西部过程中，赋予了州和地方政府一系列扶持中小企业发展的政策，在提供贷款担保、寻求风险资本投资等方面向中小企业倾斜，大力促进了中小企业的发展。

我国西部地区总体上工业基础和配套条件还很落后，只能在条件较好的中心城市发展一些大型企业，更大的力量应该用来发展中小型企业，这对解决西部的就业问题和保证企业的市场及效益方面至关重要。历史上，西部有过只注重大型企业的发展而留下的教训。"三线"建设时期，西部地区发展了一批大型建设项目，但由于周边地区经济和社会基础条件很落后，致使这些大型企业成为西部地区的"飞地"或"孤岛"，不仅没有起到带动周围落后地区经济发展的目的，反而最终由于自身经营效益的恶化和市场竞争的日益激烈而成为一个大的包袱。西部地区地大人少，交通、信息闭塞，技术相对落后，但资源丰富、劳动力成本低，依托当地各种优势，发展中小型企业更能适合西部的市场容量、收入水平和消费结构，而且也有利于这些企业的生存和竞争①。

七、东西部扶贫协作要实施优惠政策，引导产业互助

1. 实施灵活优惠的土地开发利用政策

19世纪，美国为鼓励更多的人口向西部迁移，美国政府制定了一系列灵活多样的土地开发优惠政策，极大地推动了西部开发的进程。美国规定凡是到贫困地区从事农牧业生产和开采矿产资源的私人投资者或公司都可以得到优惠，如每当开发费达到2500~10000美元，联邦（众议院资源委员会）可将土地赠送给开发者或将矿产廉价卖给开采者。但经营者必须拿出开发的可行性报告，并证明有能力开发。同时，联邦会议通过立法将近9000万亩的土地管理权下放给州政府，州政府可以再把土地卖给私人开发，这样，州政府也就能够筹集一笔资金用于对外投资商和本州开发商的资助。另外，在这一时期，美国还陆续出台了《鼓励西部植树法》《沙漠土地法》等规定，只要在西部地区种草植树或修筑灌溉沟渠达到一定面积和一定时间，就可低价或免费获得一定面积的土地②。

当然，我们必须清醒地看到，当初美国政府推动的"西进运动"对当地土著居民印第安人造成了很大的伤害。这一教训必须避免。同时，我国实行土地公有制，不可能用同样的方式来鼓励西部开发，但是可以制定其他多种灵活的土地优惠政策调动西部开发的积极性。如可以考虑将一定面积待开发治理土地以低价、无偿或先期注入资金扶持的方式，承包、分租或批租给某单位和个人，在治理开发的前期给予贷款、补贴、贴息、雇佣工人工资、医疗有保障等政策，规定几十年不变，承包或承租者有充分的土地使用、转让和经营管理权，以形成土地开发的良性循环③。

2. 重视以发展交通运输业为开发先导

交通运输的落后是制约我国西部地区经济发展的重要因素。孤立的干线式的铁路不能适应农产品的外运、矿产资源的资本化以及发展旅游业的需要。近几年，西部地区交通设施建设速度快于历史上任何一个时期，但与东部地区的差距仍较大，交通运输的"瓶颈"效应，与地理环境的封闭性结合在一起，已成为导致西部地区投资环境不良，产业开发条件欠佳的

---

① 吴大华，徐杰. 西部大开发的法律保障［M］. 北京：民族出版社，2001：65-66.
② 吴大华. 西部大开发中的法律制度建设研究［M］. 成都：西南交通大学出版社，2011：62.
③ 吴大华. 西部大开发中的法律制度建设研究［M］. 成都：西南交通大学出版社，2011：62-63.

主要原因①。

从国外的经验看，加快落后地区的发展，必须把基础设施建设放在首位。特别是在有必要进行交通、通信、水利等投资比较大的基础设施建设项目。国家应在通盘考虑和科学论证的基础上，给予重点扶持和安排。在投资方式上，借鉴国外的经验，除了国家投资外，还应当鼓励和支持地方、企业乃至个人和外资共同投资和建设，通过适当超前的基础设施建设，为西部地区经济发展创造必要的条件。由于自然条件差、历史欠账多，自身实力薄弱，因而西部地区的重大基础设施建设项目主要依靠国家投资来完成。因此，国家在编制年度计划和中长期计划时，要重点向西部地区倾斜，国家投资的基础设施建设的重点应包括：铁路、公路（高速公路）、航空港、通信以及跨区域的大江大河的治理和公益性项目②。

在具体实施时，应当考虑加快西部交通建设应通过技术进步和结构调整，对现有交通基础设施进行改造、配套和补充，实现西部地区运输网络总规模有较大幅度的提高。尽快提高公路通达度以提高经济效益，大力发展铁路和高等级公路，同时以省会城市为中心，积极发展航空和管道运输。在具体实施过程中应优化各种交通设施建设布局。在铁路建设方面应加强现有干线和路网的改造，提高能力不足区段的技术标准，改善装备水平，实现提速增效。同时，做好区际铁路和处境铁路项目的前期工作，拓宽内外大通。同时加强四大公路通道（西部与中东部、西南与西北、通达江海、连接周边）建设。在注重干线建设的同时，重点考虑普及、扶贫、民族团结和国防公路的建设，基本建成乡村公路通达工程。另外，在重点城市主要是省会城市周边，以及旅游热点城市之间，率先建设一批高速公路或一级公路，促进旅游业发展和招商引资。在机场建设方面，应重点建设枢纽机场和专线，建成以成都、昆明、西安、兰州、乌鲁木齐五大枢纽机场为中心的旅游型专线航空网络，同时加快一批支线机场的建设③。

加快西部地区交通建设同样需要政府政策法规上的扶持。一是目前交通运输行业条块分割混乱局面需要得到尽快改善。可由中央政府出面协调矛盾，或者引入市场竞争机制，实行招投标等制度。二是可设立国家西部开发交通建设专项基金，主要用于投资项目银行贷款的贴息或补贴。三是发行以政府信用担保的长期建设债券，吸引社会参与建设。四是充分利用一切可利用的条件。除了充分利用经过多年建设已有一定基础的本地交通资源外，还可充分利用东部地区的交通资源。经过几十年特别是改革开放 40 多年的发展，东部地区运输业发展达到较高程度，部分地区甚至出现交通资源配置过剩和闲置的情况。因此，应当充分利用东部资金、技术和交通资源。此外，还可充分利用国外的资金、技术和人才，发展西部地区的交通运输业，为西部地区发展创造良好的交通环境④。

3. 加强东西部扶贫协作

东西部的联合与协作，不但可以促进西部地区的发展，而且有利于加快东部地区的发展。因此，要根据互惠互利的原则，制定相关政策，鼓励东部地区的企业西进，投资、兼并、收购西部企业，或设立分厂，组建企业集团，或共同建设原材料、能源基地和出口创汇基地；进一步扩大东西部地区的经济、技术、人才和管理方面的合作与交流；建立更多的东西部合作示范区和示范项目，并实行一些特殊的政策。东西合作要尽快向高层次迈进，东部地区的劳动力市场要向西部开放，一方面为西部农业剩余劳动力的开发就业创造条件，另一

① 吴大华. 西部大开发中的法律制度建设研究 ［M］. 成都：西南交通大学出版社，2011：63.
② 吴大华. 西部大开发中的法律制度建设研究 ［M］. 成都：西南交通大学出版社，2011：63 - 64.
③ 吴大华. 西部大开发中的法律制度建设研究 ［M］. 成都：西南交通大学出版社，2011：64.
④ 吴大华. 西部大开发中的法律制度建设研究 ［M］. 成都：西南交通大学出版社，2011：64 - 65.

方面为西部地区培养更多的群众性创业人才①。

所谓增长中心，是指能促进相应区域经济一体化和经济发展的经济中心地区，大多表现为由规模不同的大小城市组成的城市网络，在美国长达100多年的西部开发过程中，兴起了一大批层次不同的增长中心。增长中心对美国西部开发的影响，既表现在通过商品流、移民流、文化流、信息流的扩散对经济施加影响的扩散效应上，也表现在通过中心城市的经济文化联系使经济活动趋向增长中心的聚集效应上②。

从美国西部城市的形成与发展可以看出，城市是地区经济的中心因子，既具有集聚功能，又具有辐射功能，因此城市在区域开发中的作用是十分重要的。美国在西部开发过程中十分重视因地制宜原则，重视城市梯次和规模，形成以综合性城市和专业化城市为代表的网络体系，使城市的集聚和辐射功能得到充分发挥，最终实现了区域整体城市化③。

城市是随地区经济开发而形成的，与地方发展息息相关。例如"汽车城"底特律，本是移民的一个集中地，应移民需求而生产平板马车，而后在此基础上发展了汽车产业。城市只有植根于地区发展之中，并与地区经济共兴衰才具有深厚基础、广阔的腹地，才能不断获得持久又新鲜的动力④。

这一点是很值得我们借鉴的。开发西部，重要的一个目的就是将西部引入市场经济大循环体系中，从而使其摆脱贫穷落后，缩小地区差距，实现区域经济协调发展。经过50多年的发展，西部地区已形成了一批工业密集、实力较强的大中型工业城市和一批以军工机械电子为主的小型工业点，构成了西部地区经济增长极的雏形。这些大中小城市，以其先进的企业群体和主导产品的远辐射力，在一定程度上冲破了传统的以分散、封闭、落后为特征的自然经济格局，是进一步推进西部地区开发的依托和阵地⑤。

由此可见，我国西部地区应因地制宜地发展各类城市，利用已有的城市化基础，围绕交通运输网络的建设，采取点轴开发的模式，在经济发展中充分发挥创新能力、经济效益、产业带动效应等优势，充分发挥区域增长作用。通过区域内部的城市合理分工，协调发展，形成中心城市—大中城市—乡镇和农村的梯度链，把区域内的各个地区紧密联系起来，构成合理的产业发展带，技术扩散带，市场分工带，促进区域内经济结构不断升级，培育一批新的经济增长极，依次带动广大西部地区的经济发展⑥。

4. 强调生态建设与当地居民生活协调

一是生态环境建设必须与解决当地居民的最低生存和发展要求相适应。特别是在大力推进森林禁伐和退耕还林还草过程中，对于长期以来依靠木材为主的当地政府和依靠实木材或耕地种植粮食为主要生存基础的当地居民，在没有找到替代产业或者没有获得政府财政支持以前，这项措施很难实施，即使强制实行也不会长久。二是生态环境建设必须因地制宜，采取科学实用的方法。西部地区地形地貌、气候植被等各方面条件和基础存在很大差异，因此，必须在尊重群众意愿的基础上，因地、因时制宜，运用科学技术进行治理和建设。三是生态环境建设与建立生态补偿机制相结合。以退耕还林还草和天然林禁伐为中心开展生态环境建设，将意味着大量的农牧民放弃原有生产方式和致富手段以及弃置原来购买的生产工具，这样所造成的经济损失应该由受益者（如相邻地区或者流域下游地区）对农民实行这种转变的经济损失予以合理补偿。

---

① 吴大华. 西部大开发中的法律制度建设研究 [M]. 成都：西南交通大学出版社，2011：65.
② 吴大华. 西部大开发中的法律制度建设研究 [M]. 成都：西南交通大学出版社，2011：66.
③ 吴大华. 西部大开发中的法律制度建设研究 [M]. 成都：西南交通大学出版社，2011：66 – 67.
④⑤⑥ 吴大华. 西部大开发中的法律制度建设研究 [M]. 成都：西南交通大学出版社，2011：67.

加强西部生态环境建设，还应兴建调水工程，解决水资源缺乏问题。西部生态环境的恶化在于水资源的缺乏，水资源的开发与利用程度决定着西部的生态建设和其他产业建设的规模。我国西北地区的水资源已十分奇缺，而西南地区的水资源很丰富。据调查，西南各河区径流资源 5853 亿立方米，其中大部分未得到充分开发利用，因此，在进行西部开发的同时，应该及早实行南水北调方案。我国可学习美国加州地区的经验，实行长距离引水至新疆和陕甘等地区的方案。我国青藏高原的雅鲁藏布江的水流量是现在黄河流水量的两倍，如在雅鲁藏布江的下游再建一个类似三峡的大坝，然后引江水至新疆和甘肃等地区，这将是世界上最巨大的水利工程。如果以上调水工程能实现，我国西北部地区会有至少十亿亩因缺水无法利用的沙地变为良田，新疆的沙漠将变为一片绿洲，中国未来新增人口的吃饭问题将得到很好解决。此外，水资源短缺问题的解决也将有利于西部生态环境的改善①。

5. 重视军工业和高科技产业的带动效应

在美国西部的开发中，科学技术起到了至关重要的作用。美国西部地区土地价格低廉、资源丰富、气候温和、劳动力价格相对便宜，非常适合高新技术工业的发展。第二次世界大战以后，西部和南部抓住美国大量军事工业转为民用的契机，迅速发展了宇航、原子能、电子等高科技产业。美国几个最著名的高新技术工业科研生产基地，如加利福尼亚州的"硅谷"、北卡罗来纳州的"三角研究区"、亚特兰大的计算机工业区等都位于西部和南部。根据美国国会技术评价局的统计，1972～1977 年高技术工业就业人数净增最多的 10 个都市地区有八个位于西部，只有两个位于东北部的马萨诸塞州。进入冷战时期以后，美国大量的军工企业转为民用，利用原有的军事高科技基础，再加上西部地区丰富的资源以及廉价的土地和劳动力，西部地区以宇航、原子能、电子、生物等为代表的高科技产业迅速发展，极大地推动了美国西部产业结构升级换代的步伐。

我国西部地区早在"三线"建设时期就发展了相当一批出于国防考虑的重化工业和军工企业，奠定了西部地区相对雄厚的工业基础，但由于没有抓住"军转民"的有利时机，大力提高技术层次，积极发展高新技术产业，所以目前整个西部的产业结构调整进展缓慢，工业效益不够理想。西部地区应该利用原有较强的技术力量和工业基础，在个别地区、个别行业集中大力发展高科技产业，使其成为带动西部地区产业结构升级换代的"龙头"。例如，西部地区拥有酒泉、西昌两个卫星发射中心，西安飞机制造基地、重庆钢铁和汽车生产基地、兰州石油化工基地等，都可以为发展高科技产业提供技术和人才，西部地区也可以通过建设自己的"硅谷"来提升自身的产业层次和素质②。

但除此之外，西部地区发展传统工业并不占优势：环境相对恶劣，人才不愿来，有时来了也不易留住；或是上高坡陡不宜建厂，或是干旱缺水难以进行工业生产，或是高原缺氧机器运转不灵，或是运输成本巨大；建立传统工业所需的巨额资金无来源，且污染环境、破坏脆弱的生态环境。在这种情况下"无工又不富"，西部的出路何在？印度发展计算机产业的模式值得借鉴③。

第三节　国外扶贫协作的相关法律和规范性文件

国外关于发达地区扶贫协作欠发达地区的立法经验值得我们在东西部扶贫协作进程中加

---

① 吴大华. 西部大开发中的法律制度建设研究 [M]. 成都：西南交通大学出版社，2011：67 – 68.
②③ 吴大华. 西部大开发中的法律制度建设研究 [M]. 成都：西南交通大学出版社，2011：68.

以借鉴。我们认为，东西部扶贫协作必须以法律为主导形成制度体系，在法治轨道上运作中央与地方的各政策。这是立足于我国基本国情、考察世界各国扶贫协作的经验获得的科学结论。在此，我们将收集到的各个国家的关于扶贫协作的相关法律法规进行简单的梳理，希望对于从事东西部扶贫协作的立法、司法、理论和实践工作的同志有所借鉴①。

一、国土综合开发法

（1）《改善区域经济结构（共同任务）法》（联邦德国）。

（2）《国土整治法》（民主德国）。

（3）《领土和城乡地区规划法》（罗马尼亚社会主义共和国）。

（4）《区域规划与整治法》（南斯拉夫塞尔维亚社会主义共和国）。

（5）《国土综合开发法》（日本）。

（6）《1959—1965 年发展苏联国民经济的控制数字》（苏联）。

（7）《1976—1980 年发展国民经济基本方针》（苏联）。

（8）《1981—1985 年和 1990 年以前经济和社会发展基本方针》（苏联）。

（9）《宅地法》（美国）。

（10）《土地法令》（美国）。

（11）《西北法令》（美国）。

（12）《地价递减法》（美国）。

（13）《鼓励西部草原植树法案》（美国）。

（14）《木材石料法》（美国）。

（15）《垦荒法令》（美国）。

（16）《森林宅地法》（美国）。

（17）《土地利用规划法案》（瑞士）。

（18）《联邦山区投资促进法》（瑞士）。

（19）《联邦空间规划法》（瑞士）。

二、特定地域经济振兴法

（1）《国境地带振兴法》（联邦德国）。

（2）《城市再开发法》（日本）。

（3）《振兴半岛法》（日本）。

（4）《孤岛振兴法》（日本）。

（5）《孤岛振兴法施行令》（日本）。

（6）《大雪地带对策特别措施法》（日本）。

（7）《大雪地带对策特别措施法施行令》（日本）。

（8）《人口过疏地区开发特别措施法》（日本）。

（9）《人口过疏地区开发特别措施法施行令》（日本）。

（10）《城市再开发法》（韩国）。

（11）《城市再开发法施行令》（韩国）。

（12）《促进特定地域综合开发特别措施法》（韩国）。

---

① 本部分内容参考了吴大华《国外开发不发达地区法律法规汇编》一书的内容。另外编辑过程中参考了大量国外东西部扶贫协作的法律法规以及译文，在此不一一加以注明。

（13）《促进特定地域综合开发特别措施法施行令》（韩国）。

（14）《岛屿开发促进法》（韩国）。

（15）《地价递减法》（美国）。

（16）《鼓励西部草原植树法案》（美国）。

（17）《森林宅地法》（美国）。

（18）《联邦山区投资促进法》（瑞士）。

三、基础设施建设立法

（1）《新产业都市建设促进法》（日本）。

（2）《新产业都市建设促进法施行令》（日本）。

（3）《综合勘测法》（美国）。

（4）《大西洋铁路法》（美国）。

（5）《州际国防公路法》（美国）。

（6）《联邦空间规划法》（瑞士）。

（7）《空间规划和建筑法规》（瑞士）。

四、金融投资立法

（1）《投资补助法》（联邦德国）。

（2）《北海道东北开发公库法》（日本）。

（3）《冲绳振兴开发金融公库法》（日本）。

（4）《冲绳振兴开发金融公库法施行令》（日本）。

（5）《促进墨西哥投资和管理外国投资法》（墨西哥）。

五、农业立法

（1）《山村振兴法》（日本）。

（2）《山村振兴法施行令》（日本）。

（3）《山村振兴法施行规则》（日本）。

（4）《关于山村振兴法第十三条之农林渔业经营改善计划之省令》（日本）。

（5）《农地扩大开发促进法》（韩国）。

（6）《农地扩大开发促进法施行令》（韩国）。

（7）《农地扩大开发促进法施行规则》（韩国）。

（8）《关于建立西伯利亚和远东农业发展问题科研综合体的措施》（苏联）。

（9）《农业复兴法案》（美国）。

（10）《水土保持法案》（美国）。

（11）《地价递减法》（美国）。

（12）《鼓励西部草原植树法案》（美国）。

（13）《木材石料法》（美国）。

（14）《垦荒法令》（美国）。

（15）《森林宅地法》（美国）。

（16）《联邦山区投资促进法》（瑞士）。

（17）《农业政策2002－2011年》（瑞士）。

（18）《农业法》（瑞士）。

（19）《农村土地法》（瑞士）。

（20）《农业租赁法》（瑞士）。

（21）《农业家庭补贴法》（瑞士）。

（22）《全国最肥沃农业用地使用规划》（瑞士）。

（23）《穿越阿尔卑斯山的交通规划》（瑞士）。

（24）《全国景观规划》（瑞士）。

（25）《全国展览会 2001/2002 规划》（瑞士）。

（26）《全国体育设施规划》（瑞士）。

（27）《全国航空基础设施规划》（瑞士）。

（28）《全国公路交通规划》（瑞士）。

六、工业立法

（1）《不发达地区开发工业促进法》（日本）。

（2）《不发达地区开发工业促进法施行令》（日本）。

（3）《促进工业再部署法》（日本）。

（4）《促进工业再部署法实施令》（日本）。

（5）《地方工业开发法》（韩国）。

（6）《地方工业开发法施行令》（韩国）。

（7）《工业配置法》（韩国）。

（8）《工业配置法施行令》（韩国）。

（9）《工业发展法案》（英国）。

（10）《关于对秋明州已发现的油田和气田组织工业开发的准备工作和关于在该州进一步开展地质勘探工作的决议》（苏联）。

（11）《专利法》（美国）。

（12）《食品法》（瑞士）。

七、生态环境与资源立法

（1）《关于保存古都历史风貌的特别措施法》（日本）。

（2）《公害对策基本法》（日本）。

（3）《关于库兹巴斯、莫斯科、乌拉尔等各煤炭管理局的联合企业和托拉斯的工作的决议》（苏联）。

（4）《关于为完成增加煤炭开采量的任务而改进库兹巴斯煤矿区党的工作的措施》（苏联）。

（5）《关于加强水路石油运输和利用输油管道的决议》（苏联）。

（6）《关于进一步发展库兹涅茨矿区煤炭工业的措施》（苏联）。

（7）《关于苏共托木斯克、科明和沃洛格达州党委动员企业全体职工提高伐木业生产效率的工作经验的决议》（苏联）。

（8）《关于秋明州党委动员渔业生产集体、学者和专家提高本州水体有捕捞价值的鱼储量及更好利用这种鱼储量的组织工作的决议》（苏联）。

（9）《关于太平洋和北冰洋苏联近海海域生物资源保护和渔业调整的临时措施的实施》（苏联）。

（10）《关于修建别尔卡基特—托莫特—雅库茨克铁路线的决议》（苏联）。

（11）《鼓励西部草原植树法案》（美国）。

（12）《沙漠土地法》（美国）。

（13）《木材石料法》（美国）。

（14）《农业复兴法案》（美国）。

（15）《水土保持法案》（美国）。

（16）《流域保护与防洪法案》（美国）。

（17）《田纳西河流域管理法》（美国）。

（18）《清洁空气法》（美国）。

（19）《水质法》（美国）。

（20）《国家环境政策法》（美国）。

（21）《水质改进法》（美国）。

（22）《噪音控制法》（美国）。

（23）《安全饮水法》（美国）。

（24）《森林检查团法》（瑞士）。

（25）《联邦森林法》（瑞士）。

（26）《水利工程检查团法》（瑞士）。

（27）《水利工程法》（瑞士）。

（28）《联邦环境保护法》（瑞士）。

（29）《联邦自然与文化遗产保护法》（瑞士）。

（30）《森林条例》（瑞士）。

（31）《联邦水资源保护法》（瑞士）。

（32）《降低噪声条例》（瑞士）。

（33）《联邦格劳宾登州瑞士国家公园法》（瑞士）。

（34）《有害物质和制剂防治条例》（瑞士）。

（35）《联邦非人类基因技术法》（瑞士）。

（36）《挥发性有机物税收优惠条例》（瑞士）。

（37）《饮料容器条例》（瑞士）。

（38）《动物福利法》（瑞士）。

（39）《联邦环境保护法》（瑞士）。

（40）《大气污染防治条例》（瑞士）。

（41）《联邦二氧化碳减排法》（瑞士）。

（42）《二氧化碳减排条例》（瑞士）。

（43）《污染场地修复条例》（瑞士）。

（44）《污染场地修复收费条例》（瑞士）。

（45）《污染物排放与废水中废物和污染物转移登记条例》（瑞士）。

（46）《关于防止重大事故条例》（瑞士）。

（47）《联邦狩猎法》（瑞士）。

（48）《联邦水保护法》（瑞士）。

（49）《联邦捕鱼法》（瑞士）。

（50）《联邦二氧化碳法》（瑞士）。

（51）《联邦拦水设施法》（瑞士）。

（52）《联邦基因技术法》（瑞士）。

（53）《罗滕图姆倡议》（瑞士）。

（54）《瑞士旅游方案》（瑞士）。

（55）《废物技术条例》（瑞士）。

（56）《废物运输条例》（瑞士）。

（57）《提前收取玻璃饮料包装处理费用标准条例》（瑞士）。

（58）《提前收取电池和蓄电池处理费用标准条例》（瑞士）。

（59）《电器和电子产品退回、回收和处理条例》（瑞士）。

（60）《联邦环保条例》（瑞士）。

（61）《气候变化框架公约》（瑞士）。

（62）《保护生物多样性公约》（瑞士）。

（63）《动物流行病法》（瑞士）。

八、教育立法

（1）《教育立法偏僻地方教育振兴法》（日本）。

（2）《偏僻地方教育振兴法施行令》（日本）。

（3）《偏僻地方教育振兴法施行规则》（日本）。

（4）《莫里尔法》（美国）。

（5）《师范学校法》（美国）。

（6）《史密斯—休斯法》（美国）。

（7）《研究与创新促进法》（瑞士）。

（8）《职业培训法》（瑞士）。

（9）《职业进修法》（瑞士）。

第三章 贵州的东西部扶贫协作问题研究

　　山海携手 20 余载，在东部沿海城市的艰苦努力和无私帮助下，贵州贫困山乡的面貌发生了翻天覆地的变化。随着扶贫工作的持续深入，中央对东西部扶贫协作实践的重点方向和任务做出了新的部署。在"优势互补、互惠互利、长期合作、共同发展"的扶贫大格局下，加强与东部结对城市的扶贫协作，是贵州如期实现精准脱贫、同步小康，助力本土产业"强基补链、迎头赶上"目标任务的重要一环。对贵州而言，要及时追踪、跟进与东部结对城市扶贫协作的问题研究，主动出击、查找问题、瞄准方向、补全"短板"，从而最大限度地抓住用好东西部扶贫协作这一政策机遇。

第一节 贵州的东西部扶贫协作历程回顾

1996 年 7 月，中共中央、国务院制定由东部发达城市对口帮扶西部欠发达省区的战略决策，决定由大连、青岛、深圳、宁波（以下简称"四城市"）对口帮扶贵州省除贵阳市之外的 8 个市州。其中，大连市对口帮扶遵义市和六盘水市，青岛市对口帮扶安顺市和铜仁地区，深圳市对口帮扶毕节地区和黔南州，宁波市对口帮扶黔东南州和黔西南州。

"四城市"党委、政府安排所辖 55 个区（县、市）和市直机关部门与贵州省 44 个贫困县结成帮扶对子，与贵州建立互访机制和对口帮扶工作联席会议制度。1996~2010 年，"四城市"历任主要领导先后赴贵州考察指导对口帮扶工作，对口区（市、县）和市直部门领导、企业负责人先后 1.3 万人次到贵州商谈帮扶事宜，实施帮扶项目。贵州省政府先后印发《关于大连、青岛、深圳、宁波 4 个计划单列市对口帮扶贵州省贫困地区的通知》《贵州省人民政府关于大连、青岛、深圳、宁波四个计划单列市在贵州兴办扶贫协作企业的若干规定》，出台加强与"四城市"产业共融发展和经贸协作的一系列优惠政策①。

1996~2010 年，"四城市"通过无偿投入资金、物质，加强经贸合作，开展科教扶贫，兴办教育卫生事业等形式，实施一系列扶贫项目。在改善贫困地区基本生产生活条件方面，无偿投入资金 17.33 亿元和价值 3.7 亿元的物资，兴修基本农田 56.83 万亩；解决了 89.2 万人、72.8 万头大牲畜的饮水困难；兴修乡村公路 3871 千米；架设输电线路，解决 100 多个村的通电难问题；解决了 2000 多户特困农户的移民搬迁问题；修建沼气池 4000 多口等。在促进产业方面，共安排协作项目 600 多个，协议资金 550 亿元，项目涵盖工业、农业、商贸、旅游、文卫、房地产等领域。在发展现代农业方面，围绕发展农业产业化经营，实施了一批符合当地实际的项目，如大连市在凤冈县河坝乡实施的养猪—沼气—改厕—大棚蔬菜种植"四位一体"生态农业项目，青岛市实施的开发式扶贫项目，深圳市实施的改善生产和生活条件的"双改"项目等。在提升人力资源素质方面，新建和改建学校 1875 所，新建和扩建县、乡医院 361 所，资助 22.23 万名失学儿童和特困学生就读；培训县、乡、村干部和农民 10.2 万人，选派 229 名干部来贵州对口帮扶困地区挂职扶贫；组织 380 名中小学骨干教师、413 名青年志愿者来贵州贫困地区支教；引导和组织有实力的企业来贵州贫困地区投资兴业，组织实施一批科技、教育扶贫项目②。据统计，截至 2012 年底，"四城市"累计向受援地区无偿投入资金和物资 30.2 亿元，为促进贵州扶贫攻坚和经济社会发展做出了巨大贡献，为开展新一轮对口帮扶工作奠定了坚实基础③。

2013 年 2 月，国务院办公厅印发《关于开展对口帮扶贵州工作的指导意见》（以下简称《意见》），明确新增上海、苏州、杭州和广东 4 个东部发达城市对口帮扶贵州。至此，新一轮东西部扶贫与对口帮扶工作形成了"上海—遵义、苏州—铜仁、杭州—黔东南、宁波—黔西南、青岛—安顺、大连—六盘水、深圳—毕节、广州—都匀"的"一对一"新局面。自新一轮对口帮扶工作开展以来，帮扶双方高度重视，做到党政主要领导亲自过问，分管领导具体负责，各级各有关部门狠抓落实。通过沟通衔接，建立工作机制；围绕重点任务，制定帮扶规划和相关制度；积极筹措帮扶资金，统筹安排帮扶项目；以共建产业园区为平台，

---

① ② 贵州省地方志编纂委员会. 贵州省志：1978~2010（扶贫开发卷）［M］. 贵阳：贵州人民出版社，2017：249.

③ 根据贵州省扶贫开发办公室提供的资料整理。

深入开展经济技术交流合作，形成了共谋发展、共同进步的东西部扶贫协作与对口帮扶新格局，为全国开展对口帮扶工作探索了可信可行、可学可用、可复制可推广的成功经验①。

2013～2015年，东部帮扶城市共向贵州投入帮扶资金10.58亿元，围绕《意见》提出的"深入推进扶贫开发攻坚、增强基本公共服务能力、深化经济技术交流合作、加强干部和人才培养交流"四大重点任务，按照"面向基层、民生优先、突出重点、示范引领"原则，安排实施帮扶项目，用于受帮扶地区的重点民生工程建设、干部和人才培养交流、必要的基础设施建设、产业发展及社会事业兴办等领域。在基础设施建设领域，共投入帮扶资金4.1亿元兴修乡村道路829千米，建设饮水工程，帮助建设农民住房，受益农户40多万人；在产业发展领域，共投入1.27亿元用于支持帮扶地区产业开发；在科教文卫领域，8个城市集中安排2.65亿元帮扶资金用于职业学校建设，修建学校、幼儿园113所，资助贫困学生2811人次；投入3619万元帮扶资金用于医疗卫生项目，建设卫生院（所）、养老院22所；在人才交流领域，共派出127名干部到贵州挂职锻炼，共接收贵州210名干部、432名专业技术人员前往进修学习，先后举办干部培训班240期，开展培训11926人次；在劳务输出方面，共向东部协作城市输出劳务人员10万人次，获得劳务收入超过24亿元；在招商引资方面，共达成经济合作协议项目352个，协议合作投资2597亿元，其中已实施项目114个，实际投资169.632亿元②。

2016年，为深入贯彻习近平总书记在东西部扶贫协作座谈会上的重要讲话精神，贵州准确把握中央关于东西部扶贫协作的新要求，按照"优势互补、长期合作、聚焦脱贫、实现共赢"的原则，加快编制"十三五"扶贫协作规划，启动开展"携手奔小康行动"，围绕"开展产业合作、组织劳务协作、加强人才支援、加大资金支持、动员社会参与"等重点，扎实推进东西部扶贫协作各项重点工作，努力打造东西部扶贫协作的升级版。2016年，东部协作城市共向贵州投入各种帮扶资金和物资折款累计62209.7万元（含捐物折款），其中资金投入58186.1万元。在这批资金中，由东部帮扶城市的市、区两级政府提供的财政援助资金50068.1万元，占总额的80%，由东部帮扶城市社会各界捐赠的资金8118万元，占总额的13%。其中，上海市投入6299万元，大连市投入3000万元，苏州市投入5118.1万元，杭州市投入6500万元，宁波市投入5390万元，青岛市投入5241万元，广州市投入14920万元，深圳市投入3600万元。这些资金和物资与贵州受帮扶市州其他资金捆绑整合，实施各类协作项目。主要集中在产业发展、基础设施建设及教育、文化、卫生、人才交流、科技培训等社会事业各个方面，受益农户达10多万户，改善了贫困群众的生产、生活条件，增强了贫困地区基本公共服务能力，促进了贫困地区经济和社会发展③。

2017年，贵州省委、省政府深入学习贯彻习近平总书记扶贫开发重要战略思想，特别是总书记在东西部扶贫协作座谈会上的重要讲话精神和党中央、国务院关于扶贫开发的决策部署，按照"认清形势、聚焦精准、深化帮扶、确保实效"的要求，切实抓好中共中央办公厅、国务院办公厅印发《关于进一步加强东西部扶贫协作工作的指导意见》（中办发〔2016〕69号）、国务院扶贫开发领导小组印发《东西部扶贫协作考核办法（试行）》等文件的落实，并提出"强基础、扶产业、促旅游、支教育、助医疗、育人才、接劳务"七大重点工作，扎实推进东西部扶贫协作取得新成绩。据统计，2017年，贵州省党政负责同志

---

① 贵州省地方志编纂委员会．贵州省减贫志［M］．北京：方志出版社，2016：158.

② 多彩贵州网．对口帮扶真情相助，全国8城市3年投入11亿资金支援贵州［EB／OL］．［2016－06－16］．http：//www.gog.cn/zonghe/system/2016/06/16/014966107.shtml.

③ 根据贵州省扶贫开发办公室提供的资料整理。

到东部调研对接扶贫协作工作 7 次，并召开联席会议，实现了 7 个东部帮扶城市全覆盖；8 个市（州）党政负责同志到东部调研对接达 152 人次，双方共同召开联席会 29 次，西部地区到东部地区调研对接 1956 人次。人才交流方面，7 个帮扶城市共派出 139 名干部到贵州贫困地区挂职，接收贵州 1016 名干部到 7 个市学习，共选派 2975 名专业技术人员（教师、医生、农业技术等）到贵州开展帮扶工作，为贵州开展专业技术人才培训、累计 21069 余人次，培训内容涵盖医疗卫生、教育、扶贫开发、农业产业化、园区管理、法律服务、旅游发展、就业创业、新闻媒体、城乡规划等诸多领域。帮扶资金方面，7 个帮扶城市共向贵州投入财政帮扶资金 7.31 亿元，比 2016 年 4.32 亿元增长 69.21%；各类社会帮扶资金达 31.55 亿元。这些资金与贵州受帮扶市（州）其他资金捆绑整合，围绕生态畜牧、核桃、中药材、蔬菜、茶叶、精品水果、马铃薯、油茶、乡村旅游、特色养殖十大扶贫特色产业和打好基础设施建设、医疗教育硬仗，实施帮扶项目 676 个，建设"组组通"道路 314.47 千米，带动和帮助 44869 名建档立卡贫困人口脱贫。帮扶资金项目用于贫困村比例达 80% 以上，充分发挥了帮扶项目引领性、示范性、探索性的作用。产业合作方面，2017 年共引进帮扶城市企业 284 个，实施项目 863 个，实际到位资金 272.14 亿元，产业扶贫项目覆盖 12 个深度贫困县，建设绿色农产品基地 18.26 万亩，带动农产品销售 33.9 万吨，实现农产品销售额 21.45 亿元，旅游开发合作投入 58.77 亿元，帮助和带动 11.51 万贫困人口脱贫，其中，吸纳就业带动脱贫 14722 人，通过利益联结机制带动脱贫 10.04 万人。劳务协作方面，2017 年各地共组织开展劳务培训 5.53 万人次，其中贫困人口就业培训 40920 人。面向帮扶城市举办专场招聘会 349 场，针对贫困户提供就业岗位 39.26 万个，共帮助 31579 名建档立卡贫困户实现就业脱贫。"携手奔小康"行动方面，2017 年共有东部帮扶城市 54 个县（市、区）对口帮扶贵州 66 个贫困县，实现了区县结对帮扶对贵州贫困县的全覆盖；完成乡镇（街道）结对帮扶关系 229 对，完成贫困村（社区）结对帮扶关系 187 对。东部帮扶县（市、区）区向贵州贫困县（区）投入资金 5.95 亿元[①]。

第二节　贵州的东西部扶贫协作现状

2018 年，贵州省委、省政府以习近平新时代中国特色社会主义思想为指引，认真贯彻落实银川会议、全国东西部扶贫协作考核整改落实协调会、全国东西部扶贫协作工作推进会、全国携手奔小康培训会等会议新要求、新部署，抢抓扶贫协作新机遇，突出问题导向、目标导向、创新导向，对照帮扶双方签署的 2018 年东西部扶贫协作协议，专班化、项目化、清单化推进工作落实，扶贫协作取得了新的成效。2018 年，东部帮扶省市投入贵州财政帮扶资金 27.13 亿元（是计划数 19.14 亿元的 141.75%、2017 年 7.44 亿元的 3.65 倍）；选派援黔干部 360 人，派出专业技术人才 4214 人，接收贵州派出挂职干部 911 人，专业技术人员交流 2962 人，均超额完成计划任务；解决转移到帮扶省市就业 2.98 万人，是计划的 9.93 倍，转移到省内就近就业 11.41 万人；共引导到结对地区开展扶贫企业数 413 个，实际投资额 236.93 亿元，企业带动贫困人口脱贫数 23.33 万人，社会帮扶资金达 23.63 亿元。贵州与扶贫城市签署的 2018 年扶贫协作协议任务目标均超额完成[②]。

---

①② 根据贵州省扶贫开发办公室提供的资料整理。

一、强化组织领导，高位推动工作落实

一是高位推动力度大。成立贵州省推进东西部扶贫协作工作领导小组，省委书记、省长任双组长，5 位副省级领导任副组长，加强组织领导。2018 年以来，省委召开 3 次常委会、省政府召开 1 次常务会和 1 次专题会研究部署东西部扶贫协作工作。省委、省政府明确将东西部扶贫协作工作成效纳入对市、县年度脱贫攻坚绩效考核结果，严格进行考核。各市州均比照成立了扶贫协作工作领导小组，保障工作高效推进。2017 年，省委研究新增了 1 名省扶贫办副主任领导职数，主抓东西部扶贫协作和社会帮扶工作。按照省委统一安排，省、市（州）扶贫办主任（扶贫局局长）兼任党委副秘书长，县（区）扶贫办主任（扶贫局局长）兼任党委办公室副主任，加强扶贫工作的统筹。组织召开了贵州省 2018 年东西部扶贫协作推进暨项目观摩会，总结交流经验，推动工作落实。

二是建立专班职责明。按照省委、省政府的部署要求，省级和 8 个市（州）均组建了东西部扶贫协作工作专班，省级专班分综合协调组、产业合作组、人才交流组、劳务输出协作组、民生帮扶组、社会动员组 6 个小组，制定了详细的工作方案，形成上下协调联动、部门紧密配合的工作网络。

三是高层互访频度高。2018 年，帮扶城市与贵州高层互访交流频繁，中共中央政治局委员、广东省委书记李希同志亲率广东省党政代表团到贵州对接粤黔扶贫协作，上海、辽宁、浙江、江苏等省市党委或政府主要领导也先后赴贵州考察交流东西部扶贫协作工作。7 个对口帮扶城市党委或政府主要负责同志均到贵州受帮扶市州开展了调研对接。贵州先后由省委书记孙志刚、省长谌贻琴于 8 月率党政代表团赴广东（广州），省长谌贻琴于 11 月 19 日至 21 日率队赴上海、江苏（苏州）、浙江（杭州、宁波），吴强副省长于 11 月 28～29 日率队赴辽宁（大连）、山东（青岛）考察对接扶贫协作工作，召开高层联席会，签署联席会议纪要。经交流对接，在广州对口帮扶毕节的基础上，广东省委安排深圳市继续帮扶毕节市，助力毕节试验区建设和打赢脱贫攻坚战。8 个受帮扶市州党委或政府主要领导均率队赴 7 个帮扶城市考察对接扶贫协作工作，签订一批协作协议和项目，推动有关事项落实。2018 年，省级及 8 个市（州）与 7 个对口帮扶城市共召开联席会 30 次，开展交流互访 9107 人次。

四是政策机制体系全。编制《东西部扶贫协作和对口帮扶贵州工作总体规划（2016－2020）》，修订《贵州省大扶贫条例》，制定《关于进一步加强东西部扶贫协作工作的实施意见》《贵州省东西部扶贫协作考核办法（试行）》等政策文件，建立联席推进、结对帮扶、社会参与等扶贫协作机制。2018 年以来，又相继研究制发了《贵州省东西部扶贫协作 2018 年工作要点》、省级《关于深入推进东西部扶贫协作工作任务统筹清单》《贵州省东西部扶贫协作三年行动计划（2018－2020）》《贵州省提升劳务组织化程度三年行动方案》等文件，强化对东西部扶贫协作考核办法涉及的六大类 22 项工作统筹，制度化、目标化、项目化、常态化推进扶贫协作工作①。

二、注重发挥效益，资金使用聚焦脱贫

2018 年，7 个东部帮扶城市大幅增加财政帮扶资金，共投入各类财政帮扶资金 27.13 亿元（其中，上海帮扶遵义 2.76 亿元，大连帮扶六盘水 1.04 亿元，苏州帮扶铜仁 3.71 亿元，杭州帮扶黔东南 5.86 亿元，宁波帮扶黔西南 3.40 亿元，青岛帮扶安顺 2.46 亿元，广州帮

---

① 根据贵州省扶贫开发办公室提供的资料整理。

扶黔南州 4.65 亿元、毕节市 3.24 亿元），是 2017 年投入 7.31 亿元的 3.7 倍，贫困县县均投入 4000 万元左右。贵州按照"四个聚焦"要求，引导帮扶城市将资源和力量进一步聚焦发展条件最差、贫困程度最深的建档立卡贫困村、贫困户，让宝贵的帮扶资源发挥最大效益。

一是优化项目选择。下发了《关于做好全省东西部扶贫协作项目数据建设有关工作的通知》，建立了全省东西部扶贫协作项目库，项目投入主要集中在产业发展、扶贫开发、劳务输出、基础设施以及易扶搬迁安置区配套医院学校建设、干部人才培训交流等方面，并向县以下贫困地区倾斜。2018 年，帮扶资金的使用比例为 80.51%，用于县以下基层比例达 93.88%，用于产业扶贫比例为 54.11%。

二是固化利益联结。以资源变资产、资金变股金、农民变股东"三变"改革为引领，大力推行"公司+基地+合作社+贫困户""龙头企业+村集体+贫困户"等扶贫模式，将部分财政扶贫资金量化到村到户，让贫困群众通过劳动务工、入股分红、订单生产等获得收益。针对残疾贫困人口等特殊群体，推行"龙头企业+村集体（合作社）+残疾户"扶贫模式，财政扶贫资金和涉农资金投入项目形成的资产折股量化优先配发给残疾人贫困户，支持农民合作社、种养大户、残疾人扶贫基地等经营主体通过土地托管、牲畜托养和吸收土地经营权入股等方式，优先带动残疾人贫困户等特殊群体增收。2018 年，东部帮扶 7 市投入财政帮扶资金与贵州受帮扶市（州）其他资金捆绑整合，共实施各类帮扶项目 1500 个，帮助建档立卡贫困人口 28.49 万人脱贫，其中残疾贫困人口 16051 人。

三是强化资金监管。制定《进一步加强贵州省东西部扶贫协作资金使用管理的指导意见》，加强对对口帮扶资金项目从申报、立项、审批、资金拨付、报账，到实施、监管、验收、绩效评价的全过程跟踪监管，保证资金使用高效、规范、安全①。

三、突出智志双扶，人才交流成效明显

一是突出主题主业推进干部交流。紧扣脱贫攻坚主题，2018 年 7 个帮扶城市共派 360 名干部到贵州贫困地区挂职，接收贵州 911 名干部到 7 个市交流。实现帮扶城市有 1 名局级干部作为工作队领队挂任帮扶市州同级党政副职，每个携手奔小康县有 1 名处级干部挂任党政领导班子成员，明确挂职干部分管或协管扶贫协作工作，主要精力用于脱贫攻坚。上海市杨浦区选派到遵义市道真县挂职干部周灵荣获 2018 年"全国脱贫攻坚奉献奖"。

二是突出组团配套推进专干交流。紧贴贵州医疗、教育方面人才需求，探索推进"组团式帮扶""高校结对""职教帮扶'四个一'工程""名师专家贵州行"和"跨省全面托管式"精准医疗扶贫等，共选派 4214 名教师、医生、农业技术等专业技术人员到贵州开展帮扶工作，通过复制配带东部发达城市先进专业技术、管理模式、制度理念，有效帮助贵州基层整体提升医教水平。

三是突出安心舒心做好保障。省级层面和各地均出台了加强对口帮扶人才选派管理工作的文件，积极为挂职交流干部人才提供施展能力的平台，让挂帮干部政治上有地位、待遇上有保障、工作上有条件，安心、舒心融入帮扶地工作和生活。2018 年，共有 8 名援黔挂职干部荣获"全省脱贫攻坚优秀共产党员"称号②。

四、深化产业合作，促进互补互利共赢

一是产业研究初出成果。根据贵州省委、省政府安排，由省扶贫办牵头，8 个市（州）

①② 根据贵州省扶贫开发办公室提供的资料整理。

组建专题研究小组，开展对东部帮扶城市的产业研究，围绕双方区位特征、资源禀赋、产业结构、市场互补、人力资源、政策支持、合作空间等方面形成了研究报告，为深化产业合作提供指导。

二是共建园区提质增效。通过援建、股份合作、产业招商等模式，与对口帮扶城市联手推进园区合作共建。目前，8 个市（州）与 7 个帮扶城市共建合作园区 33 个，引导到园区投资企业 112 个，实际投资额 76.44 亿元。如铜仁·苏州产业园通过创新合作机制建设园区，创新服务机制激活园区，创新分享机制获利园区，获批国家产城融合示范区，2018 年前三季度，园区完成工业产值 85.9 亿元，实现税收 8.6 亿元，带动 200 余名建档立卡贫困户就业。六盘水引进农业产业化国家重点龙头企业韩伟集团、佛伦德农业科技有限公司等共建农业产业园，实现 613 人脱贫。

三是招商引企有新提升。2018 年，依托双方共建园区等平台，共引导到结对地区开展扶贫的企业 413 个，引导企业实际投资 236.93 亿元，带动贫困人口 23.33 万人脱贫，吸纳就业 0.85 万人，通过利益联结机制带动 21.99 万人脱贫。如遵义市引进绿地集团、上海医药集团等上海企业 62 个，投资项目 54 个，实际到位资金 67.9 亿元，引进企业吸纳贫困人口就业 3065 人，通过利益联结机制带动 7293 名建档立卡贫困户脱贫。

四是"黔货出山"泉涌增长。帮扶城市机关部门、企业、社会组织和干部职工纷纷响应贵州号召，采取有力措施助力"黔货出山"。线上线下同步发力，批发零售多点开花，业态模式丰富多样，帮扶成效显著。上海、广州、大连等市明确党政机关接待用茶使用"黔茶"。上海市积极推进黔货"5＋360"展销行动，1 年安排 5 天集中展示贵州农特产品，360 天通过展览会和各个终端窗口不间断销售贵州农特产品。7 个帮扶城市按照"强龙头、创品牌、带农户"的思路，积极引进龙头企业参与贵州贫困地区农产品基地共建等，推动农业产业化、规模化、品牌化发展。2018 年，8 个市州在帮扶城市共设立农特产品旗舰店或展销中心 38 个，开展农产品品鉴会或推介会 34 场，销往 7 个对口帮扶城市所在 6 省（市）特色农产品 57.89 万吨，销售收入达 24.83 亿元，涉及 276 个贫困乡镇、1445 个贫困村、16.32 万贫困人口。如遵义市与上海市协作打造"上海终端订单＋批发市场中转集配＋合作社绑定建档立卡贫困户"的沪遵蔬菜扶贫协作新模式，在大上海来的"卖菜书记"周灵的引领下，仅道真农产品入沪就达 1000 余吨，销售收入近 1000 万元，带动贫困群众增收近 300 万元。

五是旅游协作持续井喷。继续面向帮扶城市实施航班补贴、门票优惠、过路费减免等旅游特惠政策，与当地旅行社和旅游企业签订合作协议，进一步加大旅游推介、市场拓展、项目开发、客源组织等方面的合作力度，全面提升"山地公园省·多彩贵州风"旅游品牌影响力和市场竞争力，帮扶省市游客量显著增加。2018 年，7 个对口帮扶城市所在 6 省（市）来黔游客 1.91 亿人次，同比增长 64.65%，占外省入黔游客总数的 45% 左右。其中，杭州、宁波明确将黔东南州、黔西南州作为干部职工疗休养基地，每年各组织不少于 2 万人次到帮扶地区开展工会疗休养。广州市每年组织开展"千团万人游贵州"系列活动，有力带动了旅游扶贫。

六是浙江省安吉县黄杜村捐赠贵州 3200 亩白茶苗实施顺利。普安县白沙乡卡塘村和地瓜镇屯上村实施的 2000 亩白茶种植覆盖贫困户 862 户 2577 人，沿河县中寨镇大宅村、三会溪村实施的 1200 亩白茶种植覆盖贫困户 366 户 1530 人[①]。

---

① 根据贵州省扶贫开发办公室提供的资料整理。

五、加强劳务协作，协力推进就业扶贫

一是广开技能培训。瞄准建档立卡贫困劳动力特别是"两后生"，携手积极开展"企业＋职教＋就业"的职业教育和"企业＋培训＋就业"的职业技能培训，促进贫困家庭劳动力劳务输出。2018年，各地共举办就业培训班1031期，开展贫困人口就业培训9.02万人，帮助贫困人口实现就业25.34万人。如六盘水与大连市开展职业教育"2＋1"联合招生模式，资助六盘水建档立卡贫困家庭学生在大连职校"拎包入学"，毕业后共同推荐就业。目前，共有30名同学（建档立卡15名）前往大连就读或实习。

二是广搭就业平台。积极携手在东部帮扶城市建立劳务协作工作站，开通劳务协作"直通车"，联合举办"春风行动"劳务协作大型招聘会等，畅通就业渠道，切实提高劳务输出的组织化程度。2018年，各地到帮扶城市建立劳务协作站（点）131个，联合举办"对口帮扶劳务协作专场招聘会"391场，收集提供就业岗位46.21万个，帮扶贫困人口到东部结对省份就业2.98万人、省内就近就业11.41万人。如上海市今年安排劳务协作专项资金5000万元，制定沪遵劳务协作专项政策，强化各方联动形成政策合力，目前已帮助500多户贫困户"拿上工资卡"解决转移就业。该项工作被上海市评为2018精准扶贫十大典型案例。

三是广建扶贫车间。协作双方围绕产业园区、集镇、易地搬迁安置点等共同在本地打造扶贫车间258个，带动就业23424人，其中建档立卡贫困户7707人。如广州唯品会探索建立"电商＋非物质文化遗产"扶贫模式，在毕节织金成立了两家"唯爱·妈妈制造织金苗绣和蜡染合作社"，带动1012名绣娘和245户1100余名贫困户创业就业[①]。

六、突出基层延伸，携手小康纵深推进

一是交流互访进一步密切。2018年，贵州66个携手奔小康县党委或政府主要领导均带队赴东部结对区县调研对接工作，县级负责同志到结对县调研对接1111人次。

二是结对关系进一步延伸。在目前帮扶城市51个区县与贵州66个贫困县结对帮扶"全覆盖"的基础上，贵州按照"聚焦贫困、模式下沉、内容拓展、确保实效"的思路，大力推进结对帮扶向乡镇、易扶搬迁安置社区、贫困村延伸，围绕帮助贫困户就业就学就医等，"量身打造"帮扶行动方案。截至2018年底，东部城市397个经济强镇（街道）结对帮扶贵州439个贫困乡镇，673个村（社区）和1254个企业与贵州2379个贫困村开展结对帮扶（其中与深度贫困村结对数1322个，占比为47.89%），842个学校与贵州870个学校开展结对帮扶，222个医院与贵州245个医院开展结对帮扶。其中，大连市组织优强企业与六盘水深度贫困村开展"百企帮百村"活动，130家大连企业对六盘水162个深度贫困村进行结对帮扶，实现深度贫困村帮扶全覆盖。

三是帮扶内容进一步拓展。改变过去单向提供资金和物资帮助模式，拓展到产业发展、基础设施建设、园区共建、吸纳就业、助医助教、人员培训等诸多领域，增强了贫困地区自我发展能力。2018年，各地开展贫困村创业致富带头人培训7538人次，成功实现创业1168人，带动15276名贫困人口参与。苏州张家港市善港村帮扶铜仁市沿河县高峰村，签订了《善港村—高峰村"整村推进帮扶"协议书》，率先探索实践了"县、镇、村、企、园区""五位一体"东西部扶贫协作全面结对帮扶新模式，分三批组织共232名年轻干部脱贫工作队员赴沿河长期轮战驻村，围绕党的建设、文化建设、乡村治理、产

---

① 根据贵州省扶贫开发办公室提供的资料整理。

业致富等方面开展携手奔小康行动。善港村党委书记葛剑锋荣获 2018 年"全国脱贫攻坚创新奖"。

四是城乡建设用地增减挂钩跨省域调剂工作率先破题。根据国办发〔2018〕16 号文件，通过积极向自然资源部争取，2018 年贵州共获得深度贫困县城乡建设用地增减挂钩跨省域调剂指标 2.04 万亩，实际完成上报 24356.02 亩。根据有关要求，在获得城乡建设用地增减挂钩跨省调剂指标的深度贫困县拆旧复垦安置项目经省级验收并经自然资源部实地确认后，全省获得国家资金 61.2 亿元。目前，已完成 2018 年度跨省域调剂拆旧复垦安置方案审批及在自然资源部在线监管系统备案。省人民政府已致函自然资源部申请确认贵州 2018 年城乡建设用地增减挂钩节余指标跨省域调出任务，待自然资源部线上确认通过后，国家财政部将先向贵州拨付 70% 的资金 42.84 亿元。

五是社会力量进一步凝聚。以"千企帮千村"等为载体，积极动员 7 个对口帮扶城市民主党派、人民团体、社会组织、各界人士广泛参与脱贫攻坚。目前，东部帮扶城市共有 1254 家企业结对帮扶贵州贫困县或乡镇、村。携手开展"脱贫攻坚·志愿黔行"扶贫日"六个一"活动，依托"中国社会扶贫网"打造贫困群众与社会扶贫需求对接平台，大力推广"中国社会扶贫网"在对口帮扶城市应用，组织和动员社会各界人士注册为爱心人士，对贫困群众"点对点"精准帮扶。目前，东部帮扶 7 市注册爱心人士达 28.05 万人。2018 年，东部帮扶 7 市投入贵州社会帮扶资金达 23.63 亿元，捐物折款约 1.03 亿元。2018 年"扶贫日"期间，贵州组织开展（包括东部帮扶城市）"为贫困家庭残疾儿童奉献爱心"捐赠活动，通过现场捐赠和认捐的形式，共募集资金 9391 万元，专门用于贵州贫困家庭残疾儿童康复救助工作。8 个市（州）共获得东部帮扶 7 市支持贵州残疾人无障碍改造、创业就业示范点建设、康复救助和辅助器具、扶贫车间等项目资金 1854.99 万元，惠及残疾贫困户万余人[①]。

第三节　贵州的东西部扶贫协作的经验做法

一、合力推动"黔货出山"

强化省级统筹，践行政策设计、工作部署、干部培训、监督检查、追责问责"五步工作法"，围绕"来一场振兴农村经济的深刻的产业革命"，把握农村产业发展"八要素"（产业选择、培训农民、技术服务、资金筹措、组织方式、产销对接、利益连接、基层党建），推动形成"基地 + 农户、流通 + 配套、订单 + 渠道、线上 + 线下"的"黔货出山"带动扶贫模式。

一是部门联动形成合力。建立了贵州省扶贫办、省农委、省商务厅等部门推动"黔货出山"工作会商和协调联动机制。出台专项资金奖补办法，2019 年贵州省级财政将拿出 210 万元作为"黔货出山"奖励资金。

二是紧扣市场调整产业。紧扣帮扶城市市场需求，按照"强龙头、创品牌、带农户"的思路，深入推进农村产业结构调整，着力扩大蔬菜、茶叶、食用菌、中药材、精品水果、生态禽畜等优势特色产业。

三是线上线下同步销售。坚持"线上线下"同步发力，建立产销对接机制，借助电商

---

① 根据贵州省扶贫开发办公室提供的资料整理。

和展销会、批发专铺、旗舰店等平台，推动贵州绿色农产品走进帮扶城市批发市场、商贸中心、大型超市、机关、社区、学校、医院、企业等。

四是延长链条创建品牌。开展标准化物流体系建设，全省新建成冷库库容120万吨，投运冷藏车1000辆，冷库、冷藏车数量分别增长51.1%和42.2%，实现冷链县域全覆盖。启用"贵州绿色农产品"品牌形象标识，推动全省2663家企业共8885个农产品纳入贵州绿色农产品推介平台，834个农产品纳入产品质量追溯体系，在做大做强酒、烟、茶、药、食品"五张名片"的基础上，新创建一批全国性、区域性特色知名品牌①。

二、探索创新"组团式"帮扶

改变过去选派单人、个人作用发挥有限的方式，探索开展"组团式"帮扶。杭州市先后派出杭州市学军中学、杭州第二中学、余杭高级中学、浙江大学等13所学校共43名教师、研究生"组团式"到台江县民中支教，其中杭州市学军中学原校长陈立群，2016年退休后赴台江县担任民族中学校长，不拿一分钱工资奖金和生活补助，与其他支教老师一起工作奉献。浙江大学医学院附属第二医院组团帮扶台江县人民医院，在台江县设立分院，委派汪四花作为台江县人民医院院长，每月浙江大学医学院附属第二医院长驻台江的帮扶专家8~12名，帮扶周期均在6个月以上。他们复制配带东部发达城市的先进专业技术、管理模式、制度理念等，有效帮助贵州基层整体提升医教水平。汪四花荣获2018年"全国脱贫攻坚奉献奖"。大连市第七人民医院、大连市结核病医院共同组团帮扶六盘水市第三人民医院学科建设两年来，仅精神科、感染科门诊人数就较帮扶前增长3.5倍、2倍②。

三、恒大集团整体帮扶毕节模式

恒大集团帮扶毕节变点式帮扶为整市帮扶，变间接帮扶为直接参与，变单一捐资为立体帮扶，"变大水漫灌为精准滴灌"，并通过以扶引商和转变发展观念等方式，激发贫困群众持续脱贫的内生动力。在整市推进中，坚持精准扶贫，因户施策、因人施策，坚持"输血"与"造血"并举，坚持既要"见效快"，更要"利长远"，通过产业扶贫、搬迁扶贫、教育扶贫、就业扶贫和保障扶贫等"一揽子"综合措施，建立长效脱贫机制。恒大集团帮扶毕节三年来，已捐赠到位60亿元扶贫资金，协助毕节各级政府帮扶30.67万人初步脱贫，助力黔西县于2018年9月成功脱贫摘帽，大方县于2019年初接受脱贫验收③。

四、开展对口帮扶城市产业研究

为抢抓用好东西部扶贫协作机遇，深挖合作潜力，找准项目载体，切实加强区域合作，根据贵州省委、省政府安排，省扶贫办牵头组织开展对口帮扶城市产业研究。

一是聚焦主题。聚焦产业研究的主题，重点深入研究7个帮扶城市与贵州8个市（州）在区位特征、资源禀赋、产业结构、市场互补、人力资源、政策支持等方面的优势和特点，搞清楚其加快结构调整的重点行业、具体企业，以及相关行业、企业的"短板"弱项及需要的配套服务和产品，为开展精准对接、精准招商提供指导。二是借脑破题。为确保情况掌握得全、问题挖掘得深、原因分析得透、对策谋划得实，8个课题小组中有5个小组邀请了相关科研院校参与研究工作，一批省内外知名专家和学者积极参与，与小组成员共同提出研究成果。组织召开了东部帮扶城市产业结构研究报告评审会，聘请专家对8个研究报告初稿分别进行了评审论证。三是精准答题。产业研究报告紧扣8个市（州）和帮扶城市需求导

---

① ② ③　根据贵州省扶贫开发办公室提供的资料整理。

向，深入分析东部帮扶城市未来几年产业转（移）出的方向、重点产业和企业，围绕园区共建、产业合作、产业孵化、旅游开发、招商引企、飞地经济发展等重点，初步明确了帮扶双方可合作推进的具体项目、可转移引进的企业以及重点对接事项，具有较强的目标性、指导性和可操作性①。

此外，各地扶贫协作亮点纷呈。如沪遵协作打造"终端订单＋批发市场中转集配＋合作社绑定建档立卡贫困户"，产销对接助推精准脱贫的"黔货出山·遵品入沪"大市场带动大扶贫模式，全市建立"遵菜入沪"基地 12 万亩，67 家企业、143 家专业合作社参与其中；六盘水市与大连市创新建立"216"开放式扶贫试验区合作机制，在产业合作、人才交流、教育扶贫等方面探索开放式扶贫新模式，将帮扶资金量化入股农业园区合作社，实现"三变＋产业＋扶贫"的发展模式；青安协作引入青岛榕昕集团，投资 1.5 亿元，按照"公司＋基地＋合作社＋农户（贫困户）"的思路，高标准打造集奶牛生态养殖、鲜牛奶生产供应、有机果蔬种植、特种养殖、生态休闲观光旅游、餐饮住宿及线上线下经营为一体的产业园区，形成"牵一接二连三"（牵一是带动农民牧草种植，接二是带动系列鲜牛奶及奶产品加工业，连三是带动城市奶吧、休闲旅游观光）的产业扶贫"榕昕模式"；广州与毕节、黔南成立"同心黔行产销扶贫联盟"，结盟企业达 58 家，推进"黔货出山·毕菜入广"市场带动扶贫模式；黔东南州借助杭州"中国电商之都"优势，引入阿里巴巴、苏宁易购、京东等知名电商企业和杭州电商公共服务中心力量，推动共建黔东南电商公共服务平台的电商协作模式；黔南与广州协作，引入广州企业在贵定县打造"领略中国农村电商扶贫大数据中心"，推出贫困户"一户一码"农产品消费扶贫模式；黔西南州普安县在宁波市镇海区的帮助下，引进浙江新大集团，共同打造了集良种繁育、饲料加工、兔毛收购、技术服务、加工销售为一体的全产业链长毛兔产业园，实现产值 1.26 亿元，带动贫困户1092 户②。

五、澳门对口帮扶从江脱贫攻坚模式

2018 年 5 月，贵州省政府与澳门特别行政区政府、中央政府驻澳门联络办公室签署《扶贫合作框架协议》，澳门中联办和澳门特区政府将对口帮扶贵州深度贫困县——从江县，助力深度贫困地区脱贫攻坚。按照"教育医疗扶持一批、培训就业带动一批、结对帮扶带动一批、园区共建带动一批、产业发展带动一批、旅游发展带动一批"的思路，澳门从教育扶贫、医疗扶贫、旅游扶贫、劳务扶贫、外贸出口、展销会和文化交流、人才扶贫、捐助扶贫等方面，将帮助从江县实现 7.23 万贫困人口脱贫。截至 2018 年底，帮扶逐步上升到全省协作，已签署 10 个协议落实资金 5200 万元，援建的部分学校、医院等项目已陆续开工③。

第四节　贵州东西部扶贫协作的综合减贫效应分析

在东西部扶贫协作实践不断深化的背景下，贵州与东部协作城市的扶贫协作实践内容丰富、做法多样，取得了较好的成绩，具有较强参考价值。然而，有关贵州东西部扶贫协作减贫成效的评估较为少见。绝大多数研究都以各级政府部门公布的建档立卡贫困户脱贫数作为减贫成效的表征。事实上，除了通过利益联结机制直接带动建档立卡贫困户就业脱贫之外，

①②③　根据贵州省扶贫开发办公室提供的资料整理。

东西部扶贫协作的减贫效应还体现在推动西部欠发达地区经济发展，从全局上助力当地百姓增收减贫。因此，如何全面评估东西部扶贫协作实践的减贫效应是一个重要的研究内容。为全面评估贵州与东部协作城市有关实践的综合减贫效应，我们收集了相关数据并进行了实证研究。参照已有主流研究做法，构建实证模型：

$$poverty_{it} = \alpha + \beta_1 idx_{it} + \beta_2 pergdp_{it} + \beta_3 pubexpd_{it} + \beta_4 machine_{it} + \beta_5 webmember_{it} + \beta_6 road_{it} + \upsilon_{it}$$

其中，poverty 是贫困因变量，用各市州贫困人口数表示；idx 为东西部扶贫协作，用东西部扶贫协作资金表示。这样做的原因在于，市州层面东西部扶贫协作任务的细分数据可获得性不足；而根据我们的调研，东西部扶贫协作强度与东西部扶贫协作资金额度具有很强的正相关性。其他控制变量包括 pergdp（人均 GDP）、pubexpd（公共财政支出）、machine（农业机械总动力）、webmember（固定互联网宽带接入用户）、road（公路总里程）等可能对地区贫困程度产生影响的因素。下标 i、t 分别表示地区和年份。实证研究所需数据分别来自历年《贵州统计年鉴》、各市州历年发布的《国民经济和社会发展统计公报》、各市州扶贫办、农委等政府部门官方网站发布的数据等。根据统计，2013 ~ 2017 年，贵州各市州从东部结对城市获得的对口帮扶与东西部扶贫协作资金呈现逐年增加的态势。以上海为例，2013 ~ 2017 年，协作资金增加了 2.26 倍。表 3 - 1 给出了相关变量的描述性统计。

表 3 - 1　相关变量的描述性统计

变量名称	均值	标准差	最小值	最大值
东西部扶贫协作资金	8.36	0.48	8.00	9.81
人均 GDP	10.22	0.28	9.68	10.82
公共财政支出	5.73	0.31	5.02	6.46
农业机械总动力	301.55	92.51	169.94	532.50
互联网宽带接入用户	36.63	17.29	13.42	95.28
公路总里程	21862.39	7003.41	12221.65	32943.00

注：已对东西部扶贫协作资金、人均 GDP 和公共财政支出做对数处理。

基于回归方程，我们采用面板数据模型进行估计。表 3 - 2 报告了相应估计结果。可以看出，东西部扶贫协作显著降低了贵州各市州贫困人口数量，具有显著的减贫效应。在逐步添加控制变量的过程中，东西部扶贫协作变量始终保持显著，说明回归结果是稳健的。在其他控制变量方面，由人均 GDP 表征的经济增长对贵州各市州贫困人口数量有负向影响，具有显著减贫作用。"想致富、先修路"，公路里程数提升显著促进了贵州的减贫进程，充分说明近年来贵州贫困地区交通基础设施建设发挥了显著的脱贫攻坚作用。农业机械总动力及互联网宽带接入用户变量对贵州各市州贫困人口有负向影响但不显著，这可能与贵州山地经济特征与手机作为上网工具的普及有关。公共财政支出系数不显著，原因可能在于，公共财政支出方向不仅包括脱贫攻坚领域，还包括基础设施建设等方面，从而抵消了当年的直接减贫效果。

表3-2　东西部扶贫协作对贵州各市州贫困人数影响的检验

	(1)	(2)	(3)	(4)
东西部扶贫协作	-34.04***	-11.83***	-15.93***	-10.01**
	(-4.17)	(-3.11)	(-3.26)	(-2.42)
人均GDP	—	-92.70***	-118.22***	-83.19***
		(-12.90)	(-10.56)	(-3.51)
公共财政支出	—	—	43.49***	44.49
			(3.15)	(1.31)
农业机械总动力	—	—	—	-0.04
				(-0.92)
互联网宽带接入用户	—	—	—	-0.41
				(-0.94)
公路总里程	—	—	—	-0.01***
				(-2.85)
常数项	347.04***	1108.64***	1154.72***	874.80***
	(5.03)	(17.03)	(15.20)	(5.88)
样本数	40	40	40	40
F检验	[0.00]	[0.00]	[0.00]	[0.00]
Breusch-Pagan LM检验	[0.00]	[0.00]	[0.00]	[0.00]
Hausman检验	[0.27]	[0.63]	[0.01]	[0.00]

注：回归前用历年贵州省居民消费价格指数对所有名义变量进行平减处理，居民消费价格指数以2013年为基期。小括号内为t值、中括号内为p值；*、**和***分别代表10%、5%和1%的显著性水平。F检验原假设为使用混合回归，若拒绝原假设说明固定效应优于混合回归；Breusch-Pagan LM检验原假设为使用混合回归，若拒绝原假设说明随机效应优于混合回归。Hausman检验原假设为使用随机效应，若拒绝原假设则应使用固定效应。

第五节　贵州与东部协作城市的产业结构分析

前文中，我们对贵州与东部城市扶贫协作的做法与成效进行了分析，发现东西部扶贫协作有力促进了贵州的减贫进程。接下来，我们试图对东西部扶贫协作促进贵州减贫的作用机制进行深入分析。与传统概念上的各领域支援、帮扶相比，我们对产业合作这一机制更为重视。主要原因在于：一方面，产业合作是东西部扶贫协作中首要的考核内容，具有十分重要的地位；另一方面，产业合作是东西部间基于"优势互补、互利共赢"原则所开展的经济领域扶贫实践，与传统的救济式扶贫相比更具有发展潜力和长久生命力。为进一步加强贵州与东部协作城市产业合作的科学性和可持续性，我们基于产业经济学理论和研究方法，对贵州和东部协作省市的产业结构进行研究。

一、贵州与东部协作省市产业结构比较：基于产业关联的视角

产业经济学理论将整个国民经济视为一个由若干经济部门组成的有机整体，各产业间有密切的联系。每个产业部门都具有双重身份，一方面，作为生产部门，将自己的产品分配到

下游关联产业；另一方面，各个部门又是消耗部门，在生产过程中也要消耗其他产业部门的产品。投入产出法将每个产业的产出形成过程及其使用去向用投入产出表表示出来，使研究者能够根据投入产出表所反映的经济内容，解构各产业之间的关联关系，找出对其他产业增长产生需求拉动或投入推动作用的产业，从而更好地指导区域经济发展的实践。

其中，影响力系数和感应度系数是最为主流的研究方法。影响力系数指某个产业生产一个最终产品时，对国民经济全体部门所产生的生产需求波及程度，代表了该产业对其他上游关联产业的需求拉动作用。感应度指数指某个产业生产出的全部产品被国民经济全体部门需求的程度，代表了该产业对其他下游关联产业的投入推动作用。通过对不同省市的上述系数的测算对比，能够发现贵州各产业部门之间存在的产业关联关系，研究贵州产业结构存在的特征，比较贵州与东部协作省市产业结构的异同，找出产业合作的潜在产业方向。

1. 影响力系数和感应度系数测算方法

对影响力系数和感应度系数的测算首先要求得直接消耗系数和完全消耗系数。直接消耗系数也称为投入系数，是指在生产经营过程中某一个产品部门单位总产出所直接消耗的另一个部门的货物或服务的价值量。直接消耗系数反映部门之间的直接相互依赖性。其公式如下：

$$a_{ij} = \frac{x_{ij}}{x_j}$$

其中，x_{ij} 为投入产出表矩阵中 j 产业对 i 产业的投入需求量，x_j 为产业 j 的总产出。

需要注意的是，j 产业对 i 产业的投入消耗不仅包含直接消耗部分，还包含 j 产业通过对除 i 产业以外其他产业投入消耗而间接产生的对 i 产业的投入需求。因此引入完全消耗系数，反映某产品部门每提供一个单位最终使用时，对另一产品部门货物或服务的直接消耗和间接消耗之和，反映了产业之间的全部联系。对完全消耗系数的测算需要进行矩阵运算，其公式如下：

$$B = (I - A)^{-1} - I$$

其中，B 为完全消耗系数矩阵，I 为单位矩阵，A 为直接消耗系数矩阵。

在求得直接消耗系数、完全消耗系数后，即可对影响力系数和感应度系数进行求解。影响力系数公式如下：

$$F_j = \frac{\sum_{i=1}^{n} b_{ij}}{\sum_{j=1}^{n} \sum_{i=1}^{n} b_{ij}}$$

其中，b_{ij} 为 j 产业对 i 产业的完全消耗系数。影响力系数大于1，表示该产业生产对其他产业所产生的波及和影响程度超过社会平均影响力水平，影响力系数越大，该部门对其他部门的需求拉动作用越大。感应度系数求解公式如下：

$$E_i = \frac{\sum_{j=1}^{n} b_{ij}}{\sum_{j=1}^{n} \sum_{i=1}^{n} b_{ij}}$$

感应度系数大于1，表示该产业所受到的感应程度高于社会平均感应水平。感应度系数越大，表示该产业中间产品率越高，很容易受到下游关联产业需求拉动而增长。

2. 贵州与东部协作省市影响力系数和感应度系数测算结果描述

对影响力系数和感应度系数的测算需利用投入产出表，通过矩阵运算进行。由于我国地区投入产出表以省市为单位发布，所以此处采用国家统计局于2016年发布的最新地区42部门投入产出表，根据7个结对城市所属省市，对贵州以及各东部协作省市的影响力系数和感应度系数进行了测算。

影响力系数越大，说明该产业上游关联产业链条越长，对上游关联产业的产品需求越大，是本地各产业产出的主要"买家"，从需求侧拉动着本地经济增长。测算发现，贵州影响力系数>1的产业较少，有19个，上海、辽宁、浙江影响力系数>1的产业较多，分别为25个、24个和24个，江苏、广东影响力系数>1的产业有21个，山东有25个。感应度系数越大，说明该产业下游关联产业链条越完备，产品受下游关联产业的需求引力越大，是本地各产业投入的主要"卖家"，从供给侧推动着本地经济增长。根据测算，贵州感应度系数>1的产业较少，为11个，辽宁和江苏感应度系数>1的产业较多，分别有17个和16个；山东、广东、浙江、上海分别有15个、14个、13个和13个。具体产业名单详见表3-3。

表3-3 贵州与东部协作省市产业影响力系数和感应度系数

产业代码	产业名称	贵州		辽宁		上海		江苏		浙江		山东		广东	
		影响力	感应度	影响力	感应度	影响力	感应度	影响力	感应度	影响力	感应度	影响力	感应度	影响力	感应度
1	农林牧渔产品和服务	0.59	1.50	0.64	2.05	0.89	0.32	0.57	1.37	0.54	0.84	0.58	1.74	0.55	1.04
2	煤炭采选产品	0.99	4.27	0.87	1.19	0.00	1.32	0.76	2.13	0.76	2.01	1.01	1.66	0.00	0.85
3	石油和天然气开采产品	0.00	0.05	0.64	1.65	0.59	2.67	0.21	1.10	0.00	1.59	0.86	1.61	0.25	1.16
4	金属矿采选产品	0.58	0.69	1.02	1.77	0.00	0.64	1.93	3.34	1.26	0.79	1.17	1.10	0.94	0.78
5	非金属矿和其他矿采选产品	0.73	0.30	1.15	0.45	0.00	0.15	1.11	0.72	1.04	0.30	1.24	0.26	0.94	0.24
6	食品和烟草	0.61	0.56	1.03	1.24	0.73	0.59	0.84	0.99	1.01	0.48	1.02	1.04	1.01	1.23
7	纺织品	1.09	0.39	1.32	1.36	1.35	0.83	1.27	1.02	1.33	1.03	1.21	1.59	1.20	0.72
8	纺织服装鞋帽皮革羽绒及其制品	1.13	0.18	1.31	0.49	1.15	0.31	1.24	0.19	1.30	0.34	1.35	0.57	1.18	0.42
9	木材加工品和家具	0.73	0.30	1.15	0.54	1.27	0.29	1.28	0.40	1.26	0.46	1.19	0.44	1.23	0.29
10	造纸印刷和文教体育用品	0.88	1.12	1.20	1.26	1.32	0.62	1.18	1.19	1.37	1.43	1.29	1.36	1.47	0.86
11	石油、炼焦产品和核燃料加工品	1.47	2.12	1.06	2.00	1.03	2.29	0.67	0.92	0.54	0.96	1.31	1.89	0.81	1.76
12	化学产品	1.47	3.34	1.21	4.37	1.31	3.17	1.22	5.07	1.35	4.64	1.40	5.57	1.27	4.57
13	非金属矿物制品	1.46	0.54	1.13	0.65	0.96	0.55	1.20	0.84	1.20	0.69	1.26	1.35	1.09	0.61
14	金属冶炼和压延加工品	1.57	2.98	1.33	4.07	1.20	3.55	1.63	6.10	1.69	6.36	1.51	4.66	1.53	3.94
15	金属制品	1.36	0.65	1.35	1.01	1.24	0.43	1.43	1.28	1.48	0.83	1.32	1.39	1.44	0.80
16	通用设备	1.21	0.50	1.31	1.67	1.40	0.75	1.46	0.77	1.51	0.98	1.32	1.58	1.54	0.61
17	专用设备	1.49	0.34	1.34	0.53	1.32	0.21	1.42	0.36	1.35	0.56	1.30	0.95	1.36	0.49
18	交通运输设备	1.53	0.63	1.29	0.92	1.42	0.74	1.63	0.27	1.48	0.60	1.50	0.99	1.43	0.82
19	电气机械和器材	1.58	0.44	1.46	0.99	1.47	0.72	1.55	0.85	1.56	1.26	1.47	1.11	1.53	1.13

产业代码	产业名称	贵州		辽宁		上海		江苏		浙江		山东		广东	
		影响力	感应度	影响力	感应度	影响力	感应度	影响力	感应度	影响力	感应度	影响力	感应度	影响力	感应度
20	通信设备、计算机和其他电子设备	1.36	0.83	1.42	1.41	2.00	2.39	1.53	1.09	1.45	1.03	1.66	1.97	1.66	5.98
21	仪器仪表	0.76	0.22	1.41	0.35	1.21	0.18	1.42	0.15	1.38	0.36	1.29	0.32	1.42	0.18
22	其他制造产品	1.09	0.16	1.23	0.14	1.13	0.27	1.43	0.20	1.20	0.14	1.22	0.15	1.46	0.07
23	废品废料	1.90	0.96	0.18	0.24	1.48	2.35	0.26	0.61	1.53	2.09	1.17	0.29	1.49	1.66
24	金属制品、机械和设备修理服务	0.78	0.69	1.11	0.17	1.15	1.76	1.48	0.14	1.12	0.23	1.09	0.08	1.44	0.06
25	电力、热力的生产和供应	1.28	4.63	1.29	2.10	0.67	2.32	1.07	1.91	1.05	2.80	1.00	2.59	0.79	2.81
26	燃气生产和供应	1.47	0.41	1.13	0.09	1.05	0.24	1.31	1.10	0.59	0.18	0.97	0.03	1.60	0.96
27	水的生产和供应	1.10	0.08	1.19	0.05	0.91	0.27	0.70	0.07	0.86	0.10	1.12	0.06	1.04	0.24
28	建筑	1.45	0.41	1.25	0.24	1.35	0.19	1.35	0.11	1.36	0.06	1.17	0.28	1.32	0.15
29	批发和零售	0.39	2.00	0.48	1.54	0.76	1.54	0.26	1.33	0.47	1.43	0.25	0.89	0.52	1.29
30	交通运输、仓储和邮政	0.95	3.91	0.91	2.33	1.39	2.77	0.76	1.79	0.73	1.82	0.76	1.52	0.92	1.73
31	住宿和餐饮	0.60	0.94	0.85	0.74	0.93	0.43	0.75	0.51	0.74	0.41	0.53	0.52	0.80	0.60
32	信息传输、软件和信息技术服务	0.87	0.45	0.75	0.36	1.01	0.96	0.68	0.28	0.73	0.75	0.69	0.15	0.71	0.31
33	金融	0.66	2.68	0.65	1.35	0.54	1.89	0.59	1.49	0.42	2.42	0.65	0.96	0.58	1.36
34	房地产	0.47	0.25	0.35	0.49	0.45	0.84	0.32	0.28	0.15	0.25	0.24	0.22	0.32	0.46
35	租赁和商务服务	0.99	1.26	0.77	0.86	1.23	2.87	0.66	1.48	0.96	0.95	0.77	0.63	0.84	1.29
36	科学研究和技术服务	0.89	0.11	0.95	0.31	1.09	0.09	0.94	0.09	1.13	0.21	0.74	0.10	0.84	0.09
37	水利、环境和公共设施管理	0.96	0.12	0.74	0.09	1.02	0.00	0.69	0.02	0.73	0.05	0.67	0.10	0.54	0.01
38	居民服务、修理和其他服务	0.76	0.51	0.79	0.33	0.96	0.34	0.77	0.28	0.58	0.25	0.63	0.16	0.59	0.29
39	教育	0.38	0.15	0.38	0.19	0.51	0.08	0.26	0.07	0.56	0.10	0.35	0.03	0.40	0.05
40	卫生和社会工作	1.01	0.09	0.91	0.12	1.03	0.00	0.90	0.03	1.04	0.08	0.77	0.03	0.80	0.00
41	文化、体育和娱乐	0.79	0.18	0.72	0.24	0.77	0.04	0.80	0.06	0.83	0.12	0.52	0.06	0.69	0.06
42	公共管理、社会保障和社会组织	0.59	0.05	0.71	0.03	0.73	0.05	0.44	0.02	0.36	0.09	0.47	0.02	0.45	0.02

3. 贵州产业结构特征分析

根据影响力系数和感应度系数大小，将贵州产业结构划分为四个类别。其中，第一类是影响力 >1，感应度 >1 的产业。这类既是"卖家"，又是"买家"，上下游产业链均较为完备，与各部门联系比较密切，自身发展能够带动和引导上下游产业的发展，属于具有既能推动又能拉动经济发展双重作用的产业部门。这类产业有四个，分别是：金属冶炼和压延加工品；石油、炼焦产品和核燃料加工品；化学产品；电力、热力的生产和供应。

第二类产业为影响力 >1，感应度 <1 的产业。这类产业对上游关联产业有着强大的中间品购买需求，从需求侧拉动着本地产业发展。但与第一类别相比，第二类产业扮演的主要是"买家"角色，产出所受下游关联产业的需求引力较小。贵州这类产业有 15 个，分别是：废品废料；电气机械与器材；交通运输设备；非金属矿物制品；金属制品；通信设备、计算机和其他电子设备；专用设备；通用设备；纺织服装鞋帽皮革羽绒及其制品；水的生产和供应；纺织品；其他制造产品；燃气生产和供应；建筑；卫生和社会工作。

第三类产业为影响力 <1，感应度 >1 的产业。这类产业对下游关联产业有着至关重要的作用，为相关产业提供了大量中间投入品，是本地相关产业正常运转的基础保障，从供给侧推动着经济增长。与第一类别相比，第三类产业更多扮演的是"卖家"角色，对上游关联产业产出的需求较小。贵州这类产业有七个，分别是：煤炭采选产品；交通运输、仓储和邮政；金融；批发和零售；农林牧渔产品和服务；租赁和商务服务；造纸印刷和文教体育用品。

第四类产业为影响力 <1，感应度 <1 的产业。与前三类产业相比，这类产业与上下游关联产业联系不太密切，无法显著拉动或推动其他产业发展。这些产业自身的产业链较短，属于有待发展的产业。贵州这类产业有：金属制品、机械和设备修理服务；石油和天然气开采产品；金属矿采选产品；非金属矿和其他矿采选产品；食品和烟草；木材加工品和家具；仪器仪表；住宿和餐饮；信息传输、软件和信息技术服务；房地产；科学研究和技术服务；水利、环境和公共设施管理；居民服务、修理和其他服务；教育；文化、体育和娱乐；公共管理、社会保障和社会组织。

此外，还值得一提的是，煤炭采选产品，造纸印刷和文教体育用品，交通运输、仓储和邮政，租赁和商务服务四个产业的感应度系数 >1，影响力系数接近 1；通信设备、计算机和其他电子设备，废品废料产业影响力系数 >1，感应度系数接近 1。这说明，贵州的这六个产业与上下游产业的联系正日益加强，对助推本地经济增长有着较大潜力。

二、贵州与东部协作省市产业结构的比较

比较贵州与东部协作省市产业的影响力系数和感应度系数，有以下特征值得关注：

从影响力系数来看，贵州与东部协作省市的影响力较大的产业门类基本相同，主要集中在采矿业和制造业。这说明贵州与东部协作省市在产业合作方面有较大潜力，有着许多互相学习、借鉴的机会。但是，贵州具有较大影响力的产业门类最少，且是唯一未覆盖所有高技术制造业门类的省份。考虑到 42 部门分类已是按照产业大类门类划分，因此实际情况中，贵州在高技术产业链方面可能存在更多小类细分高技术行业的缺失。这既是贵州经济转型升级的壁垒，也可能对有关合作产生不利影响。

从感应度系数来看，贵州与东部协作省市的感应度较大的产业门类也基本相同，主要集中在农业、能源、中间投入品制造业以及生产性服务业。这一特征有两方面的含义：一方面，上述产业是本地产业投入的主要供给方，一旦发展放缓，极容易供给不足、形成"瓶颈"，影响下游关联产业正常运转；另一方面，这也意味着，贵州与东部协作省市在此类产业发展方面有相同的需求，在发展过程中，由需求刺激产生的有效供给，也是东部协作双方互通有无、相互学习、合作的重要内容。

上海、浙江的服务业发展位居前列。在生产性服务业方面，上海的租赁和商务服务，科学研究和技术服务，水利、环境和公共设施管理产业已经成为上海市影响力较大的产业，能够有效带动当地经济增长。科学研究和技术服务是浙江影响力较大的产业。在生活性服务业

方面，上海和浙江的卫生和社会工作产业对当地经济有明显带动作用。服务业的日趋完善，不仅能有效促进当地技术升级，增加有效供给，还能提升居民福利水平。考虑到贵州三产结构已经呈现"三二一"模式，以及服务业在本地经济增长中的比重有不断增长的趋势，所以如何学习借鉴上海、浙江的服务业发展经验，发挥服务业对本地经济的带动作用，是贵州应该关注的重点。

贵州、辽宁、江苏、山东和广东的农林牧渔产品和服务产业感应度均 >1，说明该产业在上述地区为其他下游产业提供了重要的原料来源。但是，该产业对上游关联产业需求较弱，没有形成有效利用。换句话说，贵州及东部协作省市涉农产业的产业链较短，还存在较大的提升空间。尤其是考虑到贵州省以农业为主的产业扶贫现实情况，如何拉长贵州农业产业链，使其"不仅为其他产业需要，更需要其他产业"，让上下游产业更好地服务贵州农业发展，促进"黔货出山"，值得人们重视。

将影响力系数和感应度系数结合起来看，贵州具有较大影响力的产业与东部协作省市具有较大感应度的产业门类有所重叠。这意味着，东部协作省市对贵州相关产业中间投入品具有潜在的合作或购买需求。但也要注意，如何与其他省市有关产业区分，显示自身特色和比较优势，是贵州能否与东部协作省市产业链对接融合的关键。

还需要注意的是，目前我国公布的区域投入产出表以省或直辖市为单位，尚不能将有关产业结构分析细化至结对城市层面。此外，受数据可获得性的限制，目前仅能获得 2016 年公布的最新区域投入产出表。近年来，贵州的大数据、大健康、大旅游等行业发展迅速，产业关联不断深化，对本地上下游关联产业发展起到了重要作用。如何借助发达地区成功经验，助力上述重点战略产业发展，也应该是贵州与东部协作城市产业合作的重点内容。

第六节　贵州与东部协作城市产业合作存在的问题

为全面深入了解贵州与东部协作城市在产业合作中存在的问题、困难和不足，从而更好地制定政策、指导实践，课题组在 2018 年 4 ~ 8 月，对贵州 8 个市州和对应的东部协作城市进行了实地调研。调研对象包括各结对城市的政府部门、共建产业园区和代表性帮扶企业。调研发现，贵州与东部协作城市产业合作尚存在一些亟待解决的问题，须引起各方重视。

一、过于注重直接脱贫效果，忽略高质量可持续发展

在考核指标硬约束下，结对双方更多关注投资规模、脱贫人数，但对投资质量、土地集约化利用、高新技术企业引进等方面并不重视。对于对接帮扶城市产业转移与合作的研究不多，可持续发展的协作项目十分有限。例如，为增加直接脱贫人数，某东部帮扶方提出建设乡村"扶贫车间"等劳动力密集型项目，但目前贵州乡村一级普遍存在劳动力外流、用工紧张等问题，导致项目无法推行。此外，某东部帮扶企业反映，为达到帮扶方关于就业人数的要求，企业取消了一条机器生产线，改由建档立卡贫困户手工操作，既降低了效率又提高了成本。

二、产业合作短期化特征明显，缺乏长远规划部署

据调查，目前结对城市间各种帮扶规划、工作计划、合作方案等均截止到 2020 年，双方对 2020 年后合作如何持续、合作形式是否变化等"心里没谱"，普遍缺乏中长期合作目标。以共建园区为例，分布在 8 个市州的 10 个园区均只出台了短期性的框架协议，对园区

发展目标、空间布局、资源保护等缺乏长远规划。在产业安排上，部分帮扶城市倾向推送"短平快"项目，以达到立竿见影的效果，对"深耕细作"地方优势产业不感兴趣。例如，某市州向东部结对方推介自身具有优势的中药材产业，发展市场销量好、价格稳定，但东部结对方认为此类中药材要 3～7 年才能上市，不能尽快为贫困户分红，最终未能达成一致。

三、贫困地区被动"接受"多，产业选择话语权少

调研发现，在东部结对城市支持下，近年来贫困地区基础设施、教育条件等均得到改善，但在产业选择上基本没有话语权，一般是"对方给什么，就只能接什么"，部分市州提出发展前景较好的合作项目，大多因"直接"脱贫效果不足被东部结对方否定。例如，某市州反映，谋划的符合当地发展实际、前景较好的中药材、魔芋、种草养牛等产业项目，因缺少帮扶方支持，未能得到有效实施。又有某市州反映，两地资源和产业未形成优势互补，互利共赢局面未全面打开。此外，贵州独特的文化资源、丰富的旅游资源被东部结对方关注得也很少。

四、贫困地区营商成本仍较高，营商环境有待改善

调研发现，贫困地区劳动力的技能素养和职业素养较低，对企业正常生产经营造成了一定负面影响。下游生产性服务业如包装、冷链、物流等发展仍较为落后，对"黔货出山"产生了一定制约，也提高了东部帮扶企业的生产经营成本。例如，有省外企业赴贵州调研后，发现运输成本过高，打消了投资念头。调研还发现，贫困地区对企业的服务意识较为欠缺。例如，部分贫困地区还存在缺乏对东部帮扶企业的后续跟踪服务、未及时兑现招商优惠承诺、对企业知识产权的保护意识不强等问题。

第七节　提升贵州与东部协作城市产业合作效果的对策建议

基于以上分析，我们分别从国家层面和地方层面入手，就如何提升贵州与东部协作城市的产业合作效果提出相应对策建议。

一、国家层面的对策建议[①]

1. 进一步细化考核标准

发挥好考核"指挥棒"作用，提升贵州与东部结对城市产业合作的成效。完善有关产业合作质量与效益的指标设置。借鉴其他省市"飞地"的考核做法，增加有关引进企业土地集约化使用、高新技术企业引进比例、对本地优势产业"强基补链"实际效果等领域的考核。加大对考核成果的运用，完善奖惩，提升结对双方的工作主动性。

2. 明确帮扶长期规划

产业合作目前采取的"政府引导、市场主导"模式，是国家的一项可持续、"造血"式东西部扶贫协作的政策实践。国家层面应尽早出台东西部长期协作意见，部署 2020 年后的对口帮扶工作，引导东部帮扶城市建立打持久战的心理预期。

---

① 本建议 2018 年被国务院办公厅信息专报采用。

3. 建立互利共赢合作机制

在政策允许范围内，鼓励结对双方在旅游托管、园区共建等领域大胆摸索、勇于创新，形成自己独特的共享体制机制模式。以园区共建为例，可借鉴其他省市"异地扶贫共建园区"经验做法，如股份合作模式、援建模式、产业招商模式等，在园区建设、招商、管理、运营、利益分配等领域积极开展体制机制创新，加快园区共建步伐，激发园区活力。最终，将帮扶城市的单方面付出逐步向共赢方向转变，增强帮扶城市的主动性和积极性。

二、贵州层面的对策建议①

1. 优化贫困地区营商环境

完善贫困地区基础设施建设，提升物流信息化水平，促进物流信息共享，有效降低物流成本。加大订单式厂房修建，满足帮扶企业多样化需求。提高对知识产权的保护力度。采取第三方评估形式，每年对帮扶企业进行对口招商营商环境问卷调查，根据结果查漏补缺，不断优化营商环境。

2. 提升贫困人口就业质量

加大对贫困人口的职业技能培训力度，引导贫困人口转变思想观念，树立自力更生意识。对引进的非劳动密集型企业，降低企业雇用贫困劳动力的比例限制，为企业"减负"。把产业链延伸作为增加就业岗位的根本途径，继续通过"三变"改革拓宽贫困人口受惠渠道。

3. 明确产业合作重点方向

贵州与东部扶贫产业合作应重点瞄准以下方向：一是各市州要明确各帮扶方可转移的产业目录，实现精准承接；二是要针对贵州优势产业，如山地高效农业、旅游业、大数据产业等进行"深耕细作"式产业合作，把重点放在双方优势产业的产业链对接融合上，实现贵州优势产业的"强基补链"、转型升级；三是要关注对贵州市场、区位、资源、政策有需求的帮扶企业的招商。

---

① 本建议部分内容 2018 年被贵州省人民政府办公厅政务信息（内刊）采用。

第四章 东西部扶贫协作的理论思考

　　扶贫开发贵在精准、重在精准、成败之举也在于精准，要在精准施策上出实招、在精准推进上下实功、在精准落地上见实效。作为关键利益相关者，帮扶提供方政府、受帮扶方政府和具体受帮扶对象对东西部扶贫协作的认识各异。精准识别各方诉求，是保障东西部扶贫协作实践科学性与可行性的前提与关键。本章将基于对东西部扶贫协作的理论思考，分析我国东西部扶贫协作存在的问题及其成因，并以产业合作为例，提出可行的实践模式。

第一节 东西部扶贫协作的理论分析

在工作中，分别隶属于不同省、自治区的扶贫协作都是相互独立的个体，甚至存在一定的竞争关系。单纯通过行政命令推动对口帮扶工作，对帮扶提供方来说，势必会产生不得不管的心态及完成任务的心态，进而出现形式主义等问题；对受帮扶方来说，也会产生依赖思想及弱者心态，进而出现等靠要等问题。本章基于对贵州省接受对口帮扶的 8 个市（州），以及提供对口帮扶的大连、青岛、宁波、上海、苏州、杭州等城市进行的实际调研，系统归纳了我国东西部扶贫协作工作中存在的问题，并从扶贫协作双方三类利益相关者的视角对这些问题的诱因进行了理论分析。

一、当前我国对口帮扶工作中存在的主要问题

东西部扶贫协作是我国一项重要的扶贫开发政策，是推动区域协同发展的重要举措。东西部扶贫协作的前身是对口支援、对口帮扶。两者的区别在于：对口支援主要是"输血"式支持，强调支持与援助；东西部扶贫协作和对口帮扶则强调帮助与扶持，不仅有"输血"式支持，而且更重视"造血"式帮助。

任何帮扶提供方都存在规模有限及资源有限问题，既有优势，也存在不足，在很多方面并不能提供有价值的帮扶。受帮扶方如果接受的帮扶较少，就缺少实际意义，如果要求过多，又面临难以实现的问题。当前，我国东西部扶贫协作工作中存在的问题主要有以下几个方面：

一是东西部扶贫协作工作的发散问题。中国有句古话叫"救急不救穷"，受帮扶方的社会经济发展、脱贫攻坚等工作主要还是依赖自身。东西部扶贫协作帮什么？应该在最急需的领域中有选择地拉一把，而不是什么都帮，实际上也做不到。帮扶提供方也不是哪方面都有优势，只有受帮扶方急需，帮扶提供方又有优势，才能进行有效的帮扶。而当前工作的现状是，东西部扶贫协作强调各个部门都对接，这就严重分散了东西部扶贫协作工作，大多数工作都很难做深入。

以贵州省为例。目前，贵州省受帮扶市（州）的很多部门都在开列需要帮扶的清单，都在强调对接。这样做的结果是，不仅增加了很多部门的工作量，导致东西部扶贫协作的两个区域都很累，也严重分散了有限的帮扶资源。

二是东西部扶贫协作中的形式主义问题。为推动东西部扶贫协作工作的深入开展，我国逐步实施了双向考核机制。通过考核机制的约束及激励，东西部扶贫协作双方做了很多的实际工作，但也不可避免地存在一些形式主义问题。例如，一些互派互访属于"蜻蜓点水"性质，一些投资活动或商务活动签的协议很多但真正得到落实的寥寥等，这些工作看起来很热闹，但实际效果很有限。"对口支援过程中不同程度地存在着形式主义、'走过场'现象，没有认真考虑投资效益和效率，只是应付了事"①。

以贵州省为例。为推动"黔货出山"，贵州一些市（州）政府出资，在对口城市设了几家特色产品专卖店，在市场经济日益成熟、网购日益发达的今天，这种做法除了可为工作总结增加一些亮点外，实际效果乏善可陈。再如，贵州个别市（州）还在由政府出面组织劳务人员向对口城市输出，实际上，这个阶段早已过去，当前的民众主要依赖亲戚朋友介绍或

---

① 赵明刚．中国特色对口支援模式研究［J］．社会主义研究，2011（2）：60.

自身经验出门打工，政府出面不仅给政府徒增了很多工作量，也带来一些矛盾，这种不符合实际的做法实际上也是形式主义的表现。

三是扶贫协作双方分别存在的不得不管及依赖心理。东西部扶贫协作应是互惠互利的，不应是单向的帮扶，这种观点已成为对口帮扶双方的共识。"帮扶"既要"帮"又要"扶"，但无论是"帮"还是"扶"，都是外在因素，所起的作用也是非常有限的。对于受帮扶方来说，需要打破依赖心理，不仅要考虑"我需要什么"，还要考虑"我能为对方提供什么"，真正实现互惠互利。对于提供帮扶的东部城市来说，则普遍存在"不得不管""只完成考核要求"的心态，过分强调市场机制的自由性，没有站位到东西部扶贫协作是一项严肃政治任务的高度上来。

以贵州省为例。一些受帮扶市（州）习惯向提供帮扶的城市列一些"需要清单"，这实际上就是一种依赖心理。这里并不是否定开列"需要清单"工作本身，实际上，只有列了清单，才知道彼此的需求，这是把工作做实的步骤，也是贵州省主动出击，善用政策的表现。这里只是强调不应光列"需要清单"，还应开列"资源优势清单""市场优势清单""优势产业清单"等。三人行必有我师，受帮扶区域也有优势所在，也能为对方提供一些帮助，互惠互利式的帮扶才能持久，才能调动双方的积极性。

四是产业帮扶与市场规律的矛盾问题。对于受帮扶方来说，当前最希望的是产业帮扶，也就是增强"造血"能力，对引进企业方面的要求较多。对于帮扶提供方来说，当地的企业是否到受帮扶地区投资，更多地受市场规律的影响，帮扶地区的政府说了不算。而且，一些东西部扶贫协作双方的产业融合度本来就不高，且距离较远，更增加了产业协作的难度。

以贵州省为例。为鼓励企业到贵州省投资，东西部扶贫协作地区的政府部门不仅积极组织企业到贵州进行考察洽谈，还尽可能对其提供一些政策上的支持，如大连计划给到贵州六盘水地区投资的大连企业提供贷款方面的优惠政策，上海市与遵义市共建"上海—遵义产业园"，青岛市与安顺市共建"青岛—安顺产业园"等。同时，贵州省也给到本省投资的企业提供交通补贴、厂房及税收的优惠等。但受缺乏产业配套、交通成本高等因素的影响，实际效果距贵州方面的要求甚远。既使两地经过艰苦努力引进企业后，又面临人力资源短缺等挑战，贵州当地的劳动力更愿意到发达地区打工，引进贵州的企业在招工方面往往面临劳动力年龄偏大、缺乏熟练劳动工人等问题。

五是人力资源帮扶中存在的能力培养不足问题。通过教育、培训、人才交流等措施提升受帮扶地区的人力资源素质，是推动受帮扶地区发展的重要手段。在这方面，干部之间的相互挂职相对容易操作，难度较大的是专业人员的教育培训工作，不仅存在帮扶地区派出的师资队伍帮扶时间短问题，培训过程中也存在形式主义问题。

以贵州省为例。受帮扶市（州）普遍反映，派到当地的医疗等领域的专业技术人员停留时间相对较短（一般是一到两个月），不利于为当地培养能留得住的高素质人才。在受帮扶地区培养社会实用人才时，由于培养质量不高，当地劳动力缺乏参与的积极性，甚至认为是在浪费时间。由帮扶提供方的专业机构培训时，受帮扶方的民众又往往不愿意参与。例如，青岛市曾在安顺招收海员学员，计划将他们送到青岛专业机构进行培训，但安顺当地人认为海员工作辛苦不愿做该工作，尽管经过大力宣传，但最终成行的也只有3人。

六是东西部扶贫协作的阶段区分不明问题。东西部扶贫协作工作属于一种阶段性工作，有起始时间，也必然有结束的时间。同时，帮扶工作本身也应是分阶段的，如果说第一阶段是以"外部输血"（资金援助）为主的阶段，第二阶段是以"帮助内部活血（人才能力培养）与造血（协助产业发展）"为主的阶段，那么，2020年以后，就应进入以"协助固血"为主的第三阶段。由于我国这一阶段的东西部扶贫协作工作大多以2020年为限，如东部8

个城市对贵州省的帮扶工作期限初步确定为 2013～2020 年，这导致帮扶双方都很少考虑 2020 年以后的一些问题，如东西部扶贫协作工作是否要持续？如果要持续，以何种模式进行帮扶？等。"人无远虑必有近忧"，不考虑帮扶工作的发展阶段问题，就不利于东西部扶贫协作工作的深入进行与顺利结束。

以上所列六条是当前东西部扶贫协作工作中比较突出的问题。除此之外，还存在其他一些问题。例如，东西部扶贫协作的效益不高问题，"因信息不对称，导致援助计划'失灵'。项目实施的程序复杂，导致运行成本大大增加。监督机制不健全，导致扶贫援助资源'跑冒滴漏'现象的发生"①。

二、我国东西部扶贫协作工作中存在问题的理论分析

我国东西部扶贫协作工作之所以产生以上问题，主要是源于以下几对矛盾：一是行政命令与市场活动的矛盾。东西部扶贫协作工作是行政命令下的产物，而一些帮扶措施则需要遵守市场机制，一些行政手段未必管用，这就出现了希望与实际的矛盾。二是"造血"式帮扶与"输血"式帮扶的选择矛盾。受帮扶方希望是"造血"式帮扶，特别是要加强产业帮扶，帮扶的范围及力度越大越好。提供帮扶的区域则希望容易操作及见成绩，完成任务即可，更愿意进行相对容易操作的"输血"式帮扶。三是合作共赢原理与单方面受益现实的矛盾。帮扶双方都强调合作共赢，实际上，由于受帮扶方是主要受益方，帮扶提供方的积极性很难被调动起来。

东西部扶贫协作的利益相关者包含中央政府、帮扶提供方政府、具体提供帮扶的组织机构或部门、受帮扶方政府、具体受帮扶对象等，其中，帮扶提供方政府、受帮扶方政府、具体受帮扶对象三类属于关键利益相关者。下面从东西部扶贫协作双方三个不同利益相关者的视角入手具体分析以上问题的成因。

1. 基于帮扶提供方政府视角的东西部扶贫协作问题分析

对于帮扶提供方来说，帮扶的诱因或动力主要有以下三种：一是以亲情因素为主。这种帮扶主要基于感情基础，如兄弟姐妹之间的相互帮扶。二是以利益因素为主。这种帮扶是需要交换利益的，强调合作共赢。三是以行政命令因素为主。这种帮扶主要是为了完成行政任务，是一种被动式的帮扶。

对于我国东西部扶贫协作工作来说，由于帮扶双方在行政关系上是相互独立的，所以帮扶提供方的受益也是非常有限的，帮扶的主要推动力就是行政命令。在这种情景下，帮扶提供方政府自然主要是对上负责，会同时出现不得不管心理和完成任务心理。在这两种心理的作用下，帮扶提供方将更重视一些容易产生影响力的形式主义，缺乏深耕的动力，碰到一些困难，也会寻找逃避责任的合理借口。

要应对以上问题，从理论上讲，需要重点从两个方面着手：一是完善以考核指标为代表的约束机制。要使行政命令得到有效的落实，就需要完善相关的考评机制。二是探索三种诱因或动力结合的激励机制。"跨行政区的区域间帮扶工作，缺少法定的和规定的相互联系，特别是经济利益关系。仅仅依赖上级的指示来维系很可能是限于临时关系，难以持久。"②要重视探索东西部扶贫协作提供方合作共赢的路径，只有利益的诱惑，才能有效调动帮扶提供方的主动性。

---

① 凌经球. 东西部扶贫协作制度创新的思考——基于广东对口帮扶广西的案例分析 [J]. 改革与战略，2015 (10)：30.

② 张强，陈喜文. 北京对口帮扶河北贫困地区发展机制创新研究 [J]. 经济与管理，2017 (3)：20.

基于帮扶提供方政府视角的东西部扶贫协作问题的分析具体如图4－1所示。

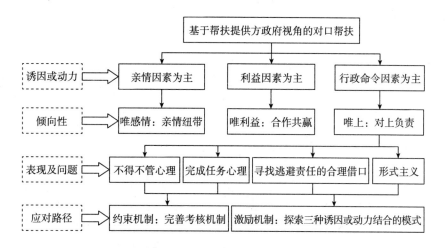

图4－1 基于帮扶提供方政府视角的东西部扶贫协作问题分析

2. 基于受帮扶方政府视角的东西部扶贫协作问题分析

从受帮扶方政府的视角来看，受帮扶方政府往往具有以下三种问题心态：

一是完成中央任务心态。在行政命令推动下，不仅帮扶提供方政府有完成中央任务的心态，受帮扶方政府同样也有。在这种心态的作用下，帮扶方与受帮扶方往往配合着"走形式"，双方你来我往，看似很热闹，实质上是形式主义居多。应对这一问题的主要措施是细化双向考评机制。

二是依赖中央政策心态。这种心态的典型表现是，希望中央更加重视工作，最好能多出台一些具有约束力的政策。但这类政策出台多了，对帮扶提供方是不公平的。提供帮扶更多的是基于一种社会义务，而非必须尽的责任，应是以鼓励引导为主。

三是穷亲戚心态，或者说弱者心态。由于双方的地位不对等，受帮扶方大都把自己放在弱势方，等靠要思想明显，最典型的表现就是希望帮扶范围更广、帮扶力度加大。在这种心态下，很多部门都制定了帮扶需求，对产业帮扶的要求也很多，这不仅分散了有限的帮扶资源，同时受市场规律的影响，操作难度也很大。应对这一问题，关键是要突出帮扶重点。另外，根据产业发展理论中的区域分工理论，受帮扶方也会拥有一些绝对优势或相对优势，只有充分利用资源、市场潜力等方面的有利条件，探索合作共赢的路径，才能推动东西部扶贫协作工作的顺利进行。东西部扶贫协作不应是无偿的援助，"而是社会主义市场经济体制下东西部加强经济交流与合作、实现优势互补和共同发展的一种重要形式"①。

基于受帮扶方政府视角的东西部扶贫协作问题分析具体如图4－2所示。

3. 基于具体被帮扶对象视角的东西部扶贫协作问题分析

具体被帮扶对象主要通过以下几种模式接受帮扶：

一是资金帮扶。这是一种最常见的"输血"式帮扶，也是一种比较容易操作的帮扶模式，最受帮扶对象欢迎。但资金规模有限，所以关键是要规范申报流程及审核标准，把钱用在"刀刃"上。在我国重视扶贫工作的背景下，帮扶资金也应向这方面倾斜。

---

① 董世举．对口支援西藏发展的问题和对策［J］．广东技术师范学院学报，2009（11）：24.

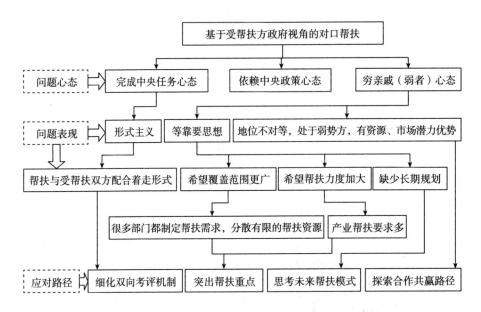

图4-2 基于受帮扶方政府视角的东西部扶贫协作问题分析

二是基建帮扶。建一些校舍、扶贫大棚等，都属于这类模式，这也是一种"输血"式帮扶。这类帮扶资金有的是从总的帮扶资金中拿出的，有的是专门的援建资金。

三是产业帮扶。由于被帮扶对象特别是扶贫对象往往存在市场竞争力弱的问题，所以产业的可持续发展面临较大挑战。从帮扶提供方来看，该种帮扶模式下其主要是投入一些资金及技术力量，至于市场开拓，关键还在于被帮扶对象自身的努力。

四是教育培训及技术帮扶。根据人力资源理论，提升能力是最重要的帮扶方向，是一种"造血"式帮扶。结合贵州省的调研来看，帮扶效果还有待加强，需要"帮助建设一支带不走的干部人才队伍。明确人才培养范围，制订长期计划，进行系统培养"[①]。

五是就业帮扶。帮助寻找就业机会，是这种模式的主要特点，其已经不能满足人力资源市场发展的需要。"广州在毕节举行5场招聘会，约230家企业进场招聘，提供就业岗位14480个，吸引约2万人进场应聘，但实际签订就业合同的仅253人"[②]。加大产业帮扶提供更多就业岗位，加大教育培训及技术帮扶力度，培养被帮扶者就业能力，才是真正有效的就业帮扶。

根据内生增长理论，内生的技术进步是保证经济持续增长的决定因素。对于"造血"式帮扶来说，关键是帮助受帮扶方增强"造血"机能，包括引进先进理念、通过教育培训提升能力、完善市场机制等。

基于具体被帮扶对象视角的东西部扶贫协作问题分析如图4-3所示。

---

① 赴黔西南州扶贫调研组.对口帮扶工作：真诚帮扶精准扶贫——黔西南州扶贫调研报告[J].浙江经济，2017（14）：30.

② 卢方琦.广州对口帮扶贵州研究[J].广东经济，2018（3）：72.

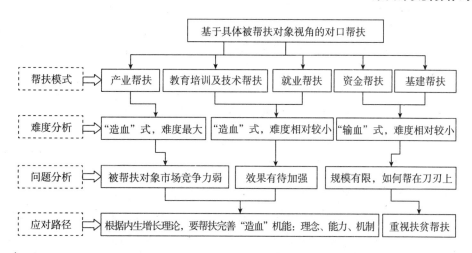

图 4-3　基于具体被帮扶对象视角的东西部扶贫协作问题分析

三、政策建议

针对我国东西部扶贫协作工作中存在的问题，并基于对这些问题成因的理论分析，建议加强以下几个方面的建设：

一是聚焦帮扶工作重点，推动东西部扶贫协作工作帮在"刀刃"上。帮扶双方应重视产业合作重点方向的选取，发挥各自特色优势。通过深入研究帮扶提供方的优势领域，以及受帮扶方最急需的领域，选择双方融合度比较高的少数领域进行重点帮扶，把有限资源集中在"刀刃"上。

目前，东西部扶贫协作工作强调"县县携手奔小康"的对接行动，这是为了落实习总书记要求把东西协作细化深化的精神。但在工作中，不应强调每个部门都对接，要把资源集中在少数真正需要又有对接基础的部门。对于受帮扶地区来说，还要避免区域之间的同质化及恶性竞争。

二是重视能力建设考评，提升"造血"能力。受帮扶方最需要什么？显然是"造血"能力。"造血"的核心是能力建设、市场空间创造等。而市场空间受市场规律影响，双方可操作的空间有限。因此，能力建设应成为东西部扶贫协作的重点，包括人才能力建设、产业竞争力建设等。相应地，考评工作也应集中在能力建设方面，而不是面面俱到，什么都考评。

近两年，东西部扶贫协作将向脱贫扶贫方面倾斜，在这一过程中，也应重视帮扶工作的聚焦。扶贫是为了脱贫，而不是养贫，对于东西部扶贫协作工作来说，更不应担负养贫的责任，应把工作聚焦在扶持脱贫产业发展能力方面。

三是考核指标的设置应以结果为导向。特色农产品是贵州优势产业，寻求东部更大市场是合理的选择。"开设特产店"是贵州省出台的考核标准，但由于只考核有没有设店，不考核"黔货出山"的成效，没有以结果为导向，导致工作效果不好。同样，对帮扶贫困人口的工作，考核指标的设置也应以结果为导向，特别是要加大对拓宽贫困人口受惠渠道的考核。

四是梳理东西部扶贫协作工作存在的形式主义，开列负面活动清单。通过梳理目前帮扶工作中存在的一些形式主义行为，特别是那些违背市场规律的行为，不仅能让东西部扶贫协作双方知道哪些工作是不被鼓励的，也有利于推动东西部扶贫协作工作更加实事求是。

五是转变政策引导方向，变单向"输血"为互惠共赢。东西部扶贫协作不应是单方面地为完成帮扶任务而帮扶，应走互惠互利、协同发展的模式，应充分利用市场规律，而不是违背市场规律。在政策引导方面，应从单方面要求帮扶提供方对受帮扶方付出，逐步向引导双方互惠合作的方向转变。

六是鼓励东西部扶贫协作双方根据东西部扶贫协作工作的不同发展阶段，制定不同的帮扶目标、重点及模式。在制定帮扶规划时，应考虑 2020 年后的问题及需求，这不仅有利于东西部扶贫协作双方明确各自在不同阶段的责任与义务，也有利于聚焦工作重点，适应时代发展的需要。

七是帮扶双方应共同努力完善产业合作中的市场机制。受帮扶方应该做全自身能做的，比如政策优惠、降低成本、改善营商环境等。东部城市也应加大引导力度，从而促进产业转移承接工作。国家希望的是用制度、政治优势加快产业转移这个过程，弥补市场机制存在的不足，如时间慢、贫困地区的边缘化等。提供帮扶的城市不应过多强调市场机制的自发性、转移的不可能性，并将之当作不作为的借口。

八是在产业发展方面，鼓励双方加强对受帮扶地本土企业孵化的支持。产业发展是一个渐进的过程，不是献礼工程可靠突击完成，要避免急功近利。通过在贵州的调研发现，目前在贵州发展比较好的、通过东西部扶贫协作渠道引进的企业，基本都是依赖贵州本地资源或本地市场发展的企业，这类企业的总部一般在外地，在贵州发展的分公司很难"走出去"。要改变这一状况，贵州省需要加大对本土企业特别是科技创新型企业的培育力度，帮扶提供方可在自身有优势的孵化器、科技人才及资金等方面向其提供必要的帮扶。

九是在人才帮扶方面，应重点加强对受帮扶地能留得住的高层次人才的培养。由于受帮扶地的经济发展相对落后，企事业单位特别是企业高层次人才流失的可能性较大，这就要求把有限的高层次人才培养帮扶资金及机会向能留下来的岗位及人才倾斜。其中，干部队伍的培训及交流应是重中之重，这不仅因为干部队伍的流动性相对较小，而且，干部队伍整体素质的提升有利于推动当地经济的发展，进而有利于吸引其他各类人才。另外，学校教育及医疗方面也有较大的帮扶空间，而企业人才的培育一般应交给市场，不宜进行过多的行政干预。

总之，东西部扶贫协作只是一种帮助及扶持，一个区域要发展，关键是要以区域内的资源、技术、产业和文化为基础，发掘内生式发展的动力。就东西部扶贫协作工作来说，帮扶双方应根据不同的发展阶段，灵活应用"输血"式帮扶、"造血"式帮扶、"固血"式帮扶等多种帮扶模式。近一时期，东西部扶贫协作工作的重点是要重视从理念、能力、机制等方面着手，帮助受帮扶方增强"造血"机能。

第二节　拓展和深化东西部扶贫协作的产业合作与园区共建

产业合作既是东西部扶贫协作的主要内容，也是开展东西部扶贫协作的重要途径。近日，《对口帮扶城市的产业结构与资源研究》联合课题组对东部地区城市对口帮扶贵州各市州的产业协作情况进行了实地调查和研究，针对目前产业帮扶形式单一、对口招商的成效不突出、产业合作的潜力挖掘不够充分等问题，课题组就拓展跨区域产业合作、深化产业园区共建的具体模式提出以下建议。

一、拓展优势对接、互利互惠的产业合作模式

近些年来，贵州省各市州在东西部扶贫协作的产业合作方面取得了积极成效，并形成了

一些成功的案例和经验，但也存在对双方产业要素的优势认识不足、产业对接协作的办法不多等问题。课题组通过调查分析后认为，各市州与对口城市的产业合作仍有相当大的开拓空间，应在以下几个方面进行深入挖掘，进一步拓展优势对接的产业合作模式，并以典型项目为示范，在各地进行推广、复制。

1. "资源—产业（技术）"对接的产业合作模式

发挥被帮扶地区在特色农产品、能源电力、矿产、旅游等方面的资源优势和对口城市的产业、技术优势，积极引导对口城市企业到被帮扶地区投资兴业、开发项目。一是"农业资源—产业（技术）"的优势对接，壮大贵州特色农产品基地建设、农副产品深加工业以及中药材生产与加工等。如广州江南市场投资设立贵州江楠农业科技开发有限公司，种植标准化马铃薯；广药集团成立贵州新安药业公司，全面打造中药材种植基地；青岛榕昕集团投资开发农牧产业和休闲观光旅游综合体项目，红星公司投资建设辣椒油树脂和辣椒红色素项目。二是"电（力）能（源）资源—产业（技术）"的优势对接，发展能耗成本高的新兴行业，如大型数据中心、新能源电池材料、新型建材等。三是"矿产资源—产业（技术）"的优势对接，吸引以原材料生产布局为导向的企业落户。已有的成功案例如安顺红星发展的钡锶锰无机化工。今后仍可挖掘贵州在矿产资源的优势，利用外部技术、产业优势发展化工、冶金、有色、建材等具有原材料地域优势的产业。四是"旅游资源—产业"的优势对接，利用对口城市在资金、旅游项目开发、旅游服务管理等方面的优势，合作开发旅游资源，发展旅游文娱项目、旅游康养项目、乡村旅游项目等，拓展贵州旅游新业态。

2. "劳动力—产业"对接的产业合作模式

贵州省具有劳动力资源丰富、人力成本较低的优势，而东部地区劳动密集型企业有产业转移的需求，积极引导东部地区对口城市劳动密集型产业向贵州省内转移，是东西部扶贫协作城市间开展产业协作、实现精准扶贫的有效形式。目前，已有一些劳动密集型企业落户贵州，如广州戴利服装、领梵服装有限公司在毕节投资设厂，将部分生产业务从广州转移到贵州，吸纳大量本地群众特别是贫困群众就业。吸引这类企业落户还有很大的空间，被帮扶地区应进一步优化投资环境，抓住机遇主动承接东部地区的产业转移。

3. "市场—产业"对接的产业合作模式

贵州省与东部地区存在发展阶段和市场开发程度的差异，某些产品在东部地区市场趋于饱和，而在贵州省则市场需求旺盛，所以可将贵州的市场需求与对口城市的产业优势相结合，鼓励相关省外企业投资办厂、扎根贵州，开拓面向贵州本地乃至西南地区市场需求的产业。目前，此类产业合作模式引进的工业企业有毕节（广州）东林电器、商业项目有六盘水万达广场等。

4. "产业—市场"对接的产业合作模式

充分发挥贵州在特色产品、旅游业等领域的产业优势，借助东西部扶贫协作的合作平台，扩大贵州商品、旅游业在对口城市乃至华东地区、华南地区的市场占有率，扩展产业发展空间，发展壮大贵州省的特色优势产业规模。目前，东西部扶贫协作城市开展的，如农超对接、特色产品直销店、旅游客源市场营销等属于此类产业合作模式。

5. "市场—市场"对接的产业合作模式

发挥东西部扶贫协作城市双方的资源和产业优势，加大产业合作的力度，实现资源共享、优势互补，共同拓展双方市场。此类产业合作模式比较典型的是旅游业的合作，互为旅游目的地进行宣传促销活动，支持和鼓励当地旅行社销售对方旅游产品和线路。例如，安顺与青岛共同开展的"追梦青岛·走进安顺"旅游活动，安顺对青岛游客实施"一次半价、终生免费"的优惠政策、青岛对安顺游客实施"免费、半价"的优惠政策。

6. "产业—资本"对接的产业合作模式

对于贵州省内产品竞争力不强、经营遇到困难，或技术实力弱、产业规模小、发展遇到"瓶颈"的企业，应积极利用对口城市或省外企业在资金、技术、管理和营销等方面的产业优势，引导省外具有一定实力的产业资本，对此类落后企业进行并购整合，推动省内企业改进技术、提高效能、扩大规模，从而迸发新的生机和活力，促进被帮扶地区相关产业提档升级。葵花药业集团对六枝特区贵州宏奇药业的控股收购及增资是目前典型的案例。并购实施后，葵花药业利用其营销网络、管理模式优势对并购企业进行整合，大幅提升了宏奇药业的经营业绩，实现了扭亏为盈。

7. "产业—金融"对接的产业合作模式

贵州省作为欠发达地区，资金缺乏、融资困难是企业发展普遍遇到的问题。利用对口城市在金融领域的支持，促进被帮扶地区的产业发展，也是东西部扶贫协作产业协作对接应重视的有效形式。产业与金融对接的合作模式有相当大的潜力和空间，需东西部扶贫协作双方共同挖掘，成功的经验可在全省东西部扶贫协作工作中进行推广。目前，此类产业合作模式有安顺市推出的"微保贷"，由贵州银行安顺分行、安顺市扶贫开发办、安顺融资担保有限公司共同合作设立，市政府主管部门以青岛帮扶资金1000万元出资，设立安顺市小微企业融资风险代偿补偿金，引入融资性担保机构提供担保，撬动1亿元扶贫企业贷款。此外，2018年4月国开行贵州省分行、大连分行与大连市、六盘水市相关单位签订协议，将围绕产业合作、教育医疗、公共事业等扶贫开发重点领域、重点项目给予六盘水市金融支持。

8. "产业—产业"对接的产业链合作模式

产业优势互补的产业链合作是深化东西部扶贫协作产业协作水平、提升产业合作层级的重要途径。东部地区产业体系完善、科技水平高，贵州省在加快改造提升传统产业、大力发展战略性新兴产业和高新技术产业的过程中，应与其加大产业链合作，以龙头企业和重点项目培育主导产业集群。借助东西部扶贫协作的合作平台，在把握产业发展趋势及产业链条延伸方向的基础上，开展"建链""补链""强链"招商工作。围绕化工、冶金、有色等传统产业，对优势产业环节"强链"，改造提升，强化自身优势；对缺失、薄弱产业环节"补链"，延伸做大，带动产业集群发展；围绕重点项目和产业基地建设，对贵州省所确定的八大战略性新兴产业"建链"，大力引进龙头企业及其相关上下游配套企业，推进大数据及集成电路产业链、道地特色药材开发利用产业链、特色优势新材料产业链、特色装备产业链、新能源产业链等建设。这种模式的产业合作潜力巨大，利用好可以为东西部产业协作开拓更广阔的空间，推动贵州传统优势产业、新兴战略性产业的高端化、集群化。

二、探索更加紧密的、共建共赢的产业园区合作模式

合作共建产业园区是加强产业协作、推动产业转移、促进区域协调发展的有效途径。近些年来，这一合作形式在长江三角洲、珠江三角洲诸省普遍推行，它们出台了相应的政策规范。如江苏省提出"南北共建"战略，先后出台了《江苏省政府关于支持南北挂钩共建苏北开发区政策措施的通知》《江苏省政府关于进一步加强共建园区建设政策措施的通知》等文件；广东省提出"双转移"战略，先后出台了《关于抓好产业转移园建设加快产业转移步伐的意见》《关于进一步推进产业转移工作的若干意见》等文件。目前，这些省份在合作共建产业园区方面已形成了较为成熟的经验和模式。

作为东西部扶贫协作产业协作的重要平台和抓手，贵州省除个别市州外，各市州与对口城市合作共建产业园区的工作还处于起步和探索阶段，存在合作关系不够紧密、合作内涵较为单一、合作层次较浅、激励机制不足等问题。贵州省各市州应利用好东西部扶贫协作的平

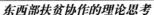

台和机遇，深入了解对口城市在合作共建产业园区方面的诉求，积极探索适合双方特点和发展要求的合作共建模式。从全国的情况来看，园区合作共建的模式多样，其中的利益机制、组织机制、运作机制等并无固定的规范，取决于双方的合作意愿和现实条件，模式成功与否的关键在于能否形成紧密的互利共赢的合作机制。通过我们的调研和分析，以下三种园区合作共建模式可供贵州省各市州借鉴或推广。

1. 援建模式

被帮扶市州划出一片园区，并提供相应政策支持，将其交由对口城市总体负责园区的开发建设。对口城市选择具有园区开发经验的实力企业，利用其资金、人才、招商、管理等方面的优势，与被帮扶市州共同谋划园区规划，并总揽园区开发建设、招商引资和运营管理工作。安顺·青岛产业园核心区即为这一共建园区模式。安顺·青岛产业园核心区规划面积400余亩，由青岛华通集团代表青岛市政府投资、建设、招商和运营，目前正建设园区综合体项目，已落地青岛宏达塑料、青岛食品股份、熊猫精酿（益阳）酒业、贵州绿野芳田等公司的相关产业项目。

2. 股份合作模式

被帮扶市州划定某一合作共建园区，与对口城市合资成立园区开发股份公司，统一负责园区规划、投资开发、招商引资和经营管理等工作，收益按双方股本比例分成。毕节与广州正计划采用这一模式深化合作园区的共建工作，毕节、广州两方各占49%、51%的股权，共同开发建设毕节·广州产业园。

3. 产业招商模式

被帮扶市州在现有开发区内划出一块园区，全权委托给对口城市相关部门，由其面向对口城市企业开展招商和产业转移工作，或者其利用自身招商经验和资源，面向全国进行项目招商。为改变目前贵州多数园区的合作仅为协助招商的松散合作形式，按照国内其他地区的成功经验，应建立相应的利益激励机制，签订协议将入园企业产生的一定比例地方税收给予受托方，以实现互利共赢。

第二篇

专题调研篇

第五章 上海—遵义东西部扶贫协作问题研究

2013年2月，国务院印发《关于开展对口帮扶贵州工作的指导意见》，明确了上海对口帮扶遵义的结对关系。自2013年至2017年，上海市按照"中央要求、遵义所需、上海所能"的原则，分别在扶贫开发、公共服务、产业合作和人才培养四个方面对遵义市开展帮扶工作，取得了明显的成效。这一时期工作更多注重"帮"和"扶"，处于打基础的阶段；2017年，中共中央、国务院印发《关于进一步加强东西部扶贫协作工作的指导意见》对新形势下的扶贫协作提出了更高的要求，强调要立足资源禀赋和产业基础，推进扶贫协作双方产业合作和优势互补，实现互利共赢，这为今后沪遵扶贫协作指明了方向。

第一节　上海—遵义产业与资源基本情况

一、上海市产业与资源基本情况

1. 上海市产业情况

（1）总体经济现状。上海市作为国际经济、金融、贸易、航运中心，现辖浦东新区、黄浦区、徐汇区、长宁区、静安区、普陀区等 16 区，共 107 个镇、2 个乡、105 个街道、4153 个居民委员会和 1590 个村民委员会，面积为 6340 平方千米。截至 2017 年末，全市常住人口总数为 2418.33 万人，其中，户籍常住人口 1445.65 万人，外来常住人口 972.68 万人。2017 年全市地区生产总值 30133.86 亿元，其中，第一产业增加值 98.99 亿元，第二产业增加值 9251.4 亿元，第三产业增加值 20783.47 亿元，三次产业结构为 0.33∶30.70∶68.97，人均地区生产总值 12.46 万元（见图 5-1）。5 年来，上海产业结构不断优化升级，"三二一"的产业结构更加稳固，整体演变朝着良好的趋势发展，第一、第二产业产值比重整体呈平稳下滑态势；第三产业产值比重缓慢上升（见图 5-2）①。

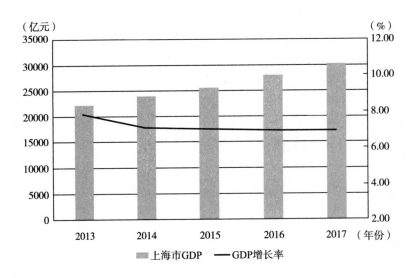

图 5-1　2013~2017 年上海市生产总值和增长率趋势图

资料来源：笔者根据《上海市统计年鉴》（2014—2017 年）绘制。

自 2013 年以来，上海经济保持平稳增长，生产总值年均增长 7.1%，由 2013 年的 2 万亿元增长至 3 万亿元，迈上了一个新台阶。经济结构和质量效益大幅改善，第三产业增加值占生产总值的比重从 2013 年的 63.18% 提高到 68.97%；战略性新兴产业的制造业部分产值占工业总产值的比重提高 6.8 个百分点。截至目前，已初步形成了以现代服务业为主体、战略性新兴产业为引领、先进制造业为支撑的现代产业体系。中国（上海）自由贸易试验区建设取得了显著的成就，积攒了丰富的经验，100 多项制度创新成果在全国复制推广，新设企业数量明显增加，达到 5.2 万家，超过自贸试验区成立前 20 多年的总和。初步确立了具

---

① 资料来源：《上海统计年鉴》（2017 年）。

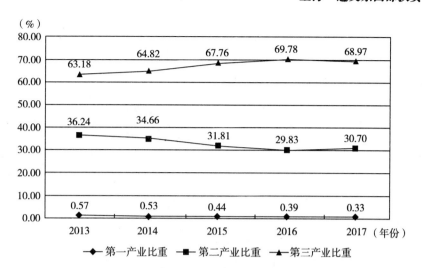

图5-2　2013~2017年上海市三次产业构成比例走势图

资料来源：笔者根据《上海市统计年鉴》（2014—2017年）和2018年《上海统计公报》绘制。

有全球影响力的科技创新中心建设重大布局和政策体系。口岸贸易总额占全球的3.2%，居世界城市首位。集装箱吞吐量连续8年位居世界第一，成为全国第一个、全球第五个航空旅客年吞吐量突破1亿人次的城市[①]。

表5-1　上海产业构成演变

年份	上海GDP（亿元）	"一产"比重	"二产"比重	"三产"比重
2013	21818.15	0.57%	36.24%	63.18%
2014	23567.87	0.53%	34.66%	64.82%
2015	25123.45	0.44%	31.81%	67.76%
2016	28178.65	0.39%	29.83%	69.78%
2017	30133.86	0.33%	30.70%	68.97%

资料来源：笔者根据《上海市统计年鉴》（2017年）和2018年《上海统计公报》计算。

（2）农业发展状况。

1）发展阶段和新形势。目前上海农业发展正处于以消费导向为主，注重数量质量效益并重阶段。近年来，上海积极探索都市现代农业的发展新路，形成了与上海国际化大都市地位相适应的多功能都市现代农业发展体系，农业发展正处于深度变革中。农业科技支撑作用逐步显现，贡献率达到70%以上，农业装备水平明显改善，主要农作物生产综合机械化水平达到80%以上；实现了乡镇农业公共服务体系全覆盖，在农业物联网区域试验工程和农业农村信息化工作方面走在全国前列。初步构建了以粮菜统筹、农牧渔结合、种养加一体、第一、第二、第三产业融合发展的现代农业产业结构，农业经营产业化水平不断提升，涌现了各类新型农业经营主体，如家庭农场、农民合作社、农业龙头企业等。2017

[①] 资料来源：笔者根据《上海统计年鉴》（2014—2017年）和《上海统计公报》计算。

年上海发展家庭农场4516个，具有一定经营能力的农民合作社2813家，农业产业化龙头企业380家，蔬菜标准园150家，标准化畜禽养殖场279家，标准化水产养殖场317家①（见表5-2）。

表5-2　上海农业发展主要经营主体状况

年份	农民专业合作社总数（家）	产业化龙头企业（家）	粮食家庭农场（个）	蔬菜标准园（家）	标准化畜禽养殖场（家）	标准化水产养殖场（家）
2013	3200	288	1893	107	320	217
2014	3192	386	2787	128	300	247
2015	3216	387	3555	150	317	270
2016	3202	383	3990	150	304	270
2017	2813	380	4516	150	279	317

资料来源：笔者根据《上海统计年鉴》（2013—2017年）和统计公报计算。

目前上海农业的发展业也出现了新的形势，一是经营组织模式不断创新，探索建立了"合作社＋家庭农场""农业龙头企业＋合作社＋家庭农场"等多种农业经营组织模式，农民合作社联合社也在逐步创建。二是实施"互联网＋"现代农业行动。"互联网＋"将成为促进农业集约化经营、提高农业生产经营效率的重要抓手，成为都市现代农业创新发展的重要驱动力量。农业生产"智造"新技术、农业服务业新产业、"智造＋服务"新业态、农业跨界融合新模式农业"四新"经济不断发展，成为在农业生产、加工、销售、服务等产业链中新的经济增长点。三是第一、第二、第三产业融合互动已经成为都市现代农业新的经济增长点，产业链、价值链等现代产业组织方式逐步引入农业。四是在农业生产、加工、流通、销售等重点环节，农业生态化、机械化和数字化的快速发展和普及应用。

2）产业结构情况。随着经济结构的调整优化，上海第一产业产值逐年下降，其中种植业产值下降最多。从内部产业构成上看，五年来，种植业产值比重长期保持50%以上，产值占有绝对地位；牧业产值，除2017年外比重均为20%以上，但产值曾现缓慢下滑的趋势；渔业产值比重一直维持18%左右，产值总体上在逐年减少；林业产值比重长期以来占有较少比重，但近年来产值和比重都在逐年增加。农林牧渔服务业产值和比重，五年来一直很稳定，产值保持11亿元左右，比重保持在3%以上（见表5-3、表5-4）②。

表5-3　上海第一产业内部各产业产值状况　　　　　　　　　单位：亿元

年份	总产值	种植业	林业	牧业	渔业	农林牧渔服务业
2013	323.48	172.28	9.65	69.97	59.89	11.69
2014	322.22	169.51	8.78	69.93	62.50	11.50
2015	302.62	162.04	12.15	65.61	51.79	11.03
2016	285.09	148.53	13.20	62.62	50.16	10.57
2017	260.02	140.42	15.02	39.87	53.53	11.18

资料来源：笔者根据《上海统计年鉴》（2014—2017年）和2018年《上海统计公报》计算。

---

① 数据来源：根据《上海统计年鉴》（2017年）和2018年《上海统计公报》整理。
② 数据来源：根据《上海统计年鉴》（2013—2017年）和2018年《上海统计公报》整理。

表 5 - 4　上海第一产业内部各产业比重情况　　　　　　单位:%

年份	种植业比重	林业比重	牧业比重	渔业比重	农林牧渔服务业比重
2013	53.26	2.98	21.63	18.51	3.61
2014	52.61	2.72	21.70	19.40	3.57
2015	53.55	4.01	21.68	17.11	3.64
2016	52.10	4.63	21.96	17.59	3.71
2017	54.00	5.78	15.33	20.59	4.30

资料来源:笔者根据《上海统计年鉴》(2013—2017 年)计算。

3)发展存在的"短板"和优势。从农业发展"短板"上看,一是农业要素成本压力日益加大。上海农用耕地面积较少,土地流转费用和劳动力成本提高,农产品生产成本面临不断上升的压力,经营收益与农业要素成本以及稀缺性存在错位,依靠大量低成本劳动力支撑农业现代化发展的空间逐渐减少。二是农产品供需失衡。上海作为国际化大都市,近年来,农业占比逐年减少,总产值也日益下降,农产品大部分需要外部供给,不能自给自足;本地优质农产品规模较小,满足不了市民需求。三是休闲农业发展滞后,不能满足上海市民对休闲农业的巨大需求。四是产业链延伸性不强,农业的发展过多重视生产,对产业链下游延伸不够,农业增值收益不高,农林牧副渔业与后续产业链就业人员存在较大差距。

从农业发展的优势上看,一是农业市场优势明显,上海作为国际化大都市,对农产品有着巨大的需求,特别是对优质特色农产品;二是政府财政实力较强,对都市农业发展非常重视,财政投入远高于国内平均水平;三是农业发展的人力资本和科技资源丰富,农业劳动力素质相对较高,农业技术推广服务人员大专学历以上占比达70%以上,具有全球影响力的科技创新中心和现代农业科技创新平台;四是初步形成较为完善的社会化服务体系,具有多种类型的新型农业服务主体,农业公益性服务与经营性服务相结合、专项服务与综合服务互为协调。

(3)工业发展状况。

1)工业发展总体形势。当前,上海工业发展正逐步进入后工业化时代,处于转型升级和结构优化中,传统依赖低成本要素投入的工业发展模式正发生改变,推动上海制造向上海智造、上海速度向上海质量、上海产品向上海品牌转变的步伐加快。产业组织和分工体系发生明显变化,人口、土地、环境、安全等工业发展的要素约束日益趋紧,投资放缓,工业增加值占GDP比重逐年下降,2017年下降至27%。从工业增加值占上海GDP比重上看,总体处于下降趋势,究其原因则是由上海作为国际化大城市的性质和经济发展的阶段决定的。近年来上海正处于深度变革中,服务业增速加快,工业增速放缓,致使工业增加值占GDP比重"被动式下降"。工业总量上,上海五年来波动较大,直至2017年有较大回升,这主要是因为上海近年来正处于新旧动能转换期,传统工业改造升级会对工业产值造成震荡(见图 5 - 3)。

2)工业结构状况。近年来,上海以六个重点工业行业为主的传统产业不断升级,全年节能环保、新一代信息技术、生物医药、高端装备、新能源、新能源汽车、新材料等战略新兴产业加速成长,工业经济进入"新旧动能转换期"。

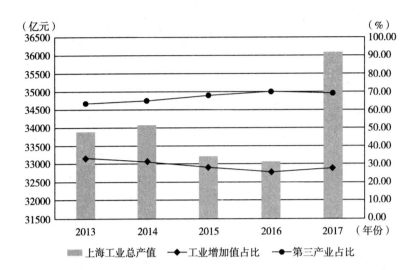

图 5 - 3　2013 ~ 2017 年上海工业总产值、工业增加值 GDP 比重、第三产业占比情况

资料来源：笔者根据《上海统计年鉴》（2013—2017 年）和 2018 年《上海统计公报》绘制。

　　一方面，电子信息、汽车制造、石油化工及精细化工、精品钢材、成套设备、生物医药六个重点行业在进行转型升级。5 年来，六个重点行业产值波动较大，但从 2015 年开始，逐步回升，这说明上海部分传统产业经过改造升级，依然能够"涅槃重生"，释放新动能，带来新增长。从产值规模上看，六个重点行业在上海工业总产值中占主导地位，2013 年以来，其占工业总产值比重高达 65% 左右，工业经济增长对其依赖度较大（见图 5 -4）。

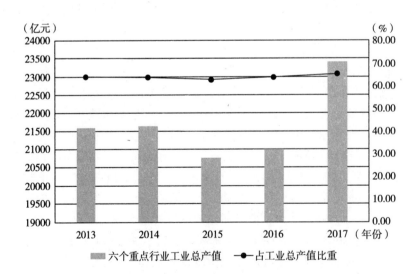

图 5 - 4　2013 ~ 2017 年上海六个重点工业行业占工业总产值比重

资料来源：笔者根据《上海统计年鉴》（2013—2017 年）整理绘制。

　　另一方面，战略新兴产业快速成长，产业体量逐年增大，截至 2017 年末，战略新兴产业总产值由 2013 年的 7743.53 亿元增长至 10465.92 亿元，迈进万亿大关，上了一个新台阶，占工业总产值比重从 2013 年的 21% 逐步提升为 2017 年的 29%。随着上海经济结构的优化升级和科技创新的突破进展，全年节能环保、新一代信息技术、生物医药、高端装备、新能源、新能源汽车、新材料等产业对上海工业经济的贡献率将大幅提高，上海产业的发展也将更加注重高附加值、高技术等新兴产业领域（见图5-5）①。

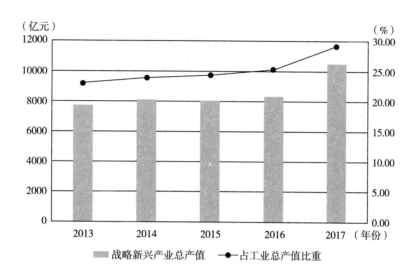

图5-5　2013~2017年上海战略新兴产业占工业总产值比重

资料来源：笔者根据《上海统计年鉴》（2013—2017年）整理绘制。

从上海工业链上看，工业下游方面的纯制造环节规模趋于缩减，但基于制造的生产性服务业迅猛发展。党的十八大以来，上海生产性服务业增加值年均增速达10%左右，占GDP比重总体上逐年增加，曾现高速增长态势。截至2016年末，上海生产性服务业占GDP比重达41.4%，占服务业比重达到58.7%②。从发展趋势上，上海工业经济发展要更关注产业融合，朝着"制造+服务"方向发展。随着产业结构的调整，区域间产业分工日渐明晰，上海工业链条趋向研发、营销两端延伸，低端生产制造将不断向外转移。这就导致了上海以制造为主的工业增加值比重不断下降和生产性服务业增加值比重不断上升。

3）工业结构优化升级的方向与重点。优化升级方向。当前上海工业优化升级主要向高端化、智能化、绿色化和服务化转变，发展新技术、新产业、新业态、新模式"四新"经济。一是提升产品价值链，向产业链上游发展。从低附加值的加工制造环节向关键零部件、研发设计和营销服务环节发展，发展具有较高工艺技术水平的高端产品，提升产品价值链。改变国际产业链分工格局，由垂直分工向水平分工转变。形成国内产业链新的垂直分工格局，提升高端环节的影响力和控制力。二是推动信息化与工业化深度融合，深化互联网、大数据、人工智能等信息技术在制造领域的应用和创新，全面提升制造业重点行业和企业的智能化、信息化水平。三是大力发展战略性新兴产业，改变以往外向型产业从低端环节融入国际产业分工的发展模式，推进高端新兴产业发展，占领产业制高点，以产业"高姿态"参与国际分工。

重点领域。外向型技术密集产业方面，以电子信息、生物医药为代表；资本技术密集型产业方面，以钢铁、精细化工、汽车、船舶与海洋工程装备、装备制造为代表；战略性新兴产业方面，以航空航天、新能源、新材料、节能环保为代表。

① 资料来源：笔者根据《上海统计年鉴》和《上海统计公报》（2013—2017年）整理。

② 资料来源：笔者根据《上海统计年鉴》（2017年）整理。

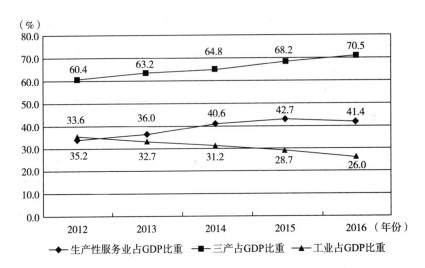

图5－6 2013～2016年上海工业、生产性服务业和第三产业的GDP占比

资料来源：笔者根据《上海统计年鉴》（2014—2017年）整理绘制。

（4）服务业发展状况。

1）总体规模。2017年上海市GDP增长至30133.86亿元，突破3万亿元的大关。相应地，第三产业增加值增长至20783.47亿元，突破2万亿元的大关，上了一个新台阶，占GDP的比重近70%，对上海经济增长的贡献率最大，占主导地位。2013年以来，上海按照"高端化、集约化、服务化，'三二一'产业融合发展"的方针，推动服务业快速增长。五年来，服务业增加值增长了1.5倍，年均增长率为10%以上，增长速度快于全市经济，成为上海发展的主要动力（见图5－7）①。

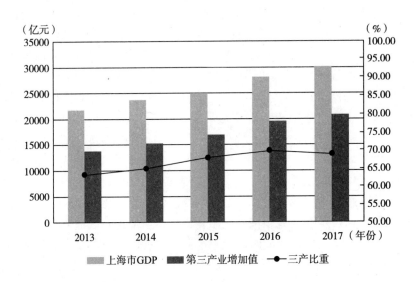

图5－7 2013～2017年上海GDP、第三产业增加值及比重

资料来源：笔者根据《上海统计年鉴》（2013—2017年）和《上海统计公报》（2018年）整理绘制。

2）内部结构。根据目前《上海统计年鉴》对第三产业分行业发布的数据，从课题研究

---

① 资料来源：笔者根据《上海统计年鉴》（2013—2017年）和《上海统计公报》（2018年）整理。

角度考虑，本文整理了 2013～2016 年上海市第三产业各行业增加值及其比重数据（见表 5－5、表 5－6）进行对比分析。

表 5－5　上海市第三产业内部各行业增加值（2013～2016 年）　　　　单位：%

产值指标年份	2013	2014	2015	2016
第三产业	13758.61	15469.35	17242.9	19630.03
批发和零售业	3533.1	3647.33	3824.22	4119.59
交通运输、仓储和邮政业	935.91	1045.03	1133.73	1237.32
住宿和餐饮业	311.81	359.28	374.63	388.98
信息传输、软件和信息技术服务业	1086.06	1233.91	1398.59	1647.66
金融业	2823.81	3400.41	4162.7	4765.83
房地产业	1427.05	1530.96	1699.78	2125.62
租赁和商务服务业	1211.96	1355.33	1481.27	1628.09
科学研究和技术服务业	601.5	828	884.84	1004.94
水利、环境和公共设施管理业	73.39	88.24	103.62	114.99
居民服务、修理和其他服务业	252	272.84	279.56	315.22
教育	537.58	652.11	733.79	875.94
卫生和社会工作	372.19	441.54	480.71	574.24
文化、体育和娱乐业	136.37	157.58	179.85	208.8
公共管理、社会保障和社会组织	455.88	456.79	505.61	622.81

资料来源：根据《上海统计年鉴》（2014—2017 年）整理计算。

表 5－6　上海市第三产业内部各行业增加值比重（2013～2016 年）　　　　单位：%

比重指标年份	2013	2014	2015	2016
第三产业	100.00	100.00	100.00	100.00
批发和零售业	25.68	23.58	22.18	20.99
交通运输、仓储和邮政业	6.80	6.76	6.58	6.30
住宿和餐饮业	2.27	2.32	2.17	1.98
信息传输、软件和信息技术服务业	7.89	7.98	8.11	8.39
金融业	20.52	21.98	24.14	24.28
房地产业	10.37	9.90	9.86	10.83
租赁和商务服务业	8.81	8.76	8.59	8.29
科学研究和技术服务业	4.37	5.35	5.13	5.12
水利、环境和公共设施管理业	0.53	0.57	0.60	0.59
居民服务、修理和其他服务业	1.83	1.76	1.62	1.61
教育	3.91	4.22	4.26	4.46
卫生和社会工作	2.71	2.85	2.79	2.93
文化、体育和娱乐业	0.99	1.02	1.04	1.06
公共管理、社会保障和社会组织	3.31	2.95	2.93	3.17

资料来源：笔者根据《上海统计年鉴》（2013—2017 年）整理计算。

从表5-5、表5-6来看，上海市第三产业内部各个行业增长趋势与整个第三产业一致，增加产值每年都在不断增长。从产值规模上看，占第三产业比重最大的行业是金融业和批发零售业，截至2016年末，占第三产业比重分别为24.28%和20.99%，增加值分别为4765.83亿元和4119.59亿元；其中，上了千亿的行业有7个，为金融业、批发和零售业、房地产业、信息传输、软件和信息技术服务业、租赁和商务服务业、交通运输、仓储和邮政业、科学研究和技术服务业。从增加值比重增长趋势上看，批发零售业、交通运输、仓储和邮政业、住宿和餐饮业、租赁和商务服务业等行业增加值比重在逐年下降，金融业、信息传输、软件和信息技术服务业、教育、卫生和社会工作、文化、体育和娱乐业、公共管理、社会保障和社会组织等行业增加值的比重在逐年上升，其余各行业增加值比重保持稳定。

3）发展的形势。当前，上海服务业的发展进入了提升品质、提高效益、增强辐射和迈向高端的关键阶段。正在着力深化服务业供给侧结构性改革，大力推进传统服务业和培育新兴服务业提升，推动生产性服务业向专业化和高端化、生活性服务业向精细化和高品质转变。服务业发展既面临着新的机遇，也面临着不少挑战。从机遇上看，全球科技革命和国内消费升级，为服务业发展带了新空间。如服务业模式和业态不断创新融合，中等收入群体逐步升级的消费需求，一系列利好政策的出台等。从挑战上看，有效供给不足和能级水平不高成为上海服务业发展的主要挑战。人口环境资源约束不断加剧与居民消费需求不断升级之间的矛盾日益突出，养老、健康等生活性服务业的有效供给不足，房地产市场结构布局不合理的问题凸显，研发设计等新兴领域规模不大、比重不高。与发达国家国际化大都市相比仍有一定差距，如服务业知名品牌数量少、国际化程度不高，缺少规模化、专业化的核心企业。

2. 上海市资源情况

（1）金融资源。上海作为全球金融中心，金融资源极为丰富，集聚着各类金融机构，金融市场服务功能较强，金融市场产品和工具多样，同时金融制度体系比较完善，金融发展比较规范。截至2016年末，上海全年实现金融业增加值4762.50亿元，金融市场交易总额1364.7万亿元，金融市场直接融资总额近10万亿元。各类金融单位达到1473家，其中，货币金融服务单位622家，资本市场服务单位382家，保险业单位386家，在沪经营性外资金融单位达到242家。全市中外资金融机构本外币各项存款余额11.05万亿元，贷款余额5.99万亿元①。

银行业方面。2016年底，上海银行业金融机构共有5家中资法人商业银行、21家外资法人银行、13家村镇银行、69家中资银行分行（含一级分行、专营机构）、76家外资银行分行、7家金融资产管理公司分公司及代表处、7家信托公司、20家企业集团财务公司、10家金融租赁公司、7家汽车金融公司、2家货币经纪公司和1家消费金融公司，以及3852个支行及以下营业网点。银行业从业人数14.1万人。上海票据交易所、中国信托登记公司、中国互联网金融协会、国家开发银行上海业务总部等相继成立，全球中央对手方协会法人实体落户上海②。

证券业方面。上海证券期货经营机构种类齐全，证券公司、基金公司、期货公司、基金公司专业子公司等机构数量位居全国第一，集聚效应显现，呈现各类金融机构协调合作、有序竞争的良性局面。2016年，上海共有证券公司25家，占全国129家的19.4%。证券公司分公司98家，证券营业部675家。证券投资咨询公司14家、异地咨询公司在沪分公司12家，证券资信评级机构3家，境外证券类机构上海代表处61家；共有基金公司46家，占全国109家的42.2%，基金公司分支机构28家，基金公司专业子公司39家。基金评价机构3

---

① ② 资料来源：《上海统计年鉴》（2017年）。

家，独立基金销售机构 28 家，基金第三方支付机构 7 家；共有期货公司 33 家，占全国 152 家的 21.7%，期货分公司 20 家、营业部 128 家，期货公司风险管理服务子公司 29 家，期货公司资产管理子公司 3 家。2016 年，上海上市公司境内资本市场直接融资 4297.3 亿元，其中 IPO 融资 180.9 亿元，股权再融资 2450.5 亿元，债权融资 1665.9 亿元，经济证券化率达到 201.9%，约为全国的 3 倍，直接融资比重达 39.4%[①]。

保险业方面。2016 年，上海保险业实现原保险保费收入 1529.26 亿元，其中财产险公司原保险保费收入 410.78 亿元，人身险公司原保险保费收入 1118.48 亿元，累计保险赔付支出 528.77 亿元。截至 2016 年底，上海市共有 55 家法人保险机构，其中保险集团 1 家，财产险公司 19 家，人身险公司 25 家，再保险公司 3 家，资产管理公司 7 家；共有 99 家省级保险分支机构，其中财产险分公司 49 家，人身险分公司 48 家，再保险分公司 2 家；共有 216 家保险专业中介法人机构，其中保险代理机构 106 家，保险经纪机构 69 家，保险公估机构 41 家；共有 151 家保险专业中介分支机构，其中保险代理机构 65 家，保险经纪机构 65 家，保险公估机构 21 家。

（2）科技资源。当前上海正在加快推进科技创新，实施创新驱动发展战略，建设具有全球影响力的科技创新中心。科技人力、财力、物力等科技资源不断增加，全球高端人才、知识、技术、资本等各类创新要素不断集聚。

科技人力资源方面。科技人员作为科技创新的主体和科技资源的组成部分，人员的数量和质量状况决定着科技活动的广度和深度，影响科技创新能力的提升。2012 年以来，上海科技活动人员数量和 R&D 人员折合全时持续增长，截至 2016 年，分别达到 49.88 万人和 18.39 万人年，五年来分别增长了 28.21% 和 19.93%。从人员数量结构上看，2016 年规模以上工业企业科技活动人员数量为 21.08 万人，占比近 50%，科研机构、高等院校的科技活动人员数量为 4.28 万人和 7.41 万人，占比分别为 8.60% 和 14.87%（见图 5 - 8）。从 R&D 人员折合全时结构上看，2016 年规模以上工业企业 R&D 人员折合全时为 9.87 万人年，占比在 50% 左右，科研机构、高等院校 R&D 人员折合全时为 2.88 万人年和 2.39 万人年，

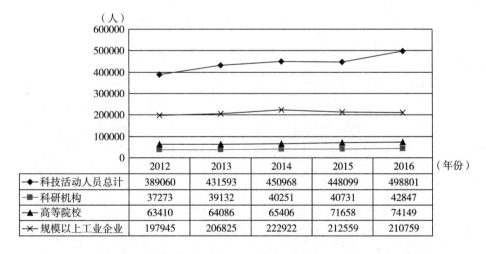

（人）	2012	2013	2014	2015	2016
科技活动人员总计	389060	431593	450968	448099	498801
科研机构	37273	39132	40251	40731	42847
高等院校	63410	64086	65406	71658	74149
规模以上工业企业	197945	206825	222922	212559	210759

图 5 - 8　上海市科技活动人员数量及分布情况（2012～2016 年）

资料来源：笔者根据《上海统计年鉴》（2014—2017 年）整理绘制。

---

① 资料来源：《上海统计年鉴》（2017 年）。

占比分别为 15.64% 和 12.99%（见图 5-9）。目前，上海拥有两院院士 175 人，其中，中国科学院院士 101 人，中国工程院院士 74 人①。

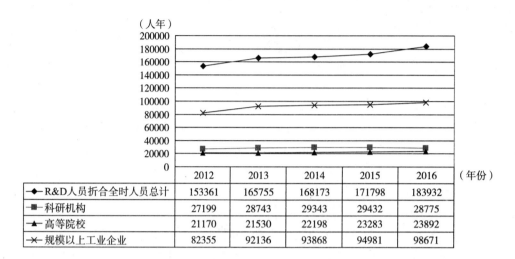

图 5-9　上海市 R&D 人员折合全时及其构成情况（2012~2016 年）

资料来源：笔者根据《上海统计年鉴》（2012—2017 年）整理绘制。

科技财力资源方面。随着上海经济的发展，2012 年以来，上海科技经费投入持续增加。2016 年，R&D 投入 1049 亿元，比 2012 年增长了 1.5 倍，占上海市 GDP 比重逐年增加，由 2012 年的 3.31% 增长至 3.72%（见图 5-10）。

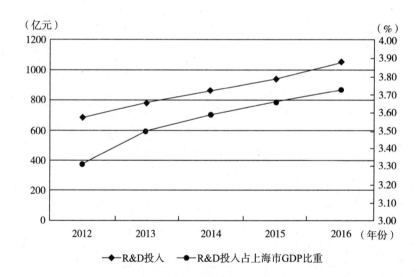

图 5-10　上海市 R&D 投入情况（2012~2016 年）

资料来源：笔者根据《上海统计年鉴》（2012—2017 年）整理绘制。

从 R&D 资金来源上看，企业资金是上海科技活动经费的主要来源，在 R&D 资金来源构成中占比最大。2016 年，上海 R&D 投入共计 1049 亿元，政府资金为 374.76 亿元，企业资金 630.82 亿元，国外资金 16.19 亿元，其他资金 27.55 亿元，分别占比 36%、60%、1% 和

---

① 资料来源：笔者根据《上海统计年鉴》（2014—2017 年）整理。

3%（见图 5 - 11）。从 R&D 经费支出上看，企业科技活动经费支出所占比重最大，2016 年达 62%，支出金额为 650.21 亿元，科研机构、高等院校和其他科技活动经费支出所占比重分别为 27%、9% 和 2%，支出金额分别为 279.4 亿元、93.61 亿元和 26.1 亿元[①]（见图 5 - 12）。

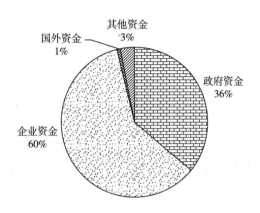

图 5 - 11　2016 年上海市 R&D 经费资金来源情况数据来源

资料来源：笔者根据《上海统计年鉴》（2017 年）整理绘制。

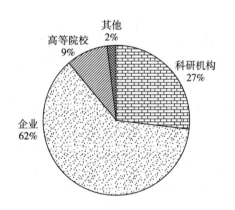

图 5 - 12　2016 年上海市 R&D 经费支出情况

资料来源：笔者根据《上海统计年鉴》（2017 年）整理绘制。

科技基础条件资源方面。截至 2016 年，上海全市有高等院校 64 所，其中本科院校 38 所，专科院校 26 所。自然科学研究与技术开发机构共计 104 个，其中自然科学 16 个，工程与技术 58 个，医学科学 16 个，农业科学 14 个。社会人文科学研究与技术开发机构共计 28 个，涵盖哲学、宗教学、文学、艺术学等 14 个领域。认定的高新技术企业 6938 家，国家级重点实验室 44 个，上海市重点实验室 117 个[②]。

科研信息资源方面。2016 年，上海市有科学技术信息与文献机构 10 个，从学科上来看，工程与技术科学基础学科 1 个，机械工程 1 个，化学工程 1 个，食品科学技术 1 个，航空、航天科学技术 1 个，图书馆、情报与文献学 1 个，馆藏图书、资料 5653.50 万册[③]。

科技成果、专利、技术资源方面。2016 年，上海全市共登记科技成果 2245 项，其中国际领先 122 项，国际先进 364 项，国内领先 438 项，国内先进 189 项，基础理论成果 272

[①②③]　资料来源：《上海统计年鉴》（2017 年）。

项，应用技术成果 1909 项；专利申请量 11.99 万件，授权量 6.42 万件，有效发明 8.61 万件，PCT 国际专利受理 1560 件；技术合同成交额共计 822.86 亿元，合同项目共计 21203 项，技术开发、技术转让、技术咨询和技术服务成交额和合同项目分别为 309.39 亿元、338.00 亿元、9.69 亿元、165.78 亿元和 9141 项、1041 项、2211 项、8810 项①。

（3）教育资源。上海教育资源相对国内其他省市相对丰富，教育投入逐年增长，教育事业发展也取得较好的成就。2016 年，上海教育经费投入 853 亿元，比上一年增长 13.13%，义务教育阶段入学率保持 99.9% 以上，普及九年制义务教育各项指标均达到或超过国家标准，高中阶段新生入学率达到 98.7%。各级普通学校数量为 3345 所，其中高等学校 64 所，普通中等学校 898 所，小学 753 所，特殊学校 29 所，幼儿园 1553 所。教职工数量总计 27.89 万人，其中，普通高等学校 7.34 万人，普通中等学校 6.42 万人，小学 6.11 万人，特殊教育 0.16 万人，幼儿园 5.89 万人。在高等教育方面，2016 年，上海有普通高等学校 64 所，其中市属地方高等学校 54 所，教育部及其他部委局直属高校 10 所。在基础教育、学龄前教育方面，上海以学区化集团化办学和新优质学校"集群式"发展，推动全市义务教育内涵优质均衡发展，形成"学与教的变革""学校课程建设""教师发展""学校领导、管理与文化变革"四大集群，各区汇集 280 多所项目学校，市、区新优质项目学校占义务教育学校总数的 25.1%。在职业技术教育方面，全市有成人职业技术培训机构 674 所，结业生 173.17 万人次②。

（4）人力资源。近几年来，上海人力资源开发水平快速提升，人力资源结构不断完善。2017 年，上海人口达 2418.33 万人，其中，户籍常住人口 1445.65 万人，外来常住人口 972.68 万人，全年常住人口出生 19.70 万人。目前，上海仍为处于人口净流入状况，迁入人口大于迁出人口，人口的增长主要为机械增长，2016 年人口机械增长 6.61 万人，增长率为 4.57%。随着人口规模的增加，上海从业人员的数量也在不断增加，2016 年上海从业人员为 1365.24 万人，人口文化素质也有了明显的提高，高等院校毕业生数量达到 13.26 万人，研究生毕业人数 3.92 万人。根据全国第六次人口普查数据来看，2010 年上海具有大学文化程度的人口为 505.31 万人，具有高中文化程度的人口为 482.61 万人，具有初中文化程度的人口为 839.30 万人，具有小学文化程度的由 1.89 万人下降为 1.35 万人。伴随着产业结构的调整，从业人员逐步向第三产业转移，2016 年第三产业就业人数达到 871.29 万人，占就业人数的 68.97%③。

（5）医疗资源。上海经济发达，医疗资源相对全国其他省市较为丰富。2016 年，上海拥有各类卫生机构 5011 个，其中，医院 349 个，基层医疗卫生机构 4470 个，专业公共卫生机构 112 个，其他卫生机构 80 个；拥有床位数 12.92 万张；拥有从业人员 21.72 万人，其中卫生技术人员 17.82 万人，执业（助理）医师 6.55 万人，注册护士 7.94 万人。从人均水平看，上海每万人口医生数为 27 人，每万人口医院床位数为 46 张，每万人口护士数为 32 人，医护比例为 1∶1.21，卫生技术人员数与床位数比为 1.37∶1。在卫生总费用上，上海卫生总费用逐年增加，2015 年增加至 1536.60 亿元，占当年 GDP 比重的 6.11%，人均卫生费用为 6362 元。④

（6）文化资源。近年来，上海文化事业大幅发展，文化资源大力开发，整体水平不断提高，文化机构较为健全。截至 2016 年，上海拥有图书馆 24 个，群众文化活动机构 237

---

① ④ 资料来源：《上海统计年鉴》（2017 年）。

② ③ 资料来源：笔者根据《上海统计年鉴》（2017 年）和《上海统计公报》（2018 年）整理。

个，艺术教育机构 1 个，文艺科研机构 2 个，文物机构 135 个，档案机构 725 个①。

影剧院、艺术表演场馆、艺术表演团体方面，上海自 2012 年以来，电影放映单位和艺术表演团体数量大幅增加，由 2012 年的 153 个增加至 245 个，艺术表演团体由 2012 年的 138 个增加至 205 个，而艺术表演场馆则精减至 47 个②。

文博方面，博物馆门类日益丰富，办馆主体呈多元化，博物馆布局结构得到优化。上海市有全国重点文物保护单位 29 处，市级文物保护单位 238 处，区级文物保护单位 402 处；10 个中国历史文化名镇，2 个中国历史文化名村，一片中国历史文化街区，3 条中国历史文化名街。全市博物馆、纪念馆、陈列馆总数达 125 家，内容涵盖了社会生活的多个方面③。

公共文化上，近年来，上海不断推进现代公共文化服务体系，统筹部署上海全市公共文化，推进社区文化向专业化、社会化发展。截至 2016 年底，建成运行标准化社区文化活动中心 216 家；群众艺术馆共计有 25 个，从业人员 4975 人，文化站 213 个，从业人员 4057 人④。"文化上海云"正式上线，实现上海全市全覆盖，集中了上海主要的公共文化活动信息。

文化市场上，市场种类日益完善，市场环境不断优化，主要分为演出市场、文化娱乐市场、艺术品市场、互联网上网服务市场、网络游戏市场和动漫市场等。至 2016 年底，上海注册文化市场经营单位 8469 家，文化市场规模约 652 亿元⑤。

（7）港口资源。上海作为国际航运中心，在世界主要港口排名中，上海港位列第六，是中国沿海的主要枢纽港，每年完成的外贸吞吐量占全国沿海主要港口的 20% 左右，曾获中国世界纪录协会世界货物吞吐量最大的港口世界纪录。目前，上海港持有港口经营许可单位 458 家，其中靠泊装卸 182 家，码头设施设备租赁 103 家，提供码头设施（岸电、淡水等）服务 66 家，客运 10 家，船舶服务 260 家，拖轮经营 13 家。渣土单位 9 家 10 个作业点。持有岸线许可证 431 张，临时岸线批复 22 张。持有港口公共卫生许可证 18 张。⑥

2016 年，上海港（海港）拥有各类码头泊位 1195 个，其中万吨级以上泊位 224 个；码头总延长为 109.2 千米，货物吞吐能力 5.30 亿吨，最大靠泊能力 30 万吨级。各类码头泊位中，有公用码头泊位 213 个，码头总延长为 28.3 千米（其中生产性泊位 139 个，码头延长为 26.6 千米）。货主专用码头泊位 982 个，码头总延长为 81.0 千米（其中生产性泊位 453 个，码头延长为 47.5 千米）。公务执法、修造船、工作船等非装卸生产性泊位 603 个，码头总延长为 35.2 千米。⑦

在货物吞吐方面，2016 年上海港货物吞吐量 7.02 亿吨，其中，海港完成 6.45 亿吨。全港外贸货物吞吐量 3.80 亿吨，其中，外贸出口 1.78 亿吨，外贸进口 2.03 亿吨。集装箱吞吐量 3713.3 万标准箱，继续保持全球第一，其中洋山深水港区集装箱吞吐量 1561.6 万标准箱。上海港国际中转集装箱量 267.6 万标准箱，占全港集装箱总吞吐量的 7.2%。上海港集装箱水中转占比为 46.5%。⑧

在旅客吞吐方面，2016 年上海港旅客吞吐量 344.1 万人次，其中旅客发送量 172.0 万人次。上海港国际邮轮靠泊 509 艘次，邮轮旅客吞吐量 289.4 万人次。吴淞口国际邮轮码头靠泊国际邮轮 472 艘次，出入境旅客吞吐量 284.6 万人次。⑨

3. 上海产业转移情况

近年来，随着经济的发展，上海产业转移的步伐加快，主要分为被动式转移和主动式转移。被动式转移主要由于上海产业、人口等要素聚集程度大幅提高，土地、劳动力、资源、交通等要素成本持续上升，资源环境容量约束日益趋紧，产业发展本地空间受限，急需通过

----

①⑥⑦⑧⑨ 资料来源：《上海统计年鉴》（2017 年）。

②③④⑤ 资料来源：《上海统计年鉴》（2013—2017 年）整理。

产业转移来实现资源的优化配置，推进产业结构的优化升级；主动式转移，主要在于需要承接部分地区的资源优势，针对性地选择产业链相应环节进行全新的产业空间布局，具有明显的规模扩张和战略发展意图。

(1) 产业转移特征：

1) 产业转移的目标多样化。现阶段下，上海产业转移的目标不仅仅是转移劣势产业，推动产业结构升级，而是具有多样化的目标和需求，如追求规模扩张、市场占有、品牌提升、服务输出等。

2) 产业转移主体的多样化。在产业转移企业中，近年来国有企业和民营企业数量日益增多，不再仅仅是外资企业。这些企业旨在通过产业转移实现规模的扩张。

3) 产业转移领域的综合性。上海产业转移范围以往只局限于劳动密集型、资源密集型等低端制造产业，现在产业转移转变为制造业、服务业和研发产业等多领域的综合性转移，并对转移地具有较强的技术外溢性。

(2) 转移类型：

1) 规模扩张型。

集中领域：规模经济性较强、产业关联度较大的资本技术密集型重化工业。

转移动因：一是上海资源环境约束日益趋紧，土地、劳动力等要素成本上升；二是需要进一步深化产业关联。

主要目标：实现上海产业规模扩张，在规模扩张中形成竞争优势，同时提高上海产业在国内产业体系中的影响力和控制力。

转移形式：一是通过控股、参股、兼并等方式对外投资，实现战略性扩张。二是对外投资建立部分产品和配套环节的生产基地。三是引导企业利用市场扩张目标地区采购便利、劳动力成本低廉、产销便捷等优势，向其转移生产，实现市场扩张目标。

2) 功能整合型。

集中领域：技术、管理、研发设计和品牌等具有比较优势的产业，这类产业一般链条较长，分工明晰。

转移动因：上海商务成本上升和资源环境容量限制，中低端加工制造的比较优势减弱。

主要目标：推进上海产业链向高端环节提升，改变以加工组装为主导的发展特征，形成以研发设计和营销服务为主导的总部经济，推进功能转型，实现产业发展能级提升。

转移形式：建立沪外中低端产业基地，有效利用转入地的资源优势。

3) 战略发展型。

集中领域：战略性新兴产业。

转移动因：一是上海初级要素比较优势减弱。二是为了克服新兴产业部分环节发展中的资源环境制约，改变原有外向型产业从低端环节融入国际产业分工的发展模式。三是为了探索低端环节和高端环节共同发展，以低端环节优势为基础培育高端环节优势的产业发展路径。

主要目标：实现上海资本技术人才优势与沪外资源、劳动力优势的有效结合，形成新兴产业有效的空间布局，以空间布局形成的整合优势推进上海战略性新兴产业的发展。

转移形式：发展飞地经济、建立沪外战略性新兴产业基地。

(3) 重点转出产业。

规模扩张型转出产业：装备制造业、船舶与海洋工程装备产业、汽车产业、化工产业、钢铁产业等重工业。

功能整合型转出产业：电子信息产业、生物医药产业、纺织、食品等轻工业。

战略发展型转出产业：新能源、新材料、节能环保等新兴产业、航空航天等战略性产业[①]。

二、遵义市产业与资源基本情况

1. 遵义市产业情况

总体经济现状。遵义位于贵州北部，地处西南出海要道，全域纳入长江经济带，是贵州第二大城市，辖3区2市9县和新蒲新区、南部新区。截至2017年，遵义常住人口为624.83万人，地区生产总值2748.59亿元，其中第一产业增加值为402.34亿元，第二产业增加值为1241.05亿元，第三产业增加值为1105.20亿元。第一、第二、第三产业增加值占地区生产总值的比重分别为14.6%、45.2%、40.2%。城镇和农村居民人均可支配收入分别为29617元、11130元。近年来，遵义三次产业产值一直呈现"二三一"的结构，形成了以第二产业为主导、带动第一、第三产业协调发展的局面[②]。

自2013年以来，遵义一直保持高速增长，年均增长速度为13.22%，地区生产总值由1584.67亿元增长至2748.59亿元。五年来，遵义围绕交通区位、资源禀赋、产业基础、环境容量等要素，持续推进"四大区域"协调发展，综合经济实力稳步提高，形成了"中部地区崛起、西部地区突破、东部地区开发、北部地区攻坚"的区域发展格局。同时在脱贫攻坚上，取得明显成效，目前，共计有318个贫困村按国标脱贫退出，贫困发生率由5.76%下降到3.5%，贫困县农村居民人均可支配收入突破9000元。赤水市率先在贵州实现脱贫，"赤水经验"得到中央领导肯定[③]（见图5-13）。

（1）农业

1）发展阶段和新形势。近年来，遵义根据"四大区域"发展战略，以农业供给侧结构性改革主线，深化农业结构调整，推进农业规模化、标准化、产业化及第一、第二、第三产业融合发展，走出了一条生态、特色、高效的现代化农业发展新路子，取得了较为显著的成就。目前农业有茶叶、中药材、竹业、辣椒、红高粱、商品蔬菜、生态畜牧业、干果"八大产业"，基本形成了以湄潭、凤冈、余庆、正安为主的百万亩"茶海每"；以贵遵、遵崇公路沿线为主的商品蔬菜、商品辣椒产业带；以务川、正安、习水为主的养殖产业区；以赤水、习水、桐梓为主的百万亩原料竹、笋用竹特色产业带。同时，湄潭、凤冈、余庆优质米，优质烤烟，绥阳、道真金银花，桐梓、正安方竹笋，仁怀、习水酒用红高粱，赤水金钗石斛等板块基地初步形成。

面对新形势，农业产业化建设速度加快，成效显著。截至2017年，经营主体培育方面，遵义有农民专业合作社6000余家，家庭农场1580家，种养大户6万户，农业产业化经营龙头企业634家；农业园区建设方面，遵义共计有170个，其中省级园区56个、市级园区9个、县级园区105个，全年完成投资180亿元，实现产值260亿元；农产品深加工方面，加工企业共计691家，完成加工业总产值410亿元，农产品加工转化率52.7%。农业标准化建设方面，遵义农业标准化程度上了一个新的台阶，"三品一标"认定面积达到740万亩，占耕地面积63%，产地认证1218个，拥有20个国家农业标准化示范区[④]。

---

① 李伟. 上海产业结构调整及产业转移趋势研究［J］. 科学发展，2011（6）：12-25.
②③④ 资料来源：《遵义统计年鉴》（2018年）。

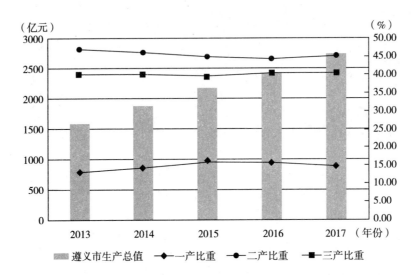

图 5 - 13   2013 ~ 2017 年遵义市生产总值和三次产业结构趋势

资料来源：笔者根据《遵义统计年鉴》（2013—2018 年）整理绘制。

2）产业结构方面。遵义第一产业总产值呈稳定增长态势，总体产业结构保持平稳。从内部产业构成上看，2012 ~ 2017 年，种植业产值比重长期保持 60% 以上，2014 年占比最高，达 64.01%；牧业产值，呈现缓慢下滑的趋势，由 30.74% 下降至 27.12%；渔业产值和占比总体上在逐年增加；林业产值和比重近年来都在持续增加。农林牧渔服务业产值，近年来缓慢增加，比重保持在 1% 以上[①]（见表 5 - 8）。

表 5 - 7   遵义第一产业内部各产业产值状况   单位：亿元

年份	总产值	种植业	林业	牧业	渔业	农林牧渔服务业
2012	304.43	186.15	14.80	93.59	5.90	3.99
2013	342.63	206.87	17.27	107.13	7.13	4.22
2014	456.56	292.26	21.62	128.29	9.31	5.08
2015	559.46	353.68	26.37	157.43	11.99	9.97
2016	620.91	381.45	30.17	174.32	15.06	19.91
2017	678.64	419.84	32.612	184.03	16.09	26.07

资料来源：笔者根据《遵义统计年鉴》（2013—2018 年）整理绘制。

表 5 - 8   遵义第一产业内部各产业比重情况   单位:%

年份	种植业比重	林业比重	牧业比重	渔业比重	农林牧渔服务业比重
2012	61.15	4.86	30.74	1.94	1.31
2013	60.38	5.04	31.27	2.08	1.23
2014	64.01	4.74	28.10	2.04	1.11
2015	63.22	4.71	28.14	2.14	1.78
2016	61.43	4.86	28.07	2.43	3.21
2017	61.86	4.81	27.12	2.37	3.84

资料来源：笔者根据《遵义统计年鉴》（2013—2016 年）整理绘制。

----

① 资料来源：《遵义统计年鉴》（2013—2018 年）。

3）优势和存在的问题。从农业发展的优势上，遵义农业有资源禀赋和后发赶超优势。在资源禀赋上，遵义有适应农业发展的土地和气候资源，农产品优势品种较多；后发赶超优势上，遵义农业发展起步较晚，可以以现代科技为依托，引进现代农业装备、现代先进技术和现代农业经营理念，采用"新技术、新品种、新设施、新方法"迅速推动农业发展，提高单位土地产出。

目前，遵义农业发展虽然取得了一定成就，但是也存在相应的问题，影响着农业的优化升级。一是农民组织化程度和应对市场风险的能力不高。目前农业新型组织，如农业专业协会、农业合作社等尚处于初创阶段，存在规模小、组织化程度不高、规范性不够等问题，很难在企业和农户之间发挥桥梁和纽带作用。而农民在应对市场风险方面，参与市场的主体意识不浓，抵抗风险能力不强，且大部分农民思想较为落后，市场开拓的程度较浅，对农业生产、管理、加工、营销等知识缺乏，农产品质量提升意识不够，适应现代农业发展的各方面能力欠缺。二是产业化经营的龙头企业带动能力不强。部分企业生产经营方式落后，管理水平较低，技术创新能力、市场开拓能力较差，利用市场资本进行扩张的能力较弱，大部分企业仅能应用常规技术进行农产品初加工，科技含量和产品附加值均不高，产业链延伸长度不够。在经营模式上，农业和企业的利益联结制度没有很好地建立起来，很多龙头企业和农户还是简单被动的单向带动关系，实现不了农业产业化所要求的经营一体化、利益共同体的目的，严重制约了农业产业化的发展。三是农产品特色不鲜明。特色的农产品相对较少，缺乏有竞争力的名牌产品，加工水平不高，精、深加工不够，农产品加工转化链条短，农民难以从中获得丰厚利润。

（2）工业

1）总体发展形势。当前，遵义工业经济发展正处于工业化初期向中期过渡阶段，工业的加速发展与层次低的矛盾日益突出。从工业企业发展上看，工业企业数量少，且以中小企业为主，缺乏主导性、引领性的龙头骨干企业，工业经济带动性不强。在选择发展路径上，遵义倾向重型化，并正在对资本有机构成和制造业内部结构进行优化调整，且由于资源要素供应和生态环境约束趋紧，遵义正在推进传统工业体系向生态工业园发展，逐步转变企业粗放经营和资源配置粗放管理状况。在产业发展方向上，特色轻工、生物医药和电子信息产业发展较快，作为遵义经济发展的主动力产业，也是未来经济发展的增长点，但受国家政策影响较大，市场竞争较为激烈；冶金、化工、有色金属、能源产业等传统产业亟须推进设备更新改造，提高装备水平，加快智能化改造；战略新兴产业整体规模小，产业集聚度不高，主要产品趋向同质化，档次和科技含量相对较低；装备制造等高新技术产业链短、根植性弱，产值集中在少数龙头骨干企业，对本地配套企业的带动作用不强。基于产业基础和资源禀赋，目前遵义正着力以打造"总量跨越、质量跃升、结构优化、效益显著、生态良好"经济升级版为要求，以"全神贯注抓园区、凝神聚气抓工业"为思路，加快推动工业经济转型升级和结构调整，转变工业经济发展方式。

2）工业结构状况。自2012年以来，遵义全市工业经济总量逐年增大，各项效益指标水平明显提升，工业企业转型升级步伐加快，产业结构得到优化，形成了特色轻工、材料、装备制造、能源、化工、战略性新兴产业"六大支柱"产业，布局相对完整。从规模以上工业增加值占规模工业总产值的比重上看，呈现波浪式的变化趋势，2016年达到最低，占比40%，之后逐渐上升（见图5-14）。从规模以上工业规模结构上看，遵义大中型企业整体呈现缓慢下降的态势，相对地，小型企业则呈现缓慢增长的态势（见图5-15）；从规模以上工业轻重结构上看，轻工业占比逐年下降，重工业占比逐年上升（见图5-16）。

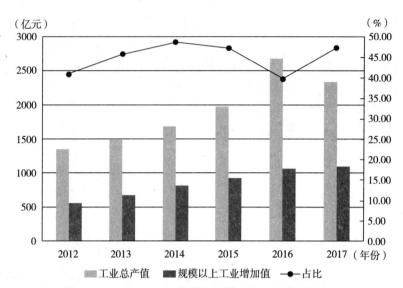

图 5 – 14　2012 ~ 2017 年遵义规模以上工业增加值占比

资料来源：笔者根据《遵义统计年鉴》（2013—2018 年）整理绘制。

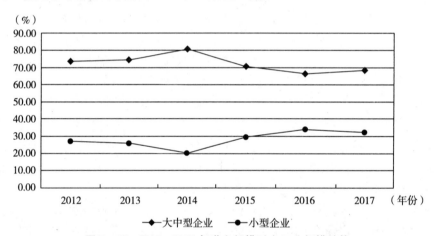

图 5 – 15　2012 ~ 2017 年遵义规模以上工业规模结构

资料来源：笔者根据《遵义统计年鉴》（2013—2018 年）整理绘制。

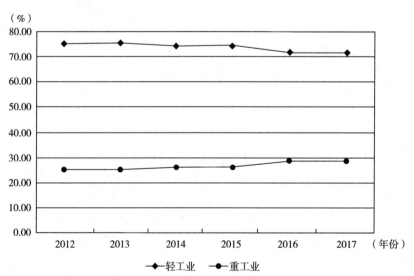

图 5 – 16　2012 ~ 2017 年遵义规模以上工业轻重结构

资料来源：笔者根据《遵义统计年鉴》（2013—2018 年）整理绘制。

3）工业结构优化升级的方向与重点。优化升级方向。目前遵义主要以提升主导产业，改造传统产业，培育新兴产业，淘汰落后产业为主要方向对工业进行结构调整与优化升级，调整生产力布局，转变工业经济发展方式，探索走出一条遵义特色的"后发赶超、转型跨越"工业发展之路，提升遵义整体竞争力。

重点领域。在提升主导产业方面，重点打造以白酒、烟草、特色食品、茶叶、制药、竹业为"六张名片"的特色轻工产业，做大以集成电路、笔记本、手机、航空电子、汽车电子、电子元器件等为主的电子信息制造业，发展汽车整车及零部件、特种机械和精密机械等装备制造业；在改造传统产业方面，重点对材料、能源和化工等产业进行改造升级；在培育新兴产业方面，以现代中药与民族药为重点，培育生物医药及医疗器材产业；在淘汰落后产业方面，加快淘汰一批高污染、高能耗、高排放和低效率、低效益的生产工艺、设备和产品。

（3）服务业

1）总体规模。截至 2017 年，遵义市 GDP 增长至 2748.59 亿元，5 年来增长了 1.73 倍。相应地，第三产业增加值增长至 1105.2 亿元，突破千亿关口关，占遵义 GDP 比重达 40.2%。第三产业对遵义经济增长的贡献率仅次于第二产业，2013～2017 年占比一直很稳定地保持在 40% 左右。自党的十八大以来，遵义市大力实施大旅游行动，发展大健康和文化体育产业，壮大提升现代服务业，紧盯市场需求，培育发展电子商务、信息服务、健康养生、休闲旅游等新型消费热点，推动服务业快速发展。5 年来，服务业增加值增长了 1.74 倍，年均增长率为 14% 以上，成为遵义经济增长的主要动力源泉[①]（见图 5 - 17）。

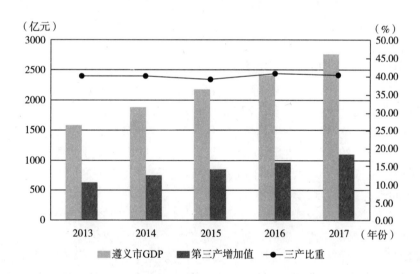

图 5 - 17 2013～2017 年遵义 GDP、第三产业增加值及比重

资料来源：笔者根据《遵义统计年鉴》（2013—2018 年）整理绘制。

2）内部结构。遵义第三产业内部各个行业增长态势较为稳定，产值都在逐年增长。从产值规模上看，占第三产业比重最大的行业是批发和零售业，截至 2017 年末，占第三产业比重为 23.23%，增加值为 256.77 亿元；各个行业中，目前仅有三个产业上了百亿元行列，分别为批发和零售业，交通运输、仓储和邮政业及金融业，其余各产业产值皆在百亿元以下。从增加值比重增长趋势上看，批发零售业、交通运输、仓储和邮政业、金融业、住宿和

---

① 资料来源：《遵义统计年鉴》（2012—2018 年）。

餐饮业、房地产业等行业增加值在逐年上升，且比重也呈现增长的态势，其余各行业增加值产值有所波动，比重出现下降的趋势。

3）发展形势。近年来，遵义服务业正向市场化、融合化、集聚化、现代化和国际化的方向发展，着力构建特色鲜明的现代服务业体系，使服务业成为全市转变经济增长方式、促进经济社会快速发展的重要推动力。总的来看，主要表现在以下几个方面：一是红色旅游、绿色山地旅游加快发展，以"红色圣地·醉美遵义"旅游品牌为统领，不断推进旅游与文化、与"一二三"次产业融合发展。二是电子商务业逐步兴起，遵义依托特色产业优势，不断发展大数据、云计算、移动互联网等信息产业，把电子商务作为"弯道取直、后发赶超"的战略选择，主体培育、平台建设、模式创新等工作日渐展开，网络经济与实体经济融合发展。三是金融业改革步伐加快，着力深化金融改革，金融组织、产品和服务有序发展和创新，金融主体数量增多，金融业资源集聚力、资本辐射力和经济贡献力得到提升。四是物流体系不断完善，物流信息化和标准化建设进一步加强，物流企业得到培育，并日益壮大，货物一体换装的便捷性和兼容性提高。五是传统商贸业加快改造，运用"互联网＋"和新的经营模式改造提升批发零售业、住宿餐饮业等传统商贸业。同时，健康服务业、房地产业以及生产性服务业也在有序发展和升级。

2. 遵义市资源情况

（1）矿产资源。遵义市矿产资源丰富，已探明的矿产有 60 多种，其中 15 种藏量居贵州省首位。煤、锰、铝土、汞、硫铁矿有"五朵金花"之称。全市在 1500 米深度以上的煤炭资源总储存量在 257.61 亿吨以上，已探明原煤基础储量 64 亿吨。煤炭资源总储存量在全省仅次于六盘水市和毕节地区。铝土矿已探明储量和工业保有量居全国同类地区第二、矿石质量居全国之首。探明有硫铁矿 3.27 亿吨，锰矿 5399 万吨，镓矿 4609.6 万吨，页岩气 2178.5 万吨等[①]。

（2）生物资源。遵义市生物资源独特，全市森林面积 149.37 万公顷，森林覆盖率 59%，高于贵州省和全国比率，野生动植物占全省稀有动植物资源总数的 93.3%。全市 15 个自然保护区内现有野生植物 251 科、831 属、2894 种，其中国家重点保护野生植物一级 9 种，二级 29 种，省级重点保护野生植物 39 种，列入《濒危野生动植物种国际贸易公约》附录 Ⅱ 的兰科植物有 20 种；野生动物 87 科、314 种，其中国家重点保护野生植物一级 4 种，二级 34 种。银杉、桫椤、珙桐、金花茶，黑叶猴、白冠长尾雉、大灵猫等都是被列为国家一、二级重点保护的珍稀动植物[②]。

（3）旅游文化资源。遵义市旅游文化资源丰富，涵盖了 12 个主类、40 个亚类、183 个基本类型，类型多样层次丰富。现有世界自然遗产 1 个、世界文化遗产 1 个、风景名胜区 7 个，自然保护区 8 个、森林公园 8 个、国家级地质公园 1 个、国家 4A 级旅游景区 23 个。从旅游文化布局上看，中部以遵义会议会址纪念体系、海龙屯古军事屯堡、沙滩、杨粲墓、卡斯特地貌等为代表，主要体现长征文化、土司文化和沙滩文化；西部以丹霞地貌、四渡赤水、国酒茅台为代表，主要体现生态文化、长征文化和酒文化、竹文化；东部以茶海、乌江画廊美丽乡村为代表，主要体现茶文化、黔北乡村文化；北部以武陵山区风貌、民族风情为代表，主要体现地域文化、民族文化[③]。

（4）金融资源。近年来，遵义正大力建设"1＋3＋N"的金融集聚区，不断提升金融业资源集聚力、资本辐射力和经济贡献力，以西南地区重要的区域性金融中心为定位，全力壮大金融主体，深入实施"引银入遵"和地方金融体系建设工程。截至 2017 年，遵义有银

---

①②③　遵义人民政府网站，http://www.zunyi.gov.cn/。

行业、证券业、保险业、金融租赁、财务公司等金融主体 50 余家，新增上市融资公司 6 家。2017 年，全年实现金融业增加值 114.49 亿元，金融机构人民各项存款余额 4661.22 亿元，其中住户存款 1930.22 亿元，非金融企业存款 2034.88 亿元，广义政府存款 632.70 亿元；金融机构人民各项贷款余额 2792.34 亿元，其中住户贷款 1045.35 亿元，非金融企业贷款及机关团体贷款 1746.96 亿元。根据 2016 年统计数据来看，遵义各类金融单位达到 338 家，其中，货币金融服务单位 158 家，资本市场服务单位 86 家，保险业单位 51 家，其他金融业达到 43 家①。

（5）科技资源。①科技人力资源方面。截至 2017 年，遵义 R&D 人员达到 2638 人，R&D 人员折合全时当量为 4158 人年。②科技财力资源方面。随着遵义经济的发展，科技经费投入也在增加。2017 年，R&D 投入 11.24 亿元，比 2016 年增长了 27.8%。从 R&D 资金来源上看，企业资金是遵义科技活动经费的主要来源，在 R&D 资金来源构成中占比最大，2017 年，政府资金为 2.30 亿元，企业资金为 8.47 亿元，其他资金为 0.4 亿元，分别占比 20.47%、75.33% 和 3.54%。③科技基础条件资源方面，截至 2017 年，遵义全市有高等院校 7 所，科研机构 76 个，拥有院士工作站 22 个，院士工作中心 10 个；重点实验室 24 个，其中国家级重点实验室 1 个，省级重点实验室 7 个，市级重点实验室 16 个；工程技术研究中心 41 个，企业技术中心 45 个；专家工作站 18 个，科技特派员工作站 6 个；公共服务技术平台 2 个；科技企业孵化器 12 个。④科技成果、专利、技术资源方面。2017 年，遵义专利申请量 1719 件，授权量 338 万件，有效发明 1374 万件，专利所有权转让及许可数 15 件，专利所有权转让及许可 501 万元，形成国家或行业标准数 35 项，发表科技论文 2458 篇，出版科技著作 90 种②。

（6）教育资源。近年来随着义务教育和教育精准扶贫的实施，遵义教育事业取得显著的成效，教育资源不断增多，优质教育资源示范引领作用不断深化，其率先在全省完成"普十五"，12 个县（区、市）通过国家义务教育均衡验收。2017 年各级各类学校 3418 所，在校生 144 余万人，教职工 10.39 万人，其中专任教师 8.7 万人。有省级示范幼儿园 6 所、省级示范性高中达 28 所（省级一类 3 所）、国家级示范性中职学校 2 所、高等院校 7 所，学前三年毛入园率为 87.2%，九年义务教育巩固率达 95.73%，高中阶段毛入学率为 90.32%。通过实施优质教育资源培育工程和品质学校建设工程，扩建中心城区中小学（幼儿园）50 余所，新增学位 8.8 万个，打造品质学校 32 所、教师教育创新示范学校 10 所，建成学前教育集团 35 个。

（7）文化资源。截至 2017 年，遵义文化事业机构共计 333 个，其中文物、图书馆、群众文化等事业的机构数分别为 33 个、14 个、267 个。拥有公共图书馆 14 个，图书 218.55 万册。文化馆方面，文化馆单位数有 15 个，乡村文化站 252 个。文博方面，有博物馆 17 个，文物藏品 2.22 万件，其中一级品 34 件，有全国重点文物保护单位 9 处，省级文物保护单位 29 处③。

（8）医疗资源。2017 年，遵义拥有各类卫生机构 4491 个，拥有床位数 4.8 万张；拥有从业人员 5.84 万人，其中卫生技术人员 4.39 万人，执业（助理）医师 1.44 万人，注册护士 1.92 万人。从人均水平看，遵义每万人口医生数为 85 人，每万人口医院床位数为 63 张，每万人口护士数为 27 人，医护比例为 1:1.34，卫生技术人员数与床位数比为 0.98:1④。

（9）人力资源。2017 年，遵义常住人口达到 624.83 万人，比 2012 年增加了近 13 万余

---

① ② ③ ④　资料来源：笔者根据《遵义统计年鉴》（2018 年）整理。

人；户籍人口为 805.15 万人，比 2012 年增加了近 34 万人，其中城镇人口为 326.47 万人，乡村人口为 298.36 万人。目前，遵义仍处于人口净流出状况，外出务工人员较多。从就业人员产业结构上看，2017 年遵义从业人员为 362.29 万人，第一、第二、第三产业就业人数分别为 197.38 万人、67.30 万人和 97.61 万人，就业比重分别为 54.48%、18.58% 和 26.94%，第一产业就业比重依然较大，农村存在过剩的劳动力。随着经济的发展和产业结构的调整，就业人员逐步向第二、第三产业转移，第一产业就业人数逐渐减少，由 2012 年的 206.61 万人减少至 2017 年的 197.38 万人；第三产业就业人数由 2012 年的 43.9 万人增加了约 54 万人①。

三、上海市—遵义市基本情况对比

作为结对帮扶城市——上海和遵义，一个是东部沿海发达城市、国际化大都市；另一个则是西部内陆、欠发达城市，双方经济社会发展悬殊，差距很大。为了使帮扶更具有针对性和有效性，对沪遵两地经济社会发展和资源要素做比较分析很有必要。通过对比，能够找出沪遵两地的优势和劣势，推进两地优势互补和资源互用，实现合作共赢。

1. 区位对比

上海，位于东部沿海，地处长江入海口，是长江经济带的龙头城市、G60 科创走廊核心城市。与日本隔海相望，南濒杭州湾，北、西与江苏、浙江两省相接。遵义，位于西部内陆，南邻贵阳，北靠重庆，西接四川，是昆明、贵州北上和四川、重庆南下的必经之地。处于成渝—黔中经济区走廊的核心区和主廊道，黔渝合作的桥头堡、主阵地和先行区。从两地区位上看，上海处于长三角的核心区，具有便捷的海陆空一体化交通，开放性较大，且周边腹地经济较为发达，经济的集聚度较高；遵义则处于西部内陆，虽是重要的交通枢纽，却具有一定闭塞性，交通优势与上海相去甚远，且周边多为欠发达地区。

2. 经济社会发展情况对比

（1）人口集聚程度。2017 年，上海市常住人口为 2418.33 万人，遵义市常住人口为 624.83 万人。人口规模上，上海是遵义的 3.87 倍，而在面积上遵义是上海的 4.85 倍。人口密度上，上海每平方千米为 3814 人，遵义每平方千米为 203 人，上海人口集聚明显高于遵义，为遵义的 18.79 倍。

（2）经济规模。2017 年，上海市地区生产总值为 30133.86 亿元，GDP 增速为 6.9%；遵义市地区生产总值为 2748.59 亿元，GDP 增速为 12.1%。经济规模上，上海 GDP 是遵义的 10.96 倍，人均 GDP 约是遵义的 3 倍，但从增速上看，近几年遵义的增速明显高于上海。

（3）收入水平。2017 年，上海全市居民人均可支配收入 58988 元，比上年增长 8.6%。其中，城镇常住居民人均可支配收入 62596 元，增长 8.5%，农村常住居民人均可支配收入 27825 元，增长 9.0%；遵义全市居民人均可支配收入 20373 元，比上年增长 9.7%。其中，城镇常住居民人均可支配收入 29617 元，增长 9.3%，农村常住居民人均可支配收入 11130 元，增长 10.1%。收入水平上，上海市居民人均可支配收入是遵义的 2.89 倍，城镇常住居民人均可支配收入是遵义的 2.11 倍，农村常住居民人均可支配收入是遵义的 2.5 倍（见表 5-9）。

---

① 资料来源：《遵义统计年鉴》（2018 年）。

表 5 - 9   2017 年上海—遵义经济社会发展情况对比

地区	人口（万人）	面积（km²）	人口密度（人/km²）	GDP（亿元）	人均 GDP（万元）	收入水平（元）
上海	2418.33	6340	3814	30133.86	12.46	58988
遵义	624.83	30762	203	2748.59	4.41	20373

资料来源：根据《上海统计年鉴》（2017 年）和《遵义统计年鉴》（2017 年）整理计算。

（4）产业结构。随着经济的发展，沪遵两地都在进行产业结构的调整和优化，近年来两地产业结构也出现了明显的变化。2017 年，上海的三次产业结构依旧是"三二一"的模式，且第三产业的主导地位更加稳固，产值比重逐年上升，三产结构由 0.6∶37.2∶62.2 转变为 2017 年的 0.3∶30.7∶69.0；遵义的三次产业结构，目前仍为"二三一"的模式，但产业结构也得到了进一步优化，第三产业的比重在逐年上升，三产结构由 13.1∶47.0∶39.9 调整为 14.6∶45.2∶40.2。从两地的产业结构上看，上海产业结构是高级化和合理化程度优于遵义。

3. 资源要素对比

（1）自然资源要素方面。遵义在矿产资源、生物资源上具有比较优势，已探明的矿产有 60 多种，且藏量可观，煤、锰、铝土、汞、硫铁矿素有"五朵金花"之称；生物资源独特，中草药资源多样，野生动植物种类众多，数量较大。在旅游文化资源上，沪遵两地具有差异性和互补性，遵义有独特的自然风光和长征文化、土司文化和沙滩文化等遗址，上海有百年外滩、石库门、老洋房等特色旅游资源。

（2）人力资源要素方面。遵义目前农村存在过剩的劳动力，为人口净流出地和劳务输出地，具有丰富廉价的劳动力。但劳动力层次较低，文化水平不高，制约着劳务输出。而上海则为人口净流入省市，人口的流入为上海经济的发展提供了各种人才。在两地人力资源要素对比上，遵义有廉价劳动力的优势，但存在人力资源层次不高、人才欠缺的劣势；上海人力资源中，高层次人员数量相对较多，但存在普工招工困难、技术工人欠缺的问题。

（3）科教文卫等资源要素方面。上海科教文卫等事业的发展始终走在国家的前列，相对遵义则具有较强的比较优势。①科技方面，遵义各项指标都远远落后于上海，科技活动人员上，上海是遵义的 38 倍；在财力、物力的投入上，上海是遵义的 100 多倍；科研机构上，上海共计有 132 家，比遵义多 56 家；拥有国家级重点实验室数量上，上海有 44 家，遵义仅有 1 家。②教育方面，上海有普通高等学校 64 所，其中市属地方高等学校 54 所，教育部及其他部委直属高校 10 所，遵义仅有 7 所高等院校。各类学校教职工数量，上海有 27.89 万人，遵义有 9.7 万人；高中阶段毛入学率，上海为 98.7%，遵义为 90.32%。③文化方面，文化资源数量众多，整体水平较高，文化机构较为健全，在发展水平上优于遵义，但两地文化资源目前有一定的互补性。④医疗资源方面，上海的基础硬件条件和医学人才明显优于遵义，各类卫生机构数量上，上海拥有 5011 个，遵义拥有 4427 个；从业人员数量上，上海有 21.72 万人，遵义有 5.32 万人。

（4）金融资源要素方面。上海作为全球金融中心，金融资源和金融制度上具有相当大的比较优势，金融资源极为丰富，各类金融机构齐全，金融市场服务功能较强、市场产品和工具多样，具有比较完善的金融制度体系。遵义目前正以西南地区重要的区域性金融中心为定位，建设"1 + 3 + N"的金融集聚区，处于起步阶段，各项机制和各类金融机构尚不健全，金融资源要素欠缺。

（5）市场、交通等要素方面。在市场要素上，上海地处长三角的核心区，拥有广阔的腹地,这一区域人口众多,经济集聚水平高,周边较为发达,购买力强,消费市场潜力巨大;相对地,遵义人口较少,经济集聚水平低,且为欠发达地区,内需动力不足,消费市场空间较小。在交通要素上,上海面临海洋,拥有便捷的交通,海运、陆运、空运等基础设施健全,通畅能力强、成本低;而遵义处于内陆地区,交通方面虽有改善,但由于受山区地形限制,运输成本高,与上海相比不具有比较优势。

第二节　上海—遵义东西部扶贫协作情况

一、帮扶历程

自 2013 年中央确定沪遵双方扶贫协作"结对"关系以来,上海对口帮扶遵义已经走过 5 个年头。5 年来,沪遵两地以"中央要求、遵义所需、上海所能"为原则,坚持"民生为本、教育为先、产业为重、人才为要"的工作方针,深入开展对口帮扶与合作交流,工作进展顺利,成效显著。

2013 年,上海启动对口帮扶遵义,双方协调建立两地市区两级对口帮扶工作机制和联席会议机制,明确普陀、杨浦、奉贤 3 个区具体承担对口帮扶遵义市位于武陵山、乌蒙山两个集中连片特殊困难地区的 9 个县(市)的任务,重点对口帮扶 4 个国定重点县。召开第一次联席会议,并签署年度对口帮扶协议,启动年度帮扶工作。编制完成《上海对口帮扶贵州省遵义市 2013~2015 年工作计划》,重点做好职业教育、新农村建设、产业发展、社会事业以及人力资源开发等工作。捐赠帮扶资金 3000 万元,选派第一批援遵干部 10 名,组织上海 15 家大型医疗机构眼科专家 20 名赴习水县开展"慈善光明行"活动。在沪举办"直航遵义醉美之旅"上海旅游推介会和遵义(上海)投资推介会,现场签约项目 5 个,总投资 116 亿元;赴遵义投资考察的上海企业 32 批次,两地新增企业签约合作项目 23 个,涉及投资 168.4 亿元,到位资金 31.5 亿元[①]。

2014 年,上海安排援助遵义资金 5400 万元,实施项目 28 个,聚焦武陵山、乌蒙山两大集中连片特殊困难地区的 9 个县(市),特别是 4 个国家扶贫开发工作重点县,坚持开发式扶贫,助推务川自治县完成"减贫摘帽",协助遵义市减少贫困人口 21 万。实施"四在农家·美丽乡村"行动计划,改善遵义 6 个县(市)8 个乡镇的贫困群众饮水、出行等生产生活条件。教育帮扶坚持硬件建设和软件支持并举,完成 8 所学校基础设施新建或改扩建,选派 3 名校长和 6 名教师到遵义支教,安排上海市复旦实验中学与正安七中、上海市鞍山实验中学与道真玉溪中学、上海理工附小与湄潭四小分别签订结对共建协议。援助遵义建设一所卫生院和两个卫生检测机构。共同成立遵义·上海产业园开发建设推进协调委员会,启动园区开发建设。上海增派 3 名医疗卫生和园区建设方面的专业人才赴遵挂职[②]。

2015 年,上海安排援助遵义资金 5832 万元,实施项目 44 个,聚焦"四在农家·美丽乡村"行动计划,解决近 100 个自然村农民出行"最后一千米"问题,改善 2000 多农户生产生活条件。坚持精准脱贫,支持"企业 + 合作社 + 农户"模式,助推道真县实现"减贫摘帽"。上海儿童医院开展"千里送医到遵义医疗巡回活动",上海华山医院在遵义第一人民医院设立周良辅院士工作站,帮助 6 所中小学校新建或改扩建学生宿舍楼和教学楼,为 3

---

① ②　资料来源:根据贵州省扶贫办以及上海、遵义实地调研收集材料整理。

所职校配套实训设施设备，进一步提升当地公共服务水平。支持建设遵义（上海）产业园，共同成立开发建设推进协调委员会并召开第一次全体会议，上海瑞华集团初步达成投资意向。采取"请进来"与"走出去"两种方式，全年帮助遵义培训各类急需管理和专业技术人才 1300 多人①。

2016 年，上海安排援助遵义资金 6299 万元，实施项目 40 个，重点投入新农村建设、产业发展、社会事业和人力资源开发等领域。通过开展"山海牵手醉美遵义"、遵义（上海）产业合作推介会上海行系列活动，沪遵两地签署农业、深加工、医疗、教育、商务、旅游等多个合作协议。成立上海市遵义旅游营销中心。针对上海游客打造精品旅游线路，发放旅游护照 5000 册。双方通过"走出去""请进来"方式，举办各类培训 36 期，培训各类干部及专业技术人员 2635 人，培训内容涵盖脱贫攻坚、文化教育、医疗卫生、城镇建设、农业产业化、旅游发展等领域②。

2017 年，上海安排援助上海资金 6803 万元，实施项目 49 个，项目资金向扶贫开发重点县（市）倾斜，全面聚焦精准脱贫，带动 7500 多户、约 30000 人脱贫。深入推进产业合作，落实联合利华可持续发展茶园基地建设和茶叶及干桂花精神加工等项目，支持"遵品入沪"，支持遵义参加"上海国际旅游节"，加强两地旅游业的互动与合作。在人才方面，举办"金种子"校长培训及上海名师遵义行等活动，组织实施一批岗前使用技能培训、订单式培训等劳务协作项目③。

二、帮扶任务及成效

1. 帮扶资金方面

自 2013 年以来，上海援助遵义的资金逐年增加，由 2013 年的 3000 万元增加至 2017 年的 6803 万元，五年来增加了 2.26 倍，累计援助资金 2.73 亿元。而在产业发展、基础设施建设以及教育、文化、卫生、人才交流、科技培训等领域投入的帮扶资金更多，累计达到 5.07 亿元，共计实施项目 296 个④。

2. 人才交流及劳务协作方面

人才交流方面，沪遵两地先后签署《上海帮扶遵义人力资源和社会保障工作备忘录》《沪遵科技交流合作框架协议》《沪遵教育对口帮扶协议》《沪遵商务领域战略合作框架协议》等多项合作协议，涵盖了教育、医疗、科技等领域。同时沪遵两地并进一步深化干部双向挂职交流。五年来，沪遵双方通过多种方式加强人才交流，16 名援黔干部穿针引线、积极帮扶，22 名上海教育医疗专家来遵驻点指导，6 名医疗专家具体帮助遵义市 4 家医疗机构建设了临床医学中心，18 名遵义干部赴沪挂职，70 名各类专业技术人员在沪培训跟岗学习，在沪举办 20 期各级各类培训班，培训干部和各类专业技术人才 1100 多人⑤。

劳务协作方面，沪遵双方大力推进劳务协作平台建设，并开通劳务协作"沪遵直通车"，提高劳务输出的组织化程度，因人因需为遵义提供劳务协作就业服务，举办劳务协作培训班 21 期，开展就业培训 1097 人次，举办专场招聘会 48 场，提供针对贫困户就业岗位 6555 个，实现人岗对接，保障稳定就业⑥。

3. 基础设施建设方面

五年来，上海在不断加大对遵义基础设施建设的力度，增强了遵义贫困地区的基本公共

---

①③④⑤⑥ 资源来源：根据贵州省扶贫办以及上海、遵义实地调研收集材料整理。
② 资料来源：根据《上海年鉴整理》（2014—2017 年）。

服务能力。在改善贫困地区人居环境方面，通过实施"四在农家·美丽乡村"六项行动，建成农村通村（组）公路146.5千米，新建6个农村文化广场，改扩建6个农村综合服务室。实施饮水工程建设，解决了部分地区的饮水问题。在教育帮扶方面，援助2个幼儿园，改扩建多所农村寄宿制小学、中等院校，加大对其硬件投入。在医疗帮扶方面，集中在4个重点县援建一批标准化农村卫生室、乡镇卫生院，改善当地公共卫生机构的基础设施和配套设备。在社会帮扶方面，支持完善农村基本养老服务体系建设，帮助建设多个村民文化活动室和镇、村养老活动中心①。

4. 产业合作方面

自2013年，沪遵两地产业合作不断深入，合作次数日益频繁，累计合作类项目25个，涵盖工业、农业、商贸、旅游、科技、文化、卫生等多个领域；累计投资类项目115个，金额共计457亿元，到位资金251.6亿元，合作项目25个，涵盖工业、农业、商贸、旅游、科技、文化、卫生等诸多领域。合作机制上，五年来沪遵两地先后建立了从政府、部门到市场的遵义（上海）产业园开发建设推进协调委员会、沪遵产业合作办公室、行业协会及企业间的分层交流对接机制。对接频度上，五年来上海各类企业考察团赴遵义对接洽谈500多批次，举办推介活动70余次。合作内容上，沪遵双方在各个层面上，不断加强产业合作，内容不断丰富，领域不断扩大，逐步形成了涵盖第一、第二、第三产业的良好合作态势。合作方式上，沪遵两地共同探索形成了政府、部门、行业、企业之间战略合作、品牌输出、项目投资、共建园区等各种有效的产业模式②。

第三节　上海—遵义东西部扶贫协作的经验

一、实施了强有力的组织领导

一是高位推动。上海与遵义开展扶贫协作是党中央和国务院从国家发展大局做出的重大决策部署，是推进区域协调发展、实现全面建成小康社会的重大举措。自2013年以来，沪遵建立结对关系以来，沪黔两地各级领导对其高度重视，一方面，上海市市委、市政府主要领导多次率队到遵义指导扶贫协作工作。另一方面，贵州省委、省政府主要领导以及遵义市市委、市政府主要领导也积极主动率队赴上海开展对口帮扶对接、学习和交流。二是成立上海对口遵义帮扶与合作交流领导小组及办公室。领导小组负责贯彻落实中央要求，统筹协调指导沪遵两地对口帮扶工作的重大事项。针对遵义产业"短板"，专门成立了遵义市对接上海产业合作发展办公室。

二、建立了一系列工作制度

围绕对口帮扶的主要任务和目标，沪遵两地共同建立了多个层面的领导和工作机制。一是建立两地高层领导互访制度和两省市对口帮扶合作领导小组联席会议制度，每年定期召开一次对口帮扶合作联席会议制度和对口帮扶工作恳谈会，研究决定合作重大事宜，探讨帮扶工作思路，确定年度计划任务。二是建立工作联络和信息沟通机制，如遵义（上海）产业园区开发建设推进协调委员会、遵义国家经济开发区与上海漕河泾发展总公司组成的政企合作机制和两地产业合作信息共享机制等。三是建立了两地各部门之间的对口合作机制，确定

---

①② 资料来源：根据贵州省扶贫办以及上海、遵义实地调研收集材料整理。

了工业、商贸、科技、旅游、环保等重点合作领域。

三、确立了"1区对3县（市）"的区县结对机制

自上海与遵义建立结对关系以来，双方十分重视结对关系的细化，建立了区县结对机制。上海在扶贫协作中，对本市各区县均做出帮扶的任务，明确普陀、杨浦、奉贤3个区具体承担位于遵义武陵山、乌蒙山两个集中连片特殊困难地区的9个县（市）的任务，重点帮扶4个固定重点县。

四、制定了完善的对口帮扶资金利用制度和项目管理制度

自2013年以来，沪遵两地相继制定了《上海市对口帮扶贵州省遵义市项目管理暂行办法》《上海市对口支援与合作交流专项资金援助对口支援项目实施细则》等一系列政策制度，明确了各方职责，规范了资金利用方式，确保项目顺利实施，有利于充分发挥沪遵扶贫协作的作用。

五、制定了发展规划、计划、政策

自2013年至今，沪黔两省市共同制定了《对口帮扶贵州工作总体计划（2013～2015年)》《上海市对口帮扶贵州省遵义市工作计划（2013～2015年)》《上海市对口帮扶贵州省遵义市工作计划（2016～2020年)》等一系列文件，明确了指导思想、主要目标、基本原则和主要任务，为扶贫协作工作的开展提供了路线图和时间表。沪遵双方还就财税、收支、市场、人才交流、劳务协作、产业合作等方面制定了相关政策措施。

六、拓展了人才交流的方式和渠道

沪遵扶贫协作五年来，始终坚持人才为要，注重人才和智力帮扶。一是拓宽人才交流合作的空间和领域，沪遵两地先后在教育、医疗、科技等多个领域签署人才交流合作协议，促进两地人才交流方式和交流渠道增多。二是深化沪遵两地双向挂职交流，两地五年来不断增加干部互相挂职的名额，开展挂职帮扶和挂职交流。三是加强对紧缺人才的培训，五年来，上海围绕教育、卫生、旅游等重点领域紧缺人才对遵义地区开展培训，增加了遵义经济社会发展所需的人才，为其提供智力支持。

七、开展了广泛的社会动员

一是不断加强宣传，积极动员。2013年以来，上海利用报纸、媒体以及各种推介会，不断加强东西部扶贫协作的宣传，积极动员社会各界参与沪遵扶贫协作，采取出钱、出力和出项目等多种形式对遵义贫困地区、贫困人口开展真情帮扶。同时，支持引导上海社会工作专业力量参与沪遵扶贫协作，开展各类公益活动，营造了沪遵扶贫协作的良好社会氛围。二是激发沪遵结对帮扶新活力。深入推进"携手奔小康"活动，推动两地乡镇（街道）、行政村（居委会）之间，企业与贫困乡镇、村之间开展多种形式、多个层次的结对帮扶。

第四节　上海—遵义东西部扶贫协作的困难和问题

一、对沪招商引进项目规模小，产业引领性和互动性不强

遵义对沪招商总体规模大，但单个项目规模小，数量多，产业链拓展不开，一般不具有产业引领性，各个企业之间联系互动性不强，造成了"小而散"的局面，致使县域产业之间存在恶性竞争和重复建设。主要原因如下：从遵义来看，一是遵义全市产业统筹布局有待提升，同质化趋势明显，出现了争夺招商资源的现象；二是部分县（市）对主导产业的把握还不够准确，不能很好地立足当地优势产业和特色资源进行精准招商；三是地区产业配套有待提升，产业转移成本高，对承接上海规模以上的企业"吃不消"，承接不了；四是营商环境部分方面需要进一步改善，如"放管服"改革有待进一步深化，市场机制作用不能很好地发挥，优惠政策需要进一步细化落实。从上海来看，一是"梯度性"产业转移接近尾声，引领性综合性的工业企业已转移至长三角周边地区，剩余的规模以上企业不多；二是因市场经济发展比较充分，多数企业更多强调市场规律的发挥，受到利润率的限制，自发性投资遵义的欲望不强；三是未针对性地与遵义建立产业转移和承接的信息共享平台，双方信息不对称，不能很精准地把握遵义的产业需求①。

二、产业合作优惠政策有待进一步完善修补

沪遵产业合作中，双方都制定出台了相关的优惠政策，主要是为了促进产业合作，但在调研中发现这些优惠政策有待改进和完善，主要表现在以下几个方面：从遵义来看，一是部门引进的企业存在变相利用对口招商优惠政策（贷款、税费等），套取补贴或奖励，使用廉价或无偿厂房等现象，且对遵义的资源需求不高，产业联系不紧密；二是享用政策优惠的企业因雇用贫困劳动力在一定程度上减缓了企业机械化生产水平，由于贫困劳动力素质不高，无形中增加了企业生产的成本。从上海来看，主要是对享用补贴的企业对象或范围过窄，如只对到遵义投资的扶贫性质企业有所鼓励，而其他到遵义投资兴业的企业受到的优惠很少②。

三、"遵品（蔬菜）、遵茶入沪"效果不佳，比较优势不明显

近几年，在东西部扶贫协作工作中，遵义逐步探索出了"遵品（蔬菜）入沪"的新模式，搭建了"遵茶入沪"的新平台，但收效不佳，成效不显著。主要原因有以下几个方面：从遵义来看，一是农产品规模化、标准化、组织化程度不高不够，多为初级产品，附加值较低，与上海市场需求的层次不相适应，产品对接困难；二是物流、包装成本较高，导致农产品在上海市场的竞争力减弱；三是冷链技术不高，保鲜能力差，使生鲜农产品在上海不具备比较优势；四是品牌培育能力不足，农产品知名度不高，上海消费者对其购买欲望不强。从上海来看，一是上海店面租金高，农产品销售平台建设成本较大，企业对其展销积极性不高，致使入沪较为困难；二是上海与遵义针对遵品（蔬菜）、遵茶的电商平台建设处于起步阶段，效果还不是很明显；三是上海市场机制比较健全，目前上海发挥行政的作用推进遵品（蔬菜）、遵茶进机关、进学校，力量微薄，持久性不长；四是上海对遵品（蔬菜）、遵茶的

---

①②　资料来源：根据遵义扶贫办和上海合作交流办提供的相关材料整理。

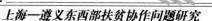

宣传力度还不够，市民知晓度比较低；五是上海对遵义农产品上下游配套产业帮扶较少，如精深加工、包装、设计、冷链技术等环节①。

四、劳务协作有待加强

当前，沪遵劳务协作组织化水平低，困难较多，阻力较大。主要表现在以下几个方面：从遵义来看，一是政府对贫困劳动力中有就业意愿和能力的未就业人口信息的掌握困难较大，不能因人因需提供就业服务；二是贫困劳动力由于思想观念落后和文化程度不高，不愿或无力从事新兴起的行业，如家政行业，部分贫困人口或对其不了解不愿从事，或因其缺乏从事的知识基础，无力从事；三是对沪就业信息和就业政策部分劳动力知晓度不高。从上海来看，一是上海提供的岗位和工资待遇比较吸引力不够，对遵义劳动力吸引力不大；二是上海地域文化和生活方式与遵义有较大差异，致使遵义劳动力赴沪就业意愿不强。从沪遵帮扶双方来看，一是双方尚未建立完善的劳务输出精准对接机制，信息共享不充分，如"沪遵劳务直通车"尚处于打造阶段，还不能有效发挥其作用；二是双方劳务供需结构不匹配，上海多数行业对所需的劳动力层次要求较高，而遵义提供的劳动力层次相对较低，致使双方劳务对接存在一定困难②。

五、引进企业招工难，招人才更难

在调研中发现，引进的企业，均存在不同程度的招工用工困难，且技术性人才缺乏。主要由以下四方面的因素所致：一是企业所在的产业园区多处于新开发区，员工生活配套设施不全，如住房，娱乐，购物，餐饮，教育等，工人多不愿待，即便招来工人，流失率也很大；二是年轻人就业观念有了大的变化，不愿在工厂里做重复性、机械性的劳动，更多倾向于在服务领域就业，而引进企业多为劳动密集型企业，使招工困难程度加大；三是人才定义上有偏差，现有的人才政策对人才界定只停留在高学历、高知识分子等，而不把技术性工人列入人才范围中，致使技术性工人享受不到人才优惠待遇；四是相对东部地区来说，遵义人才发展的硬软件环境优势不足，条件不完善，这些外在的因素导致企业对人才吸引力不大③。

六、科技、管理等领域合作少，人才交流力度有待加大

目前智力帮扶没有建立一定的长效机制，来遵的人才交流和挂职期限较短，遵义受到效益有限。对于上海来说，具有全球领先的科技、先进的管理经验和丰富智力资源，而这些资源要素则是目前遵义最为需要的。调研中发现，遵义更倾向于科技、管理、智力等领域的帮扶，由于遵义的发展阶段不高和要素边际报酬递增，这些领域的帮扶对遵义经济社会的发展更能起到大的推进作用，如在医疗领域，上海一个医学专家的帮扶能够带动遵义一个医学学科的发展，起到了以点带面的效果④。

七、沪遵双方优势资源互补利用性不强

由于上海"梯度性"产业转移已经基本完成，遵义承接上海"梯度性"转移产业已不大可能，而双方若能在深挖各自优势资源，在资源互补上做文章，则能实现互利共赢。目前来看，沪遵双方优势资源互补利用性不强，没有很好地分析对方优势资源，如上海有科技、金融、人才等优势资源，遵义有生态、矿产、劳动力、少数民族文化等优势资源，双方可在

---

①②③④　资料来源：根据遵义扶贫办和上海合作交流办提供的相关材料整理。

这些优势资源上实现互补利用，推动各自发展。

在产业合作上，沪遵双方未能很好地立足资源优势开展深度合作。由此，遵义要充分利用两地优势资源培育优势产业，使引进的企业与本地优势资源具有高度相关性，做到落地生根。上海要帮扶遵义立足资源培育特色产业，着重考虑产业的可持续发展①。

八、帮扶资金使用分散，使用结构有待优化

自东西部扶贫协作以来，上海不断加大对遵义帮扶资金的投入，由2013年的3000万元增加到2017年的6803万元。从资金总量上看，投入遵义的帮扶资金数额较大，但是由于帮扶遵义的领域多、面积广，致使资金使用较为分散，聚焦性不强，所起的作用不明显。在使用结构上，多数帮扶资金投向了民生领域，对于产业发展、教育、人才培训等方面投放资金比重相对较少。从资金投入产出效益比较来看，民生领域资金投入效益要低于产业、教育、人才培训等领域，而且投放资金向产业发展、教育、人才培训等领域更具有可持续性，能够促使贫困人口真脱贫，因此在对帮扶资金使用结构上，需要进一步优化②。

九、帮扶"角色"有待调整，对等性有待提升

由于经济发展水平的巨大差距，沪遵双方在扶贫协作中，经济地位"不对等"。主要表现在：一是在多个领域招商引资中地位"不对等"，遵义由于经济发展水平相对低，无讨价还价的空间；相对地，上海经济发展水平高，有很大主导地位。这种角色，使沪遵两地企业不能对等谈判、对等互通有无。二是干部双向挂职有待强化，给予挂职干部的岗位有些不处于核心部门或核心地区，不能很好地促进两地的互相了解，对帮扶效果会有所影响③。

十、考核指标有待进一步完善

目前，国家关于东西部扶贫协作的考核指标，主要集中在六个方面：组织领导、人才支援、资金支持、产业合作、劳务协作和携手奔小康。可以说考核指标制定，极大地促进上海对口帮扶遵义的进度，起到了较大作用。但在调研中发现，被帮扶方对科技帮扶、制度建设、管理经验等方面的帮扶还是比较需要，建议增加此类内容的考核④。

第五节　上海—遵义东西部扶贫协作的对策建议

一、立足资源禀赋，坚持优势互补，开展精准招商

东西部扶贫协作工作十分看重优势、资源互补利用，重视项目的"落地生根"，力求产业的可持续发展和受帮扶地区自我发展能力的提升。由此，遵义对沪招商引资中，一是要切忌盲目招商，要立足本地资源禀赋精准招商、精准对接，做到引进的产业能够充分利用沪遵两地资源，增强资源互补利用性；二是要坚持遵义全市产业布局"一盘棋"，合理布局各类产业，防止招商资源同质化；三是明确主导产业，提高产业链招商意识，不断延伸产业链，增强主导产业的引领性和带动性。同时，上海要进一步扩大资金、技术、人才、管理等优势

①②③④　资料来源：根据遵义扶贫办和上海合作交流办提供的相关材料整理。

要素的帮扶力度，将其与遵义的资源、劳动力、市场等优势要素深度结合，大力培育遵义特色优势产业，改造升级遵义传统产业。

二、完善产业合作优惠政策，增强政策设置的合理性

从遵义被帮扶方来说，一方面，要进一步修补现有优惠政策中的不足，制定相关的措施力促企业在本地永续发展，警惕部分企业短期逗留，变相套取补贴或奖励；另一方面，遵循经济规律和市场规律，减少享用优惠政策的附加条件，如雇用贫困劳动力，为企业减负。从上海帮扶方来说，应合理扩大企业的补贴范围，鼓励企业到遵义投资兴业。

三、加强"遵品（蔬菜）、遵茶入沪"的合作对接

"遵品（蔬菜）、遵茶入沪"效果不佳，主要原因表现在技术、管理等层面上，沪遵双方要切实加强这方面的合作对接。首先，上海要在农产品上下游配套产业上给予遵义更多帮扶，如精深加工、包装设计、冷链技术等环节，帮助提升农产品规模化、标准化、组织化水平，增强农产品品牌的培育能力。其次，遵义要不断提升遵品（蔬菜）和遵茶的层次，增加品种多样性，适应上海的市场需求，同时加大遵品（蔬菜）、遵茶在上海的宣传力度，提高知名度，力争入沪顺畅有力。

四、加强劳务协作，推进扶贫劳务对接

在劳务协作上，沪遵双方应致力于改变贫困劳动力的落后思想观念，提高劳动力的就业能力，增强贫困劳动力的自我"造血"功能，同时要尽快建立完善的劳务输出对接机制，做到劳务信息双方共享，劳务供需双方契合。从遵义方来说，应对贫困劳动力的就业情况进一步摸底，掌握其就业信息，宣传对沪就业信息和就业政策。而上海方应大力与遵义合作，培训贫困劳动力的就业技能，让贫困劳动力有一技之长，提高遵义劳动力的层次。

五、加大对引进企业的服务力度，解决用工难问题

为了促进帮扶企业健康发展，遵义需要做以下几方面的内容：一是进一步完善对企业员工的生活配套设施建设，在教育、医疗、住房等问题上下功夫，让员工留得住，留得久；二是宣传就业政策，转变年轻人的就业观念，促使年轻人倾向本地就业；三是重新界定人才定义，做到"不唯学历论人才"，让技术性工人或人才享受到相应的优惠待遇；四是完善高层次人才发展的软、硬件环境，增强对人才的吸引力。

六、深化智力帮扶，加大干部和人才的交流力度

沪遵扶贫协作双方需进一步加大干部双向挂职交流的人员数量，增强干部双向挂职的"对等性"，一方面上海要继续增加一批政治能力过硬、素质水平过高的党政干部到遵义挂职帮扶；另一方面，遵义需相应地增派一些素质好、有潜力的党政干部到上海地区的核心部门或企业挂职学习。同时双方要围绕教育、卫生、科技、农业等遵义智力薄弱的环节继续加大人才交流合作的力度，增加上海方相关方面的院士、专家到遵义帮扶的数量和时间长度，积极鼓励遵义各类人才到上海进行培训学习，推动沪遵两地人才深度交流合作。

七、优化帮扶资金使用结构，提高使用效益

帮扶资金的使用不仅要关注投入方向，更要关注投入产出比。在帮扶资金使用上，要增强聚焦性，切忌分散使用、"撒胡椒面"式帮扶，同时要加大对产业发展、教育、人才培训等方面的资金投入力度，使贫困人口有更多的就业机会和长久的就业能力。

八、重新定位扶贫协作各方"角色"，立足合作共赢

东西部扶贫协作的基本原则讲究优势互补和合作共赢，并非损害一方，受益一方，因此沪遵双方需要重新定位东西部扶贫协作"角色"，摒弃不对等的角色定位，提升在工作开展中的对等性。

九、完善考核内容，提升扶贫协作成效

呼吁考核倾向扶贫协作的实效性，注重"结果考核"，目前的考核主要集中在组织领导、人才支援、资金支持、产业合作、劳务协作和携手奔小康六个方面，建议在六个考核内容之外，设定一些加分指标，将一些合理性的扶贫协作内容加入进去。

第六节　上海—遵义东西部扶贫协作的重点方向

一、电子信息产业

遵义目前正在大力建设黔川渝结合部大数据服务集聚区，可以依托国开区、高新区、保税区、软件园等主要载体，抓住上海电子信息产业升级和转移的有利时机，引进集成电路产业中的封装、测试等劳动密集型环节、资本劳动密集型的芯片制造环节、集成电路下游产业的通信、消费类电子产品和汽车电子等电子信息产品中的加工制造环节。

二、装备制造业

以遵义国家级经济技术开发区、军民融合试验区、航天产业园、遵义漕河泾产业园、桐梓（重庆）产业园、高新区等为依托，重点引进机械装备、轨道交通装备、汽车及船舶零部件生产制造环节，对接上海铝产业、钛产业精深加工特色装备制造产业项目，形成与上海装备制造业纵向产业关联。积极与上汽集团开展合作对接，引进汽车零部件生产环节，争取其在遵义建立生产组装基地。

三、生物医药产业

遵义具有丰富的中草药资源，一方面，可以深溪医药产业园、桃花江大健康示范区为主要载体，利用本地低成本生产优势和政策优势，积极引进上海大型药企在遵义建立生产基地，促进与上海医药企业的技术优势和营销优势的结合；另一方面，加紧与上海生物科技公司有效对接，采用股权合作等方式在本地开发高端药物。

四、纺织、食品等轻工业

目前上海纺织、食品等轻工业由于本地的商务成本和劳动力上升，资源环境约束日益趋紧，需要通过产业转移，遵义可以借此机遇，利用本地的土地成本和劳动力成本的比较优

势，大力引进上海纺织、食品等工业企业在本地建立生产基地，实现与上海技术管理优势的有机结合。

五、现代金融业

以建设金融集聚区为目标，健全金融机构组织体系和提升金融业服务实体经济能力为目的，重点引进上海各类银行、保险、证券、基金等金融机构，吸引各种资本在本地建立分支机构。

六、文化旅游产业

以建成黔川渝结合部文化中心和全域旅游城市为抓手，依托深圳文博会等平台，重点引进创意设计、演艺娱乐、影视动漫游戏、虚拟现实、增强现实、旅游产品开发、高星级酒店、A级景区等项目。

七、现代物流业

以建成商贸物流中心为目标，发展电商物流、农副产品物流、医药物流、工业物流。一是引进知名物流企业，加快电商物流与跨境物流联动发展。二是引进农产品批发市场等重要农产品流通环节知名物流企业，加快农副产品冷链物流发展。三是引进自动化分拣、全程信息化管理、高架立体库等现代医药物流仓储配送知名企业。

八、农业产业项目

积极引进上海农业产业化龙头企业，开展与上海光明食品（集团）有限公司合作，创新合作模式，探索在遵义建立上海的域外农副产品生产基地，重点引进茶产业、辣椒产业、竹子产业、生态畜牧等产业链项目，走第一、第二、第三产业融合发展之路。

第七节　上海—遵义东西部扶贫协作的典型案例

东西部扶贫协作典型案例专栏 5-1：

遵义漕河泾科创绿洲产业园
——打造东西部产业协作示范园区[①]

上海作为东部沿海开放的桥头堡，遵义作为西部内陆开放的新高地，两座城市自2013年建立结对帮扶关系以来，不断加强帮扶和对接力度，深入推进产业合作。遵义漕河泾科创绿洲园区正是在这一背景下应运而生的，是沪遵产业合作的重要成果，致力于打造以科技、生态、人文为主线的东西产业扶贫协作园区。

---

① 资料来源：遵义漕河泾科创绿洲经济开发有限公司简介（http://zychj.y.zhaoshang800.com/）。

图 5 – 18　遵义漕河泾科创绿洲产业园

资料来源：遵义漕河泾科创绿洲经济开发有限公司简介（http：//zychj. y. zhaoshang800. com/）。

图 5 – 19　遵义漕河泾科创绿洲产业园鸟瞰

资料来源：遵义漕河泾科创绿洲经济开发有限公司简介（http：//zychj. y. zhaoshang800. com/）。

一、园区区位

遵义科创绿洲园区位于遵义市国家级开发区北侧的高坪镇境内，距离遵义市中心15千米，新舟机场约 32 千米，仁怀机场约 40 千米，渝黔铁路、高铁和兰海高速、杭瑞高速、G210 国道、遵绥高速等穿城而过，在区域交通体系中，处于连接渝贵南北通道和串联东西两大机场的十字交叉处，是遵义衔接成渝的门户。

二、产业导向

重点引入和培育装备制造、电子信息、新材料、文化旅游、特色轻工、现代物流、生物医药等高新技术类产业。

三、园区宗旨

建设成一个以科技和旅游为双引擎、资本与人才融合、旅游与产业融合、生产与生活融合的产、城、景新城生命体，努力成为遵义精准脱贫的产业引擎，展现上海帮扶成果，真正走出一条有别于东部、不同于西部其他省份的产业发展道路，以再造一个"三线建设"的精神，打造出沪遵产业合作示范园区。

四、发展状况

园区的建设是从 2016 年 6 月开始动工的，最初总规划面积为 5400 亩、投资额约为 60 亿元。经过两年多的发展，截至 2018 年 11 月，园区规划面积已由最初的 5400 亩升级为 7.2 平方千米（约 10800 亩）。目前，园区内综合服务大楼、园区道路以及 11 万平方米标准化厂房已全部建成投用。产业集群初显规模，智能制造、高新技术、生物医药等产业规模不断增加，成功引进世界 500 强企业联合利华、光明森源及一大批高新技术企业，先后有 22 家生产以及服务型企业进驻，为遵义发挥自身优势，更好承接东部产业转移，探索出了一条东西部产业合作的新路子。而今的漕河泾遵义科创绿洲园区已蜕变为遵义临港科技城，完成了从"输血"到"造血"的质变。

五、园区经验①

1. 公司化经营

按照"优势互补、利益共享、风险共担"原则，成立漕河泾遵义科创绿洲经济开发有限公司，由上海漕河泾新兴技术开发区发展总公司按市场化原则组建专业团队进行管理，运用公司化经营模式进行开发建设的"合作共建产业园区"。统一负责园区的开发建设、规划布局、产业定位、招商引资和园区管理等工作，大力推进区域特色和新兴技术产业集群发展，积极创新，致力于把遵义漕河泾科创绿洲产业园建设成规划布局合理、自主创新能力强、投资环境优美、新兴产业特征明显、具有大规模和高水平的沪遵合作示范型园区。

2. 加强优势结合

园区的建设注重突出上海元素，体现遵义特色，实现两地优势结合。如上海在园区建设方面具有先进的管理理念和管理体系，园区把上海临港集团品牌输出、管理输出、模式输出与遵义特色优势和自主能动性有机结合，把规划引领、产业优先、服务培育、人才支撑贯穿于园区规划、建设、管理、运营的全过程，推动本地产业更好更快发展。通过抓住东部实体产业空间外溢的机遇，承接和转移好东部的优势产业，充分利用本地生态优势、产业优势和劳动力成本等优势，培育嫁接好自己的核心产业。

---

① 资料来源：《遵义漕河泾科创绿洲产业园：打造东西部产业协作示范园区》，http://www.gog.com.cn。

3. 注重金融资源引入

产业的发展离不开金融的支持。为壮大产业规模，更好地解决企业融资问题，园区按照上海临港集团先进服务理念，突出服务发展这一特色，签约引进了中国民生银行遵义分行作为战略合作伙伴。除开在园区内设立支行网点和服务人员，还将通过园区平台，为区内企业提供方便快捷的授信与融资服务，具体服务项目有：项目贷款、流动资金贷款、贸易融资业务等，有效免除企业发展的后顾之忧。同时，采取融资加融智的方式，用整个民生银行的资源为产业园区提供全方位的服务和合作。

1978年，中国开启改革开放的历史征程。20世纪80年代，开始实施有组织、有计划、大规模的扶贫开发。1996年，根据邓小平同志"先富帮后富、最终实现共同富裕"的"两个大局"战略构想，党中央和国务院作出"东西部扶贫协作"重大战略决策：9个东部省市和4个计划单列市与西部10个省区开展扶贫协作。这是我国缩小东西部发展差距、促进西部地区扶贫开发、实现共同富裕的重要战略部署。

大连市和六盘水市的东西部协作历经了20余年。1996年明确了深圳、青岛、大连、宁波4个计划单列市"一对二"对口帮扶贵州除省会贵阳市以外的8个市（州）。大连市对口帮扶遵义市和六盘水市。2013年，新增上海、苏州、杭州、广州4个城市对口帮扶贵州。明确大连市"一对一"帮扶六盘水市，遵义市改由上海市帮扶。2016年，经过结对关系的调整，实现7个东部发达城市对口帮扶贵州8个市（州）。大连市从1996年起一直帮扶六盘水市至今。

银川会议上习近平总书记对扶贫攻坚时期东西部协作和对口支援工作作出重要部署。2016年，在扶贫开发实施30周年，东西部协作开展20周年之际，习近平总书记在银川主持召开了东西部扶贫协作座谈会并发表重要讲话，这在我国扶贫开发史上具有重要里程碑意义，为实现脱贫攻坚指明方向、注入动力。习近平总书记在会上强调："东西部协作考核要看脱贫成效。""加大产业带动扶贫工作力度，着力增强贫困地区自我发展能力。""东西部扶贫协作和对口支援要长期坚持下去。"

第一节　大连—六盘水产业与资源基本情况

一、大连市产业基本情况

大连市是我国产业结构优化的先导区，它的产业发展在全国具有示范作用。2009 年，《辽宁沿海经济带发展规划》上升为国家战略，明确大连要建设东北亚国际航运中心和物流中心、区域性金融中心、现代产业集居区。2013 年习近平总书记视察辽宁，提出把大连建设成为"产业结构优化的先导区和经济社会发展的先行区"。

2017 年，大连市地区生产总值 6989.8 亿元，比上年增长 7.1%。其中，第一产业增加值 408.2 亿元，增长 3.7%；第二产业增加值 2831.4 亿元，增长 8.1%；第三产业增加值 3750.2 亿元，增长 6.8%。三次产业结构比为 5.8∶40.5∶53.7[①]。

1. 农业基本情况

2017 年，大连市农林牧渔业总产值 833.4 亿元，其中，农业产值 229.3 亿元，林业产值 8.4 亿元，牧业产值 163 亿元，渔业产值 363.9 亿元，农林牧渔服务业产值 68.7 亿元。农林牧渔业增加值 451.9 亿元，比上年增长 5.2%，其中，农业增加值 122.53 亿元，比上年降低 0.1%，林业增加值 4.7 亿元，比上年增长 1.7%，牧业增加值 71.7 亿元，比上年增长 0.1%，渔业增加值 209.2 亿元，比上年增长 9.2%，农林牧渔服务业增加值 43.7 亿元，比上年增长 15.4%[②]。

大连市渔业、水果、蔬菜、畜牧、花卉五大优势产业强劲发展，占全市农业产值的 90%。水产品、水果、蔬菜和肉蛋奶人均占有量位居全国 35 个大中城市首位。2017 年，大连市粮食总产量 122 万吨，平均每公顷单产 4501 公斤；水果总产量 178.3 万吨；蔬菜及食用菌总产量 178 万吨；肉产量 71.7 万吨；蛋产量 24.8 万吨；奶产量 5.7 万吨；地方水产品总产量 247.1 万吨[③]。大连市是全国重点水产基地之一，中国百个水产品品牌中，大连占有十分之一，海参、鲍鱼、对虾等水产品名扬四海。大樱桃、蓝莓、油桃、草莓、苹果被誉为大连水果"五朵金花"。大连市的"大连大樱桃"品牌获得国家农产品地理标志认证和全国农产品区域公用品牌认证，大连市还被中国园艺学会樱桃分会授予"中国优质大樱桃示范区"称号，是全国首个获此殊荣的地区。大连还有大骨鸡、复州牛等一批地方特产。蝴蝶兰、红掌、大花蕙兰等花卉演绎着大连的时尚与浪漫。

大连市的都市型现代农业发展良好。大连市是较早提出发展都市型现代农业的城市。大连市拥有整建制国家级现代农业示范区，金普新区、旅顺口区国家农业科技园区和瓦房店市、庄河市国家现代农业示范区交相辉映，还有 95 个都市现代农业园区。2017 年，大连都市现代农业综合水平稳居 35 个大中城市第四位。大连樱桃节、瓦房店苹果节、庄河蓝莓节、长海国际垂钓节、普兰店安波国际温泉滑雪节让都市现代农业涌动激情与活力，让海内外游客流连忘返。大连拥有 5 个国家级休闲农业和乡村旅游示范县，全市每年接待海内外游客 1000 多万人次。

大连市农业发展呈现规模化。截至 2017 年末，大连市拥有市级以上农业产业化龙头企业 214 家，其中，国家级龙头企业达到 19 家，居全国副省级城市前列。农民专业合作社示

---

① ②　资料来源：笔者根据《大连统计年鉴 2018》整理计算。
③　资料来源：《2017 年大连市国民经济和社会发展统计公报》。

范社 142 家，示范家庭农场 43 家，都市型现代农业园区 95 个。"三品一标"有效认证（登记）总数 1047 个（无公害），市级以上名牌农产品 86 个，地理标志产品 87 个，农产品抽检合格率居全国前列，瓦房店市成为国家农产品质量安全县。2017 年，农业机械总动力 237.7 万千瓦，农业综合机械化水平达 78.7%。建成水产、畜牧和水果加工等五大集群，还有金普新区炮台、旅顺口区长城和庄河市黑岛等农产品加工集聚区，中央厨房、营养配餐、冷链运输竞相发展①。

大连市拥有健全的农产品销售网络。大连市农产品出口 137 个国家地区，实现出口贸易额 230 亿元以上，占辽宁省农产品出口额 70% 以上。大连商品交易所是全球第二大农产品期货市场。大连辽渔国际水产品市场是全国最具影响力水产批发市场。大连市建成农产品产地批发市场 15 个，农村电子商铺 800 多家，106 家企业入驻京东、阿里等知名电商平台②。

2. 工业基本情况

2017 年，大连市工业增加值为 2485.9 亿元，比上年增长 9.5%。规模以上工业增加值比上年增长 11.2%。2017 年，大连市规模以上工业企业产品销售率 98.58%，比上年提高 0.66 个百分点。主营业务收入 5194.4 亿元，比上年下降 4.2 个百分点；利税总额 631.1 亿元，下降 9%；利润总额 350.9 亿元，增长 15.8%③。

许多工业行业在全国领先。石油化工：炼油能力达到 3000 万吨。长兴岛石化产业基地被纳入国家石化产业规划布局。装备制造：加快向系统集成和制造服务化转型。瓦房店获国家高端装备制造业标准化试点。电子信息：大连是国家服务外包基地城市、创新软件产业基地和唯一的软件产业国际化示范城市。80 多个世界级行业领军企业落户。我国利用外资单体规模最大、技术最先进的美国英特尔投资 55 亿美元的存储器项目产品下线。造船：船舶制造能力 1200 万吨。大船重工跻身全球造船企业的前五强，被誉为"中国造船业的旗舰"。战略性新兴产业：智能控制、生物技术与医药、海洋工程、轨道交通等产业优势明显。国内首个大容量化学储能调峰电站示范项目开工建设。汽车产业：奇瑞汽车、东风日产、比亚迪电动客车、华晨专用车项目投产，形成完备的汽车配套产业体系。2017 年，大连市规模以上工业企业主要产品产量中，原油加工量 2233.5 万吨，发电量 441.9 亿千瓦时，粗钢 111.8 万吨，钢材 170.8 万吨，水泥 642.7 万吨，汽车 22479 辆，其中新能源汽车 1115 辆，滚动轴承 10781 万套，民用钢质船舶 158.2 万载重吨，起重机 2.7 万吨，铁路机车 271 辆，数字激光音、视盘机 188.4 万台④。

工业行业规模化、集群化。大连市的石油化工、造船、机车、大型机械、轴承、制冷设备等生产规模在全国同行业位居第一。19 个省重点产业集群中有 16 个年销售收入超过 100 亿元，其中金普新区装备制造、大孤山石油化工 2 个产业集群年销售收入超 500 亿元，高新区软件和信息技术服务产业集群年销售收入超 1000 亿元⑤。

高技术、新兴产业增长迅速。2017 年，大连市规模以上工业中，国有控股企业增长 11.7%，民营控股企业增长 8.6%，外商控股企业增长 30%；高技术产业增加值增长 50.8%，装备制造业增加值增长 21.1%，战略性新兴产业增加值增长 16.5%⑥。2017 年，在大连市工业行业中，增长较快的行业依次为铁路、船舶、航空航天和其他运输设备制造

---

① 资料来源：笔者根据《2017 年大连市国民经济和社会发展统计公报》和大连市经合办提供资料整理。
②⑤ 资料来源：笔者根据大连市经合办提供资料整理。
③④⑥ 资料来源：《2017 年大连市国民经济和社会发展统计公报》。

业、计算机、通信和其他电子设备制造，汽车制造业，分别增长 96.8%、74.3% 和 28.5%①。2018 年，松下新能源汽车电池、华录集团超大容量蓝光存储研发及产业化等项目投产，融科储能电池核心技术取得重大突破。华为大连软件开发云累计运行项目 7000 余个，中国移动 5G 联合创新中心实验室挂牌。2018 年，大连市高技术产业、战略性新兴产业增加值分别增长 36.4% 和 41.6%②。

3. 服务业基本情况

大连市是中国东北地区的金融中心和外汇结算中心。大连市继上海、深圳、北京之后进入英国伦敦金融城发布的"全球金融中心指数"（GFCI）报告，位列全球 83 个入选城市第 41 位，在第七期中国金融中心指数中位列同类城市第 6 位。大连市共有各类金融和融资服务类机构 758 家，境内上市企业 28 家，期货成交量占全国期货市场的 37.2%，拥有东北唯一一家期货交易机构——大连商品交易所③。2017 年，大连市金融业增加值 689.8 亿元，比上年增长 2.1%④。

大连市是战略性新兴服务业聚集区。高新园区获批建设国家自主创新示范区，华信"大连云"和华为"软件云"正式运行，英特仿真工业设计云建设启动，车联网、大数据等领域实现较快发展。全市技术型服务企业数量逐步增加，部分高端服务领域正在逐步实现"弯道超车"。高新园区内中国华录集团、东软集团、大连华信计算机、英特仿真等重点信息产业企业龙头作用明显，引领物联网、云计算、人工智能等技术步入成熟应用期，相关产业逐渐成为新经济的重要组成部分。

大连市是会展之都。大连市获得中国最佳会展城市奖、优秀会展城市奖、会展产业十大品牌会展城市金手指奖、十大会展名城。每年举办各类展会 100 多个，有 6 月举办的中国国际软件和信息服务交易会、夏季达沃斯论坛，9 月举办的中国海外学子创业周、中国（大连）国际服装纺织品博览会，等等。2017 年，大连市展会数 130 个，展出面积 130.6 万平方米，参展企业 26791 家，其中，国外参展企业 2465 家，参展客商 12 万人次，观众 980 万人次⑤。

大连市体育产业发展突出。近年来，大连市体育产业稳健发展，多数指标呈现良好发展态势，居于省内各市前列，成为城市经济的新亮点。形成了"体育制造与流通并重、体育服务发展迅猛、大型赛事效益突出、群众体育拉动力提升"的全方位体育产业架构。截至 2017 年末，大连市共有体育场馆 6481 个。2017 年，大连市举办全民健身活动 500 余场，参加人数 500 余万人次。大连籍运动员参加国际大赛获奖牌 4 枚，参加辽宁省年度比赛获金牌 275.5 枚。销售体育彩票 17.46 亿元，比上年增长 2.9%⑥。

二、大连市的资源基本情况

1. 大连市是我国对外开放的先行者和示范者

大连市是我国改革开放的先行者。早在 1984 年，大连市就被列入我国首批沿海开放城市，大连经济技术开发区破土动工，引进首家外国投资企业，开启大连市对外开放的步伐。

大连市是东北地区对外开放的窗口。大连市地理位置优越，位于中国辽东半岛最南端，东濒黄海、西临渤海，南与山东半岛隔海相望，北依东北平原，处于东北亚经济区和环渤海

---

① ③ 资料来源：笔者根据大连市经合办提供资料整理。
② 资料来源：《大连市 2019 年政府工作报告》。
④ ⑤ 资料来源：笔者根据《大连统计年鉴 2018》整理。
⑥ 资料来源：《2017 年大连市国民经济和社会发展统计公报》。

经济圈，与日本、韩国、朝鲜、俄罗斯远东地区相邻，是东北、华北、华东的海上门户，是东北地区向东北亚开放的窗口，是重要的港口与贸易城市。大连市在"一带一路"和振兴东北的战略契机下，依托东北亚国际航运中心和国际物流中心，建立东北亚国际贸易中心。

大连市是东北地区对外开放的龙头。大连市近五年外贸进出口依存度保持在50%左右，中国（大连）跨境电子商务综合试验区、中日韩（大连）循环经济示范基地先后获得国务院批准。大连市对外贸易额占东北三省的比重不断提升。2013～2017年，大连市累计进出口总额2989亿美元，占全省的60%、东北三省的42%①。

大连市是我国对外开放功能最多最全的城市之一。大连市拥有8个国家级开发区：全国首个国家级经济技术开发区——大连经济技术开发区，国家首批构建开放型经济新体制综合试点试验区——金普新区，东北地区唯一的保税区，还有旅顺、长兴岛国家级经济技术开发区、金石滩国家旅游度假区、大窑湾保税港区、大连出口加工区等，大连还是全国第二批、东北首家跨境电子商务综合试验区——中国（大连）跨境电子商务综合试验区，中国（辽宁）自贸试验区大连片区、自主创新示范区。大连市对外开放平台不断实现新突破，为大连市的对外开放提供了强力支撑。

2. 大连市拥有发达的航运物流及平台经济

大连市是中国北方重要的国际航运中心、国际物流中心、国际现代物流示范城市。始建于1898年的大连港历史上曾三度成为自由港。拥有海运航线111条，空运航线188条，承担了东北地区70%以上的海运货物和90%以上的集装箱运输。大连市已成为重要的化工、农产品、建材等原材料物流和生产基地。"辽满欧"过境集装箱班列常态化运营。全国首列冷链集装箱国际班列投入运营。多式联运入选国家首批示范项目②。

大连市大力发展向海经济，加快东北亚国际航运中心的发展建设，积极打造向北开放的重要窗口。航空运输业不断优化航线网络，提升货运保障能力，全力推进东北亚货运枢纽建设。大连港不断创新业务模式，港口吞吐量稳定增长。大连市村屯通油路比例、黑色路面铺装率等多项指标进入全国先进行列。初步形成了以高速公路为骨架、国省干线为支撑、综合客货枢纽为依托，四通八达、高效顺畅的交通基础设施网络。

大连市以融合产业跨区对接、资源有效配置为方向的平台经济实现了较快发展，一批资源整合力强、辐射范围广、覆盖全产业链的行业垂直电商平台，如跨境电商中山园区综合服务体、大连北方金属材料交易中心和北方金属交易网等设立完成，为实现技术、产业融合打下了坚实的基础。

3. 大连市具有较强的科研能力

大连市有大连理工等30所普通高等院校和大连化物所等100多家市级以上科研院所。778家高新技术企业和技术先进型服务企业通过国家备案，位居东北之首③。

大连光洋科技、电瓷集团、加氢反应器公司等企业的科研技术水平全国领先，一批具有自主知识产权的关键技术和核心部件应用于神舟十一号载人飞船和长征5号大推力火箭项目。

中国自主设计建造的首艘国产航空母舰在大连造船厂下水。大连化物所获批建设"中科院洁净能源创新研究院"。大连市在中国500米口径球面射电望远镜关键设备、核电关键大型设备、高铁轴承等工程建设中取得重大技术突破。

---

① 资料来源：《大连市2018年政府工作报告》。
②③ 资料来源：笔者根据大连市经合办提供资料整理。

4. 大连市具有强有力的创新载体和人才支撑

产业创新发展成效显著。大连市对重点产业领域科技创新实施"一业一策"，精准推进人工智能、精细化工、先进装备制造、船舶和海洋工程、清洁能源、生命健康、现代农业等未来型、先导型产业创新发展，以科技创新引领产业转型升级。联合大连理工大学和高新园区筹建开放式的人工智能产业研究院，促进人工智能产业创新发展。建设 15 家产业技术创新联盟和 60 个创新研发平台，其中，10 家联盟被认定为辽宁省产业技术创新战略联盟试点，26 家单位获批建设省级创新研发平台①。

拥有众多全国一流的创新载体。中科院大连化物所和大连高新区被国务院授予国家双创示范基地，大连理工大学、大连海事大学入选国家"双一流"建设高校及学科。中科院大连科教融合基地落户自主创新示范区。中国运载火箭技术研究院大连军民融合创新中心、华信"大连云"、华为"软件云"、同济大学创业谷北方基地、智能制造装备产业基地等一大批项目进展顺利。2017 年，自主创新示范区 R&D 占 GDP 比重预计达到 3.1%，高新技术产业产值达到 640 亿元，万人有效发明专利数达到 54.1 件，高新技术企业数量占全市的 65%，技术合同登记额占全市的 67%，引领全市创新发展②。

拥有充满活力的创新平台。2017 年，伴随创新驱动战略的深入实施和"双创"热潮的驱动，大连市大批企业通过互联网平台整合社会各类资源开展创新创业活动。创业工坊、创业公社、新工厂、同创未来等众创空间迅速兴起，为创业者提供了交流和合作的平台；IUIA – DDA 国际创新中心、理想光电、知你小巢等科技孵化器为科技创新活动提供知识培训、信息咨询等服务，有效促进了科技成果转化；全在用车、渔歌医疗、早道日语等"互联网＋"出行、医疗、教育模式大大提高了服务效率，方便了居民生活；锦程物流网、码头网等互联网运输平台实现了现代物流和贸易资源的极大整合，营业额成倍增长；古莲旅游、国旅大连、北方假日等旅行社纷纷建立电商平台提供在线订票、定团等快捷服务；大商天狗网、亚洲渔港为代表的网购平台实现销售额大幅增长。

拥有强大的创新人才支撑。大连的两院院士有 29 人。其中，大连理工大学 12 人，中科院大连化物所 15 人。2017 年，大连市 11 人、3 个团队和 1 个基地入选国家创新人才推进计划③。

5. 大连市是我国著名旅游胜地

大连市是避暑之都。大连市位于北半球暖温带，冬无严寒，夏无酷暑，四季分明。年平均气温 10.5 摄氏度，年降水量 550～950 毫米，年日照总时数 2500～2800 小时。2018 年 7 月，大连市荣获最佳避暑旅游城市。

大连市是东北亚著名的滨海旅游度假胜地。拥有国家 A 级旅游景区 55 个，5A 级景区 2 个，4A 级景区 23 个。大连市获得联合国环境"全球 500 佳"，国家人居环境奖、环境保护模范城市、国际花园城市、森林城市、美丽山水城市等荣誉。

三、六盘水市产业基本情况

2017 年，六盘水市地区生产总值 1461.7 亿元，比 2013 年增长 65.7%。按产业分，第一产业增加值 134.8 亿元，比 2013 年增长 132.2%；第二产业增加值 729.4 亿元，比 2013 年增长 44.8%；第三产业增加值 597.5 亿元，比 2013 年增长 86.6%。三次产业结构比为 9.2∶49.9∶40.9④。

---

① ② ③　资料来源：笔者根据大连市经合办提供资料整理。

④　资料来源：笔者根据《六盘水统计年鉴 2018》整理计算。

1. 农业基本情况

2017 年，六盘水市农林牧渔业增加值 141.61 亿元，比上年增长 6.5%。其中，种植业增加值 89.18 亿元，增长 7.3%；林业增加值 9.87 亿元，增长 7.2%；畜牧业增加值 35.26 亿元，增长 4.7%；渔业增加值 0.5 亿元，增长 7.2%；农林牧渔服务业增加值 6.80 亿元，增长 4.4%。2017 年粮食种植面积 177769 公顷，比上年减少 232 公顷，粮食总产量 75.85 万吨，比上年减少 1.28 万吨，比 2013 年减少 5.05 万吨。全年猪牛羊禽肉产量 12.21 万吨，比上年增长 4.5%[①]。

六盘水市成功打造了"弥你红"猕猴桃区域公共品牌以及"天刺力牌"系列刺梨产品、"水城春"系列富硒茶、盘县火腿、"信友牌"核桃乳、"老面子"面条、雾峰苦荞、牛场辣椒等一批知名度高、竞争力强的名特优品牌。六盘水猕猴桃（弥你红牌）、六盘水苦荞茶（毛大牌、荞道牌）、"钟海"牌葡萄、盘县火腿（盘裕牌、旺火炉牌）、盘县软籽甜石榴（盘州红宝石、盘州红、红果福、子多福牌）、"姜太公"牌老姜汤（姜茶）6 个产品获国家质检总局"生态原产地保护产品"称号，全国共有 46 个，其中贵州省 6 个获批产品都在六盘水市。"六枝月亮"河鸭蛋获得农产品地理标志登记，"乌蒙凤鸡"完成商标注册及无公害产地认证。2017 年，六盘水市可乐猪、关岭牛、优质黑山羊等特色畜牧出栏 9.89 万头，占全年任务 8.54 万头的 115.81%。盘州市（刺梨）和水城县（猕猴桃、绿茶、高山富硒茶）荣获国家级出口食品安全示范区[②]。

六盘水市猕猴桃产业集团、天刺力集团（刺梨）已成为全省行业内的产业领军型龙头企业。凉都"弥你红"系列红心猕猴桃果酒通过美国 FDA 认证（贵州只有茅台酒和凉都猕猴桃果酒通过该项认证），获准进入美国市场。2017 年，凉都"弥你红"出口泰国、加拿大、中国台湾，实现了三单出口业务。2018 年，540 吨"弥你红"红心猕猴桃远销俄罗斯、加拿大、中国台湾等国家和地区[③]。天刺力刺梨果脯、刺梨原汁、刺梨罐头、刺梨饮料、原汁发酵酒等系列产品已进入我国一线城市。

以水城县猕猴桃产业示范园区为基础创建的水城县现代农业产业园，成为全国第一批 11 个国家现代农业产业园之一（全国现有 41 个）、也是全省第一个（全省仅有两个）。水城县猕猴桃产业示范园区实现四年综合排名第一。

2. 工业基本情况

2017 年，六盘水市工业增加值 617.86 亿元，比 2013 年增长 36.6%。492 家规模以上工业企业实现增加值 560.27 亿元，比上年增长 10.2%；主营业务收入 1261.86 亿元，比上年增长 28.4%；实现利润总额 65.01 亿元，比上年增长 580.0%；实现利税总额 127.11 亿元，比上年增长 132.6%。轻重工业结构逐渐优化。2017 年，规模以上工业中，轻工业增加值 30.11 亿元，增长 62.1%；重工业增加值 530.16 亿元，增长 8.8%。轻、重工业增加值比为 5.37：94.63，轻工业比重比上年提高 2.45 个百分点。如表 6 - 1、图 6 - 1 所示，六盘水市轻重工业结构逐步优化。非公有工业企业快速成长。2017 年，规模以上工业中，国有企业增加值增长 7.4%，股份制企业增长 13.5%，外商及港澳台商投资企业增长 158.7%，其他企业下降 8.0%。新建投产纳入规模以上工业统计范围企业（不含成长性企业）56 户，其中，非公有控股工业企业 52 户，占 92.86%。高技术新兴产业加快成长。2017 年，高技术制造业增加值增长 54.5%，装备制造业增加值增长 26.9%，计算机、通信和其他电子设备

---

① 资料来源：《六盘水市 2017 年国民经济和社会发展统计公报》。
② 资料来源：《六盘水市农业委员会 2017 年工作总结及 2018 年工作打算》，http：//snw. gzlps. gov. cn。
③ 资料来源：《六盘水市 2019 年政府工作报告》。

制造业增长 54.6%，医药制造业增加值增长 4.2%①。

表 6 - 1   六盘水市规模以上工业增加值比较

	2012 年		2017 年	
	增加值（亿元）	比重（%）	增加值（亿元）	比重（%）
轻工业	10.83	3.48	30.11	5.37
重工业	300.57	96.52	530.16	94.63

资料来源：《六盘水市国民经济和社会发展统计公报》（2012 年、2017 年）。

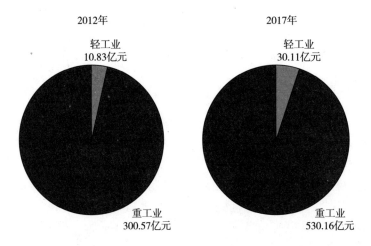

图 6 - 1   六盘水市规模以上工业增加值比较

六盘水市是西南重要的能源原材料城市。六盘水市作为国务院确定的全国 20 个成长型资源城市之一，已形成以煤炭、电力、冶金、建材和新型煤化工为经济支柱的现代工业体系。境内拥有首钢水钢集团、盘江精煤公司、水矿控股集团、六枝工矿集团 4 户"三线"建设时期发展起来的国有大型企业。贵州第一座百万千瓦的盘县电厂，贵州最大的水泥生产企业水城水泥有限责任公司，以及重啤六盘水有限责任公司、国家"西电东送"在建的盘南发电厂等一批骨干大企业。形成了年产原煤 2500 万吨、钢铁综合生产能力 170 万吨、水泥 130 万吨、电力装机 139 万千瓦的生产能力。2017 年，六盘水市煤电钢材四大传统行业实现增加值 456.44 亿元，占规模以上工业增加值比重为 81.5%②。

六盘水市是以煤炭产业为主导的重工业城市。六盘水市"以煤建市，以煤兴市，以煤强市"。煤炭产业是六盘水市经济支柱产业，具有不可撼动的主体地位。2017 年，煤炭开采和洗选业增加值 335.13 亿元，占规模以上工业增加值的 59.82%，占 GDP 比重为 22.93%③。六盘水市是全国水电和火电建设成本最低的地区之一，是国家"西电东送"战略实施的主战场，贵州省唯一被定位为"西电东送"电煤基地和"黔煤外运"基地并举的地区，是实施"大煤保大电"建设示范基地。现有发耳、盘县、盘南、盘北、野马寨、六枝六大电厂，总装机 798 万千瓦。全市发电机组开机率和发电负荷已达 75% 以上，形成"水火互济，共同发展"的格局。

3. 服务业基本情况

旅游产业快速发展。从表 6 - 2 可看出，近五年六盘水市旅游人数及收入持续增长。

---

①②③   资料来源：根据《六盘水市国民经济和社会发展统计公报》（2017 年）整理计算。

2017 年，国内旅游人数同比增长 57.80%，国内旅游总收入增长 60.64%，接待境外旅游者人数增长 213.53%，旅游外汇收入增长 213.53%。六盘水市旅游业实现快速发展。

表 6-2　六盘水市旅游人数及收入

年份	2013	2014	2015	2016	2017
国内旅游人数（万人次）	700	1032.15	1250.00	1901.10	2999.90
国内旅游总收入（亿元）	44.34	57.27	73.82	124.65	200.24
接待（境外）旅游者人数（人）	733	1676	2496	3082	9663
旅游外汇收入总额（万美元）	32.25	32.21	70.20	121.25	380.16

资料来源：《六盘水统计年鉴》（2018 年）。

六盘水市大力发展运动康养旅游。六盘水市利用亚高原山地户外运动优势，大力发展运动康养旅游，建设了老王山国家聚合式生态型多梯度运动训练示范基地、野玉海国际山地运动基地、乌蒙大草原国家生态体育公园，成功举办了凉都夏季国际马拉松金牌赛、野玉海国际鞭陀大赛、牂牁江国际滑翔伞、"全国青少年高山滑雪邀请赛"、全国皮划艇静水冠军赛等体育赛事，着力打造国内外体育赛事目的地城市。近年来，围绕全域旅游着力打造山地大健康旅游产品体系，建成牂牁江湖滨旅游度假区、野玉海国际山地旅游度假区、乌蒙大草原旅游景区、梅花山旅游景区等 10 余个重点旅游景区，其中国家 4A 级旅游景区 3 个、省级旅游度假区 3 个，还建成了玉舍滑雪场等 4 个中国纬度最低的滑雪场。

六盘水市不断创新山地旅游发展业态。六盘水市充分利用亚高原多梯度的山地特征，形成以牂牁江、野玉海、乌蒙大草原、韭菜坪为代表的山地旅游产品。在贵州率先开发了山地冬季滑雪旅游产品，现有玉舍雪山滑雪场、梅花山国际滑雪场、盘州云海乐原滑雪场和乌蒙滑雪场，其中，玉舍滑雪场荣获"2016~2017 年中国最具潜力滑雪度假区"、梅花山滑雪场入选中国滑雪 30 强等称号。将山地特色农业与旅游发展相融合，初步形成了以哒啦仙谷、大河、米箩等为代表的山地特色休闲农业旅游产品。由此形成了"春踩水成春绿、夏来花海漫步、秋看杏黄果熟、冬在雪上飞舞"的四季高原山地旅游产品体系，旅游产品呈现出复合多元的发展格局。

六盘水市重视对文化旅游的开发。六盘水市深入挖掘夜郎文化、三线文化、民族文化、健康文化、农耕文化，推动文化资源与旅游资源深度融合。推广彝族火把节、苗族跳花节、旗袍文化节等旅游节庆品牌，打造《三线乡愁六盘水》《云上凉都》《天穹的歌谣》《侬》《乌蒙踏歌》《支格阿鲁》等一批本土文艺精品，拍摄《大三线》《三变》《落绕》等一批影视作品并获得国内外多个奖项。六盘水市贵州三线建设博物馆 2017 年被评为"全国最值得去的八大博物馆"之一。

四、六盘水市资源情况

1. 自然资源

煤炭资源富集。六盘水市煤炭储量大，远景储量 844 亿吨，占全省的 44.52%，探明储量 221.4 亿吨，保有储量 191.9 亿吨（占全省的 33.5%），具有储量大、煤种全、品质优的特点，其中炼焦煤资源非常丰富，探明储量为 104.12 亿吨，占全市探明总储量的 52%，占全省的 88.7%。煤层气资源储量达 1.4 万亿立方米，占全省总量的 45%，属大型富气区，在全国 63 个重要煤层气目标区中位列第十二位。煤种齐全，品质优良。辖区内的肥煤、肥气煤、气煤、焦煤、瘦煤、贫煤及无烟煤，在全国属于稀缺煤种，在长江以南具有不可替代性和市场依赖性。六盘水市是全国"14 大煤炭基地"的重要组成部分、长江以南最大的主焦煤基地、西南煤都。六盘水市是国家确定的"攀西—六盘水地区资源综合开发区"重要组成部分，是全国能源基地、资源深加工基地和南方重要战略资源支撑基地，是西南主焦煤生产和深加工基地，是贵州煤层气勘探示范区和煤层气综合开发利用创新区。

气候资源凉爽。六盘水市是北亚热带季风湿润气候，境内最高海拔 2900.6 米，最低海拔 586 米，立体气候明显。气候凉爽、滋润、紫外线辐射小，夏无酷暑，春秋相连，年平均气温 15℃，夏季平均气温 19.7℃。被中国气象学会授予"中国凉都"的称号。

生物资源多样。六盘水市森林覆盖率为 53%，境内种子植物有 162 科、614 属、1700余种，有红豆杉、银杏、珙桐、水杉等国家一级保护植物 10 种，有西康玉兰、香果树、鹅掌楸、十齿花、伞花木等国家二级保护植物 15 种，被誉为世界古银杏之乡、中国红豆杉之乡、中国野生猕猴桃之乡、中国野生刺梨之乡。

旅游资源丰富。六盘水市具有冬暖夏凉的气候特征、独特的喀斯特自然风貌、古文化遗址和民族风情，是集避暑、喀斯特景观、人文景观和民族风情为一体的旅游胜地。六盘水是中国凉都，是全国唯一以气候特征命名的城市。气候凉爽、舒适、滋润、清新，紫外线辐射适中，再加上雨水充沛，空气湿度大，森林覆盖率高，空气中负氧离子高，清风微拂、清澈凉爽。六盘水市名山、瀑布、溶洞、森林、峡谷、湖泊、温泉、洞穴，比比皆是，山奇、水灵、谷美、石秀，处处成景，是名副其实的山地公园市。拥有乌蒙山国家地质公园、玉舍国家森林公园、黄果树瀑布源国家森林公园、贵州水城国家杜鹃公园、牂牁江国家湿地公园、娘娘山国家湿地公园、明湖国家湿地公园以及野钟黑叶猴自然保护区、北盘江大峡谷、世界第一深洞的"白雨竖井"、韭菜坪、六枝梭戛苗族风情文化景区、盘县古银杏风景名胜区、大洞竹海风景名胜区、盘县坡上草原风景名胜区，水城峰林—溶盆地貌景观、杨梅林场、茶园等多个旅游景点。六盘水市 A 级以上旅游景区达 27 个，其中，4A 级景区 6 个：野玉海、妥乐古银杏、哒啦仙谷、娘娘山、韭菜坪、乌蒙大草原，3A 级景区达 16 个，2A 级景区 5个，省级旅游度假区 6 个，六盘水市纳入"全省 100 个旅游景区"建设名录景区达 11 个。

2. 人文资源

历史文化悠久。距今 2 亿~3 亿年的二叠纪、三叠纪时期，板块运动、海洋抬升，在六盘水市留下丰富的古生物化石群。1993 年考古发现距今 20 多万年的"盘县大洞人"，为贵州发现的最早智人，被评为当年全国十大考古发现之首。水城硝灰洞发现距今 8 万年的"水城人"，六枝桃花洞发现距今 1 万年的"桃花洞人"。春秋时期为牂牁国地，战国时期为夜郎国地，留下了神秘的古夜郎文化。红军长征期间红二六军团在盘县九间楼召开了"盘县会议"，留下了宝贵的长征文化。"三线"建设时期来自全国各地的十万大军与六盘水各族人民共同缔造了多元包容的"三线"文化。

民族文化多彩。44 个少数民族孕育了多姿多彩的民族民间文化，有盘州彝族山歌、盘州布依盘歌、六枝梭戛苗族蜡染技艺、水城南开苗族芦笙技巧等国家级非物质文化遗产，有彝族火把节、苗族跳花节、回族开斋节、仡佬族吃新节等丰富多样的节庆文化。建有亚洲第一座生态博物馆"六枝梭戛苗族风情生态博物馆"、中国第一个彝族文化园"海坪彝族文化园"、中国最大的布依族铜鼓"月亮河布依族铜鼓"。

3. 交通资源

川滇黔桂区域中心。六盘水市位于贵州西部，川滇黔桂四省交界，是贵州西部的综合交通枢纽。与成都、重庆、昆明、贵阳、南宁五个省会城市的直线距离均在 500 千米以内，素有"四省立交桥"之称。六盘水市是《攀西—六盘水地区资源综合规划》和《西南华南部分省区区域规划研究》中的重要组成部分和国家实施西部大开发南（宁）贵（阳）昆

（明）跨行政区域经济区的节点城市。

西南交通枢纽。在国家"一带一路"建设和长江经济带规划中，六盘水市是66个区域流通节点城市和196个公路交通枢纽城市之一。贵昆、南昆、内昆、水红铁路在此交会，沪昆高速铁路和沪昆、杭瑞、都香、水盘、盘兴等高速公路穿境而过，六盘水市月照机场开通了直达北京、上海、广州等十多个城市的航线。在六盘水形成北上入川，南下出海，西接云南，东连湖南的铁路"十"字架，成为西南地区重要的铁路交通枢纽，境内铁路里程总长达到664.71千米。

五、大连市与六盘水市资源与产业基本情况对比

大连市与六盘水市资源与产业优势比较见表6-3。

表6-3　大连市与六盘水市资源与产业优势比较

	大连市	六盘水市
资源	对外开放的先行者和示范者，发达的航运物流及平台经济，较强的科研能力，强有力的创新载体和人才支撑，著名旅游胜地	气候资源凉爽，生物资源多样，旅游资源丰富，历史文化悠久，民族文化多彩，川滇黔桂区域中心，西南交通枢纽
工业	石油化工、造船、机车、大型机械、轴承、制冷设备等生产规模在全国同行业位居第一，石油化工、装备制造、电子信息、造船、汽车产业在全国领先	以煤炭产业为主导，以煤炭、电力、冶金、建材和新型煤化工为支柱
农业	渔业、水果、蔬菜、畜牧、花卉五大优势产业，都市型现代农业发展良好，健全的农产品销售渠道	猕猴桃、刺梨、茶叶等
服务业	中国东北地区的金融中心和外汇结算中心、战略性新兴服务业聚集区、会展之都、滨海旅游度假胜地，体育产业发展突出	运动康养旅游、山地旅游、文化旅游

工业。相同性：大连市与六盘水市同是工业城市。差异性：大连市的工业化程度高、科技水平高，六盘水市工业发展的资源依赖度高，产业结构较粗放。六盘水市需要调整要素禀赋的结构和质量[①]，发展资源保护型产业，增加科技在工业发展中的含量与作用，大连市可以在高技术新兴产业发展上给予六盘水市指导（见表6-4）。

表6-4　2017年大连市与六盘水市高技术新兴产业增加值增速比较　　　　单位:%

产业	大连市	六盘水市
高技术制造业	50.8	54.5
装备制造业	21.1	26.9
计算机、通信和其他电子设备制造	74.3	54.6

资料来源：《大连市国民经济和社会发展统计公报》（2017年）、《六盘水市国民经济和社会发展统计公报》（2017年）。

农业。相同性：两地都拥有自己的农产品品牌。差异性：大连市的农产品是海货，六盘

---

① 王欣亮. 区域协调发展研究：要素配置视域下的产业转移分析［M］. 北京：中国社会科学出版社，2018（2）.

水市的农产品是山货。六盘水市的凉都"弥你红"红心猕猴桃、水城春茶叶、"人民小酒"、盘县火腿等土特山货在大连市很受欢迎。农产品流通主要受物流成本高制约。大连市可以在大樱桃种植等方面给予六盘水市技术指导。

旅游业。相同性：两地都是避暑之都。差异性：大连市是著名的滨海旅游城市，六盘水市山地康养旅游业发展较好，它们的旅游资源不具有同质性，在旅游上可以很好地互通往来。

开放度。相同性：两地都在努力推进对外开放发展。差异性：大连市是位于东北沿海的开放城市，具有地理位置优越，便于开放发展、开放度高的特征。六盘水市位于西南内陆山区，是西南交通枢纽，交通发展快速，但是与大连市相比，开放度不高。2017 年，六盘水市进出口总额 3.31 亿美元，比上年增长 22.9%[①]。大连市进出口总额达 4188.4 亿元，比上年增长 21.2%[②]。

第二节　大连—六盘水东西部扶贫协作情况

从 1996 年东西部协作战略提出以来，大连市对口帮扶六盘水市 20 多年，通过投入人、物、财力，在经济合作、科教卫生帮扶、人才挂职培训、劳务协作等方面做了大量的工作，为六盘水市经济社会发展贡献了一分力量。截至 2017 年底，大连市共向六盘水市提供无偿援助资金 2.7 亿元，实施了基础设施建设、民生、产业扶持等援助项目近 500 个，互派挂职干部近 300 名，培训干部和各类专业人才 1200 余人[③]。六盘水市贫困人口从 2011 年的 97.5 万人减少到 2018 年的 9.5 万人，贫困发生率由 38.3% 下降到 3.74%[④]。

一、产业合作

农业。韩伟集团现代化养鸡扶贫项目已经开展前期养殖基地资金筹集工作，创建蛋鸡养殖合作社。大连市大樱桃协会与六枝特区建立合作意向，空运大樱桃苗木 500 多株，并组织协会专家进驻六枝特区开展技术服务，已在六枝特区创建 100 亩大樱桃试验示范基地。

旅游产业。大连市邀请六盘水市参加大连赏槐会及中日旅游高端论坛，借助赏槐会平台，推介六盘水旅游。在大连电视台、西岗区机关大楼、体育馆滚动播放六盘水市旅游宣传片，引导更多大连游客到贵州旅游。大连市协调老虎滩海洋公园、圣亚海洋世界等景区，对来连旅游的六盘水市民实行免票或门票优惠活动。

煤化工。化物所与六盘水市共建的"中国科学院洁净能源创新研究院煤化工技术转化基地"项目已签约，已开始为六盘水企业提供矿渣检测，并提供科技咨询等服务。基本完成六盘水师范学院院士工作站申报材料。

会展业。2018 年 5 月 17 日，大连市邀请六盘水市企业参加大连进出口商品交易会，并提供免费展位。交易会期间，六盘水美味园食品有限公司与大连嘉和食研贸易有限公司签订了 200 万元的投资合同；六盘水养农康商贸有限公司与大连市老年产业协会、大连市电商、大连市农特产品供销社达成合作意向；水城县茶叶发展有限公司、贵州岩博酒业有限公司等多家参展企业达成了合作意向。其间，大连市还帮助六盘水在大连召开六盘水市山地特色产

---

①② 资料来源：《大连市统计年鉴》（2018 年）。

③ 资料来源：根据大连市经合办提供资料整理。

④ 资料来源：根据《六盘水市 2019 年政府工作报告》整理。

业招商推介会，大连市 41 家农业龙头企业、农民专业合作社和重点农产品出口企业代表与六盘水市进行了对接。

黔货入连。推动六盘水市绿色农产品进入大连市批发市场、商贸中心、大型超市、机关、社区、学校、医院、企业等。已在大连市最繁华商圈核心位置的中山大酒店内开设"水城春"茶吧，在大连市同泰街 80 号开设"人民小酒"专卖店等特色产品销售专柜、专铺、专店 3 个。大连政府机关已确定采购六盘水市茶叶作为招待用茶。

园区共建。2018 年 5 月，六盘水市钟山经济开发区组团到大连市生态科技创新城考察，并就金融产业园、跨境电商产业园分园建设可行性进行了对接。六盘水市红果经济开发区代表团考察长兴岛经济区，考察对接区内恒力石化、精细化工平台、海天国华等 10 余家企业。大连市花园口经济区已组织区内企业家代表团赴水城开发区考察对接。

二、人才交流

2018 年，大连市选派相关专业老师赴六盘水市对贫困人口开展家政服务培训。大连市团市委聘请导师为六盘水创业青年提供创业帮扶，并联系电商产业人才，为六盘水创业青年开展电商项目帮扶工作。大连市向六盘水市推送就业岗位。大连市与六盘水市开展中等职业教育"2+1"模式联合招生，并已获国家教育部批准，大连海洋学校按照政策实施兜底招生。

2018 年，在原有 9 名挂职干部的基础上，大连市新增派 21 名干部到六盘水市挂职，其中挂职时间两年的 8 人，挂职时间一年的 2 人，挂职时间半年的 11 人。完成对 50 名六盘水市国有企业、非公企业及社会组织党组织书记的在连培训工作。选派 4 名专家到六盘水市开展关于义务教育均衡发展的两场培训，共培训 200 多人。选派 4 名优秀校长和专家到两市"山海情"教育讲坛举办讲座。接收 58 名六盘水市中小学校长及教师到沙河口区、中山区、西岗区开展挂职培训工作。选派 15 名医疗专业技术人才（短期）赴六盘水开展协作工作，接收六盘水市 37 名医疗卫生技术骨干和管理人员到大连进修学习。建立远程诊疗和教育培训平台各 1 个，正在筹建远程诊疗平台 3 个，对 30 余名六盘水市精神专业卫生技术人员进行了专业培训。选派 3 名农业专家赴六盘水市六枝特区开展大樱桃生产技术专题研讨和交流。大连市邀请六盘水市 3 名专业技术人员来连现场观摩大连徒步大会，并交流办会经验①。

三、携手奔小康

区市县结对帮扶方面，大连市各结对区的主要领导或分管领导已分别到六盘水市结对区市县开展了调研对接，明确了各自的年度协作内容和项目，确保按计划逐步落实。乡镇（街道）结对帮扶方面，2018 年，大连市相关街道与六盘水市的 6 个极贫乡镇结对，加上2017 年结对的 7 个极贫乡镇，实现了对六盘水市 13 个极贫乡镇结对帮扶全覆盖。贫困村结对帮扶方面，2018 年，大连市计划安排贫困村（街道或社区）结对帮扶 10 个以上，各相关区市县（先导区）与六盘水结对区市县协商确定结对贫困村。教育、卫生医疗结对帮扶方面，两地 42 所学校和 10 家医疗卫生单位开展结对帮扶②。

---

①② 资料来源：根据大连市经合办提供资料整理。

第三节 大连—六盘水东西部扶贫协作的经验

一、以顶层设计完善助推东西部扶贫协作科学发展

大连市与六盘水市把东西部扶贫协作工作列入党委政府的重要议事日程，加强组织领导，完善工作机制，保障工作落实。

完善组织机制。六盘水市成立了以市委书记、市长任双组长的东西部扶贫协作工作领导小组，并组建由市政府分管领导任组长，市扶贫局、市发展改革委、市经信委等单位抽调人员组成的工作专班，负责东西部扶贫协作工作。各县（市、特区、区）也分别成立东西部扶贫协作领导小组，组建工作专班，明确专人专抓。

定期研究破解难题。六盘水市委市政府每年至少召开 2 次以上会议专题研究部署东西部扶贫协作工作，坚持以问题为导向，聚焦东西部扶贫协作的重点难点。分管领导根据工作需要，定期不定期召开专题会议及时研究问题，推进落实。

推动高层互访。建立两市高层联席会议制度，推动各个层面互访频次增加、领域拓宽，实现两市互访常态化、制度化。将主要领导互访对接作为推进工作落实的重要手段。六盘水市与大连市党委主要领导、市直部门负责人和有关企业负责人互相开展学习考察和交流对接。两市对口区县政府签署了"十三五"对口帮扶合作框架协议并分别开展了工作对接。

坚持科学规划引领。制定了《大连市对口帮扶六盘水市工作规划（2016～2020 年)》《高层联席会议制度》和《2016～2020 年援助资金增长机制办法》等重要文件，签订了《大连市人民政府六盘水市人民政府"十三五"东西部扶贫协作和对口帮扶框架协议》和《东西部扶贫协作助推脱贫攻坚合作协议》。市县两级教育、医疗等部门以及对口县区政府、园区分别签订了"十三五"对口帮扶合作等 26 个框架协议，明确了帮扶目标、帮扶内容和帮扶措施。

二、以产业项目协作助推东西部扶贫协作有效发展

推进招商引资。六盘水市积极开展招商引资，引导大连市实力雄厚、带动能力强的企业到六盘水市贫困地区投资兴业、开发项目、共谋发展，使大连市的资金、技术优势和六盘水的资源优势互补。一方面，六盘水市党政领导到大连考察，大力宣传推介。2017 年，六盘水市赴大连市开展 3 次大型招商引资推介活动，共有 480 余家大连市企业参加。另一方面，积极邀请大连市企业到六盘水市投资考察。大连环美科技、苏州正源园林、大连市莆田商会、大连商会、大连启明星餐饮等 60 余家大连企业到六盘水市实地考察对接。2017 年，六盘水市引进大连市企业投资建设项目 6 个，完成投资 11.46 亿元。此外，积极提供优惠政策和全方位服务。对到六盘水市投资的大连市企业、社会组织等采取一企一策，在注册、审批、土地、金融、财税、市场和服务等方面给予优惠、予以扶持，对落地的企业实行代理制全方位服务。2017 年，签订并落地项目 6 个，完成投资 16.1 亿元①。

推进新兴产业协作。六盘水市加强对大连市新型煤化工、装备制造、大健康医药、电子信息和资源循环利用等新兴产业的考察对接，加快有关项目落地。大连市环美科技公司投资

---

① 资料来源：根据六盘水市扶贫开发局提供资料整理。

成立了创世（六盘水）科技公司，由创世科技总投资 5000 万元建设环保生态木生产加工基地项目，入驻六盘水市钟山经济开发区。该项目主要利用木屑、废弃塑料等废弃物开发户外铺板、建筑模板、外墙装饰板等木塑新材料及其制品，产品广泛用于景观工程、建筑工程、交通工程、物流设施、公共设施等领域，建成后年产值达 2 亿元，年缴纳税收约 2000 万元，可提供 200 个就业岗位。六盘水市与中科院大连化学物理所就利用六盘水市丰富的煤炭资源进行深加工，合成甲醇制二甲醚、醋酸丁酯，实现煤炭资源最大化开发利用等进行深度磋商。六盘水市政府还与贵州省经信委、贵州省商务厅、中车大连公司和中车贵阳公司等共同签订了《贵州省新制式轨道交通合作备忘录》。

推进农业协作。六盘水市组织市内龙头企业赴大连市参加农业博览会，凉都"弥你红"红心猕猴桃、水城春茶叶、"人民小酒"、盘县火腿等特色农产品深得大连市民喜爱，出现产品"一单难求"的现象。六盘水市与大连市建立绿色农产品产销对接机制，水城县在大连市开设绿色农产品销售专铺，建立了供销基地。推进农业产业结构调整，加快农业供给侧结构性改革，开展技术服务帮扶。2012 年，六枝特区大用现代农业产业园区引进车厘子种植 1 万多亩，由于缺乏技术经验，车厘子开花但挂果数量较少。大用园区管委会分别于 2013 年、2015 年 12 月两次到大连农科院果树研究所考察学习寻求支持，双方签订了技术服务合作协议。2016 年 2 月，大连农科院提供了 6 个品种大樱桃穗条进行高位嫁接，解决园区车厘子品种单一的问题。大连市科技局潘凤荣老师等专家每年不少于 2 次到园区进行现场指导、技术培训，为园区解决了许多生产中遇到的技术难题。通过多次的技术指导和培训，基地人员掌握了管理技术，2017 年，园区内 600 亩车厘子挂果达到了预期，抽样测算总产量达 5 万公斤，市场价 100 元每公斤，产值达 500 万元。

推进旅游业协作。2017 年 2 月六盘水市在大连市成功举办了 2017 "贵有真情·感恩有你"对口帮扶城市旅游宣传巡演推介活动，与大连市就打造六盘水旅游精品线路开拓东北市场、全方位加强旅游资源开发和旅游人才交流、双方互为旅游目的地等事宜进行了深度对接，签订了《旅游合作框架协议》。六盘水市制定了《关于国有景区对大连游客免收景区（点）门票的通知》，所有国有景区（点）对持有大连市居民身份证的游客一律免收门票。大连市旅游发展委组织动员大连市 20 多家旅游企业采取安置就业、项目开发、输送客源、定点采购、指导培训等多种方式，结对帮扶六盘水市 1 个深度贫困县、13 个极贫乡镇和 162 个深度贫困村。大连中山大酒店采取"分批前往，整进整出"的方式吸纳水城县劳务人员、县职校学生前往就业、实习、培训，就业期间工资不低于 3000 元，就业人员每年还免费报销一次往返费用。中山大酒店每年还出资 3 万元设立助学金，作为极贫乡镇营盘乡考取大学的贫困生的专用奖学金。

三、以结对奔小康助推东西部扶贫协作和谐发展

建立各级各层全面联动的"一对一"帮扶合作机制。一是地区与地区之间的"拉动型"紧密联动帮扶。大连市甘井子区、金普新区、中山区、西岗区分别帮扶六盘水市六枝特区、盘州市、水城县和钟山区，县市区结对帮扶全覆盖。结对双方在人才交流、产业合作、劳务协作以及教育、文化、卫生、科技等方面开展合作。大连市生态科技创新城、花园口经济区、长兴岛经济区分别帮扶六盘水市钟山经济开发区、水城经济开发区和红果经济开发区，在园区共建、产业发展、科技创新等方面进行帮扶。2017 年县区层面实施结对帮扶项目 15 个。二是乡镇与乡镇之间的"落实型"紧密联动帮扶。第一批大连市综合实力强的 12 个街道（社区），与六盘水市 7 个极贫乡镇和 5 个贫困村形成"一对一"结对帮扶关系，双方进行了交流互访，开展招商引资、项目推介。三是部门与部门之

间的"衔接型"紧密联动帮扶。两地农业、旅游、教育、医疗等主体单位以及科技、经信、团委、妇联、侨联等部门之间均建立了衔接联动关系，通过不同形式开展扶贫协作，推动各项工作落地落实。

结对帮扶向极贫乡镇和深度贫困村延伸。在县区"一对一"结对帮扶全覆盖的基础上，推动"一对一"帮扶协作向县区和乡镇、村延伸，大连市12个综合实力较强的街道（社区）与六盘水市的极贫乡镇和贫困村实现"一对一"结对帮扶。大连市74家旅游行业企业结对帮扶六盘水市1个深度贫困县、13个极贫乡镇和162个深度贫困村。

扶贫协作由党政层面向社会扶贫转变。深入开展扶贫济困活动，积极引导社会参与扶贫协作，推动大连市有关企业、社会组织到六盘水市开展多种形式的公益事业活动。大连市旅顺口区等各级政府和爱心企业、人士向六盘水贫困地区贫困群众、学生奉献爱心，累计捐赠款物130.3万元，资助学生及贫困人口200余人。大连市西岗区团委捐赠15万元，在六盘水市金盆乡中心小学等4所学校建设"温馨小屋"，为800余名贫困儿童开辟课后兴趣爱好活动场所，提供与父母通话、视频条件。大连市西岗区红十字会联合六盘水市钟山区爱心企业成立爱心基金，为8名贫困学生每人发放助学金5000元，同时捐赠资金4万元，建立大湾镇安乐村红十字防灾备灾服务站，配备相关灾害应急物资和急救便民服务设施①。

四、以人力资本提升助推东西部扶贫协作可持续发展

深化劳务协作。建立劳务协作精准对接机制，根据贫困人口就业意愿和就业信息，积极促进贫困人口就业。建立建档立卡贫困户劳动力台账，2017年贫困人口就业信息台账14万余人，其中到省外就业意愿5134人。2017年在六盘水市组织开展专场招聘会4次，发布大连市提供的家政服务、养老护理等各类就业岗位信息7493个，成功对接建档立卡贫困人口10人就业。开展劳动力转移实用技能培训。大连市相关地区与部门为六盘水市建档立卡贫困户、失业人员等开展就业创业培训6期，共培训人员328人次，解决20名贫困人口就业②。

加强人才交流。采取挂职、交流、支教、支医等多种方式，加强贫困地区干部和专业技术人才队伍建设。选派优秀党政干部挂职交流。2017年，大连市以挂职干部工作队的形式选派10名优秀干部赴六盘水市开展为期3年的挂职工作，分管或从事扶贫开发工作。六盘水市选派10名优秀干部到大连市挂职学习，提升干部综合能力与素质。在大连市举办了3期领导干部培训班，培训党政干部160余人次。选派专业技术人才学习交流。2017年，大连市选派60名专业技术人员到六盘水市挂职或开展技术援助，六盘水市选派179名教育、医疗卫生等领域专业技术人员到大连市挂职学习。两地18所学校、19家医疗卫生单位建立结对帮扶关系，双方交流互访16次。加强选派挂职干部管理。出台《六盘水市挂职干部管理服务办法》，建立《挂职干部人才选派管理工作台账》，健全教育管理、服务保障和考核总结"三位一体"管理体制，落实"一对一"联系制度、谈话谈心等工作机制，做到政治上关心、工作上支持、生活上关怀、待遇上保障，为挂职干部安心挂职、发挥作用建立了全方位制度保障③。

五、以教育医疗协作助推东西部扶贫协作全面发展

六盘水市和大连市实现了教育行政层面的联动、业务层面的联结、学校层面的联通。大

---

①②③　资料来源：根据六盘水市扶贫开发局提供资料整理。

连市和六盘水市实现了教育局长的互访，互派干部到市级教育部门挂职，达成了教育帮扶协作相关协议。大连市教育局拨款 28.7 万元，安排六盘水市 30 名校长到大连市优质学校进行挂职培训，并拨出 23.1 万元专项资金与大连市教育学院联合为六盘水市高中数学教研组长和数学骨干教师"量身定制"专项培训，黄启成、庄杰、王绍勇等名校校长、名师亲自授课。大连市到水城县支教的刘长智、穆永权、高凯 3 位教师荣获 2016～2017 年贵州省"三区"人才支持计划教师专项计划优秀教师称号，刘长智老师的事迹还在《中国扶贫》杂志等媒体上刊发。大连市大学与六盘水市师范学院签署实施教育对口帮扶协议。大连市提供了最优质的 9 所学校支持六盘水市校长挂职交流，大连一中等 18 所学校与六盘水市中小学校结成帮扶对子，实现了两地学校之间教育资源的全方位共享。

大连市 10 家医疗卫生单位分别与六盘水市 9 家单位建立了帮扶关系，组建了对口帮扶六盘水市医疗队。大连市各级组织选派医疗专家、技术骨干等到六盘水市进行医疗帮扶、开展业务培训，六盘水市选派医务工作者到大连市进修培训，极大地提升了六盘水市医院管理水平和医务人员技术水平。大连专家帮助六盘水市第三人民医院建立了"六盘水市钟山区心理危机干预门诊"，成立了六盘水市第一个精神疾病"心理科""老年病房""康复病房""六盘水市嗜酒者无名会（AA）"等。

第四节　大连—六盘水东西部扶贫协作的困难和问题

20 多年来，大连市帮扶六盘水市以资金帮扶为主，引入六盘水市的项目与入驻企业较少，产业合作上也没有很好地体现优势互补、长期发展。真正依托大连市企业的资金、技术、管理等资源，与六盘水市原材料、能源、劳动力等优势结合的典型案例很少。

一、产业转移的动力不足

一是产业转移的比较优势不明显。由于两地地域跨度大、路途遥远，没有直飞航班，产业转移的交通、物流等成本较高。六盘水市人力资源质量较低、配套设施较不完善，投资的软硬环境不如大连市。六盘水市的资源优势与大连市的技术优势没有很好地契合，大连市产业转移到六盘水市不具有比较优势。

二是政府产业转移的主动性不足。大连市也面临自身发展压力，也要招商引资、扶贫发展，将自己的优势产业转出来缺乏经济利益联结，共赢效果不显著，转移主动性不足。东西部扶贫协作的各个主体"要我做"而不是"我要做"的倾向较为突出[1]。跨行政区的区域间帮扶工作，仅仅依赖上级的指示与考核来维系很可能只限于临时关系，难以持久。

三是企业转移意愿不强。西部地区总体的投资软硬环境要差于东部地区，加上投资周期较长和预期收益不一定乐观，大连市企业主动到六盘水市投资发展的积极性不够强。引进企业本就不易，企业引进来后还要兼顾收益与扶贫，许多优质企业望而却步[2]。往往是两地政府"一厢情愿"，而项目却难以落地发展[3]。

---

[1]　张莉.中国东西部地区扶贫协作发展研究［D］.天津大学博士学位论文，2016：46.

[2]　吴国宝.东西部扶贫协作困境及其破解［J］.改革，2017（8）：59.

[3]　赖刚.宁波对口帮扶贵州案例研究［D］.贵州大学硕士学位论文，2016：43.

二、产业协作的效果较不明显

一是直接带动贫困人口脱贫的产业协作项目较少。大连市企业已形成较稳定的产品、技术和人员结构，引进六盘水市后直接转型为扶贫企业还缺少利益与机制驱动。没有体制机制创新，要增强其扶贫的精准性，将面临较大的挑战①。

二是对项目后期跟踪管理力度不够。大连市与六盘水市路途遥远，信息沟通对接不够顺畅，往往存在给资金了事，对项目的后期管理与跟踪落实关注较少、力度不够，一些项目实施得不够规范、科学、合理②。政府招商引资不仅要让企业走进来，更要想法让企业待下去。以优惠政策吸引企业入驻，并不是长久之计。优惠政策过后，企业拍屁股走人，只会造成资源的浪费。

三是园区共建成效不明显。从大连市引进的企业很少，也未形成规模效应。产业组织比较零散和碎片化，缺乏上下游产业的延伸和承接，未形成产业链，大大制约了产业扶贫的渗透、扩散和辐射效应和产业对六盘水市劳动力的吸纳力，从而最终制约区域扶贫的效果和绩效③。东西部的差距已经由过去基础社会、人力资源等差距转变成了经济发展增长点的差距，东西部扶贫协作工作应该由以往的星星点点的产业转移向系统的产业转移转变④。

四是缺乏产业发展的长效机制。大多数东部省份还是把东西部扶贫协作当作一项政治任务来完成，帮扶方式简单化，注重政府层面的资金援助，忽视企业层面的经济协作，重资金帮扶，轻产业帮扶，没有把扶贫开发与经济技术协作有效地结合，使东西部扶贫协作难以在"互惠互利"的基础上长远发展⑤。

三、资源共享受诸多制约

一是农产品流通受物流制约。六盘水市的凉都"弥你红"红心猕猴桃、水城春茶叶、"人民小酒"、盘县火腿等特色农产品虽然很受大连市民喜爱，在大连市也有专营店。但是，由于大连市与六盘水市的距离较远，目前物流费用较高，使六盘水市的农产品到大连市后成本高，不具有价格优势。

二是劳动力协作受地域限制。由于两地跨度大、距离远，六盘水市务工人员不愿去到那么远的地方工作、学习。相比起来，广州等较近地区更具吸引力。而且由于相隔太远，气候、生活习惯等都有较大差异，即使有劳动力到大连市也待不长久。

三是旅游资源互受交通制约。由于距离较远，又没有直飞航班，花费在路上的时间多、费用高，交通是两地旅游资源共享的较大制约因素，影响了两地旅游业的互通往来。

第五节　大连—六盘水东西部扶贫协作的对策建议

一、聚焦脱贫攻坚

东西部协作与对口帮扶的主要目标是：实现西部地区现行标准下的农村贫困人口如期脱

① 吴国宝. 东西部扶贫协作困境及其破解［J］. 改革，2017（8）：59.
②③ 赖刚. 宁波对口帮扶贵州案例研究［D］. 贵州：贵州大学，2016：43.
④ 李小云. 东西部扶贫协作和对口支援的思维考量［J］. 改革，2017（8）：62.
⑤ 张莉. 中国东西部地区扶贫协作发展研究［D］. 天津大学博士学位论文，2016：46.

贫。因此产业项目"重点向贫困村、贫困群众倾斜,扶到点上、扶到根上","产业合作、劳务协作、人才支援、资金支持都要瞄准建档立卡贫困人口脱贫精准发力","看脱贫实际成效"。加大产业带动扶贫工作力度,着力增强贫困地区自我发展能力。建立多层次、多方面的扶贫企业优惠政策。大连市到六盘水市投资的企业可以按照解决脱贫人口数量给予一定的政府贴息贷款。

二、实现互利共赢

东西部产业协作不是要帮扶方单方面地付出,要从根本上改变东西部扶贫协作工作中单一输出的弊端,实现双方优势互补、互利共赢。大连市具有资金、技术、管理等"发展性"资源优势,六盘水市有资源、生态、劳动力等"基础性"资源优势。立足六盘水市和大连市资源禀赋和产业基础的差异化特点,优势互补、产业对接、合作共赢,把大连优势和六盘水优势有机结合起来,推动产业合作,实现共谋发展。

六盘水市要发挥好资源优势,以特色资源吸引大连市人才、资金等生产要素,发展战略性新兴产业,把资源优势转化为产业优势,推进产业转型升级。大连市可以将资源依赖型产业转移到六盘水市,一方面,大连市可以有更大的空间发展高端产业;另一方面,六盘水市的资源优势可以与大连市的资本优势、技术优势有机结合。六盘水市缺乏对接国际、国内大市场的经验,缺乏资金和管理技术,需要引进大连市的先行经验,结合六盘水市的劳动力资源优势,发展旅游业等劳动密集型产业,形成新的经济增长点,助推精准扶贫的可持续性。

三、优化产业转移

东西部产业转移不是简单的产业搬迁,而是结合两地优势的新型产业的创造过程,是一个互惠互利的协作关系。产业转移要把握好供需关系,让市场说话,实现互利双赢、共同发展。六盘水市虽然资源丰富,但是也面临资源保护。产业转移不能转移污染型、过剩型产业,而应该基于六盘水市的资源条件发展新型资源保护型产业。中西部的差距更多地体现在技术差距上。产业转移不能仅是产能转移,还包括技术转移。在六盘水,可通过与大连市共建技术创新园区的方式,推进产业更好地协作[1]。

四、坚持长期合作

东西部协作是个长期的合作过程,需要建立长期合作机制。东西部扶贫协作和对口帮扶工作应逐渐从扶贫的层面向区域协调发展的层面转移,鼓励将单向的帮受关系,发展成为双向的互利关系,实现两地融合发展。协作双方应通过结对尽可能地寻求相互之间的利益结合点、发展交汇点、长期共荣点[2]。

第六节　大连—六盘水东西部扶贫协作的重点方向

一、大连市与六盘水市产业合作方向

推进农业扶贫协作。实施韩伟集团现代化养鸡扶贫项目。采取"合作社+基金+企

① 李小云.东西部扶贫协作和对口支援的思维考量[J].改革,2017(8):63.
② 张强,陈喜文.北京对口帮扶河北贫困地区发展机制创新研究[J].经济与管理,2017(5):20.

业＋农民"的对口帮扶模式，在六盘水市建设10~15个蛋鸡生产合作社，确保30个贫困村农民脱贫致富。实施大樱桃产业发展"三个一"工程，即"救活一片基地、创建一个研发基地、建设一个示范基地"。创建大樱桃试验示范基地，为大樱桃基地提供技术服务，确保全市1.8万亩大樱桃全部结果达产。推进大连市大樱桃协会与六盘水市的合作与技术支持。

推进旅游扶贫协作。争取恢复大连—六盘水直飞航班。将大连市在旅游发展上的经验与做法引进六盘水市。利用大连市作为旅游城市的推广力，向到大连旅游的游客宣传六盘水市旅游资源。推进两地在旅游上的互通往来，不仅要在大连市宣传六盘水市，也要让六盘水市多去大连市旅游，开阔眼界，提升脱贫致富的主动性与积极性。六盘水市到大连市参加旅游论坛与活动，借机介绍六盘水市旅游。

推进煤化工扶贫协作。推动大连市化物所与六盘水市开展全面合作。大连市化物所与六盘水市共建"中国科学院洁净能源创新研究院煤化工技术转化基地"项目，大连市化物所对六盘水市发展现代煤化工产业进行技术指导，为六盘水企业提供矿渣检测，并提供科技咨询等服务。申报六盘水师范学院院士工作站，积极派遣六盘水师范学院青年骨干教师到大连化物所进行培训。

推进物流扶贫协作。利用大连市发达的物流业及出海、出国通道，推进黔货出山、黔货出国。将大连市优质的物流管理经验与资源引进六盘水市，大力引进"亚洲渔港"等大连市龙头企业。尽力减少两地流通障碍，促进大连市与六盘水市的产业协作、人才交流、资源共享。

推进会展扶贫协作。利用大连市经济交流合作平台、大型会展等载体，搭建帮助六盘水市招商引资、农产品宣传、劳务对接的平台，促进两地经贸合作与交流。积极邀请六盘水市企业到大连市参加大连进出口商品交易会、优势农产品京东线上线下推介活动、全省全国农业展会等。召开六盘水市山地特色产业招商推介会、六盘水市农特产品展销会等，促进六盘水市与大连市企业达成合作意向。具体见表6-5。

表6-5 大连市与六盘水市产业合作方向

农业	现代化养鸡产业、大樱桃产业、猕猴桃产业
旅游产业	开通大连到六盘水直飞航班。大连赏槐会、中日旅游高端论坛、加大宣传、门票优惠
煤化工	大连化物所与六盘水市合作，化物所对六盘水市现代煤化工产业作技术指导。建设"中国科学院洁净能源创新研究院煤化工技术转化基地"项目。提供矿渣检测、科技咨询。申报六盘水师范学院院士工作站，派遣青年骨干教师到大连化物所培训
物流业	黔货出山、黔货出国。大力引进"亚洲渔港"等大连市龙头企业
会展业	大连进出口商品交易会，山地特色产业招商推介会，优势农产品推介活动，六盘水市农特产品展销会等
黔货入连	绿色农产品、特色农产品、茶叶、"人民小酒"
园区共建	建设大连市—六盘水市共建园区，引进高新技术产业、新兴产业，建设产业链、形成规模效应

二、加强资源利用的途径

深化两地协作，实现产业、市场、旅游等资源优势共享，找准资源利用的着力点和合作点，实现双方的互利共赢发展。

加强园区共建。推进两地园区共建，建设大连—六盘水产业园。以共建产业园区为平台，加快引进大连市的资本、技术、管理、人才等先进要素，推动双方在高新技术产业、新兴产业发展等方面的交流与合作。积极引进产业协作企业，实现优势互补，做好产业布局与规划，形成产业规模效应。推动已签订合作框架协议的甘井子区生态科技创新城与钟山开发区、长兴岛经济区与红果经济开发区、花园口经济区与水城经济开发区在园区共建、产业合作等方面务实开展合作与考察对接。

加强黔货入连。以市场为导向，提升六盘水市农产品品质，加强品牌建设，提升竞争力。完善农产品市场配套服务设施，在大连市建设农产品专营店等，加强市场营销与宣传。加强农产品市场流通主体培育，依托大连市的区位及物流优势，推进黔货出山、黔货入连，甚至黔货出国。帮助六盘水市绿色农产品更多地进入大连市批发市场、商贸中心、大型超市、机关、社区、学校、医院、企业等。开设更多的"水城春"茶吧，"人民小酒"专卖店等特色产品销售专柜、专铺、专店。

加强携手奔小康。发动东西部扶贫协作各相关主体与六盘水市贫困乡镇、村结成"一对一"帮扶对子，在产业扶贫、就业扶贫、教育扶贫、医疗扶贫等方面积极开展帮扶活动。更好地实现资源的共享、产业的合作、优势的互补，推进东西部扶贫协作精准对接、密切联结。拓展东西部扶贫协作社会帮扶的形式，动员大连市更多的社会力量参与东西部扶贫协作，加强两地人民的沟通与交流，增进两地感情，互帮互助、共奔小康。

加强人才交流培训协作。人才交流培训要向贫困乡村人才倾斜，在贫困地区的专业人才更需要培训与交流，对贫困人口的帮扶力度更大，使人才交流聚焦脱贫攻坚。强化交流培训，完善人才交流培训制度，深入推进教育、医疗等方面的人才交流挂职、干部培训工作，促进人才、技术、信息资源等方面的互联互通。

加强劳务输出协作。加强与大连市劳动密集型企业的沟通，积极鼓励企业提供更多的就业岗位、培训机会。鼓励农村贫困家庭子女到大连市的职业、技工院校接受职业和技术培训。为务工人员提供经济援助，如定额报销车费、补助日常开销等。在大连市建设"六盘水之家"等关爱组织，增加到连务工人员的归属感。消除劳务人员在心理上、习惯上的就业障碍，为贫困劳动力提供更有针对性、更体贴周到的支持和帮助。及时宣传就业政策和岗位信息，建立政策到户宣传机制，发挥务工人员的带动作用，组织农村外出人员交流会，以一带十、以十带百，逐步扩大劳务组织输转力度和规模①。

加强教育帮扶协作。推进教育帮扶向贫困乡村延伸。鼓励大连市有意愿的教师到六盘水市乡村支教、培训，提升贫困地区的教育水平。大连市在信息化促进教学发展、推动学校管理方面给予六盘水市帮助、指导、规划、扶持，提升六盘水市信息化运用水平。促进两地职业教育协作，开展学校间结对帮扶活动，开展中小学生帮扶活动，推进两地干部教师队伍培训。

加强医疗扶贫协作。积极推进医疗协作向贫困地区延伸，加强对贫困乡村医生的医疗培训，医疗资源向贫困乡村倾斜，提升贫困地区的医疗技术水平。开展医院、公共卫生机构协作帮扶，六盘水市选派医疗卫生技术骨干和管理人员到大连进修学习。积极邀请大连市医学专家、技术骨干以及退休医生到六盘水市提供指导与培训，共建医学专家窗口，深入到贫困户，为贫困人口提供医疗帮助，提升他们的脱贫能力。充分运用互联网技术，开展远程医疗、远程诊断、远程教学、远程学术论坛、远程教育培训等活动。

---

① 孙陇，何晓斐. 东西部扶贫协作的实践困境与对策建议——以福州市、定西市对口协作为例［J］. 黑龙江工程学院学报，2018（2）：59.

第七节　大连—六盘水东西部扶贫协作的典型案例

东西部扶贫协作典型案例专栏 6－1：

六盘水市优质猕猴桃产业

　　大连市注入资金110万元与六盘水市共建水城县猕猴桃产业示范园。该园区连续四年获全省现代高效农业园区考评第一名。以水城县猕猴桃产业示范园区为基础创建的水城县现代农业产业园，成为全国第一批11个获批创建的国家现代农业产业园之一、贵州省第1个（贵州仅有2个）。园区带动农民就业2061人，解决220名贫困劳动力就业①。

一、六盘水市猕猴桃产业的资源优势

　　六盘水市具有适宜猕猴桃种植的地理优势。猕猴桃适宜种植区为北纬24°～34°，六盘水市位于北纬25°19′44″～26°55′33″，是最佳种植区域。

　　六盘水市具有适宜猕猴桃种植的气候资源。六盘水市是"中国凉都"，冬无严寒，夏无酷暑，春早秋迟，雨热同季，立体气候明显，干湿季节分明，昼夜温差大，适宜猕猴桃的种植。在猕猴桃生长季节，白天气温可达30～35℃，有利于猕猴桃植株的生长和进行光合作用；夜间气温可降到10～15℃，降低了植株的呼吸作用，减少养分的消耗，有利于糖分和养分的积累。冬天气温相对较低，不利于病虫害的越冬，减少病虫害的发生，减少了农药的施用量与残留量，降低了生产成本，有利于果品质量的提高。

图 6－2　六盘水市优质猕猴桃

---

　　① 资料来源：六盘水市扶贫开发局提供资料。

六盘水市具有适宜猕猴桃种植的土壤条件。六盘水市土壤疏松肥沃、有机质含量高、富含硒元素，使六盘水市红心猕猴桃具有与其他产地不一般的品质。实践证明，猕猴桃已是六盘水市优于原产地、极具地方口感和外观（红心色素）特征的富民果。

六盘水市种植的猕猴桃品质优良。果皮光滑、果香醇厚、果肉鲜嫩、营养丰富，口感清香甜美、色泽艳丽诱人。每百克果肉含维生素 C194 毫克，比柑橘高 4.5 倍，含钙 11.86 毫克、铁 0.4507 毫克、硒 0.019 毫克，富含 19 种人体所需的氨基酸和丰富的微量元素，钙、锌、钾、镁含量分别较其他地区高 54.21%、53.27%、41.85%、16.39%。比国内其他产区提前成熟 30 天以上。价格是国内同类产品 3 倍以上，具有较突出的产品竞争优势，远销北上广深、大连、杭州、长沙等国内 10 多个一、二线城市和泰国等东南亚国家和地区。

二、六盘水市猕猴桃产业概况

1. 产业初具规模

六盘水市于 2000 年成功引种猕猴桃，猕猴桃种植面积从 1.76 万亩发展到 18.18 万亩，产量从 0.05 万吨发展到 2.037 万吨。培育和引进了润永恒、鸿源等知名企业 55 家、合作社 21 家，其中省级龙头企业 12 家、市级龙头企业 15 家，并按照股份制组建了凉都猕猴桃集团。猕猴桃产业园内水电路讯等基础设施完全配套，建成物联网智能管理基地 2000 亩，果园单轨运输轨道 1 条覆盖 3000 余亩，智慧农业 240 亩。正在建设智能节水灌溉 22858 亩、物联网 20000 亩和大数据中心。已建设 1000 吨、5000 吨、10000 吨大型的冷链物流园 3 个，总库容达到 2 万吨以上。建成产地周围冷库 11 个，库容 3 万吨。建成占地 50 亩生态食品加工园，拥有万吨猕猴桃精深加工中心，形成了果酒 5000 吨、饮料 200 吨的产能，建成了贵州省最先进的万吨果品分级包装生产线。与中国科学院武汉植物研究所、西南林业大学、贵州大学、贵州省科学院等科研院校的深度合作，建成产学研基地 3 个、种苗快速繁育基地 500 亩、实训基地 1500 亩、新品种引进基地 2 个①。

2. 品牌效应显著

六盘水市猕猴桃产业 24 家企业获 ISO 9001 认证和出口水果果园注册登记，覆盖基地面积的 90% 以上。六盘水市先后获得了国家级出口猕猴桃质量安全示范区、第十五届绿色食品博览会金奖和中国有机食品认证、中国绿色食品认证、国家农产品地理标志认证、生态原产地产品保护认证等多项殊荣。成功打造了"凉都弥你红"区域公共品牌，形成了"凉都红心"猕猴桃、"黔宏"猕猴桃 2 个贵州省著名商标。与百果园、地利生鲜等40 余家经销商签订供销协议，与北京 91 金融、北投集团、京东、华为等形成了订单销售，已形成线下渠道 89 家，线上渠道 7 家的市场网络。2016 年"凉都弥你红"鲜果成功进入东南亚市场，融入"一带一路"；2017 年，"凉都弥你红"系列红心猕猴桃果酒通过美国 FDA 认证（贵州只有茅台酒和凉都猕猴桃果酒通过该项认证），获准进入美国市场；拟在北京、上海、广州、深圳等设体验店。成功举办三届高原山地特色农产品展销会、一届"凉都弥你红采摘"活动。2016 年，水城红心猕猴桃公益广告片登上央视；成功举办"凉都弥你红首摘——公益扶贫凉都行"活动，中国创新经营研究院、中国国际广播电台、人民网等 24 个单位及 200 余名网红参加，全国上千万网民同步关注，品牌推广成效显著。主导产业农产品品牌化率为 83.72%。

---

① 资料来源：六盘水市扶贫开发局提供资料。

三、猕猴桃产业助力六盘水市精准扶贫与产业结构调整

猕猴桃产业助力六盘水市"三变改革"扶贫。六盘水市猕猴桃产业在盘活土地资源、增加农民就地就业、引领财政资金折股助推扶贫攻坚方面有良好的政策基础和群众基础，为产业扶贫提供了较好的利益联结机制和创新发展环境。六盘水市猕猴桃产业创新使用了"三变改革"的扶贫模式，是三变改革的起源产业，三变改革已写入中央一号文件，由"六盘水行动"上升为"全国行动"。2018年，"三变"改革入选全国产业扶贫十大机制创新典型。

猕猴桃产业是六盘水市产业生态化、生态产业化的必然。六盘水市地处长江、珠江上游，水土流失防治任务重。猕猴桃为双子叶落叶多年生藤本植物，须根多而广、叶大而薄，标准化人工栽培可形成较好的荫蔽度，对坡耕地水土流失情况有明显改善作用。猕猴桃产业的发展促进了产业生态化、生态产业化。

猕猴桃产业是六盘水市农业供给侧结构性改革的重要工作。六盘水市整合资金、资源、技术，加大投入力度，努力推动猕猴桃产业的发展壮大。继"3155工程"以每亩补助2000元的标准及一系列强基础、抓提升的措施之后，六盘水市政府再次出台《六盘水市人民政府印发壮大猕猴桃产业"415"工程实施方案》，启动实施"415"工程，即"四个一＋五统一"，完成10亿的"三变"产业基金投资，新建10个猕猴桃产业园区，实现100亿元产值产业，实现100万人就业规模产业，夯实统一规划、统一标准、统一品牌、统一管理、统一经营的五统一路径。

第七章 苏州—铜仁东西部扶贫协作问题研究

　　根据《国务院办公厅关于开展对口帮扶贵州工作的指导意见》（国办发〔2013〕11号）的要求和部署，苏州市与铜仁市确立新时期"一对一"的扶贫协作关系。自2013年扶贫协作关系确立以来，苏州、铜仁两市双方各级党委和政府讲政治、讲大局，开展了多形式、多渠道、多层次和全方位的扶贫协作工作。苏州铜仁两市市委、市政府按照国务院的决策部署，积极落实人员资金，不断深化产业合作，精心实施扶贫协作项目，扶贫协作工作从起步磨合正在向全面纵深发展。

第一节 苏州—铜仁产业与资源基本情况

一、苏州市产业与资源基本情况

1. 苏州市产业情况

2017 年,苏州市实现地区生产总值约 1.7 万亿元,在全江苏省排名第一位,按可比价计算比 2016 年增长 7%,人均生产总值 16.27 万元。其中,第一产业增加值 221.98 亿元,增长 0.8%;第二产业增加值 8235.88 亿元,增长 6.0%;第三产业增加值 8861.65 亿元,增长 8.2%;一般公共预算收入 1908.1 亿元,增长 10.3%;社会固定资产投资 5629.6 亿元,下降 0.3%;社会消费品零售总额 5442.82 亿元,增长 10.3%;全市常住居民人均可支配收入 50350 元,比 2016 年增长 8.1%,其中城镇常住居民人均可支配收入 58750 元,比上年增长 8.1%;农村常住居民人均可支配收入 29900 元,比 2016 年增长 8%[①]。

2017 年苏州市全市完成全社会固定资产投资 5600 亿元,比 2016 年下降 0.9%,全年投资降幅逐步收窄。分产业看,第一产业完成投资 1.5 亿元,比上年增长 50%;第二产业完成投资 1992 亿元,比 2016 年增长 0.2%,其中工业投资 1985 亿元,增长 0.1%;第三产业完成投资 3606 亿元,比 2016 年下降 1.5%。且投资结构调整优化,民间投资主体地位稳固,2017 年全年完成民间投资 3400 亿元,比 2016 年增长 5%;民间投资占全社会固定资产投资的比重达 60.7%,比 2016 年提高 3.4 个百分点。新兴产业投资比重提升。2017 年全年新兴产业投资项目 2797 个,计划总投资 3430 亿元,同比增长 17.8%;新兴产业完成投资 1410 亿元,占全社会固定资产投资的 25.2%,比 2016 年提高 0.2 个百分点。其中工业新兴产业投资 1308 亿元,占工业投资的 65.9%[②]。

截止到 2017 年末,苏州市全市常住人口 1068.4 万人,其中城镇人口 813 万人。全市户籍人口 691 万人,户籍人口出生率为 12.01‰,户籍人口自然增长率为 4.81‰[③]。

2017 年苏州市新增就业 17.2 万人,开发公益性岗位 9249 个,城镇就业困难人员实现就业 1.75 万人,城镇登记失业率 1.82%,苏州籍应届高校毕业生就业率达到 98.7%。大力推进创业孵化基地建设,截至 2017 年末全市创业孵化载体达 237 家,全年支持成功自主创业人数 18400 人,其中引领大学生创业 2408 人,扶持农村劳动力自主创业 2670 人[④]。

2017 年,苏州市各项经济指标稳定增长,在全国城市中的排名可以形象地概括为"七六五四三二一",即实现地区生产总值 1.7 万亿元,在上海、北京、广州、深圳、天津和重庆之后,位居第七位;完成一般公共预算收入 1908 亿元,位居上海、北京、深圳、天津和重庆之后的第六位;拥有上证 A 股上市公司 102 家,排在北京、上海、深圳和杭州之后,位居第五位;完成进出口总额 3130 亿美元,在北京、上海、深圳之后,位居第四位;城镇居民人均可支配收入实现 5.88 万元,位居第三位,仅次于上海、北京;实现规模以上工业总产值 3.2 万亿元,仅次于上海,位居第二位;经济总量稳居中国地级市第一位;拥有创业类国家"千人计划"人才 127 人,位居中国城市第一位;苏州工业园区在国家经济技术开

---

① 资料来源:苏州市统计局 . 2017 年苏州市国民经济和社会发展统计公报〔EB/OL〕. 苏州市人民政府网, 2018 - 04 - 25, http://www.suzhou.gov.cn/xxgk/gmjjhshfztjxx/ndgmjjhshfztjsjfb/201804/t20180426_976854.shtml, 2018 - 02 - 16.
②③④ 资料来源:《苏州市国民经济和社会发展统计公报》(2017 年)。

发区综合发展水平考核中名列第一位；苏州市下辖昆山市连续多年位居中国百强县第一位[①]。

2017 年，苏州市三大产业的总体状况如下：

（1）农业。全年实现农林牧渔业总产值 424.7 亿元，按可比价计算比上年增长 0.1%，粮食总产量为 92.3 万吨，比 2016 年下降 5.5%，其中夏粮产量 27.1 万吨，下降 6.4%；秋粮产量 65.2 万吨，下降 5.2%；猪牛羊禽肉产量 7.7 万吨，比 2016 年下降 21.1%；禽蛋产量 2.5 万吨，下降 34.2%；水产品产量 23.4 万吨，下降 8.2%。农业质量效益不断提升。全年新增高效设施农（渔）业面积 1 万亩，新增高标准农田 6.2 万亩，新增现代农业园区面积 7 万亩。2017 年末全市农业机械化水平达到 88.8%。全市农业龙头企业实现销售收入 1310 亿元，比 2016 年增长 8.4%。城乡一体化改革稳步推进。2017 年末全市各类农民合作社 3947 家，持股农户比例超过 96%。集体合作农场 208 家，自主经营面积占全市土地规模经营总面积的 16%。农村集体经济总资产 1840 亿元，村均年稳定性收入 815 万元，分别比 2016 年增长 7% 和 1.8%[②]。

（2）工业和建筑业。工业经济增量提质。全市规模以上工业总产值 3.2 万亿元，比 2016 年增长 10.4%。分注册类型看，民营企业产值 1.07 万亿元，增长 10.0%；外商及港澳台工业企业产值 2.06 万亿元，增长 10.6%。分轻重工业看，重工业产值 2.41 万亿元，轻工业产值 0.79 万亿元，分别比 2016 年增长 12.2% 和 5.3%。工业效益稳步改善。全市规模以上工业企业主营业务收入比 2016 年增长 13%，实现利润增长 25%。规模以上工业企业亏损面 21%，比 2016 年收窄 1.3 个百分点。规模以上工业企业全员劳动生产率 24.2 万元/人，比 2016 年增长 12%；销售利润率 6.2%，比 2016 年提高 0.4 个百分点[③]。

主导行业稳定发展。在规模以上工业中，计算机、通信和其他电子设备制造业，电气机械及器材制造业，黑色金属冶炼和压延加工业，化学原料和化学制品制造业，通用设备制造业，汽车制造业六大行业共实现产值 2.12 万亿元，比上年增长 10.7%，高于规模以上工业总产值平均增速 0.3 个百分点[④]。

新兴动能持续壮大。全市制造业新兴产业产值 1.63 万亿元，占规模以上工业总产值的比重达 50.8%，比 2016 年提高 1 个百分点。在六大工业新产业中，工业机器人产业产值 220 亿元，增长 35%；集成电路产业产值 720 亿元，增长 15%。高端产品产量快速增长。工业机器人产量比 2016 年增长 80%，3D 打印设备产量增长 70%，集成电路产量增长 10%[⑤]。

建筑业基本稳定。全市完成建筑业总产值 1875 亿元，竣工产值 1532 亿元，竣工率为 81.7%。全市资质以上建筑业企业房屋施工面积 9050 万平方米，其中新开工面积 3300 万平方米，比 2016 年增长 21%。年末拥有总承包和专业承包资质建筑企业 1359 家，实现利税 133.8 亿元。建筑业全员劳动生产率 34 万元/人，比 2016 年增长 5.3%。建筑业企业在外省完成建筑业产值 533 亿元，比 2016 年增长 4%[⑥]。

（3）第三产业。房地产市场在调整中平稳发展。全年完成房地产开发投资 2288 亿元，全市房屋新开工面积 2486 万平方米，房屋施工面积 11812 万平方米，房屋竣工面积 2096 万平方米，商品房销售面积 1900 万平方米，其中住宅销售面积 1654 万平方米[⑦]。

全年实现社会消费品零售总额 5430 亿元，比 2016 年增长 10%。其中批发和零售业零售额 4780 亿元，住宿和餐饮业零售额 650 亿元。基本生活类商品增势较好。限额以上批发和

---

① 资料来源：《李亚平在第十三届中国电子信息技术年会开幕仪式上的致辞》。
②③④⑤⑥⑦ 资料来源：《苏州市国民经济和社会发展统计公报》（2017 年）。

零售业粮油、食品类，服装、鞋帽、针纺织品类，化妆品类商品零售额分别比上年增长25%、18%和20%。新型商业模式迅猛发展。全年电子商务交易额1.1万亿元。限额以上批发和零售业实现互联网零售额比上年增长50%。年末全市拥有国家级特色商业街18条①。

旅游市场健康发展。全市实现旅游总收入2332亿元，比上年增长12%，其中旅游外汇收入23.5亿美元。全年接待入境过夜游客172.57万人次，接待国内游客12092万人次，均比2016年增长7%。年末全市共有5A级景区6家（11个点）、4A级景区35家，五星级饭店28家。高等级景区、星级酒店、旅游度假区、乡村旅游点数量继续保持全省领先。旅游业发展量级稳步提高。苏州获评首批中国休闲旅游示范城市②。

交通运输稳步发展。年末全市公路总里程12705.29千米，其中高速公路598.26千米。全市完成公路、水路客运量3.06亿人次，旅客周转量118.47亿人千米。公路、水路完成货运量1.47亿吨，货物周转量244.91亿吨千米，分别比2016年增长8.6%和9.1%。全年铁路旅客发送量4475.38万人次，比2016年增长10.2%。铁路货物发送量77.82万吨，货物到达量140万吨。苏州港港口货物吞吐量6.05亿吨，其中外贸货物吞吐量1.54亿吨，分别比2016年增长4.4%和1.9%。苏州港集装箱吞吐量587.52万标箱，比2016年增长7.2%③。

邮电业务快速发展。全年邮政业务收入158.96亿元，比2016年增长18.5%。全年发送快递10.45亿件，增长22.8%；实现快递业务收入134.05亿元，增长17.4%。全年电信业务收入197.19亿元，比2016年增长2.4%。年末固定电话用户242.33万户；移动电话用户1859.8万户，其中4G用户1338.89万户。年末互联网宽带用户达527.87万户，比2016年末净增81.15万户④。

2017年末全市金融机构总数838家，金融总资产5万亿元。年末全市金融机构人民币存款余额26467.6亿元，比年初增加603.3亿元，较年初增长2.3%；金融机构人民币贷款余额23986.6亿元，比年初增加2062.2亿元，较年初增长9.4%⑤。

综上所述，苏州市产业结构呈现出以下特点：

（1）产业结构持续优化。2016年，苏州市三次产业产值之比为1.4∶47.2∶51.4，服务业增加值占比首次超过50%。2017年，三次产业产值之比为1.28∶47.55∶51.17，其中，全市服务业增加值比2016年增长8.3%；全年实现高新技术产业产值1.53万亿元，比2016年增长10.5%，占规模以上工业总产值的比重达47.8%，比2016年提高0.9个百分点⑥。

（2）工业企业数量多，工业经济规模总量大。2016年苏州市实现工业总产值3.58万亿元，其中规模以上工业产值3.07万亿元，增长1.1%；工业增加值6363亿元，增长4.8%。从企业数量上看，截至2016年末，苏州市共有工业企业16.4万家，规模以上工业企业9616家，工业产值超百亿元企业30家，拥有世界500强企业2家，以工业为主的境内外上市企业累计达到100家，"新三板"挂牌企业250家，累计有140多家世界500强企业在苏州投资设立400多个以工业为主的项目。从工业类型看，随着工业经济向资本密集和技术密集的重型化转变，苏州的重工业得到了长久发展，2016年末苏州市轻重工业比重达到25.1∶74.9。从行业分类看，通信设备和计算机及其他电子设备制造业、黑色金属冶炼及压延加工业、电气机械及器材制造业、纺织业、化学原料及化学制品制造业、通用设备制造业分别实现产值9947.9亿元、2434.9亿元、2715.5亿元、1309.9亿元、1956.2亿元、

---

① ② ③ ④ ⑤　资料来源：《苏州市国民经济和社会发展统计公报》（2017年）。
⑥　资料来源：《苏州市国民经济和社会发展统计公报》（2016—2017年）。

1952.1 亿元，成为苏州市的六大支柱行业①。

（3）新兴产业和高新技术产业门类齐全，产值占比高。2016 年，苏州制造业领域战略性新兴产业扩展覆盖到 31 个行业大类、292 个行业小类，新兴产业和高新技术产业产值分别达到 1.53 万亿元和 1.44 万亿元，占规模以上工业比重分别达 49.8% 和 46.9%②。

（4）科技型企业多、创新载体能力强。2016 年，苏州市高新技术企业达到 4133 家，省级民营科技企业达到 11840 多家，其中 19 家跨入省第二届百强企业行列，规模以上民营科技企业实现产值约占规模以上工业总产值的 25%。大中型工业企业研发机构建有率超过 80%。苏州市全市累计拥有省级外资研发机构 383 家，占全省总量的三分之二，其中独立研发机构 33 家③。2016 年，苏州市全市专利申请量和授权量分别达到 10.7 万件和 5.4 万件，其中发明专利授权量达到了 1.3 万件，各类技术交易成交额达到 73.8 亿元；2017 年全年专利申请量和授权量分别达到了 11.37 万件和 5.32 万件④。

（5）市场主体活力增强。深化商事制度改革，激发各类市场主体活力。全年新增私营企业 10.6 万户，新增私营企业注册资本 6071 亿元，分别比上年增长 27.4% 和 51.7%；新增个体工商户 16.1 万户，新增个体工商户注册资金 179.7 亿元，分别比上年增长 47.5% 和 61%，2017 年末全市市场主体总量达到 135.2 万户，总注册资本达 5.5 万亿元⑤。

（6）供给侧结构性改革取得实效。关停淘汰落后低效企业 996 家，压减钢铁产能 83 万吨、平板玻璃产能 330 万重量箱，降低企业成本 480 亿元。规模以上工业企业百元主营业务收入成本比年初下降 1.3 元。全市 114 个"补短板"项目完成投资超 260 亿元⑥。

2. 苏州市资源情况

（1）技术。科技创新推进迅速。2016 年全市财政性科技投入 95.2 亿元，占一般公共预算支出的 5.9%。研究与试验发展经费支出占地区生产总值的比重达到 2.78%。全市新增高新技术企业 920 家，累计 4133 家。高新技术产业产值 14382 亿元，占规模以上工业总产值的比重达 46.9%，比 2015 年提高 1.0 个百分点。全年新增省级以上民营科技企业 1472 家，累计达 11840 家⑦。

2017 年苏州市全市财政性科技投入 123.7 亿元，占一般公共预算支出的 7%。研究与试验发展经费支出占地区生产总值的比重达到 2.82%。全市新增高新技术企业 1573 家，累计达 4469 家。新增省级以上工程技术研究中心 67 家，累计达 677 家；新增省级以上企业技术中心 66 家，累计达 447 家；新增省级以上工程中心（实验室）11 家，累计达 79 家；年末省级以上公共技术服务平台 60 家，其中国家级 15 家⑧。

创新载体加快培育。中科院上海技术物理所苏州研究院、上海交通大学人工智能研究院、东南大学苏州医疗器械研究院、哈佛大学韦茨创新中心、科大讯飞苏州研究院等相继落户，中科院电子所苏州研究院、纳米真空互联实验站开工建设。清华—苏州环境创新研究院、华中科技大学（苏州）脑空间信息技术研究院、牛津大学—苏州先进研究中心、悉尼大学中国中心相继设立。2017 年全年新增 19 家国家级众创空间，60 家省级众创空间，年末共有国家级众创空间 51 家，省级众创空间 148 家。年末全市省级以上科技孵化器 107 家，孵化面积 379.8 万平方米，在孵企业超 6000 家⑨。

（2）人力资本。创新实力不断增强，创新人才加速聚集。2017 年末苏州市全市各类人

---

① ② ③ ⑤ ⑥ 　资料来源：根据江苏省对口帮扶贵州省铜仁市工作队提供材料整理。

④ 　资料来源：《苏州市国民经济和社会发展统计公报》（2016—2017 年）。

⑦ 　资料来源：《苏州市国民经济和社会发展统计公报》（2016 年）。

⑧ ⑨ 　资料来源：《苏州市国民经济和社会发展统计公报》（2017 年）。

才总量 259.2 万人，其中高层次人才 22.3 万人。全市拥有各类专业技术人员 176.4 万人，比上年增长 8%。全市拥有高技能人才 54.6 万人。新增国家"千人计划"人才 18 人，累计达 237 人，其中创业类人才 127 人。新增省"双创计划"人才 99 人，累计达 782 人①。

专利成果质量提升。2016 年全年专利申请量为 10.1 万件，其中发明专利申请量为 4.5 万件，占比达 44.6%；专利授权量为 5.1 万件，其中发明专利授权量为 1.2 万件，占比达 23.5%；年末万人有效发明专利拥有量达 37.6 件，比 2015 年增加 10.1 件②。2017 年全年专利申请量 11.37 万件，其中发明专利申请量 4.58 万件，占比达 40.3%；专利授权量 5.32 万件，其中发明专利授权量 1.16 万件，占比达 21.8%；年末万人有效发明专利拥有量达 46.0 件③。

教育资源供给持续增加。2017 年新建中小学、幼儿园 66 所，改扩建 31 所，新增学位 5.5 万个。全市拥有各级各类学校 797 所，在校学生 139.92 万人，毕业生 30.03 万人，专任教师 8.63 万人。其中普通高等院校 26 所，普通高等学校在校学生 21.75 万人，毕业生 6.55 万人。高等教育毛入学率 68.7%。成人高等学校在校学生 2.89 万人，毕业生 1.19 万人④。

公共文化服务体系持续完善。苏州被文化部列为全国文化消费试点城市。2017 年末全市共有文化馆 12 个、文化站 85 个、公共图书馆 11 个、博物馆 44 个。文化创意产业做大做强。全市共有 8 个国家级、16 个省级和 51 个市级文化产业示范园区（基地），全年文化产业主营业务收入超过 5300 亿元，比 2016 年增长 12%。文化保护与传承进一步加强。完成江南水乡古镇预研究和申遗文本初稿的编制工作。出台《苏州市濒危非物质文化遗产代表性项目人才培养与管理办法》，评审首批 6 项濒危非遗项目，评定首批 53 位苏州市荣誉传承人。"心艺行——苏州非遗走出去"赴沙特参展⑤。

（3）资本市场。苏州市的资本市场资金充裕，发展稳定。2016 年证券业务平稳发展。年末全市证券交易开户总数 227 万户，证券机构托管市值总额 6123 亿元。全年各类证券交易额 5.32 万亿元，期货市场交易额 3.10 万亿元⑥。

资本市场作用凸显。2016 年全年新增上市公司 13 家，年末上市公司总数达 113 家，累计募集资金 1582 亿元；新增"新三板"挂牌企业 203 家，累计达 432 家。全年新增债券融资 1373.8 亿元，比 2015 年多增 688.1 亿元⑦。2017 年全年新增上市公司 14 家，年末上市公司总数达 127 家，累计募集资金 1910 亿元；新增"新三板"挂牌企业 70 家，累计达 459 家；全年新增债券融资 854 亿元；2017 年末全市证券机构托管市值总额 6594 亿元，各类证券交易额 4.91 万亿元，期货市场交易额 2.83 万亿元⑧。

二、铜仁市产业与资源情况

1. 铜仁市产业情况

2017 年，铜仁市全年实现地区生产总值 969.86 亿元，按可比价格计算，同比增长 11.5%，其中，第一产业实现增加值 219.73 亿元，增长 6.6%；第二产业实现增加值 277.53 亿元，增长 11.8%；第三产业实现增加值 472.60 亿元，增长 13.6%。人均地区生产总值 30801 元（以常住人口计算），按人民币汇率（2017 年 12 月 31 日）折合 4734 美元，净增 3435 元，按可比价计算，同比增长 10.9%。自 2013 年以来，铜仁市的地区生产总值逐

---

① ③ ④ ⑤ ⑧　资料来源：《苏州市国民经济和社会发展统计公报》（2017 年）。
② ⑥ ⑦　资料来源：《苏州市国民经济和社会发展统计公报》（2016 年）。

年上涨，其增长速度一直保持在两位数以上（见图7-1）①。

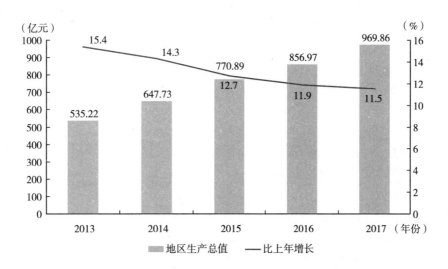

图7-1　2013～2017年铜仁市地区生产总值及增长速度

资料来源：根据《铜仁市国民经济和社会发展统计公报》（2013～2017年）整理绘制得出。

2017年，铜仁市第一产业增加值占地区生产总值的比重为22.7%，第二产业增加值比重为28.6%，第三产业增加值比重为48.7%。2013年以来，铜仁市第一产业占地区生产总值的比重不断下降，第三产业占比不断上升，产业结构不断优化（见图7-2）②。

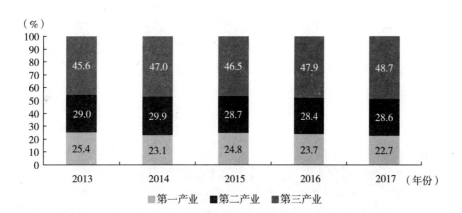

图7-2　2013～2017年铜仁市三次产业增加值占地区生产总值比重

资料来源：根据《铜仁市国民经济和社会发展统计公报》（2013～2017年）整理绘制得出。

目前，铜仁市的产业发展和产业结构主要呈现以下三个方面的特点：

（1）第一产业占比大，但不强。2016年，在贵州省9个州市中，铜仁市第一产业占比最大，为23.7%，分别比贵阳、六盘水、遵义、安顺、黔南、黔东南、黔西南和毕节高出19.4%、14.1%、8.3%、6%、5.8%、4.1%、3.4%和2.5%。2017年铜仁市实现第一产业增加值219.73亿元，全省排名第4位。但是，因受地理环境复杂、经济发展水平低、

① 资料来源：铜仁市统计局.2017年铜仁市国民经济和社会发展统计公报［EB/OL］.铜仁市人民政府网站，2018-05-01，http://www.trs.gov.cn/zjtr/tjnj/201806/t20180601_3283716.html，2018-06-06.

② 资料来源：《铜仁市国民经济和社会发展统计公报》（2017年）。

基础设施落后等因素影响，现代农业技术装备缺乏，科技创新不足，缺少大型龙头企业带动，主导产业的小农户分散经营仍占多数，加工企业总体规模小、实力弱，优质安全的农产品供给不足，部分低端农产品供过于求，产非所需、产大于需、产小于需等情况都有不同程度存在。总体来说，铜仁市的农业发展方式还比较粗放，新型农业经营体系才刚起步①。

（2）第二产业发展快，但量小。一方面，铜仁市坚持新型工业化战略，努力优化环境，大力培育引进企业，实现工业快速发展。2016年，铜仁市全市规模以上工业总产值完成797亿元，规模以上工业增加值完成197.1亿元，增速为11.9%，居全省第1位；500万元口径工业投资完成217.2亿元，增速14.3%，居全省第2位，高于全省平均增速2.3个百分点。2017年，铜仁市第二产业增加值实现277.53亿元，增长11.8%，增速居全省第3位；实现规模以上工业增加值226.20亿元，增长10.9%，增速排全省第4位；500万元口径工业投资完成1073.58亿元，增速22.8%，居全省第1位。从数量上看，2017年铜仁市规模以上工业企业总数达到了630户，比2010年的52户增长了11倍，年均增加量约为83户。无论从数量还是增长率方面来看，铜仁市的第二产业发展速度都比较快②。

另一方面，铜仁市的第二产业从总体上看，还存在量小的特点，发展不足。从总量上来看，铜仁市的第二产业增加值居全省第6位，规模以上工业增加值则排全省第7位，分别只占排位第1的贵阳和遵义的20%；从占比来看，2016年，铜仁市第二产业占比为28.4%，在全省排倒数第2位，比六盘水、遵义、贵阳、毕节、黔南、安顺和黔西南分别低21.8%、15.8%、10.2%、9.6%、6.7%、4%和3.7%，仅比黔东南高0.6个百分点，工业对GDP的贡献率仅为22.4%；从结构上看，一是重工业远大于轻工业，轻重工业比重为34.6∶65.4。二是传统产业大于特色新兴产业，2017年，以电力、冶金、矿产、建材、化工为主的传统支柱行业完成增加值117亿元，占铜仁市全市规模工业增加值的60.8%，以烟、酒、茶、药、食、水等为主的特色产业完成的增加值为55亿元，不到传统行业增加值的一半，仅占全市规模以上工业增加值的28.6%，以装备制造、电子信息及纺织制造为主的新兴产业完成增加值20.5亿元，不足传统产业增加值的五分之一，仅占全市规模工业增加值的10.6%。传统产业仍是铜仁市的支柱产业，其中电力、冶金工业产值占铜仁市全市工业产值的比重为17.5%和6.9%，建材产业、化工占全市规模以上工业产值的比重为21.5%和8.3%，而烟酒产业占全市规模以上工业产值的比重仅为3%。全市战略新兴产业的完成量也较小，铜仁市的战略新兴产业主要是电子制造和新材料产业，截至2016年底，铜仁市的电子制造企业共26户，新材料企业共8户，两类企业2016年共完成产值仅45亿元。从要素上看，因电煤价格、矿石价格等价格趋高，物流、原材料、融资成本越来越高，加上环境约束趋紧，严重影响了企业的稳定生产，导致产品长期处于价值链底端，附加值不高，市场竞争力较弱的局面③。

综上所述，虽然铜仁市全市工业发展迅速，但仍然存在规模较小、布局分散、总量不足、结构不优、效益不佳等问题，主导产业集中在电力、冶金、化工、装备制造等资源型或粗放加工型行业和领域，大数据电子信息、生物工程、新能源、新材料等高新技术产业所占比重很低，企业自主研发能力较弱，产品科技含量较低，与铜仁市经济由高速增长阶段向高质量发展阶段的要求差距较大，尚不能适应加快建设现代经济产业体系的要求。

（3）第三产业势头好，但单一。2016年，铜仁市第三产业占比为47.9%，居全省第四位，比六盘水、遵义、毕节、黔南和黔西南分别高7.7%、7.5%、7.1%、0.9%和0.3%，

———————————
①②③ 资料来源：根据铜仁市人民政府提供材料整理。

但比贵阳、黔东南和安顺分别低9.2%、4.7%和2%。从增长速度看，2016年，铜仁市第一、第二、第三产业的增加值分别增长了5.8%、13.1%和14.2%；2017年，铜仁市第一、第二、第三产业的增加值分别增长了6.6%、11.8%、13.6%，第三产业增长速度最快。2017年，铜仁市社会消费品零售总额完成210.85亿元，比2016年增长12.7%，增长速度居全省第一位；各项存贷款余额分别为1416.25亿元和991.77亿元，分别增长10.6%和21.3%，增长速度均为全省第四；铜仁市全市第三产业实现增加值472.6亿元，比2016年增长13.6%，增长速度居全省第五位①。

综上所述，从总体上来看，铜仁市第三产业增长速度较快，发展势头强劲，但铜仁市第三产业的发展主要依赖于旅游业，产业结构单一，不利于第三产业的持续稳定增长。2016年铜仁市共接待海内外游客4455.13万人次，实现旅游总收入347.3亿元，同比分别增长43.7%和44.6%，旅游收入占GDP的比重为19.5%②；2017年铜仁市共接待海内外游客6465.77万人次，实现旅游总收入517.93亿元，同比分别增长45.1%和49.1%，旅游收入占GDP的比重达到了11.5%③。旅游业成为铜仁市第三产业的主要组成部分，且"一家独大"，而第三产业中的现代商贸物流、电子金融、科技服务、商务服务、人力资源服务、健康服务、信息服务、养老服务、家庭服务等高端新兴服务业则少而弱。总体看，铜仁市传统服务业比重偏大，现代服务业的水平和所占比重都较低，服务业市场主体呈现小、散、乱的特点，产业结构升级缓慢。

2. 铜仁市资源状况

（1）自然资源。一是区位优越，交通便利。铜仁市地处渝鄂湘黔四省市交界处的武陵山地区，东邻湖南，北接重庆，是西南地区连接中东部地区的桥头堡和交通枢纽，素有"黔东门户""黔东明珠"之称。湘黔铁路、渝怀铁路跨境而过；杭瑞高速公路、从松高速建成通车，已实现县县通高速。便捷的交通条件，使铜仁市与黔中经济区、成渝城市群和长株潭城市群中心城市形成了4小时交通网络。铜仁市凤凰机场开通的航线覆盖全国各主要城市；500吨航船可通乌江航道进入长江直达东海，铜仁市现已形成了发达的水陆空立体交通网络，交通便利，区位优越④。

二是森林资源富集，旅游资源得天独厚。铜仁市共有林地近105.6平方千米，自然植被种类丰富，有木本野生植物900多种，药用植物1000多种，属国家一、二类保护的珍稀树种近10种。铜仁市境内的梵净山是地球同纬度上唯一幸存的原始森林，覆盖面积达95%，负氧离子每立方厘米高达6万~12万个，是联合国"人与生物圈"保护网成员、国家级自然保护区、中国佛教名山、中国文化发源地、中国十大避暑名山、国家4A级景区和生态名山。除此之外，铜仁市境内还有2个4A级景区、8个3A级景区和1个国家级自然保护区。铜仁市境内的旅游资源整体以梵净山为核心，呈"金三角"分布，与湖南张家界、湖南凤凰形成了差异互补的黄金旅游线路⑤。

三是水能资源十分丰富。沅江、乌江两大水系在铜仁市境内流域面积分别为6883平方千米和11140平方千米，分别占全区总流域面积的38.2%和61.8%，水电资源理论蕴藏量为500万千瓦⑥。

四是矿产资源储量巨大，种类丰富。铜仁市境内有汞、锰、铅锌、金等40余种矿种，发现和探明的矿床、矿点近千处。优势矿产资源主要有六种：一是锰矿资源，已探明锰矿储量达到7亿吨，占全国锰矿探明储量的20%，是全国三大锰矿富集区之一，适于生产电解

---

① ④ ⑤ ⑥ 资料来源：根据铜仁市人民政府提供材料整理。

② ③ 资料来源：《铜仁市国民经济和社会发展统计公报》（2017年）。

金属锰、二氧化锰等产品；二是钾矿资源，已探明资源量为 35 亿吨，层位稳定、易开采，广泛用于生产农业三大肥料之一的钾肥，市场前景广阔；三是紫袍玉资源，这是铜仁市独有的优势矿产资源，已探明资源量为 80000 立方米，目前原矿的市场价值已超过千亿元；四是页岩气资源，这是一种新型的清洁能源矿产，是中国解决能源短缺、遏制生态恶化趋势的一个新取向，是铜仁市潜在开发价值最大的矿产资源之一，而铜仁市境内的页岩气储量近万亿立方米，已被列为国家七个试验规划区之一；五是钒矿资源，初步探明资源总量约 100 万吨，潜在资源量为 500 多万吨，具有极大的经济开发价值；六是煤矿资源，潜在资源量近 10 亿吨[①]。

五是生态产业资源丰富，具有生态农业和生物制药资源优势。铜仁市目前已建立了一批畜牧业、中药材、冷水鱼养殖基地和花生、辣椒、茶叶、山野菜等绿色产业基地，烤烟产业、畜牧水产养殖业、中药材产业、果蔬产业也已初具规模，全市已拥有无公害茶园 130 万亩，精品水果 50 万亩，特色蔬菜 150 万亩，是贵州最重要的有机农产品、生态畜产品生产加工基地[②]。

（2）人力资源。铜仁市有丰裕的劳动力和人力资本。2017 年末，铜仁市全市户籍人口 440.24 万人，常住人口 315.69 万人。全年人口出生率为 13.46‰，比 2016 年提升 0.46 个千分点，人口自然增长率为 6.06‰（见表 7-1）[③]。

表 7-1　2017 年铜仁市人口情况

指标名称	绝对数
户籍人口（万人）	440.24
常住人口（万人）	315.69
出生率（‰）	13.46
自然增长率（‰）	6.06

资料来源：《铜仁市国民经济和社会发展统计公报》（2017 年）。

2017 年全年城镇新增就业 5.01 万人，比上年增长 1.9%，城镇登记失业率为 3.48%。全市完成职业技能培训 3.36 万人，比上年增长 40%；转移农村劳动力 9.25 万人，比上年增长 2.3%[④]。

教育是人力资本积累的主要方式。2017 年全年各级财政对教育事业的投入达 92.00 亿元，同比增长 10.8%。全市有普通高等学校 5 所，招生 13690 人，在校生 39807 人，毕业生 9258 人。有中等职业学校 18 所，招生 16177 人，在校生 41507 人，毕业生 10972 人。有高中教育学校 42 所，其中教育部门办高中 29 所，招生 34164 人，在校生 101648 人，毕业生 33471 人；社会力量办高中 13 所，招生 8544 人，在校生 19368 人，毕业生 3924 人。有初中教育学校 216 所，其中，教育部门办初中 198 所，招生 61436 人，在校生 186029 人，毕业生 66078 人；社会力量办初中 18 所，招生 3377 人，在校生 13480 人，毕业生 4715 人。有小学教育学校 1522 所（含教学点 698 个），其中教育部门办小学 1499 所，招生 54554 人，在校生 318951 人，毕业生 60389 人；社会力量办小学 23 所，其中招生 1099 人，在校生 9902 人，毕业生 2474 人。有幼儿园 719 所，其中教育部门办幼儿园 310 所，在园 83394 人；

---

①② 资料来源：根据铜仁市人民政府提供材料整理。
③④ 资料来源：《铜仁市国民经济和社会发展统计公报》（2017 年）。

社会力量办幼儿园 409 所，在园 60254 人①。

（3）民族文化。铜仁市总面积 18003 平方千米，共 170 个乡镇，其中有 4 个民族自治县和 56 个民族乡。在铜仁市 420 万人的总人口中，其中少数民族占 71%，有汉族、苗族、土家族、侗族等 26 个民族，是一个典型的少数民族聚居区，远高于全省（38.98%）少数民族人口占总人口的比例②。

铜仁处于巴渝文化和湘楚文化的交汇地段，由于受两种文化的长期影响，逐渐形成了铜仁土家、苗、侗等少数民族独有的民族特性，孕育出了以傩堂戏、土家摆手舞、苗族四面鼓、侗族大歌、鼍锣等为代表的民族歌舞文化；以松桃苗族花鼓村寨、江口云舍土家族村寨、思南郝家湾古寨和石阡楼上古寨等为代表的民居文化；以铜仁周逸群烈士故居、沿河黔东特区革命委员会旧址、德江枫香溪会议会址、印江木黄会师纪念馆和石阡红二、六军团总指挥部旧址等为代表的红色文化；特别是孕育的以梵净山为代表的山文化和以秀美锦江、乌江百里画廊为代表的水文化成为"梵天净土·桃源铜仁"的最美丽代表。

目前，铜仁市全市有国家级非物质文化遗产五个，即仡佬毛龙节、松桃苗绣、思南花灯戏、石阡木偶戏和德江傩堂戏。铜仁市全市现有古文化遗址、古建筑、古墓葬、摩岩石刻共计 210 处，其中全国重点文物保护单位 1 处（石阡万寿宫），省级重点文物保护单位 30 处，县级重点文物保护单位 179 处。其中古遗址 3 处，古墓葬及历史人物墓葬 29 处，古建筑及历史纪念建筑 64 处，石碑石刻 32 处③。

雄奇险峻的梵净山、美丽多情的锦江水、绚丽多姿的民族歌舞，这些在体现了铜仁民族文化原始自然、淳朴独特的个性的同时，又与民族文化相得益彰，使铜仁市发展民族文化产业有了得天独厚的先天条件，这也是铜仁市民族文化产业发展的最大比较优势。

（4）政策优势。铜仁市是西部大开发、国发 2 号文件、武陵山片区扶贫攻坚规划等政策多重叠加覆盖的地区。一是享受西部大开发财政、土地、税收优惠政策。二是国发 2 号文件将贵州定位为"全国重要的能源基地、资源深加工基地、特色轻工业基地、以航空航天为重点的装备制造基地和西南重要陆路交通枢纽"，并实行差别化产业政策，为符合条件的企业提供政策优惠。三是所有区县全部列入《武陵山片区区域发展与扶贫攻坚规划（2011—2020）》，到 2020 年国家将对铜仁市的基础设施、工业化、城镇化、农业产业化、文化旅游经济等方面给予重点支持，并在财税、金融、土地、产业投资、人才引进、生态补偿等方面赋予"先行先试"的特殊政策。四是获得 300 亿元的武陵山片区旅游产业投资基金，这是贵州第一只具有国家拍照的产业投资基金。五是习总书记对资源枯竭型城市转型发展做出重要批示，为铜仁市加速发展创造了新的政策优势。六是贵州大力实施工业强省和城镇化带动战略，为铜仁市加快工业化、城镇化、农业产业化步伐，实现"三化"同步发展提供了难得的政策环境，也为铜仁市招商引资提供了坚实的基础。

（5）成本优势。铜仁市发展工业时在综合成本方面极具竞争优势，主要有以下几点：

一是电价成本低。目前铜仁市大工业用电综合电价为 0.55 元/千瓦时，比湖南 0.63 元/千瓦时低 8 分钱，比重庆 0.62 元/千瓦时低 7 分钱，比广西 0.58 元/千瓦时低 3 分钱。且按照国发 2 号文件规定，重点新建企业可以通过建设热电联产机组实行电力直供，综合电价可以进一步降至 0.42 元/千瓦时，预计可以在原先电价成本基础上降低硅锰合金成本 600 元/吨左右，约降低电解锰成本 1000 元/吨④。

---

① 资料来源：《铜仁市国民经济和社会发展统计公报》（2017 年）。
②③ 资料来源：铜仁市人民政府官网。
④ 资料来源：根据铜仁市人民政府提供材料整理。

二是土地成本。目前铜仁市工业用地最低价主城区为十二等地价 120 元／平方米，每亩 8 万元；各区县为十五等地价 60 元／平方米，每亩 4 万元，均低于周边省市，且对于投资强度达到一定标准的重点项目，地价将进一步优惠①。

三是运输成本。由于交通发达，无论是铜仁市所需的原材料还是工业产品的运输成本均低于周边省市。

四是劳动力成本。铜仁市劳动力充足，有富余劳动力 100 多万人，均有在长三角、珠三角一带的打工经历，具有一定的实用技术，其中很多人已成为企业中的技术骨干。铜仁市劳动力的平均月工资为 1500 元左右，远低于全国水平②。

五是税收优惠。按照国家西部大开发政策，在铜仁市投资企业按 15% 征收企业所得税，地方税前 5 年实行"免 2 减 3"的政策。

三、苏州市—铜仁市基本情况对比

1. 产业互补

（1）铜仁市的主导产业为资源型和粗加工型产业，苏州市的主导产业为高新技术产业。从总体上来看，铜仁市的主导产业集中为电力、冶金、化工、装备制造等资源型和粗加工型，大数据电子信息、生物工程、新能源、新材料等高新技术产业占比很低，企业自主研发能力弱，产品科技含量低。苏州市的产业状况和铜仁市相反，自改革开放以来，苏州市经过三次产业结构调整和升级，形成了制造业和服务业并重的产业结构，且集中发展资本密集型、技术密集型产业和外向型经济。目前苏州已形成以电子信息、生物工程和新医药、新材料、新能源、环保产业为主的高新产业集群，通信设备、计算机及其他电子设备制造业发展迅猛。

（2）铜仁市的传统服务业占比偏大，现代服务业比重较低；苏州市则高起点发展现代服务业。从总体上看，铜仁市的服务业市场主体小而散，产业结构升级缓慢，且传统服务业比重偏大，现代商贸物流、信息服务、养老服务、家庭服务等高端新兴服务业少而弱，现代服务业比重和水平都较低。

苏州市则抓住"互联网＋"发展大机遇，重点支持云计算、物联网、大数据等关键核心技术攻关，形成了现代物流、现代金融、电子商务、创意设计、检验检测、软件和信息技术、人力资源服务、健康服务、养老服务等现代服务业全面发展的格局。

（3）铜仁市的传统产业大于特色新兴产业；苏州市新兴产业发展迅速，产业创新水平不断提升。2017 年，铜仁市以电力、冶金、矿产、建材、化工为主的传统支柱行业完成增加值 117 亿元，占全市规模以上工业增加值的比重为 60.8%，以烟、酒、茶、药、食、水为主的特色产业完成增加值 55 亿元，占全市规模以上工业增加值的 28.6%，以装备制造、电子信息为主的新兴产业完成增加值 20.5 亿元，占全市规模以上工业增加值的 10.6%，铜仁市的传统支柱产业比重大于特色产业和新兴产业的比重，传统产业发展成熟，特色产业和新兴产业处于初步发展阶段③。苏州市的新兴产业和高新技术产业门类齐全，苏州制造业领域战略性新兴产业已扩展覆盖到 31 个行业大类，292 个行业小类，2016 年苏州市新兴产业和高新技术产业产值分别达到 1.53 万亿元和 1.44 万亿元，占规模以上工业的比重分别达 49.8% 和 46.9%，2017 年上半年，苏州市的新兴产业占规模以上工业的比重已超过 50%，苏州市新兴产业发展成熟④。

（4）铜仁市以内向型经济增长方式为主，外向型经济发展处于初级阶段；苏州市则形

---

①②③ 资料来源：根据铜仁市人民政府提供材料整理。

④ 资料来源：根据江苏省对口帮扶贵州省铜仁市工作队提供材料整理。

成了以出口为导向的外向型经济格局。铜仁市的经济发展主要着眼于国内市场，以内向型经济增长方式为主，外向型经济发展处于初级阶段。近年来，铜仁市积极拓展国外市场，外贸进出口额从 2015 年的不足 1000 万美元增长到 2018 年上半年的 4807 万美元[①]，发展迅速。铜仁市的外向型经济总量已由小规模向大规模转变，经济结构也已从单一的原材料出口向深加工转变，但无论从总量上看，还是从技术和渠道来看，铜仁市的外向型经济发展仍处于初级阶段。苏州市则通过招商引资，形成了以出口为导向、以高科技行业为主体的外向型经济格局。苏州市通过与外来投资、合资、合作经营的方式，吸引资本密集型资本入驻，且重点引入核心技术或引入拥有核心技术的外国公司，突出研发中心的引进和建设，重视引进、消化、吸收和再创新，为苏州市经济发展提供了资本和技术基础与支撑。

2. 资源差异

（1）铜仁市自然资源丰富。

1）水资源丰沛。铜仁市境内有沅江、乌江两大水系，长 10 千米以上的河流 171 条，水电、火电总装机容量近 1000 万千瓦，是贵州西电东送的桥头堡；铜仁市水质优良，有中国好水源点 19 个，已引进农夫山泉、好彩头、屈臣式、太极集团等 140 多家知名饮用水、饮料企业，水产业已成为铜仁市的重要支柱产业[②]。

2）矿产资源丰富。铜仁有"中国锰都""中国汞都"之称。目前，铜仁市已发现的矿产资源有 40 多种，主要有锰、汞、钾、页岩气、石英石、白云石、紫袍带石等，其中，已探明和控制的锰矿资源总量约 7 亿吨，保有资源量约 6 亿吨，锰矿储量位居亚洲第一；页岩气预测储量 1.2 万亿立方米；铜仁市的汞矿储量居亚洲第一，世界第三[③]。

3）具有丰富的生态农业和生物制药资源。茶叶、中药材、生态畜牧业、果蔬、食用菌、油茶是铜仁市的六大特色农业产业。截止到 2017 年底，铜仁市全市茶叶基地面积达 189 万亩，中药材种植面积 78 万亩，生态肉类产量 27.65 万吨，禽蛋产量 2.78 万吨，蔬菜播种面积 208.5 万亩，果园面积 79.22 万亩，规模发展食用菌 3 亿棒，累计建成油茶产业基地 85.4 万亩[④]。

（2）铜仁市劳动力资源丰富。铜仁市劳动力充足，有富余劳动力 100 多万人，均有在长三角、珠三角一带的打工经历，具有一定的实用技术，其中很多人已成为企业中的技术骨干[⑤]。

（3）苏州市科学技术创新领先，人力资源丰富。截止到 2017 年末，苏州市全市高新技术企业共计 4469 家，工程技术研究中心 677 家，省级以上企业技术中心 447 家，省级以上工程中心（实验室）79 家，省级以上公共技术服务平台 60 家，其中国家级 15 家，国家级众创空间 51 家，省级众创空间 148 家，省级以上科技孵化器 107 家，孵化面积 379.8 万平方米，在孵企业超 6000 家。截止到 2017 年末，苏州市全市各类人才总量 259.2 万人，其中高层次人才 22.3 万人。全市拥有各类专业技术人员 176.4 万人，拥有高技能人才 54.6 万人。全年专利申请量 11.5 万件，其中发明专利申请量 4.6 万件；专利授权量 5.15 万件，其中发明专利授权量 1.15 万件[⑥]。

（4）苏州市的资本市场成熟，资金充裕。截止到 2017 年末，苏州市全市上市公司总数达 127 家，累计募集资金 1910 亿元；"新三板"挂牌企业 459 家；全年新增债券融资 854 亿

---

① 朱泗蓉. 贵州铜仁：以平台搭建促对外开放经济发展［EB/OL］. 多彩贵州网，http：//sh.qihoo.com/pc/97f540edb0634420d？cota＝1&refer_scene＝so_1&sign＝360_e39369d1，2018－08－25.

②③④⑤ 资料来源：根据铜仁市人民政府提供材料整理。

⑥ 资料来源：《苏州市国民经济和社会发展统计公报》（2017 年）。

元；全市证券机构托管市值总额 6607 亿元，各类证券交易额 4.54 万亿元，期货市场交易额 2.83 万亿元[①]。

第二节　苏州—铜仁东西部扶贫协作情况

2013～2016 年，苏州市与铜仁市的扶贫协作项目共 9 个，总投资 138718 万元，其中苏州市提供扶贫协作资金 13429 万元（其中农业产业化项目 8 个共 3279 万元、美丽乡村扶贫协作项目 4 个共 5750 万元、教育扶贫协作项目 4 个共 3600 万元、人才培养项目 4 个共 700 万元、共建园区 1 个 100 万元）[②]。且苏州—铜仁两市扶贫协作的工作领域正在全方位地拓展，从扶贫攻坚向职业教育、人才交流、园区共建、招商引资、旅游开发等全方位拓展，从单纯的"输血式"无偿支援向"造血式"互利合作发展。具体措施和做法如下：

1. 推进产业园区建设，增强铜仁市经济发展内生动力

2015 年，苏州和铜仁两市签订了共建园区合作框架协议，苏州市捐赠扶贫协作资金 3500 万元，并建立了连续 5 年援助共建园区投资公司每年递增 100 万元的专项资金增长机制。在两市政府的大力推动下，铜仁—苏州共建产业园区各项工作稳定推进。2016 年，铜仁—苏州产业园完成规模以上工业总产值 120.4 亿元，在贵州省 111 个产业园区综合考核中排名第 13 位。2017 年，园区累计入驻企业 224 户，其中规模以上企业 60 家，实现工业总产值 142 亿元，税收 9.8 亿元，同比分别增加 18.3% 和 7.7%，初步形成了以特色食品、医药用品、轻工用品、大数据产业四大支柱产业为代表的产业体系[③]。

2. 加大投资力度，利用产业优化升级的机会，实现部分产业向铜仁的转移

一方面，自 2014 年以来，铜仁市出台了一系列招商引资优惠政策和办法，鼓励企业家和社会资本到铜仁市投资兴业；另一方面，近年来，苏州市的产业结构不断优化，部分产业不再适合苏州市的进一步发展要求，但对于铜仁市来讲，却是发展促进地区经济发展的一大助力。基于此，苏州—铜仁两市在政府的大力推动下，铜仁市积极对接苏州市开展招商引资，并成功搭建了铜仁—苏州产业园产业转移平台，2017 年铜仁市在苏州举办招商活动 50 多次，并鼓励苏州等东部地区的企业落户铜仁，目前共有 49 家东部企业的 50 个项目落户铜仁市，签约资金达 99.7 亿元，现已到位资金 49 亿元[④]。

3. 加强两市的农业产业化协作，大力推动"铜货出山"

2013 年，铜仁市在苏州市举办了铜仁—苏州第一届农产品交易会，大力推广和宣传铜仁市绿色优质农产品，并形成机制，每年都会在苏州举办农产品交易会。并且为加强两地的农业产销交流，建立健全农产品产销对接机制，促进铜仁市农业产业化发展，2016 年，苏州市和铜仁市农委签订了《苏州—铜仁农业对口帮扶合作协议》，同时，苏州市农委向铜仁市农委捐赠 100 万元扶贫协作资金，并于 2017 年制定了《铜仁市创新农产品产销对接机制提高产业扶贫精准度和实效性实施方案》。为加速铜仁市优质绿色农产品进入苏州市场，2016 年建立了铜仁市农产品（苏州）实体体验馆，苏州黔净高原食品有限公司与铜仁市农委签订了《合作建立"铜仁市优质农产品苏州推广中心"协议书》。到 2017 年，已有超过 30 家铜仁农产品企业入驻"铜仁市优质农产品苏州推广中心"，各类特色农产品近 300 种，销售收入达 750 万元。2017 年 12 月，苏州市和铜仁市签订《"梵净山珍—健康养生"铜仁

---

① 资料来源：《苏州市国民经济和社会发展统计公报》（2017 年）。
②③④ 资料来源：根据江苏省对口帮扶贵州省铜仁市工作队提供材料整理。

农特产品供销合作协议》《苏州—铜仁茶叶产销对接合作协议》，并在苏州市多次组织和开展铜仁农产品资源推介会，极大促进了铜仁市农产品供销基地的建设和农特产品的销售①。

4. 加强旅游业多领域的经济交流和协作，产业合作成效明显

2013 年，苏州市和铜仁市旅游部门签订了《旅游产业合作协议》，明确了苏州市与铜仁市在旅游业领域扶贫协作的方向和重点，同年，苏州旅行社、苏州文化国旅与铜仁市博大旅行社签订了《互送团队旅游合作协议》，为两地旅游企业的深度合作创造了良好的政策环境。为提升铜仁旅游文化知名度、美誉度和品牌形象，铜仁市积极在苏州市组织开展旅游推介活动，例如：参加"苏州国际旅游交易博览会"；举办"山地公园省—多彩贵州风"旅游促销活动；开展苏州—铜仁文化周活动；举办"多彩贵州之印象铜仁""梵天净土—桃源铜仁"、2017 年铜仁冬季度假旅游等系列活动。同时，在苏州市以多种媒体和形式大力宣传和推介铜仁市的旅游资源和信息，为铜仁市旅游发展把脉，促进铜仁市旅游业的健康发展。此外，苏州市和铜仁市积极对接组织开展旅游从业人员专题培训，利用各项优惠政策吸引东部游客到铜仁旅游，促进扶贫协作旅游与经济融合发展。

5. 创新金融扶贫，为铜仁经济发展注入新的活力

2016 年，东吴证券与铜仁市政府签署战略合作协议，为铜仁市在资本市场发展方面提供了全方位的金融服务，同时将铜仁市石阡县、松桃县列为国家证监会"一司一县"扶贫协作县，并选派专职管理人才实地全职开展金融扶贫工作；2017 年，东吴证券与铜仁市 6 家企业签订协议，为铜仁市及铜仁市推荐的拟上市（挂牌）企业在发行债券、新三板挂牌、股权转让、资产证券化等方面提供专业指导，并为铜仁市九龙地矿开发有限责任公司和水务投资股份有限责任公司分别发行 10 亿元绿色企业债券和 10 亿元债权融资，成功帮助铜仁市玉安爆破工程股份有限公司在新三板挂牌。创新金融的扶贫协作，为铜仁市经济发展注入了新的活力②。

6. 劳务协作，促进就业

苏州市与铜仁市人社部门于 2013 年、2014 年和 2017 年，分别签订了《人才战略框架协议》《铜仁—苏州劳务合作协议》和《2017 年职业技能培训委托培训协议书》，并在苏州市组织举办了以"广聚人才—携手铜仁跨越发展"为主题的急需紧缺人才专场招聘会，搭建了网络平台，及时交流企业用人需求和铜仁农村劳动力信息，并建立了岗位信息库，促进了苏州市和铜仁市人力资源信息的共享、人力资源合作和人力资源在两市之间的有序流动，特别是加大了对铜仁市农村贫困劳动力的就业培训力度，截至 2017 年底，已完成培训班次 99 期，培训贫困劳动力 5580 人。此外，积极搭建就业平台，2017 年，累计召开东西协作招聘会 16 次，提供就业岗位 14162 个，实现贫困人口 1188 人就业；2018 年 3 月，在铜仁市举行了"铜仁—苏州对口帮扶劳务协作暨春风行动专场招聘会"，380 家苏州市优质企业参加，提供就业岗位 6.5 万个③。

第三节　苏州—铜仁东西部扶贫协作的经验

一、"造血式"扶贫协作为主，"输血式"扶贫协作为辅

苏州—铜仁扶贫协作最根本目的是帮助铜仁市摆脱社会经济发展落后的状况，实现铜仁

---

①②③　资料来源：根据江苏省对口帮扶贵州省铜仁市工作队提供材料整理。

市社会经济的健康、持续发展。要实现这一目标，"输血式"的扶贫协作，即苏州市给予铜仁市的资金支持、援助，项目拉动，这些只能治标，对铜仁市社会经济的发展只是暂时的帮助和拉动；只有充分利用铜仁市的优势资源，结合其社会经济发展特点，帮助铜仁市增强其经济发展的内生动力，建立良好的经济发展机制，实行"造血式"的扶贫协作，才能让铜仁市的社会经济真正"立"起来，实现其社会经济的健康、持续发展。

二、充分利用优势产业和优势资源，促进社会经济发展

要促进铜仁市的社会经济发展，首先要明确铜仁市的优势资源和优势产业，以优势资源为点，优势产业为线，相关产业为面，进而实现铜仁市社会经济的全面发展。便利的交通、丰裕的矿产、水能等自然资源是铜仁市的优势资源，矿产开采和加工、特色农业、文化旅游业是铜仁市的优势产业，相关产业则包括金融业，批发和零售业，居民服务和其他服务业，建筑业，租赁和商务服务业，住宿和餐饮业，交通运输、仓储和邮政业以及房地产业等。苏州—铜仁扶贫协作，秉承从优势产业出发的原则，除了注入资金进行优势产业的扶持以外，还对其进行大力宣传和推广，扩大铜仁市的农特产品和文化旅游产品市场，建立其生产和销售的长效机制，并带动相关产业的长足发展，增强铜仁市经济发展能力，促进铜仁市社会经济的全面和持续发展。

三、重视人力资本的积累

人力资本对促进劳动生产率的提高和社会经济的持续发展方面起着重要的作用。铜仁市对人力资本的重视和苏州市在人力资本方面的扶贫协作，是铜仁市增强内生经济发展动力，实现社会经济健康、持续发展不可或缺的一部分。具体做法有以下几点：一是帮助铜仁市引进人才，通过举办招聘会和直接选拔输送的方式，将东部的技术人才和管理人才输送到铜仁市；二是培训帮扶，苏州市与铜仁市签订相关协议，建立起苏州市帮助铜仁市培训技术、管理人才的长效机制，将东部地区的专业技术和先进的管理理念引入铜仁市；三是劳动力的回流，铜仁市鼓励外出打工人员回归本土，在创业、就业等方面均给予一定的方便，技术人才和管理人才的回流，也为铜仁市经济发展注入了新的活力。

第四节　苏州—铜仁东西部扶贫协作的困难和问题

一、产业合作深度不够

虽然在农业产业和文化旅游业合作方面，已经取得了一定的成效，但这些合作或协作，目前主要是停留在比较浅显的层面，如加强对铜仁市农特产品和文化旅游产品的宣传推广，让铜仁市的特色产品走出贵州，走向东部，以吸引东部地区的企业和游客来铜仁市建厂和消费等，苏州—铜仁扶贫协作在产业合作方面的深度还不够，尚未形成优势产业协作方面的长效机制，没有实现两市资源的有效整合，也未形成产业链，这一方面可能导致苏州—铜仁在优势产业方面的扶贫协作效果大打折扣，并且不能实现铜仁市优势产业的持续强力发展；另一方面，不利于铜仁市内生经济增长动力的增强，由于两市在优势产业方面的协作还处于浅显的层面，协作关系松散，因此，一旦扶贫协作关系结束，铜仁市将面临着优势产业发展迟缓或回落的风险。

二、产业园区建设推进缓慢，带动力不强

自 2015 年，苏州市和铜仁市签订了共建园区合作框架协议以来，苏州市除捐赠扶贫协作资金 3500 万元外，还建立了连续 5 年援助共建园区投资公司每年递增 100 万元的专项资金增长机制，铜仁—苏州共建产业园区各项工作稳定推进。但对于捐赠资金的具体使用，铜仁市并没有出台相关细则，工业园区的具体建设也存在发展方向不明确和实施不到位的问题。此外，从园区引进的企业和项目总体上来看，规模偏小，对铜仁市社会经济发展的带动力度也不够。截止到 2017 年底，铜仁市产业园区累计入驻企业 224 户，其中规模以上企业只有 60 家。2017 年，铜仁市在苏州举办招商活动 50 多次，鼓励苏州等东部地区的企业落户铜仁，但目前只有 49 家东部企业的 50 个项目落户铜仁市，共签约资金 99.7 亿元，企业项目不大，对铜仁市社会经济发展的带动力也不强①。

三、产业转移和承接同质化严重，且缺少相关技术支撑

由于产业园区建设的顶层设计不完善，产业园区中产业转移平台对产业承接机制不完善，所承接产业同质化现象严重，且由于铜仁市在收入、社会保障和福利等方面，与东部地区相去甚远，在承接产业转移的同时，并没有将相关的专业技术人员和管理人员一并"承接"；另外，相关的技术和管理经验培训机制也没有建立起来。因此，相关技术人员和管理人才的缺乏，导致铜仁市产业转移承接的效果大打折扣，并没有起到其应有的作用，不利于增强铜仁市经济发展的内生动力和推动铜仁市社会经济的持续稳定发展。

第五节　苏州—铜仁东西部扶贫协作的对策建议

一、进一步深化农业产业合作

按照苏州—铜仁扶贫协作的农业合作协议，除了组织铜仁企业和产品到苏州举办中国—武陵山区（铜仁）农产品交易会和考察活动，充分借助苏州广阔的市场和品牌优势，实现江苏的优势资本与铜仁的优质资源的联合，除强强联合共同打造梵净山特色农产品知名品牌外，还需要进一步深化苏州和铜仁在农产品方面的合作，建立苏州—铜仁农产品产业链，将铜仁特色农产品产业和苏州农产品产业联结，建立铜仁农产品产业的长效发展机制。积极借助碧螺春品牌力量，推进苏州茶品牌与铜仁现有茶产业的深度合作，培育壮大铜仁茶产业。

二、进一步深化文化旅游合作

积极营造良好的旅游市场营销合作环境，扩展苏州和铜仁在旅游产业方面的合作领域，拓展区域发展空间，利用文化旅游资源的差异化，积极打造苏州—铜仁旅游精品线路。加大苏剧、昆曲等非物质文化与铜仁傩戏、花灯，苏绣与铜仁苗绣等非物质文化传承方面的对接，全力打造铜仁特色文化产业。

---

① 资料来源：根据江苏省对口帮扶贵州省铜仁市工作队提供材料整理。

三、进一步深化园区建设合作，引进大型企业和项目

首先，做好铜仁市产业园区的顶层设计，明确主导产业，强化基础设施配套，加快推进产业园区建设。

其次，完善产业转移承接机制，有选择性地承接产业转移，并建立相关技术人员和管理人才的引进或培训机制，发挥承接产业的应有效果和作用。

再次，加强在土地、金融、用工、物流等要素的配套，引进大型企业和项目：一是土地供给政策。按照行业用地定额标准或投资强度，采取出让、租赁、划拨和集体经济组织经营性土地入股等方式保障项目用地需求，其中工业类实体投资项目不挂钩配套商业用地和房地产开发项目；对投资建设学校、医院、幼儿园、敬老院等公益性项目，实行划拨方式供地；投资建设公益类设施项目，用地可按划拨方式提供20年，按照合作方式，符合划拨用地条件的，提供划拨用地；对投资种植业、林果地、畜牧业、水产养殖业等项目，视同农业生产用地。二是金融扶持政策。招商引资投产企业可以申请市属国有投资公司提供3000万元的融资担保；对投资1亿元及以上的鼓励类产业，给予1~2年银行流动性资金贷款利率80%的贴息支持；对投入3000万元及以上的企业技术改造升级项目，给予1~2年的银行贷款利率的贴息支持。对符合条件的企业，帮助申报扶贫产业基金。提升园区承接产业、吸引人才、科技创新等方面的能力，尽快推动一批智能终端、医药健康、节能环保等新兴产业项目在铜仁落地实施，共建园区初具规模。

最后，创新产业园区的经营管理模式和发展理念，推动产业园区向投资多元化、资金来源社会化、经营管理灵活化发展；推进工业化和信息化深度融合，全面运用信息技术改造传统产业，鼓励企业建立平台化、标准化、集成化信息开放系统，实现产业链的信息流、单据流、资金流协同共享，大力推进"生态产业化，产业生态化"。

四、进一步深化康养产业合作

积极依托苏州市中医院的技术优势和铜仁市"梵净山、佛顶山、锦江流域、乌江流域"独特的地理位置和气候条件，丰富的中药材资源，深化中医药产业合作，做大做强铜仁市的大健康产业。

五、进一步深化人才交流合作

落实好苏州—铜仁人才战略框架协议，拓宽铜仁市文化、教育、科技等人才培训渠道，重点落实好苏州—铜仁扶贫协作的"新三百工程"。

六、进一步深化商务劳务合作

积极开展商务交流合作，广泛开展招商引资，引导苏州工商企业到铜仁市投资兴业。加强与苏州市相关部门和企业的对接，建立劳务用工协调机制，精准开展职业技能培训，精准输出铜仁市富余劳动力，帮助群众增收致富。加强与苏州市相关部门的交流与合作，建立铜仁市农村电子商务平台，以数字化、信息化的手段，通过集约化管理、市场化运作、跨行业跨区域联合，降低农村商业成本，使铜仁市的农特产品走向更为广大的市场，促进铜仁市农村社会经济的发展和农民收入的增长。

第六节　苏州—铜仁东西部扶贫协作的重点方向

根据铜仁市的产业发展情况和苏州市的产业转移政策，可利用铜仁市的市场、资源、政策等发展信息产业、高效农业及农副产品加工业、化工、建材、医药等产业，铜仁市和苏州市产业合作的重点方向如表 7－2 所示：

表 7－2　铜仁市与苏州市产业合作重点方向

铜仁市优势产业		苏州市产业转移		铜仁市与苏州市产业合作重点方向
传统支柱产业	矿产	产业	信息产业	信息产业（集成电路、电子元件与电子材料，大数据采集、存储、加工及分析等）
	电力		钢铁和有色金属	高效农业及农副产品加工业（烟草、茶叶、果蔬、辣椒、畜牧水产等）
	冶金		化工	化工（锰化工、钾化工、煤化工）
	建材		建材	建材（水泥制品、建筑装饰及功能建材）
	化工		医药	产业 医药（中药材种植、中药和民族药业）
新兴产业	电子制造		机械	纺织（民族民间工艺品、服装及服饰等）
	新材料		轻工	轻工（生活用品、包装制品等）
特色产业	茶		纺织	新能源、新材料、节能环保（水电、页岩气）
	药		印刷	商贸物流（物流基地建设）
	烟草		电力	电子商务平台建设（农村电商）
	酒			文化旅游产业（民族文化、乡村旅游开发、农旅一体化）
	旅游	类型	劳动密集型	类型 劳动密集型（农业、医药、纺织、轻工、文化旅游等）
	农产品		出口加工型	高科技（信息产业、新能源、商贸物流、电子商务等）
	水		高科技	

第七节　苏州—铜仁东西部扶贫协作的典型案例

东西部扶贫协作典型案例专栏 7－1：

贵州鲲鹏通讯有限公司

2013 年，国务院发布《关于开展对口帮扶贵州工作的指导意见》，远在东部的苏州市与铜仁市建立起对口帮扶关系。结对帮扶让苏州铜仁两地的人才、文化、商贸、投资、旅游等交流日益密切，越来越多苏州人到铜仁投资、生活、工作，铜仁人选择到苏州学习、就业，两地干群结下了深厚情谊。

2015 年 5 月，铜仁市与苏州市正式签订了《铜仁市、苏州市共建产业园区框架合作协议》，铜仁·苏州产业园区在碧江经济开发区正式挂牌成立。

图7-3　铜仁·苏州产业园区一角①

　　贵州鲲鹏通讯有限公司实施的智能通讯终端产品项目是目前落户铜仁碧江经开区铜仁·苏州产业园区的第一个苏州对口援建项目，也是碧江经开区首家智能终端项目。2017年4月6日上午，铜仁市、碧江区人民政府与鲲鹏通讯（昆山）有限公司签约仪式在铜仁市人民会堂举行。铜仁市市委书记陈昌旭，市委副书记、市长陈晏，江苏省苏州市副市长蒋来清，鲲鹏通讯（昆山）有限公司董事长王阳，市委常委、市委组织部部长陈代军，市人大常委会副主任、碧江区委书记陈代文，副市长吴东来出席签约仪式。签约仪式由陈代军主持。

图7-4　铜仁市、碧江区人民政府与鲲鹏通讯（昆山）有限公司签约仪式（图/冷晓意）②

　　①　资料来源：【盘点2017】苏铜携手谱写扶贫协作新篇章［EB/OL］．铜仁新闻网，http：//mini．eastday．com/mobile/180111114851591．html#，2018-01-08．
　　②　赵静．鲲鹏智能通讯终端生产项目落户铜仁　陈昌旭、陈晏、蒋来清、王阳等出席项目签约仪式［EB/OL］．铜仁新闻网，http：//www．trxw．gov．cn/2017/0407/109835．shtml，2017-04-07．

2018年2月10日，贵州鲲鹏通讯有限公司举行开机仪式。铜仁市市委常委、副市长查颖冬，市人大常委会副主任、碧江区委书记陈代文出席开机仪式。

图7-5　贵州鲲鹏通讯有限公司开机仪式现场①

图7-6　查颖冬、陈代文一行观摩了解生产情况②

① 赵静. 鲲鹏智能通讯终端生产项目落户铜仁　陈昌旭、陈晏、蒋来清、王阳等出席项目签约仪式 [EB/OL]. 铜仁新闻网，http://www.trxw.gov.cn/2017/0407/109835.shtml，2017-04-07.
② 资料来源：杨志清. 贵州鲲鹏通讯有限公司建成投产 [EB/OL]. 铜仁网，http://www.tongren.gov.cn/2018/0212/147615.shtml，2018-02-12.

贵州鲲鹏通讯项目总投资 5 亿元，厂房面积 6 万平方米，分 2 期建设。目前一期项目正式投产，企业采购了全新进口德国西门子自动化设备，主要从事研发、生产、销售手机整机、平板电脑及关联部件制造、智能通讯终端产品生产研发、销售及上下游产业链配套项目，投产后预计年产手机（含主板）2000 万~3000 万台（片），产值 10 亿~15 亿元，利税 8000 万元左右，提供就业岗位 500 人左右，其中精准扶贫户 150 人以上。

贵州鲲鹏通讯有限公司总经理胡明指出，企业之所以选择在碧江经济开发区投资，是因为铜仁市的投资环境非常好。事实确实如此，除了各项优惠的投资、税收政策外，鲲鹏智能通讯终端生产项目从洽谈、签约到开工建设，都得到了铜仁市市委、市政府的高度重视和苏州、昆山的大力支持，经过不到 10 个月的时间顺利实现投产，创造了开工投产的高效率。

贵州鲲鹏通讯有限公司厂房里的主要劳动力是 AGV 小车（见图 7-7），2018 年 2 月企业投产后已有至少五台 AGV 小车投入使用。

图 7-7　贵州鲲鹏通讯有限公司厂房里的主要劳动力——AGV 小车①

贵州鲲鹏通讯有限公司生产总监项伟指出，这些 AGV 小车会把生产完的产品运进升降机中，再把产品托到二楼，进行一个测试的动作，这些 AGV 小车至少能提高 20% 以上的工作效率，未来可以达到 50%。

铜仁与鲲鹏通讯（昆山）有限公司落户铜仁·苏州产业园区，是铜仁市、苏州市双方产业共建的成果，是铜仁市、苏州市加快项目建设，做强产业园区的具体行动，对鲲鹏公司的发展壮大和铜仁市经济社会加快发展将起到重要的推动作用。铜仁市市政府指出，"十三五"期间，铜仁市将进一步按照两市对口帮扶工作规划，结合铜仁市发展需要，进一步提高思想认识，搭建合作平台，提供优质服务，突出重点领域，强化招商引资，为推动铜仁市产业园区、民生事业加快发展做出积极贡献。

---

① 资料来源：杨志清. 贵州鲲鹏通讯有限公司建成投产［EB/OL］. 铜仁网，http：//www. tongren. gov. cn/2018/0212/147615. shtml，2018-02-12.

第八章

杭州——黔东南东西部扶贫协作问题研究

杭州市和黔东南州深入贯彻落实习近平总书记关于东西部扶贫协作和脱贫攻坚系列重要讲话精神，全力推进东西部扶贫协作工作，形成了立体化、长效化、个性化的东西部协作态势，组织领导进一步强化、产业合作进一步深化、劳务协作进一步加强、民生保障进一步提升、人才交流进一步发力、社会帮扶进一步拓展，书写了东西部扶贫协作新篇章。

第一节　杭州—黔东南产业与资源基本情况

一、杭州市产业与资源基本情况

杭州市是浙江省省会，浙江省政治、经济、文化、金融和交通中心，中国东南重要交通枢纽，中国最大的经济圈——"长三角"的副中心城市，世界休闲博览会和中国国际动漫节的永久举办地，电子商务中心之都，长江三角洲城市群中心城市。杭州市雄厚的产业发展基础对黔东南州扶贫协作具有重要的带动作用，是实现东西部扶贫协作的重要基础。

1. 杭州市产业发展情况

近年来，杭州市经济整体实力不断增强。2017 年，实现地区生产总值 12556 亿元，比上年增长 8.0%。其中第一产业增加值 312 亿元，第二产业增加值 4387 亿元，第三产业增加值 7857 亿元，分别增长 1.9%、5.3% 和 10.0%。全市常住人口人均 GDP 为 134607 元，增长 5.4%。三次产业结构比例为 2.5：34.9：62.6，服务业占 GDP 比重比上年提高 1.7 个百分点。城镇常住居民人均可支配收入 56276 元，农村常住居民人均可支配收入 30397 元[①]。在 2018 年 11 月普华永道中国联合数联铭品、财新智库和新经济发展研究院发布的《2018 中国城市营商环境质量报告》中，杭州市在全国城市中排名第 7 位。2011～2017 年杭州市地区生产总值及增长速度如图 8－1 所示。

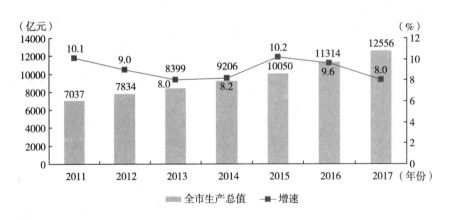

图 8－1　2011～2017 年杭州市地区生产总值及增长速度

资料来源：《杭州市统计年鉴》（2012—2018 年）。

（1）实施乡村振兴战略，开创杭州现代农业新局面。杭州市加快推进农业现代化，主动适应经济发展新常态，深化农业供给侧结构性改革，农业产业结构进一步优化，农业现代化水平不断提升，农业农村经济保持健康发展的良好势头。2017 年，杭州实现农林牧渔业增加值 317 亿元，增长 2.0%[②]。

1）增强了农业保供能力。杭州扎实推进"米袋子"工程建设，粮食生产面积保持稳定。新建粮食功能区 9.6 万亩，提前一年完成了浙江省下达 83 万亩建设任务。攻关田单季稻亩产超 1000 公斤，创近年最好成绩。大力实施新一轮"菜篮子"工程，新建"菜篮子"

①② 资料来源：《杭州市国民经济和社会发展统计公报》（2017 年）。

基地 5607 亩，提升肉禽蛋奶应急保供基地 109 个；蔬菜直供直销总量达 26.4 万吨，同比增长了 10%；菜篮子产品丰富，市场价格平稳，供应数量更加均衡。市级政策性农业保险稳步推进，实施叶菜价格保险、茶叶低温气象指数保险、鲜桃产量保险等 8 个险种，参保生产主体 311 户次、2.89 万亩，为全市农业生产主体提供了 2.11 亿元保额保障，有效提升了农户抗风险能力①。

2）农业产业优势更加明显。杭州是按照高标准推进"两区"建设，以粮食生产功能区和现代农业园区建设为抓手，农业主导产业区域特色更鲜明、优势更明显、效益更显著、布局更合理。在已建成的 10 个省级现代农业综合区、24 个主导产业示范区和 51 个特色农业精品园的基础上，深入推进第一、第二、第三产业融合，余杭、桐庐、淳安积极创建省级现代农业园区，建成市级美丽田园体验区 20 个，美丽农牧渔场 20 个，省级美丽牧场 58 个；建德杨村桥草莓、淳安临歧中药材、富阳东洲果蔬、桐庐钟山水果等农业特色强镇初具规模，临安、淳安 2 个有机农业小镇建设有序推进。杭州市优势特色农业产业不断壮大，基本确立了蔬菜、茶叶、水果、畜牧、水产五大主导产业生产格局②。

3）农业环境不断优化。杭州市践行"绿水青山就是金山银山"重要思想，突出畜禽养殖、水产养殖、土壤污染三个重点领域，打好农业治污"组合拳"，全面完成省、市下达的"治水""治气""治土"和生态文明创建任务。规模生猪养殖场 100% 实现在线智能化监管，实施水产养殖塘生态化改造 1.55 万亩、稻鱼共生轮作 3893 亩、池塘循环流水养殖"水槽" 14300 平方米（130 条），设立 158 个省级和 171 个市级农田土壤环境监测点，实现化肥减量 2860 吨、农药减量 107 吨，秸秆综合利用率达 93%。桐庐县建成了全省首批区域性生态循环农业示范区，生态农业发展进入由点及面整体推进的新阶段③。

4）不断提升农业安全水平。杭州市全力抓好农产品质量、动植物疫病、农机渔船三大安全任务，农业安全水平不断提升。推进以"三品一标"农产品为主的绿色品质农业发展，新增无公害农产品 119 个、新增绿色食品 16 个、认证面积 1.21 万亩；创建萧山、建德 2 个省级农产品质量安全放心县，启动了桐庐国家级农产品安全县创建；完善农产品质量安全追溯管理，新增富阳、淳安 2 个省级农产品质量安全追溯体系建设示范县，余杭、桐庐、建德 3 个省级农产品智慧监管试点县；开展畜禽水产品"两禁一超"专项整治、农产品安全排雷"百日攻坚"行动，全年生产基地农产品检测合格率达 99.62%，连续 6 年保持在 98% 以上，位居全省前列。动植物疫病防控有效，动物强制免疫密度达 100%，植物疫情普查率和处置率 100%，全市没有发生大的疫情。农业安全生产形势保持稳定，拖拉机道路交通和渔船生产事故死亡人数远低于浙江省、杭州市下达的指标数，未发生一起 3 人以上死亡的重特大事故④。

5）逐步提升农业装备水平。杭州市实施地力提升工程、农机化促进工程，开展标准化示范基地、设施农业示范园建设，农业机械化、设施化水平不断提高。加强耕地质量建设，实施标准农田地力提升 13.3 万亩、垦造耕地后续管护示范项目面积 0.47 万亩，改造中低产田 1.86 万亩；拥有设施大棚 33.74 万个，面积 40.64 万亩；全市农机总动力 255.7 万千瓦，水稻耕种收综合机械化率达 80.7%。着力推进智慧农业示范建设，优化完善了杭州智慧农业综合服务平台，全市培育新建市级智慧农业示范项目 15 个，其中智慧农业示范园区 5 个；优化完善杭州智慧农业综合服务平台和叶菜功能区可视化预警生产管理系统，构建完成农业

---

① 资料来源：《杭州市国民经济和社会发展统计公报》（2017 年）。
②③④ 杭州市农业局 . 杭州农业 2017 年工作总结和 2018 年工作思路 ［R］. 2018。

应急指挥系统①。

6）加快农业科技推广步伐。杭州市落实"专家团队＋农技指导员＋科技示范户"的农技推广机制，全面提升全市农业科技到位率和成果转化率。全市组建产业技术创新推广团队62个，创建科技示范基地330余个，其中省级科技示范推广基地38个，培育科技示范户3511户，开展新型职业农民培育3233人。举办浙江省新型职业农民培育杭州论坛，新型职业农民培育杭州模式得到中央农广校和省农业厅的充分肯定。实施农业技术合作与种业工程项目。加强先进适用技术推广，组织推广一批市重点科技项目、丰收计划、农作制度创新项目，引进推广先进技术120余项。开展新一轮创新农作制度示范乡镇建设，创新农作制度模式40个②。

7）扎实推进涉农法治建设。全面推进"最多跑一次"改革工作，完成50项办事事项的梳理工作，并全部纳入"最多跑一次"，内陆渔民办事实现"跑零次"。创新事中事后监管方式，建立健全"一单两库一细则"，正式启动实施"双随机、一公开"抽查工作。完善涉农立法体系，重点做好地方性法规《杭州市畜禽屠宰管理条例》的立法修订工作。狠抓法治制度建设与执行，落实重大决策、执法决定、规范性文件、合同合法性审查机制，夯实法治工作基础。强化行政执法，开展"平安护航十九大""绿剑"打假等系列执法行动，立案查处违法行为2610起。强化信用体系建设，组织开展农资经营单位信用评级分类监管工作，评定农资经营（批发）信用A级单位26家、B级单位12家。实行"谁执法谁普法"普法责任制，开展"农业法律下乡进村"等系列普法活动，增强法治氛围③。

（2）大力发展信息经济，不断积累工业发展新动力。杭州市以"一号工程"为统领，以供给侧结构性改革为主线，坚持创新驱动、融合发展。加快培育新产业、新经济、新业态，保持信息经济发展优势。全面落实《中国制造2025杭州行动纲要》，加快传统产业改造升级，提升制造业核心竞争力，保持杭州工信经济中高速增长，打造具有国际影响力的"互联网＋"创新创业中心。2017年，全年工业增加值3982亿元，增长6.5%，其中规模以上工业增加值3205亿元，增长7.0%。规模以上工业企业中高新技术产业、战略性新兴产业、装备制造业增加值分别增长13.6%、15.0%和11.0%，占规模以上工业的50.1%、30.6%和43.2%，比上年提高4.1%、3.4%和1.3%；八大高耗能行业增加值占比24.6%，下降1.5个百分点。新产品产值率为37.7%。工业产品产销率为98.5%④。

1）突出扬长补短，保持信息经济高速发展。以建设"六大中心"为目标，着力培育新产业、新业态，扬优势补短板，进一步提升信息经济发展动力，保持杭州信息经济发展优势。2017年，杭州市信息经济增加值3216亿元，增长21.8%，杭州信息经济自2015年以来连续三年增速超过25%，信息经济当之无愧继续充当杭州经济增长的主引擎。杭州已从一个旅游休闲城市，逐渐发展为国际领先的互联网城市，更成为国内屈指可数的信息经济高地。杭州打造国内信息经济高地，人工智能、大数据云计算与实体经济加速融合。成千上万的技术创新主体，为杭州信息经济注入了源源不断的活力。阿里巴巴，位列云计算全球三强；华三通信，全球顶尖的网络设备供应商，企业网络市场、交换机市场份额国内第一；海康威视、大华股份、宇视科技，囊括智慧安防行业全国前三名。这些企业带来新技术和新商业模式的应用，使杭州成为引领经济发展的"领头羊"⑤。

2）着眼智能制造，全面实施《中国制造2025》。以创建《中国制造2025》试点示范城

---

①②③ 杭州市农业局．杭州农业2017年工作总结和2018年工作思路［R］．2018.
④ 资料来源：《杭州市国民经济和社会发展统计公报》（2017年）。
⑤ 资料来源：《中国制造2025杭州行动纲要》。

市为抓手，全面贯彻实施《中国制造 2025 杭州行动纲要》，推动制造业智能化、高端化发展。一是建设国家两化融合示范区。组织开展国家两化融合管理体系贯标、省级两化融合示范试点活动和个性化定制试点企业培育工作，组织实施信息工程服务能力提升、骨干企业信息化"登高"计划，大规模开展两化融合专题培训，进一步深化萧山、余杭、滨江、临安、富阳国家示范区建设，杭州市两化融合综合发展指数达 85.71，名列浙江省第一。二是不断强化工厂物联网和工业互联网推广应用。明确试点方向、投入范围和建设要求，加大推广应用力度，召开了工厂物联网示范应用现场会和工业信息工程服务机构、化纤纺织、服装加工、机械装备等行业对接推进会。三是促进企业上云渐成共识。充分发挥云服务商作用，提供专业服务。与园区、众创空间共同组织"企业上云"服务活动。四是深入推进智能制造。组织实施智能制造试点示范，一批项目列入国家、省智能制造试点名单。浙江中控等 3 个项目列入工信部智能制造综合标准化与新模式应用项目名单；杭州老板电器列入工信部智能制造试点示范项目。另有 8 个项目列入浙江省智能制造试点示范计划。2016 年，推进 616 个"机器换人"重点项目建设，计划总投资达到 574 亿元。五是车联网试点取得阶段性成果。如期完成了三大核心基础设施建设，即 YunOS 车载操作系统开发部署、四代半移动通信网络覆盖以及车联网大数据平台"城市数据大脑"启用。搭载阿里 YunOS 的全球首款量产互联网汽车荣威 RX5 发布①。

3）优化产业结构，稳中推进制造业发展。传统制造业是经济发展之基、富民之源，无论过去、现在还是将来，传统制造业始终对经济社会发展有着不可替代的作用。杭州工业的发展历程，大致经历了四个阶段。新中国成立后，杭州工业曾一度十分辉煌，在全国工业发展中具有重要地位，涌现出浙江麻纺织厂、杭州丝绸印染联合厂、新安江发电厂等一批著名企业。改革开放以来，杭州在缺矿产资源、缺港口资源、缺政策资源的"三缺"条件下，从乡镇工业和农村工业化阶段起步，确立以机电工业为主导产业，以丝绸纺织、化工医药、电子仪表、轻工食品为支柱产业的工业发展方向，奠定了民营经济的坚实基础，传统制造业成为工业经济发展的主要引擎。迈入新世纪以来，杭州推进"工业兴市"战略，形成了机械装备、纺织化纤、轻工食品、精细化工等传统制造业与电子信息、生物医药、新能源等高新技术产业"齐头并进"的良好态势。2014 年以来，杭州市主动适应经济发展新常态，大力实施"一号工程"，一手抓智慧产业化，培育发展电子商务、数字安防、软件信息、大数据云计算、互联网金融等新产业新业态；一手抓产业智慧化，实施"互联网＋""大数据＋""标准化＋""机器人＋"等系列专项行动，在推动产业转型升级方面取得新成效。2017 年规模以上工业增加值实现 3205 亿元，同比增长 7.0%，其中装备制造业 1384.00 亿元，同比增长 11%，高兴技术产业 1606 亿元，同比增长 13.6 亿元②。

（3）以有效供给提升供给质量，促进杭州现代服务业稳健增长。杭州市服务业保持稳健增长态势，2017 年，实现服务业增加值 7857 亿元，增长 10.0%，对全市 GDP 增长的贡献率为 74.4%。拥有国家服务业综合改革试点、国家服务贸易创新发展试点、国家现代服务业产业化基地、国家高技术服务产业基地等 20 多个国家级服务业试点和基地③。

1）金融业发展稳定。2017 年，实现金融业增加值 1055 亿元，增长 6.8%。年末金融机构本外币存款余额 36483 亿元、贷款余额 29271 亿元，分别增长 9.3% 和 11.9%；金融机构 499 家，当年新增 37 家；保费收入 634 亿元，增长 22.2%。境内外上市公司累计 163 家，实现融资 3995 亿元，其中境内上市公司数位居全国大中城市第四。期货机构代理交易成交

---

① ② 资料来源：《中国制造 2025 杭州行动纲要》。
③ 资料来源：《杭州市国民经济和社会发展统计公报》（2017 年）。

金额26.2万亿元。企业发行各类银行间市场债务工具累计融资1085亿元，增长28.4%①。

2）杭州电子商务保持高速发展。2017年，实现电子商务增加值1316亿元，增长36.6%，连续7年保持30%以上增速，继续居中国"电商百佳城市"首位。实现网络零售额4302亿元，增长24.9%，天猫"双11"活动全天成交量1682亿元，增长39.4%。国内首部跨境电子商务地方性法规——《杭州市跨境电子商务促进条例》实施，以营造"电子商务之都"的一流环境②。

3）信息通信业快速发展。2017年，杭州市实现邮政业务收入275亿元，增长27.9%，其中快递业务收入251亿元，增长28.3%。实现电信业务收入231亿元，增长8.9%。年末移动电话用户1724万户，下降0.6%；宽带用户505万户，增长14.0%，光网络覆盖率达99.50%③。

4）中国杭州西湖国际博览会。1929年，杭州市举办首届西湖博览会，开启了中国会展业之先河。2000年10月20日，西湖博览会恢复在杭州举行。2017年成功举办第十九届西博会，来自70多个国家地区的中外来宾和市民游客近900万人次参加，实现贸易成交额107亿元。西博会的特色化、国际化、市场化、专业化已成为杭州走向世界的一个重要"窗口"④。

2. 杭州市资源情况

（1）地理位置及自然资源。

1）地理环境优越。一是在地理区位上。杭州市位于中国东南沿海北部，浙江省北部，东临杭州湾，与绍兴市相接，西南与衢州市相接，北与湖州市、嘉兴市毗邻，西南与安徽省黄山市交界，西北与安徽省宣城市交接。二是地形地貌上。杭州市地处长江三角洲南沿和钱塘江流域，地形复杂多样。杭州市西部属浙西丘陵区，主干山脉有天目山等。东部属浙北平原，地势低平，河网密布，湖泊密布，物产丰富，具有典型的"江南水乡"特征。三是气候上。杭州处于亚热带季风区，属于亚热带季风气候，四季分明，雨量充沛。全年平均气温在17.8℃，平均相对湿度70.3%，年降水量1454毫米，年日照时数1765小时。夏季气候炎热，湿润，是新四大火炉之一。相反，冬季寒冷，干燥。春秋两季气候宜人，是观光旅游的黄金季节。四是水文上。杭州有着江、河、湖、山交融的自然环境。全市丘陵山地占总面积的65.6%，平原占26.4%，江、河、湖、水库占8%，有世界上最长的人工运河——京杭大运河和以大涌潮闻名的钱塘江穿过⑤。

2）自然资源丰富。杭州物产丰富，素有"鱼米之乡""丝绸之府""人间天堂"之美誉。农业生产条件得天独厚，农作物、林木、畜禽种类繁多，种植林果、茶桑、花卉等品种260多个，杭州蚕桑、西湖龙井茶闻名全国。全市森林面积1635.27万亩，森林覆盖率达64.77%。国家一级陆生野生动物有10种，二级64种；国家一级保护植物有3种，二级18种。矿产资源有大中型的非金属和金属矿床。临安、昌化出产的鸡血石，为收藏石和印石中的珍品⑥。

（2）旅游资源。杭州市是中国七大古都，首批国家历史文化名城和全国重点风景旅游城市，距今5000年前的余杭良渚文化被誉为"文明的曙光"，自秦设县以来，已有2200多年的建城史，五代吴越国和南宋在此定都，元朝时曾被意大利旅行家马可·波罗赞为"世界上最美丽华贵之城"。杭州市是公安部授权的口岸签证城市，国家旅游局确定的中国最佳旅游目的地城市，自古有"人间天堂"的美誉。是世界休闲博览会、中国国际动漫节和中

---

① ② ③ ④　资料来源：《杭州市国民经济和社会发展统计公报》（2017年）。

⑤ ⑥　资料来源：杭州市人民政府官网。

国国际微电影展的终身举办城市，是中国主要的会展城市之一，如今杭州正在以"城市东扩、旅游西进，沿江开发、跨江发展"为总体发展目标，由"西湖时代"向"钱塘江时代"大步迈进①。

杭州市拥有两个国家级风景名胜区：西湖风景名胜区、"两江两湖"（富春江—新安江—千岛湖—湘湖）风景名胜区；两个国家级自然保护区：天目山、清凉峰自然保护区；七个国家森林公园：千岛湖、大奇山、午潮山、富春江、青山湖、半山和桐庐瑶琳森林公园；一个国家级旅游度假区：之江国家旅游度假区；全国首个国家级湿地：西溪国家湿地公园。杭州市还有全国重点文物保护单位 25 个、国家级博物馆 9 个。全市拥有年接待 1 万人次以上的各类旅游景区、景点 120 余处。著名的旅游胜地有瑶琳仙境、桐君山、雷峰塔、岳庙、西湖、六和塔、宋城、南宋御街、灵隐寺、跨湖桥遗址等。2011 年 6 月 24 日，杭州西湖正式列入《世界遗产名录》②。

2017 年，全年旅游休闲产业增加值 928 亿元，增长 12.6%，占 GDP 的 7.4%。旅游总收入 3041.34 亿元，增长 18.3%，其中旅游外汇收入 35.43 亿美元，增长 12.5%。旅游总人数 16286.63 万人，增长 15.8%。接待国内游客 15884.4 万人次，增长 16.0%；接待入境旅游者 402.23 万人次，增长 10.7%。年末各类旅行社 767 家，增长 7.0%；星级宾馆 143 家，其中五星级 23 家，四星级 42 家；A 级景区 91 个，其中 5A 级 3 个，4A 级 34 个③。

（3）教育医疗及科技资源。

1）教育事业成效显著。建于明弘治十一年（1498 年）的万松书院是中国古代著名书院之一，它是明清时期杭城规模最大、历时最久、影响最广的浙江文人汇集之地。而杭州知府林启创建于 1897 年、今浙江大学前身的求是书院则是中国近代史上效法西方学制最早创办的几所新式高等学校之一。杭州市属高校 6 所（浙江大学城市学院、杭州师范大学、杭州职业技术学院、杭州科技职业技术学院、杭州万向职业技术学院、浙江育英职业技术学院），在校生 5.6 万人（其中研究生 1329 名），教职工 5258 名。截至 2017 年，杭州市共有小学 458 所，在校学生 56.04 万人；初中 251 所，在校学生 22.48 万人；普通高中 80 所，在校学生 11.31 万人；普通高等学校 39 所，在校学生（含研究生）48.95 万人。学前三年幼儿入园率为 98.95%；初中毕业生升入各类高中比例为 99.69%；高等教育毛入学率为 63.26%。全市累计解决义务教育阶段外来务工人员子女入学 28.20 万人。全市各级各类中外合作办学项目 72 个，其中市属高校项目 8 个，高中段学校项目 7 个④。

2）医疗卫生发达。截至 2017 年末，杭州市共计拥有各类医疗卫生机构 4933 个，其中医院 302 个，比上年末分别增长 5.2% 和 9.0%。社区卫生服务中心（站）1275 个，疾病预防控制中心 15 个。拥有床位 7.59 万张，其中医院床位 7.02 万张，分别增长 9.3% 和 9.7%。各类专业卫生技术人员 11.04 万人，其中执业（助理）医师 4.18 万人，注册护士 4.63 万人，分别增长 9.1%、9.5% 和 10.2%。全市医疗机构完成诊疗人数 12924.98 万人次，增长 6.2%。全市婴儿死亡率和 5 岁以下儿童死亡率分别为 1.73‰ 和 2.27‰。每十万孕产妇死亡率为 6.5 人⑤。

3）科学技术突飞猛进。杭州市是国家信息化试点城市、电子商务试点城市、电子政务试点城市、数字电视试点城市和国家软件产业化基地、集成电路设计产业化基地。杭州市致力于打造"滨江天堂硅谷"，以信息和新型医药、环保、新材料为主导的高新技术产业发展势头良好，已成为杭州市的一大特色和优势。通信、软件、集成电路、数字电视、动漫、网

---

① ② ③　资料来源：杭州市人民政府官网。
④ ⑤　资料来源：《杭州市国民经济和社会发展统计公报》（2017 年）。

络游戏六条"产业链"正在做大做强，有 12 家企业进入全国"百强软件企业"行列，15 家企业进入国家重点软件企业行列，14 家 IT 企业在境内外上市。2017 年，全年发明专利申请 25578 件、发明专利授权 9872 件，分别增长 2.5% 和 14.2%。发明专利授权量中企业专利占比达 47.4%。新认定国家重点扶持高新技术企业 589 家，累计达 2844 家。年末培育认定研发中心 2189 家，其中省级研发中心 835 家。省科技型中小企业 9238 家。省级以上企业研发机构 1203 家。新增省级企业研究院 76 家。科技企业孵化器 113 家，其中国家级 32 家，省级 60 家。拥有省级众创空间 101 家，23 家入选 2017 年省级优秀众创空间。全年研究与试验发展（R&D）经费支出与生产总值之比为 3.2%。财政一般公共预算支出中科技支出 92.32 亿元，增长 23.2%。2013 年 12 月 18 日，移动 4G 在杭州、宁波、温州市正式商用，移动 4G 版 iPhone5s 同时接受预定。移动 4G 在杭州市正式商用，移动 4G 网络在杭州覆盖人口近 70%，基本覆盖主城区。移动 4G 在普遍应用于市民生活的同时，也被运用在公安网络系统中，受到社会各界的广泛好评。杭州 4G 网络布局已趋成熟，现已开通了 2400 多个 4G 基站，覆盖人口超过 500 万。2018 年 5 月 2 日，中国移动在杭州市等五个城市开展外场测试，每个城市建设超过 100 个 5G 基站①。

（4）市场资源。

1）国内外贸易资源优势明显。一是加强国内贸易。2017 年批发和零售业增加值 967 亿元，增长 7.9%；住宿餐饮业增加值 191 亿元，增长 5.7%。社会消费品零售总额 5717 亿元，增长 10.5%。其中，限额以上批发和零售企业实现网上零售 656 亿元，增长 24.9%，占社会消费品零售额 11.5%。按经营地分，城镇消费品零售额 5421 亿元，增长 10.4%；乡村消费品零售额 297 亿元，增长 11.4%。全市商品交易市场 684 个，交易额 4289 亿元，增长 11.5%。二是加大国外贸易力度。2017 年货物进出口总额 5085 亿元，增长 13.3%，其中出口 3456 亿元，增长 4.3%，进口 1629 亿元，增长 38.8%。高新技术产品出口 478 亿元，增长 12.8%，机电产品出口 1456 亿元，增长 7.3%。民营企业出口 2325 亿元，增长 6.8%。对"一带一路"沿线国家出口 1049 亿元，占出口总额的 30.4%。全年服务进出口总额 1619 亿元，增长 15.7%，占货物和服务贸易进出口比重为 24.1%，其中出口 1088 亿元，增长 15%；进口 531 亿元，增长 17%。跨境电商交易额 99.36 亿美元，增长 22.5%，其中出口 70.22 亿美元，进口 29.14 亿美元，分别增长 15.9% 和 42.0%。三是加强对外合作与交流。促进对外合作。2017 年末，全市设立各类境外投资企业（机构）1781 个，增长 12.3%。全年对外承包工程和劳务合作营业额 23.50 亿美元，增长 22.0%。离岸服务外包合同执行额 64.65 亿美元，增长 10.1%。充分利用外资，全年新引进外商投资企业 575 家，增长 24.5%。实际利用外资 66.1 亿美元，下降 8.3%。其中，服务业实际利用外资 57.1 亿美元，增长 1.0%，占实际利用外资的 86.4%。2017 年末 120 家世界 500 强企业来杭投资 208 个项目，其中当年新进企业 8 家，项目 10 个。促进浙商回归。全年引进浙商回归项目 985 个，到位资金 761.8 亿元，增长 7.3%，其中服务业项目 829 个，到位资金 666.7 亿元②。

2）人民可支配收入较快增长。全年居民人均可支配收入 49832 元，增长 8.1%，扣除价格因素实际增长 5.5%。其中城镇居民人均可支配收入 56276 元，增长 7.8%，扣除价格因素实际增长 5.2%；农村居民人均可支配收入 30397 元，增长 8.9%，扣除价格因素实际增长 6.2%。全年居民人均生活消费支出 34146 元，增长 7.0%，扣除价格因素实际增长 4.4%。其中城镇居民人均生活消费支出 38179 元，农村居民人均生活消费支出 21983 元，分别增长 7.0% 和 6.9%，扣除价格因素分别增长 4.4% 和 4.3%。2017 年末，城镇居民人均

---

① ② 资料来源：《杭州市国民经济和社会发展统计公报》（2017 年）。

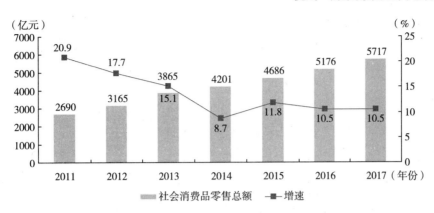

图 8 - 2　2011～2017 年杭州市社会消费品零售总额及其增长速度

资料来源:《杭州市统计年鉴》(2012—2018 年)。

现住房建筑面积 36.4 平方米。每百户居民家庭拥有家用汽车 55.8 辆、空调 235.3 台、家用电脑 115.1 台，分别增长 6.7%、3.8% 和 2.8%；农村居民人均现住房建筑面积 70.9 平方米。每百户农村居民家庭拥有家用汽车 46.5 辆、空调 186.7 台、家用电脑 76.4 台，分别增长 9.7%、11% 和 1.9%[①]。

二、黔东南州产业与资源基本情况

1. 黔东南州产业情况

黔东南拥有凯里、炉碧、金钟、洛贯、黔东、台江、三穗、岑巩、锦屏、黎平 10 个省级经济开发区。2017 年，全州地区生产总值 972.18 亿元，比上年增长 5.2%，分产业看，第一产业增加值 195.87 亿元，增长 6.4%；第二产业增加值 224.11 亿元，下降 0.8%；第三产业增加值 552.20 亿元，增长 8.1%。第一、第二、第三产业增加值占地区生产总值的比重为 20.1%、23.1% 和 56.8%。在三次产业中，第一、第二、第三产业对经济增长的贡献率分别为 22.2%、-4.2% 和 82.0%。人均地区生产总值 27654 元，增长 4.7%。2000 万元规模以上工业增加值 92.14 亿元，增长 1.5%。全年财政总收入 130.29 亿元，比上年增长 -11.3%。其中，一般公共预算收入 86.56 亿元，增长 19.9%。社会消费品零售总额 322.08 亿元，比上年增长 11%，城镇居民人均可支配收入 27659 元，比上年增长 9.4%，农村居民人均可支配收入 8388 元，增长 10.6%。年末金融机构存、贷款余额分别为 1507.66 亿元、1110.10 亿元，分别增长 2.8%、18.4%[②]。

(1) 农业发展。2017 年农林牧渔业增加值 205.5 亿元，比上年增长 6.3%。其中，种植业增加值 106.77 亿元，增长 6.8%，林业增加值 30.76 亿元，增长 7.6%，畜牧业增加值 50.55 亿元，增长 4.5%；渔业增加值 7.78 亿元，增长 7.9%；农林牧渔服务业增加值 9.64 亿元，增长 5.8%。全年粮食种植面积 30.70 万公顷，比上年下降 1.4%；油菜籽种植面积 5.69 万公顷，增长 0.4%；烤烟种植面积 1.12 万公顷，下降 5.4%；蔬菜种植面积 11.12 万公顷，增长 5.6%；药材种植面积 4.0 万公顷，增长 9.9%；绿肥播种面积 4.89 万公顷，下降 1.4%；年末茶园面积 2.88 万公顷，增长 1.3%；年末果园面积 5.38 万公顷，增长 5.3%。全年粮食总产量 120.54 万吨，比上年下降 1.5%。主要经济作物油菜籽产量 79473

---

① 资料来源:《杭州市国民经济和社会发展统计公报》(2017 年)。

② 资料来源:黔东南州地方志办公室. 经济和社会发展 [EB/OL]. http://www.qdn.gov.cn/zq/jjfz/201710/t20171010_ 1999522.html, 2018 - 09 - 30.

吨，增长 2.7%；蔬菜 2015819 吨，增长 7.7%；药材 76467 吨，增长 9.0%；茶叶 14233 吨，增长 12%；园林水果 223614 吨，增长 5.6%；糖料 9677 吨，增长 1.4%；肉类总产量 19.82 万吨，比上年增长 4.4%；牛出栏 15.62 万头，增长 6.1%；活家禽出栏 1271.64 万只，增长 7.0%；禽蛋产量 1.36 万吨，增长 2.5%；全年水产品产量 4.96 万吨，比上年增长 4.9%；年末农田有效灌溉面积 16.398 万公顷，其中新增有效灌溉面积 0.445 万公顷①。

（2）工业发展。2017 年全部工业增加值 141.88 亿元，比上年增长 1.7%。其中，规模以上工业企业增加值 92.14 亿元，增长 1.5%，在规模以上工业企业中，国有企业增加值增长 28.2%，外商及港澳台商投资企业增加值增长 38.7%，分轻重工业看，轻工业增加值下降 5.4%，占规模以上工业增加值的比重为 15.8%，重工业增加值增长 2.8%，占规模以上工业增加值的比重为 84.2%，分行业看，29 个行业中 12 个工业行业比上年均有增长，有色金属冶炼和压延加工业、酒饮料和精制茶制造业、电力热力生产和供应业、黑色金属冶炼和压延加工业、非金属矿物制品业分别增长 84.1%、25.5%、21.7%、14.5% 和 6.9%，非金属矿采选业、木材加工和木竹藤棕草制品业分别下降 18.6% 和 49.8%，七大行业增加值合计占全部规模以上工业增加值的比重为 84.3%②。

全州规模以上工业企业全年实现主营业务收入 299.66 亿元，比上年下降 16.8%；实现利税总额 21.24 亿元，下降 15.1%。其中，2000 万元以上工业企业部分主要产品产量均有增长，饮料酒 11.15 万千升，比上年增长 12.5%；服装 720.15 万件，比上年增长 24.2%。中成药 536 吨，比上年增长 38.4%；水泥 872.89 万吨，比上年增长 9.3%；商品混凝土 321.96 万吨，比上年增长 32%；氧化铝 99.83 万吨，比上年增长 118.4%；电子元件 3.09 亿支，比上年增长 21.7%；2000 万元以上工业企业部分主要产品产量中，大米 3.76 万吨，精制茶 876 吨，人造板 46.05 万立方米，平板玻璃 270.35 万重量箱，钢化玻璃 75.21 万平方米，铁合金 44.18 万吨，小型拖拉机 1353 台，自来水生产量 5661.88 万立方米③。

（3）固定资产投资。全州固定资产投资（不含农户）699.54 亿元，比上年增长 0.3%。其中，第一产业投资 15.79 亿元，下降 18.1%；第二产业投资 85.99 亿元，下降 34.0%；第三产业投资 597.76 亿元，增长 9.0%；基础设施投资 371.63 亿元，增长 31.1%；占固定资产投资（不含农户）的比重为 53.1%④。

全年房地产开发投资 90.20 亿元，比上年下降 35.7%。其中住宅投资 60.26 亿元，下降 22.2%；商业营业用房投资 22.46 亿元，下降 52.5%；房屋新开工面积 157.96 万平方米，其中住宅面积 98.51 万平方米；房屋竣工面积 114.12 万平方米，其中住宅面积 86.82 万平方米；商品房销售面积，其中住宅面积 237.63 万平方米。本年到位资金 117.51 亿元，其中国内贷款 10.99 亿元，个人按揭贷款 31.44 亿元⑤。

（4）服务业。

1）交通、邮政通信业。全年公路货物周转量 260.32 亿吨千米，比上年增长 55.2%；旅客周转量 159.86 亿人千米，增长 14.5%。公路总里程 29511 千米，其中高速公路 813.5 千米，一级公路 210.5 千米，二级公路 1025 千米，三级公路 658 千米，四级公路 19376 千米，等外级公路 7428 千米，公路密度达到 97.4 千米/百平方千米，实现 3509 个建制村通油路，建制村通油路率 100%⑥。

全年邮政业务总量 4.70 亿元，比上年增长 22.7%，邮政业务收入 4.92 亿元，增长 21.6%。其中，快递服务业业务量 908.50 万件，增长 49.7%；快递业务收入 1.47 亿元，增

---

①②③④⑤⑥ 资料来源：黔东南州地方志办公室．经济和社会发展［EB/OL］．http：//www.qdn.gov.cn/zq/jjfz/201710/t20171010_1999522.html，2018 – 09 – 30.

长 32.4%。电信业务总量 76.77 亿元，增长 140.9%。电信主营业务收入 25.87 亿元，增长 22.2%。全年本地局用交换机容量 384 万门，移动电话交换机容量 476 万户。互联网宽带户数 57.70 万户，其中当年互联网宽带接入户数 35.81 万户①。

2）贸易服务业。2017 年全年社会消费品零售总额 322.07 亿元，比上年增长 11.0%。分行业看，批发业零售额 63.61 亿元，增长 11.8%；零售业零售额 224.04 亿元，增长 10.5%；住宿业零售额 3.53 亿元，增长 4.0%；餐饮业零售额 30.89 亿元，增长 14.0%。分地域看，城镇消费品零售额 245.26 亿元，增长 10.9%；乡村消费品零售额 76.82 亿元，增长 11.2%。年末各类市场主体 260496 户，比上年末增长 31.5%。其中，内资企业 42860 户，增长 30.8%；外商投资企业 86 户，增长 36.5%；个体工商户 209475 户，增长 31.6%；农民专业合作社 8075 户，增长 32.1%②。

全年外贸进出口总额 5449 万美元，比上年增长 108.3%。其中，出口 5050 万美元，进口 399 万美元，分别增长 110.8% 和 80.3%。全州批准外商投资项目 8 个，合同外资金额 45946 万美元，增长 13.5%；实际利用外资总额 32053 万美元，增长 18.9%，其中合同外资到位金额 2661 万美元，外债到位金额 1722 万美元，外商投资企业境内投资到位金额 16170 万美元，对外借款金额 11500 万美元③。

2. 黔东南州资源情况

黔东南苗族侗族自治州位于贵州省东南部，东与湖南省怀化地区毗邻，南和广西壮族自治区柳州、河池地区接壤，西连黔南布依族自治州，北抵遵义、铜仁两市。全境东西宽 220 千米，南北长 240 千米，总面积 30282.34 平方千米，占全省总面积的 17.2%④。

黔东南自治州成立于 1956 年 7 月 23 日，州府所在地设于凯里市。全州辖凯里市和黄平、施秉、三穗、镇远、岑巩、天柱、锦屏、剑河、台江、黎平、榕江、从江、雷山、麻江、丹寨 15 个县，凯里、炉碧、金钟、洛贯、黔东、台江、三穗、岑巩、锦屏、黎平 10 个省级经济开发区。境内居住着苗、侗、汉、布依、水、瑶、壮、土家等 47 个民族，2017 年年末常住人口 352.37 万人，户籍人口 475.99 万人，少数民族人口占总户籍人口的 81.1%，其中苗族人口占 43.0%，侗族人口占 30.4%。自治州境内山地纵横，峰峦连绵，沟壑遍布，地形地貌奇异复杂，景象万千。全州地势西高东低，最高海拔 2178 米，最低海拔 137 米；属亚热带湿润季风气候，特点为冬无严寒，夏无酷暑，四季分明，雨水充沛，立体气候明显，年平均气温 14.6～18.5℃，年降雨量 1010.4～1367.5 毫米，年无霜期 273～327 天，相对湿度为 78%～83%⑤。

（1）黔东南森林资源丰富，是我国南方的重点集体林区之一。境内群山叠翠、林木葱茏，森林资源丰富，有"杉乡""林海"之称。黔东南是全国重点林区之一，也是贵州省的主要用材林基地，全省 10 个林业重点县，有 8 个在黔东南。根据第四次森林资源规划设计调查，全州森林面积达 200.6 万公顷，活立木蓄积量为 1.69 亿立方米，森林覆盖率为 66.68%，为全省之冠。州内天然林面积约占林业用地面积的 27.78%，天然林主要是常绿阔叶林、常绿落叶混交林和针阔混交林⑥。

（2）黔东南水能资源丰富，开发条件优越。州境内有大小河流 2900 多条，其中 50 平方千米以上河流 225 条，以清水江、舞阳河、都柳江为主干，呈树枝状展布于各地。河流多为山区雨源性河流，河谷束放相间，水流湍急，水力资源丰富。多年平均地表水年径流量为

---

① ② ③ 　资料来源：黔东南州地方志办公室. 经济和社会发展 [EB/OL]. http://www.qdn.gov.cn/zq/jjfz/201710/t20171010_ 1999522.html，2018 – 09 – 30.

④ ⑤ ⑥ 　资料来源：黔东南州人民政府官网。

192 亿立方米，地下水平均年径流量为 26 亿立方米。人均拥有水量 4100 立方米。全州水能蕴藏量为 332 万千瓦，可开发量为 244 万千瓦。全州已建、在建水电站总装机容量 216. 12 万千瓦，占可开发量的 80% 以上，舞阳河干流有 3 座有调蓄能力的水电站，即红旗水电站、观音岩水电站和两岔河水电站；清水江干流有 2 座大型水电站，即三板溪水电站和白市水电站；都柳江干流已建成 4 座水电站，即红岩水电站、永福水电站、大融航电枢纽和从江航电枢纽[①]。

（3）黔东南生态资源丰富，属于国家防护林保护区。黔东南地处长江、珠江上游，国家实施"天保"工程，属长江流域、珠江防护林保护区范围。境内水系发达，河网稠密，有 2900 多条河流，多年平均年径流量 192 亿立方米。以清水江、舞阳河、都柳江为主干，呈树枝状展布于各地，河流分属两个水系，苗岭以北的清水江、舞阳河属长江流域的沅江水系，苗岭以南的都柳江属珠江流域的柳江水系。境内长江流域面积 21535 平方千米，珠江流域面积 8802 平方千米，是长江、珠江上游地区的重要生态屏障，是西部大开发生态建设的重点区域[②]。

（4）黔东南生物种类繁多，堪称祖国的绿色宝库。州内有各类植物 3259 种，分属 302 科 1038 属。其中，野生植物资源 150 余科，400 多属，1000 余种，在种子植物中，有中国特有属 24 属，占全国特有属的 11.7%，有篦子三尖杉、厚朴树、香樟、秃杉、银杏、鹅掌楸等重点保护树种 37 种，占全国重点保护树种的 10.5%，占全省的 90.2%；有药用野生植物 400 余种，太子参、松茯苓、杜仲、天麻、三七、桔梗、五倍子等名贵药材驰名全国；有野生动物上千种，豹、云豹、猕猴、草鸮、小灵猫、林麝、白颈长尾雉、鸳鸯、草鸮、大鲵、虎纹蛙等 40 多种被列为国家重点保护动物[③]。

（5）黔东南储藏有丰富的矿产资源。全州境内已发现的矿藏有煤、铁、金、汞、锌、铅、锑、铜、磷、石灰石、重晶石、白云石、黏土等矿种 58 种（含亚矿种），占全省已知 137 种的 42.34%。查明 272 余处，其中能源矿产 20 处、有色金属矿产 38 处、金属矿产 97 处、贵金属 27 处、稀有金属 3 处、非金属 89 处，按规模大型 4 处、中型 20 处、小型 175 处。其中，重晶石资源量居全国同类矿产资源储量之首，玻璃用石英砂岩、锑矿列全省同类矿产资源储量的前三位。

（6）黔东南旅游资源丰富，是贵州省的东线旅游区。境内奇山秀水，自然风光迷人，民族风情浓郁，集自然风光、民族风情和人文景观于一体。有以国家级风景名胜区舞阳河和世界自然遗产云台山为代表的山水名胜旅游景区，有以凯里、麻江、台江、雷山为代表的苗族风景旅游线，有以黎平国家重点风景名胜区为代表的黎、榕、从侗乡民族风情旅游线。有雷山西江、锦屏隆里、仰阿莎湖、从江岜沙、施秉杉木河和云台山、黄平浪洞温泉和野洞河、剑河温泉、岑巩龙鳌河、台江翁密河、镇远高过河、麻江下司、黎平会址和肇兴等景点，以及众多的文物古迹、革命历史胜地等，构成了黔东南多姿多彩的旅游景观，加上冬无严寒，夏无酷暑的宜人气候，吸引了大批海内外游客前来观光旅游[④]。

第二节　杭州—黔东南东西部扶贫协作情况

近年来，杭州市和黔东南州深入贯彻落实习近平总书记关于东西部扶贫协作和脱贫攻坚系列重要讲话精神，按照"三个结合""三个转变"工作思路和要求，全力推进东西部扶贫

---

①②③④　资料来源：黔东南州人民政府官网。

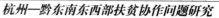
协作工作，确保《东西部扶贫协作工作协议》落地见效，形成了立体化、长效化、个性化的东西部协作态势，书写了东西部扶贫协作新篇章。

一、组织领导进一步强化

通过黔东南州"两会"、全州经济工作会议、州委常委会、州政府常务会和工作专题会议等认真研究和部署推进东西部扶贫协作工作。

1. 成立领导小组

黔东南州于 2013 年成立了由州长任组长，州委副书记和分管副州长任副组长，州直有关部门为成员的领导小组，领导小组下设办公室在州扶贫办，负责东西部扶贫协作的日常工作。同时组建了由分管副州长任组长的工作专班，于 2017 年在州扶贫办新成立了东西部服务协作科，专职负责东西部协作有关工作。

2. 夯实互访机制

加大杭州—黔东南州双方互访交流，使双方互访交流常态化，2017 年，黔东南州党政负责同志到杭州市调研对接达 20 人次，双方共同召开联席会议 3 次。2017 年 6 月，杭州市和黔东南州党政主要领导先后开展互访，联合印发了《两地对口帮扶工作联席会议纪要》，落实了一系列帮扶事项。2017 年 12 月，原副省长陈鸣明带队赴杭州市对接东西部扶贫协作工作，杭州市与黔东南州签订《杭州市黔东南州东西部扶贫协作工作协议》，对进一步深化杭州市和黔东南州对口帮扶工作作出了一系列部署。2018 年，黔东南州各市县赴杭州市各区县调研对接工作总人数达 550 人次。黔东南州委组织部、州人社局、州扶贫办等 21 个州直部门和 16 个县（市）党委或政府负责同志已赴各自结对区（县）对接落实帮扶工作，签订东西部扶贫协作备忘录，深化结对帮扶。杭州各区县市赴黔东南州各县市调研对接总人数为 545 人次，杭州市委统战部、市财政局、市发改委等 15 个市级部门（单位）和全部 13 个区、县（市）党政代表团先后到黔东南州开展对口帮扶，实地走访慰问贫困户和对接产业发展情况①。

二、产业合作进一步深化

1. 加强对口招商发展产业

进一步加强政策支持和优化服务，积极引导浙江籍企业到黔东南投资。2017 年，全州共引进浙江籍企业 265 个，实施项目 265 个，实际到位资金 32.1 亿元，产业扶贫项目覆盖 3 个深度贫困县，建成绿色农产品基地 1.02 万亩，带动农产品销售 8.21 万吨，实现农产品销售额 9.04 亿元，旅游开发合作投入 2.25 亿元。其中，吸纳就业带动脱贫 1296 人，通过利益联结机制带动脱贫 374 人。强力推进帮扶项目实施，2018 年共批复项目 284 个，其中产业帮扶项目 181 个，帮扶资金 4.22 亿元，项目覆盖贫困人口 7 万余人，覆盖贫困村 352 个、深度贫困村 395 个。2018 年，已经开工项目 237 个，拨付到各县（市）的资金 5.789 亿元，占 98.7%，拨付到实施单位的资金 4.9326 亿元，占 84.12%，通过项目带动贫困户脱贫 14258 人②。

2. 加强园区协作

充分发挥杭州市各级经济开发区管理优势和产业优势，支持黔东南州开发区建设。2017

---

① 资料来源：根据贵州省扶贫办以及黔东南州实地调研收集资料整理。

② 黔东南州扶贫办. 我州东西部扶贫协作帮扶项目带动 14258 人脱贫［EB/OL］. http：//www. qdn. gov. cn/xwzx/bmdt/201901/t20190118_ 2330874. htm, 2019 – 01 – 31.

年，杭州经济开发区支持 300 万元专项用于凯里·杭州经济开发区协作园建设，并签署招商资源共享合作协议。萧山、富阳、余杭等经济开发区分别与黔东南州洛贯、锦屏、台江经济开发区合作，积极探索"飞地经济""园外园"等帮扶新模式。积极推动杭黔产业协作园、互联网众创产业园、现代农业示范园区等平台共建工作，2018 年，帮助黔东南建设特色农产品基地 48 个，种植面积 10000 亩、养殖畜禽 2570 头、30.01 万羽①。

3. 搭建产品宣传销售平台

在杭州市成功举办贵州绿色优质农产品招商推介展示会，2017 年，签订产品销售合同 33 个、金额 12.01 亿元。在杭州市中华农业电商博览园建设 400 平方米"黔品中心"，全州 100 余种农特产品入驻展馆。充分利用杭州文博会、西博会、休博会等平台宣传黔东南州良好的生态环境和浓郁的民族文化，在杭州市成功举办 6 场旅游宣传推介会。依托浙江省旅游集团资源，参加 2017 年首届中国旅游目的地暨旅游小镇发展大会，黔东南州荣获"2017 十大最受游客欢迎的旅游目的地"。大力助推"黔货出山"，利用杭州市都市圈优质农产品迎新春大联展、杭州茶博会等展销平台，引入农村淘宝、网易严选、天下良仓、新农都、四喜等龙头企业，对接农产品产销工作，已有部分达成合作意向。据不完全统计，通过杭州龙头企业帮扶，截至 2018 年，已经实现农产品销售 6200 万元，各对口帮扶县的 13 个农产品展销中心正在稳步推进②。

4. 共推旅游市场开发

以浙江省、杭州市总工会开放对口帮扶地区职工疗休养工作为契机，2018 年，建立杭州市职工疗养基地 5 个，已有近 2 万职工来黔疗休养。利用杭州市电视、报刊、网络、广场显示屏等媒介和借杭州市西博会、文博会等展会，大力推介黔东南州旅游资源，全年接待杭州旅客 70 多万人，促进旅游消费扶贫效果明显。杭州市旅投集团、风景名胜区管委会等单位来黔东南州考察，对接旅游产业合作事宜，共商旅游市场合作开发，促进旅游产业提升③。

5. 帮扶投入进一步加大

自 2013 年 2 月中央明确杭州市对口帮扶黔东南州以来，杭州市始终以强烈的政治责任感和使命担当，承担起对口帮扶黔东南的重任，认真落实扶贫协作协议，逐步形成"政府援助、人才支持、企业合作、社会参与"的工作格局，两地精准对接、深入推进，东西部扶贫协作工作取得了显著成效。针对帮扶资金制定了管理办法，实行专款管理，确保资金使用安全、用出效益。杭州市 2017 年向黔东南州投入财政帮扶资金 6700 万元，比 2016 年增长 3%。计划外县市帮扶资金 1000 万元，总计各类社会帮扶资金达 1500 万元，这些资金与黔东南州其他资金捆绑整合，围绕"四场硬仗"实施帮扶项目 130 个，带动帮助黔东南州 3594 名贫困人口实现脱贫，惠及建档立卡贫困人口近 2 万户、8 万人。着眼黔东南产业发展短板，以及杭州新经济优势和传统产能梯度转移趋势，积极开展两地产业合作交流，2018 年以来已引导浙商、杭商企业 35 家在黔东南投资，新增投资额 14.57 亿元。杭州市加大东西部扶贫协作财政援助资金的投入，2018 年达到 5.864 亿元，是 2017 年的 8.75 倍，县均达 3909 万元④。

---

① 黔东南州扶贫办. 我州东西部扶贫协作帮扶项目带动 14258 人脱贫［EB/OL］. http：//www.qdn.gov.cn/xwzx/bmdt/201901/t20190118_ 2330874. htm，2019－01－31.

②③ 资料来源：根据贵州省扶贫办以及黔东南州实地调研收集资料整理。

④ 黔东南州扶贫办. 2018 年杭州东西部扶贫协作财政援助资金达 5.864 亿元［EB/OL］. http：//www.qdn.gov.cn/xwzx/bmdt/201901/t20190111_ 2328132. html，2019－01－30.

三、劳务协作进一步加强

1. 建立劳务合作机制

健全两地劳务协作联席会议制度，两地两级人社部门共召开联席会议 38 次。杭州市出台《关于进一步加大东西部就业扶贫政策支持力度的通知》等政策意见，引导贫困劳动力到杭就业。围绕实现"一人就业、全家脱贫"目标，制定出台对口帮扶劳务协作实施意见，签订了《杭州市—黔东南州劳务协作工作机制》，建立劳务输出协调服务机制，在杭州市设立"1＋16"个集岗位开发、技能培训、就业服务、权益维护于一体的劳务输出联络工作站，为黔东南外出务工人员提供"一条龙"就业服务，构建起岗位开发、就业招聘、技能培训、智力帮扶和权益维护的"五位一体"合作机制。紧扣帮扶城市需求加强就业培训，2017 年，全州各县市共组织开展劳务培训 1.62 万人次，其中贫困人口就业培训 2683 人。在黔东南州举办面向杭州市的专场招聘会 55 场，针对贫困户提供就业岗位 11.54 万个，共帮助 3141 名建档立卡贫困户实现就业脱贫[①]。

2. 积极探索劳务输出新模式

加大劳务输出力度，2018 年，市（州）和县（市）两级开展专场招聘活动 54 次，提供就业岗位 7 万多个，截至 2018 年 10 月，实现有组织输出劳动力 15304 人，其中贫困劳动力 4302 人。联合开展技能实训，提高就业能力。两地共开展劳动力培训 43 期，共培训 1968 人次，其中贫困劳动力 1689 人次。积极探索劳务输出新模式，剑河县与浙江新联外包服务公司合作的劳务输出模式在黔东南州全州推广，形成了黔东南贫困劳动力"要打工、到杭州"和杭州市企业"要用工、到黔东南招工"的劳务协作新格局。同时，加大就近就业支持力度，通过浙江籍企业投资产业和东西部协作援建扶贫车间吸纳贫困人口就近就业 1100 人[②]。

3. 扩大贫困人口就近就业创业

通过引导在黔东南州浙商企业优先招录贫困人口、开设扶贫车间、开发公益性岗位等方式，扩大就近就业。2018 年，帮助贫困人口就近就业 8008 人，其中设立扶贫车间 78 个，吸纳贫困人口就业 1587 人；公益性岗位吸纳贫困人口就业 4556 人。开展致富带头人培训班 37 期，1573 人次，创业成功 137 人，带动贫困人口 3711 人[③]。

四、民生保障进一步提升

1. 教育扶贫斩断代际穷根

从黔东南群众最盼望和最受益的需求入手，把教育帮扶作为斩断代际穷根的重要抓手，持续加强两地教育共同体建设和职业教育、智慧教育合作，截至 2018 年，推动两地学校结对 255 对。在黔东南开办以贫困学生为主的"杭黔扶智班""吉利成蝶班""甘霖班"，支持贫困学生到杭州就读职业技术学校，其中"杭黔扶智班"就读贫困生达 200 人。由原杭州学军中学校长陈立群支教的台江民族高中，2018 年高考一本上线率达 57%，二本上线率达 98%，有关事迹在国务院新闻办"与教育改革发展同行"中外记者见面会上作了介绍[④]。

2. 医疗扶贫提升医疗质量

持续加大医疗帮扶力度，以结对医院学科建设、医疗人员培训、管理能力提升、远程医疗为重点，培育更多学科带头人，提升医疗质量。截至 2018 年 10 月，两地已结对医院 52 家，其中西湖区与凯里市实现了镇街卫生室、社区服务中心结对全覆盖，浙二医院对台江人

---

①②③④　资料来源：根据贵州省扶贫办以及黔东南州实地调研收集资料整理。

民医院的帮扶工作成为贵州省医疗扶贫的品牌亮点①。

五、人才交流进一步发力

坚持"扶智""扶志""扶贫"同步推进，突出党政干部和专技人才两大重点，持续加大人才支援力度。

1. 抓好挂职干部人才培训

着力建立两地人才"柔性流动机制"，杭州市在安排智力帮扶资金 577 万元的基础上，再捐赠 200 万元专项用于黔东南州干部赴杭挂职。2017 年，先后组织黔东南 828 名干部及专业技术人才在杭开展为期 3~6 个月的挂职锻炼，并举办 6 期培训班共培训 304 人。杭州市共选派 20 名优秀干部到黔东南州挂职，共派出 455 名教师、医生、农业技术等专业技术人员到黔东南州开展帮扶工作。在党政干部交流上，继续落实两地党政干部互派互挂工作。2018 年，杭州新派遣 37 名干部到黔东南挂职，挂职期限均为 3 年，其中每县市下沉 2~3 人组成县市工作组；黔东南实施"两千子弟兵东进取经计划"，截至 2018 年 10 月，黔东南共选派 861 名干部到杭州市挂职，其中党政干部 440 名、专业技术人才 421 名，挂职期为 1~12 个月不等②。

2. 抓好医疗人才帮扶

持续深化医院"一对一"帮扶，2017 年，杭州 17 家医疗机构结对黔东南 18 家医疗机构，组织杭州市医疗专家 110 人到黔东南开展实地带教指导，组织黔东南骨干医护人员 232 人到杭州市帮扶医院进修挂职。帮助黔东南州凯里、台江、镇远、锦屏等县（市）医院搭建远程会诊平台。浙江大学第二附属医院派出 19 名专家对台江县人民医院开展组团式帮扶。在医疗卫生人才交流上，2018 年，杭州市接收黔东南州卫生系统 316 人到对口支援医院进修培训学习，为黔东南州医疗卫生人才提供培训平台；杭州市对口支援医院先后选派 143 名专家到黔东南州开展对口帮扶工作，其中 25 名帮扶一年以上③。

3. 抓好教育人才帮扶

杭州市支持黔东南州实施"百名校长培养计划"，2017 年，接收 85 名优秀青年校长到杭州市挂职学习。杭州市选派 18 名优秀教师到黔东南州开展为期一年的支教，并新增 49 所优质学校（幼儿园）与黔东南州学校建立结对帮扶关系。组织开办了"杭黔扶智班""余杭班""萧山班""杭州支教班"；在黔东南州振华中学探索"微格教室"模式，利用"互联网＋"新型授课模式共享杭州市优质教育资源。2018 年，杭州市派教师 124 人开展挂职支教，其中 58 人支教一年以上；两地教育部门联合举办 3 期培训共培训 220 人，其中选派 95 名高中骨干教师赴杭州师范大学新高考业务培训班，选派 65 名乡村学校小学校长赴杭州市培训，60 名教育管理人员赴浙江大学参加高中深化课改培训④。

4. 抓好实用技术人才帮扶

针对农林畜牧、旅游和电商等产业发展，邀请浙江农林大学、杭州市农科院等技术专家来黔东南州挂职，开展现场辅导蹲点指导。在农业和其他技术人才帮扶上，2018 年，全年接收杭州市相关专业技术人员 56 人，加强专业技术帮扶，开展农技电商等各类培训 61 期，4124 人次。引进西红花种植、种桑养蚕、航天构树等各类技术 140 项⑤。

六、社会帮扶进一步拓展

大力开展"携手奔小康"活动，充分调动社会各界参与脱贫攻坚的积极性，稳步推进

---

①②③④⑤　资料来源：根据贵州省扶贫办以及黔东南州实地调研收集资料整理。

社会扶贫。

1. 深化结对全面落实

大力开展"携手奔小康"活动，建立区县（市）、乡镇（街道）、村（社区）三级结对机制，2018 年，实现区县（市）结对全覆盖，杭州市 115 个镇街与黔东南州 122 个乡镇结对，杭州市 216 个村社与黔东南州 219 个村社结对，开展结对帮扶活动，实现黔东南州乡镇、村与杭州市乡镇（街道）、村（社区）的结对帮扶①。

2. 国企民企共同参与

充分发挥杭州市国企和民企的优势，通过杭州市国资委、工商联等组织发动，引导杭州市国企、民企到黔东南州参与"万企帮万村"活动，截至 2018 年底，已有 223 家企业与444 个贫困村结对。杭州市、区两级 55 家国企结对帮扶 304 个贫困村，其中深度贫困村 285个。杭州市 9 家市属国有企业和 13 个区、县（市）属国有企业共帮扶黔东南州 304 个村，共计提供帮扶资金 3115 万元②。

3. 社会帮扶纵深推进

充分发动杭州市社会各界、爱心人士积极参与黔东南州公益活动，滴水公益、关爱孤儿基金会、新梦想慈善基金会等多家公益组织来黔东南州开展捐资助学等各类帮扶活动。吉利集团出资 2000 万元建设扶贫茶叶加工厂，通过新建茶叶加工厂、流转茶园和禅院综合配套设施等方式，采用"公司＋合作社＋茶叶基地＋贫困户"的合作利益链接机制，助推雷山县脱贫攻坚。浙江传化集团慈善基金会投入 1400 万元在雷山县援建 70 个"传化·安心卫生室"项目，帮助改善深度贫困地区医疗卫生条件。杭州市"春风行动"助学活动投入 300万元对建档立卡贫困户子女就读全日制高校给予一次性生活补助 3000 元。截至 2018 年，全年全州接受杭州各类社会帮扶资金（物资）已达 1.46 亿元③。

4. 帮扶氛围持续浓厚

邀请两地电视、报刊等多种媒体，采取专题报道、举办慈善晚会等形式，加大东西部协作宣传力度，积极营造人人关心扶贫、人人参与扶贫、人人支持扶贫的浓厚氛围。《光明日报》、新华网、人民网等省级以上主流媒体多次宣传报道东西部扶贫协作工作。2018 年，杭州市举办"六一"慈善晚会和"1017"扶贫日主题活动广泛动员了社会各界参与扶贫。2018 年，全州接受杭州市各类社会帮扶资金（物资）已达 7000 多万元④。

第三节　杭州—黔东南东西部扶贫协作的经验

打赢脱贫攻坚战，是以习近平同志为核心的党中央着眼于实现第一个百年奋斗目标作出的重大战略部署。从 2013 年起，按照中央决策部署，杭州市接过"接力棒"帮扶黔东南州，两地致力于打造东西部扶贫协作新样板。山海携手，每一步都在铿锵而行。

一、领导重视，组织保障有力

做好东西部扶贫，领导和组织保障是核心。在黔东南州，通过黔东南州"两会"、全州经济工作会议、州委常委会、州政府常务会和工作专题会议等认真研究和部署推进东西部扶贫协作工作。黔东南州于 2013 年成立了由州长任组长，州委副书记和分管副州长任副组长，州直有关部门为成员的领导小组，领导小组下设办公室在州扶贫办，负责东西部扶贫协作的

---

① ② ③ ④　资料来源：根据贵州省扶贫办以及黔东南州实地调研收集资料整理。

日常工作。两地党委政府高度重视杭州市对黔东南州对口扶贫工作，党政"一把手"身体力行，亲力亲为，做到亲自研究部署、亲自督促落实，共谋扶贫协作大计，共推扶贫协作要事。

1. 两地高层全面互访

2018 年 5 月，浙江省委书记车俊赴贵州省及黔东南州考察指导，对做好东西部扶贫协作工作作出重要指示。2018 年 11 月，贵州省长谌贻琴率贵州省代表团，亲赴杭州、宁波考察对接协作工作，双方举行浙江（杭州、宁波）贵州（黔东南、黔西南）扶贫协作工作座谈会。浙江省委常委、杭州市委书记周江勇，市长徐立毅等市领导分别率团赴黔东南州实地调研考察，对接深化扶贫协作工作；黔东南州委书记桑维亮，州委副书记、州长罗强等四大家领导班子多次赴杭州考察对接，有力地推动对口协作的深入开展。2018 年，地厅级以上领导干部调研对接 54 人次。

2. 协作协议全面签订

浙江与贵州两省签订扶贫协作协议，明确帮扶责任和主体责任；2018 年，黔东南州 21 个州直部门和 16 个县（市）分别与杭州市 24 个部门和 13 个区、县（市）开展工作对接，全面签订扶贫协作协议或备忘录，深化对口帮扶协作。

3. 顶层设计不断完善

在研究制订"十三五"东西部协作规划的基础上，细化制定《杭州市助推黔东南州打赢脱贫攻坚战三年行动实施方案（2018—2020 年）》。两地围绕产业合作和劳务协作分别研究出台相应的政策措施，有效促进杭州籍企业到黔投资和黔东南贫困劳动力到杭州就业。

4. 协作机制不断优化

建立双方联席会议制度，全年召开 5 次联席会议。两地均将东西部协作纳入综合考核，强化日常督察，确保责任落实。州、县两级成立工作专班，建立健全东西部扶贫协作项目推进、工作对接、部门协调、信息宣传等工作机制。不断加大各项保障力度，在干部选派上，成立了杭州市帮扶黔东南州工作队，先后新选派 37 名优秀干部到州直部门和各县市挂职；在资金筹集上，投入财政帮扶资金 5.2 亿元，并积极动员杭州市社会各界捐赠资金（物资）7000 多万元；在制度上，建立健全东西部扶贫协作考核办法，将其纳入脱贫攻坚的成效考核范畴[①]。

二、聚焦精准，精选项目筑平台做好产业扶贫

严格贯彻中央有关精准扶贫、精准脱贫要求，制定东西部扶贫协作项目管理和资金使用管理两个办法。

1. 资金项目精准投放

在各县市充分调研、认真开展前期工作的基础上，州扶贫办同杭州市工作队，集中精力，对所有项目进行反复评审，确保项目建设内容和目标明确、资金得到落实、实施与招标方式明晰、管理与运营方式规范可行、产值与成本计算相对科学准确、效益有保证。对项目实施情况持续跟踪，每月交流项目推进情况、调度对项目实施和资金拨付情况。按照全州脱贫摘帽的时间进度，统筹资金安排，向深度贫困县、向 2018 年脱贫摘帽县倾斜，集中资金、精准投放，其中深度贫困县、脱贫摘帽县各安排 3500 万元，其余县各安排 2500 万元，要求帮扶资金 80% 以上用于产业发展并量化到建档立卡贫困户，建立利益联结机制。2018 年共批复项目 252 个，计划使用帮扶资金 5.2 亿元，其中产业帮扶项目 170 个，计划使用帮扶资

---

① 资料来源：根据贵州省扶贫办以及黔东南州实地调研收集资料整理。

金 4 亿元，项目计划带动贫困人口 75409 人，覆盖贫困村 334 个、深度贫困村 380 个。截至 2018 年 9 月底，已经开工项目 204 个，开工率为 80.95%，拨付到各县市的资金 4 亿元，占帮扶资金总数的 76.9%①。

2. 调整结构扩大产能

根据黔东南州农业产业结构调整和"一县一业"发展产业布局，结合山地农业发展特点，加大生态农业项目支持力度，重点培育食用菌种植项目 32 个、中药材种植项目 12 个、精品水果种植项目 18 个、畜禽养殖项目 64 个，投入资金 2.26 亿元，有效促进农业产业结构调整，推动传统农业向生态高效农业转变。全年建设特色农产品基地 66 个，种植面积 28302 亩、养殖畜禽 46 万余头（羽）②。

3. 提高品质培育品牌

依托浙江农林大学、中国林科院等农业科研院所，大力引进农业新品种、新技术，重点引进种桑养蚕新品种、航天构树生物饲料新技术、油茶改良新技术等，提高农产品品质和附加值。加强与中国美院、网易严选等专业团队的协作，通过品牌策划、外观设计和统一产品标识，打造"严选·雷山"等一批农产品特色品牌，提升农产品的品牌化和知名度。

4. 建设平台拓展市场

发挥杭州市商贸流通大市场的优势，重点建设集全州农特产品的杭州"黔品中心"，设立 13 个区县（市）展销分销中心。借助杭州市"电商之都"的资源优势，建成 16 个县级电子商务综合服务中心。引入农村淘宝、网易严选、贝店、云集等电商平台实现农产品上行。通过组团展销、专场推介、基地认领、商超对接、定制礼包等多种途径，不断拓宽农产品线下销售渠道。剑河鸡枞菌等一批优质农产品在市场上供不应求。

三、精准发力，促进劳务协作做好就业扶贫

围绕贫困人口就业创业困难，靶向施策、精准施策，开展多种形式的就业扶贫。

1. 提升劳务输出组织化程度

完善劳务协作机制，加强稳岗服务，确保外出务工人员稳定就业、稳定增收。开展以"送岗位上门、送信息到人、送员工入职"为核心的"三送"服务活动，精准建立台账、精心宣传发动、精确技能培训。大力推广"淳安—剑河"模式，通过两地互建联络平台、引进劳务公司、制定激励政策等，形成有序稳定和谐的劳务协作新格局。

2. 开发岗位开展订单式培训

精准对接市场需求，举办订单式培训班，推行"培训+就业"模式。丹寨县校企合作开设"宇视实训班"，面向建档立卡贫困户定向开设，根据宇视科技有限公司用工需要对学生进行核心技术课程授课、实训指导、技术讲座和学生职业素质辅导等专项培养，为学生提供工学交替和就业岗位。

3. 实现家门口就近创业就业

培养致富带头人，发挥示范带动效应，着力打造扶贫工厂，促进贫困户就近就业、返乡创业。余杭区华鼎·天柱服装产业园，依托浙江省企业输出管理、技术、设备及当地政府提供配套服务，招收有创业意愿的团队并进行培训，创办服装厂，拓展就近就业渠道，实现贫困户家门口就业。截至 2018 年底，已培训贫困人口 174 人，其中 165 人与 3 家扶贫工厂签订了劳动协议③。

---

①②③ 资料来源：根据贵州省扶贫办以及黔东南州实地调研收集资料整理。

四、组团帮扶，解决群众实际困难做好民生扶贫

在推进杭州对黔东南的帮扶中，充分依托各地资源，围绕贫困群众最需要解决的实际困难，做好民生服务。

1. 组团式教育帮扶

安排 100 万元专项资金实施台江县教育综合提升工程，深化台江组团式教育帮扶，通过名校长引领、名教师带动、"送出去"培训、设立奖教金等多种方式，全面提升中小学教师能力素质和学校管理水平。杭州学军中学校长陈立群支教台江民族中学，成立陈立群名校长领航工作室，为全州中小学校长业务培训和能力提升搭建良好平台，着力培养一批"不走"的高水平本土教师队伍。台江的组团式教育帮扶已经成为教育扶贫的成功经验，得到了中央领导和贵州省、浙江省主要领导的充分肯定，并在全省推广。陈立群也受邀参加了国务院新闻办举办的"与教育改革发展同行"中外记者见面会。

2. 组团式医疗帮扶

全面推广台江组团式医疗帮扶模式，加强两地卫生医疗机构合作，全州县以上医院结对已全覆盖。通过重点学科建设、医疗技术引进、医务人员互派、远程医疗会诊等多领域交流合作，实现医疗管理、医疗技术、临床科研等方面整体水平的提升。浙二医院对台江人民医院的"组团式医疗帮扶"工作成为贵州省健康扶贫的品牌亮点，并在全省推广，汪四花院长被评为 2018 年全国脱贫攻坚贡献奖。

3. 组团式社会帮扶

按照"政府主导、部门联动、企业帮扶、社会参与"的方针，积极引导动员社会各方力量，整合各方资源，通过两地县市结对、镇街结对、村社结对、村企结对，形成"1＋N"的结对帮扶关系，构建组团式社会帮扶格局。充分发挥各自资金、技术、管理等资源优势，立足精准化、满足个性化，在公益性岗位开发、人居环境改善、贫困残疾人救助、捐资助学等方面，显现出组团式社会帮扶的独特效果。其中《吉利集团精准扶贫的探索实践及有关建议》被中办信息综合室《专报》采纳，并获汪洋主席的批示肯定①。

第四节　杭州—黔东南东西部扶贫协作的困难和问题

黔东南东部地区对扶贫开发工作在取得显著成绩的同时，也还存在不少的问题。

一、贫困群众脱贫内生动力不足

东部地区对黔东南州贫困地区的扶贫，是对贫困群众的无私帮助，但是通过基层调研，发现一些贫困户之所以贫困，主要是其脱贫致富的内生动力不足。

1. 思想落后，消极保守

小部分贫困群众思想消极保守，不愿参加致富技能培训，不敢创业发展产业，不想借助帮扶力量自我发展，缺乏自我发展的主体意识。主动参与脱贫的主动性不强，存在"等靠要"思想，对扶贫干部、国家的依赖性较大，这种思想十分不利于脱贫工作的开展。

2. 缺乏勇气和脱贫干劲

部分贫困户把贫困当习惯，在主观上缺乏主动脱贫意愿，没有做好脱贫摘帽的心理准

---

① 资料来源：根据贵州省扶贫办以及黔东南州实地调研收集资料整理。

备，甚至宁愿一直当贫困户享受贫困扶持，将贫困扶持作为一种福利，客观上缺乏生产发展要素，即便有脱贫致富的想法也不知如何脱贫。

3. 缺乏感恩意识

有的贫困户缺乏感恩意识，片面认为干部去帮扶他脱贫是干部的工作责任，对贫困户能否按时脱贫，干部比贫困户还要着急，贫困户自身脱贫动力不足，导致扶贫开发工作推进困难。

二、产业扶贫薄弱环节较多

通过杭州市的帮扶，在产业扶贫上做了大量工作，取得了显著成效，但仍然存在基础设施较差、主导产业缺乏、经营性收入较低的问题。

1. 农业基础设施还比较薄弱

农业基础设施和装备条件薄弱，仍是农村产业发展、现代农业发展、实现乡村振兴难以逾越的"门槛"。相当一部分耕地只能望天收，绝大多数农业生产，仍然主要依靠人力畜力，机械作业少。农业生产基础设施建设跟进慢，生产用电用水得不到解决，农业生产条件还比较落后。

2. 没有有效建立主导产业

受每个县产业发展基础等影响，有的县到目前为止还缺乏产业扶贫的主导产业，有的县即使有了主导产业，主导产业也不大不强不优，没有起到示范引领、龙头带动的作用。

3. 产业扶贫的经营性收入还比较低

农民从产业发展中获取的经营性收入较低，还有相当部分的贫困户没有享受产业扶贫的经营性收入。产业扶贫支撑脱贫率仅为70%，仍有30%的群众没有获得产业支撑，稳定脱贫任务依然艰巨。

三、人才缺乏依然是短板

扶贫扶志，更需要"扶智"。拔穷根，根本之策在于教育。在杭州市—黔东南东西部扶贫协作征途上，人才培养、教育脱贫、医疗扶贫等放在了优先位置。近年来，两地坚持"扶志扶智扶贫"同步推进，突出党政干部、专技人员两大重点，围绕教育卫生两大民生领域，加大人才支援力度。但由于地区差异较大，黔东南州在扶贫人才、产业发展人才、医疗、教育、民生等扶贫领域人才缺乏，严重制约了区域的扶贫成效，缺乏脱贫成效稳定的长期动力支撑，甚至在脱贫攻坚任务完成后，由于缺乏人才及智力的支持，仍然存在返贫的较大风险。

四、社会资源帮扶力度不足

杭州市帮扶黔东南州在促进民生、教育、医疗、产业发展等方面发挥了重要价值，人民生活在一定程度上得到了有效提高，但仅依靠产业帮扶方面的资金仍然不足，仅依靠政府资金、项目等支持用于帮扶也远远不够。在充分依托杭州市对口帮扶平台，积极引进社会资源，双方在产业合作上仍然需要加强，杭州市与黔东南州双方政府在鼓励、引导杭州市社会力量参与黔东南州产业发展、产业合作等方面还有待提升。

第五节 杭州—黔东南东西部扶贫协作的对策建议

一、进一步加大政策支持力度

建议在浙江省级层面出台劳务协作方面的相关政策，积极引导浙江省企业赴贵州省，在农特产品、文化旅游等重点领域兴办产业，吸纳就业。加大省级劳务协作统筹，助力对口帮扶地区劳务输出，加强各方协调。鼓励到黔设立"扶贫工厂"或"扶贫车间"，促进建档立卡贫困户就地就近就业，助力精准脱贫。进一步完善劳务协作服务对接机制，落实劳务协作各项政策，充分发挥劳务工作站的作用，精准对接就业岗位，提高劳务输出组织化程度。强化职业技能培训，提高就业能力，引导贫困劳动力输出的同时，加大就近就业帮扶力度。

二、深化产业合作促进产业扶贫

两地着眼黔东南产业发展短板以及杭州产业优势和传统梯度转移趋势，深化产业合作，持续增强黔东南州经济发展活力。

1. 共引企业投资兴业

出台支持杭州市企业来黔东南州投资发展的激励政策措施，积极引导浙商、杭商企业到黔东南投资考察，加强项目投资及合作。

2. 共建产业园区平台

深入探索"飞地经济"或"园外园"合作模式，建立杭州—黔东南产业合作的长效机制，共建产业园区，提升入驻企业数量及质量，加大政府产业招商力度。

3. 推进黔货出山及农村电商发展

充分利用杭州市电子商务平台、资金、人才、政策等优势，依托国家电子商务进农村综合示范县机遇，引入农村淘宝、京东、阿里云、网易严选、新农都等龙头企业优势，加大农产品上行，提升全州网络零售额，推进在杭州区、县（市）开设黔东南农特产品展销中心，推进农产品进城的力度，促进农特产品销售力度，有效带动贫困人口脱贫。

4. 共拓旅游市场开发

积极深入推进"杭州人游黔东南"，将杭州人游黔东南向"浙江人游黔东南"深化，建立杭州—黔东南旅游互利互惠互动机制，共同促进旅游产业发展。

除此之外，继续有效对接杭州优势产业和传统产业梯度转移，发挥两地资源优势，探索产业合作有效途径，促进产业扶贫，大力加强现代山地特色高效农业、大健康医药、文化旅游、现代物流、现代先进制造业等产业，让多个产业项目在黔东南大地上开花结果。

三、聚焦人才培养深化人才交流

充分发挥浙江省属高校、医疗机构和科研院所的人才资源等优势，动员引导退休医生、退休教师和科技人员赴黔东南州发挥余热，开展支医、支教和送技术等帮扶活动，助推黔东南州教育、医疗卫生和农业技术等民生事业发展。重点关注教育、卫生医疗、农技等重点领域，不断深化学校、医院结对帮扶机制，探索两地职业学校联合招生办学，加强两地各类专业技术人才交流互动，加快培养一批适应黔东南州经济社会发展急需的实用性人才。

四、加大社会动员促进公益帮扶

动员引导各类企业基金会、社会公益组织和社会组织赴黔东南参与脱贫攻坚，鼓励探索建立专项基金，开展捐资助学助医、志愿服务等公益帮扶活动。进一步深化镇街、村社、村企结对活动。广泛社会动员，引导更多的浙商、杭商参与万企帮万村活动。鼓励社会组织和各界人士多种形式参与，帮助贵州省贫困地区改善生活生产条件。在浙江省推广应用"中国社会扶贫网"，精准对接解决贫困户特定的需求帮扶。

第六节　杭州—黔东南东西部扶贫协作的典型案例

　　2015 年 7 月，陈立群在《我的教育主张》一书中写道："一个学生、一名教师、一所学校的发展，存在着各种可能性，我们总是希冀着往最好的方向去努力。这说明教育是充满理想的事业。当下教育还是缺少一点想象力，缺少诗一般的激情。"2016 年 3 月，作为从浙江省一级重点中学退休的"名校长"，陈立群有很多条件优渥而安逸的去处，可是他突然"消失"了，直到 2018 年 10 月，贵州省教育厅成立了"陈立群名校长领航工作室"，很多人才知道他去了贫困的苗乡，大山深处的黔东南州榕江县支教。花甲之年，大山深处，陈立群说，他找回了诗一般的激情。

东西部扶贫协作典型案例专栏 8 - 1：

陈立群——扎根大山深处的新追求

　　在贵州省黔东南苗族侗族自治州 16 个县市中，14 个是国家级贫困县。自 2016 年 4 月开始，杭州学军中学陈立群老师来到黔东南苗族侗族自治州开展义务支教，同年 8 月，应中央组织部帮扶台江工作组和台江县委县政府之邀，担任台江县民族中学校长。几年来，身患多种疾病，拒绝多家民办学校百万以上年薪的聘请，已先后 40 余次来回奔波在杭州到凯里的高铁上的陈立群老师，为的就是教育相对薄弱的民族地区教育水平能够获得快速提升。

　　贵州省黔东南州台江民族中学是县内唯一的普通高中，陈立群的到来，使学校发生了翻天覆地的变化，家长、社会对台江民族中学的信心显著增强。针对学校大多数家长在外地打工的现实，学校主动承担社会责任，全校从 2/3 学生住校到实行全体学生住校的封闭式寄宿制管理；辍学学生从每年 100 多个到全部净流入；全县中考前 100 名从十几个留在本县到 95 个留在了民族中学；教学质量按进出口增量计算从全州下游水平到了全州第一。

　　一、陈立群人物档案

　　陈立群，男，汉族，中共党员，浙江省临安市人，1957 年 11 月生，1982 年 1 月毕业于浙江师范大学数学系，中学数学高级教师，曾任杭州学军中学校长。获澳大利亚 Edith Cowan University 教育管理硕士学位，享受国务院政府特殊津贴。教育部中学校长培训中心兼职教授，中国创造学会理事，中国西部教育顾问，浙江师范大学教师教育学院兼职教授，浙江师范大学班主任工作研究中心研究员、副主任、客座教授，浙江省教育学会德育分会理事，杭州市数学学会理事。现挂任台江民族中学校长。陈立群敬业奉献，担任校长 30 余年，坚持将宏志教育融入教学，创设浓厚的立志教育氛围，引导学生树立高远志向，为学生成长成才打下坚实基础。他情系苗乡，坚持将扶贫与扶志相结合，投身贵州省黔东南苗族侗族自治州义务支教，在当地 15 个县市义务开展培训报告 50 余场，接受培训的校长教师达上万人次。受邀担任贵州省黔东南州台江县民族中学校长，个人出资 20 多万元奖学助学，带领台江民族中学教育质量成为全州第一，用行动践行着"把贫困地区孩子培养好，才能斩断贫困代际传递"的执着信念。曾获浙江省春蚕奖、最美浙江人、贵州省脱贫攻坚先进个人等荣誉①。图8-3为陈老师在指导学生学习②。

图8-3 陈立群在学校指导学生学习

二、把农民的孩子培养好，贫困才不会世袭

作为享受国务院政府特殊津贴专家，陈立群在浙江省内首创宏志班，国内首创精神教育。对于贫困孩子成长有着自己的见解，在他的专著《我的教育主张》一书中，他认为："解决农村、农业、农民这'三农'问题，给钱总是要花光的，给物资总是要用完的，唯有把农民的孩子培养好，才能使家庭的贫困不会成为世袭。"

正是在这样一份大爱情怀的驱使下，在"爱与责任"的召唤下，陈立群校长才走进了黔东南，来到了台江民中。在学校，陈立群十分关心贫困学生的生活，经常去食堂查看学生就餐情况，去寝室查看学生就寝情况，反复叮嘱学生在生长发育的关键时期，一定要吃好睡好锻炼好。和过去关心资助宏志生一样，他自己出钱资助了多个贫困学生。他还多次去医院接送、看望、陪伴生病的学生，"把台江的孩子当作自家的孩子在带，用心哺育台江的未来"。

每天早上6：30准时到校，晚上9：30之后离校，陈立群全身心投入学校工作之中。他几乎所有的双休日都在学校：听课、巡课、代课；抓课堂、抓教案、抓作业；与老师学生谈心交流，去学生家里访贫问苦；召开教师、学生座谈会；探访当地已荒废的台江文

---

① 优秀教师代表简介——陈立群［EB/OL］．教育部，http：//www. moe. gov. cn/jyb_ xwfb/moe_ 1946/fj_ 2018/xw_ fj2018/201809/t20180905_ 347306. html.

② 在贫困苗乡守望教育梦想——记浙江省杭州学军中学校长陈立群［EB/OL］．中青在线，http：//news. cy-ol. com/content/2018-07/20/content_ 17400646. htm.

昌宫、莲花书院等。

在县委县政府县教科局的大力支持下，通过内部挖掘潜力，短短的两个多月时间，学校从3000多师生一个食堂一口锅烧菜，变成了三个食堂六口锅烧菜，还专门开辟了教工食堂，从全校教师大多回家吃饭到一日三餐全部在学校用餐，还整修了教学楼和行政楼。大大改善了师生的工作、学习和生活条件。

担任台江县民族中学校长以来，陈立群收到了30余封学生来信，高三学生唐娜娜甚至在学校宣传栏里贴出了一封公开信："您的到来让我对自己重拾信心，您的到来让我对未来充满希望。我在这三载岁月中沉浮，终于在这三年岁月的末班车遇见了您。您像天上的星星，即使我永远无法触及，却可以循着光亮的方向，一直向前。"

三、扶学生志、扶教师志、扶家长志

陈立群从1985年开始担任高中校长，他认为，学校管理分权力管理、制度管理和人格管理三个层面。管理方式的权重选择，要依据所面临的现实情况进行调整。在依法治校的过程中，每一项制度的出台，都要通过校务会议、行政会议等逐级凝聚共识和统一认识，一经修订成文，就要在执行中强势推进。学校相继修订出台了《台江县民族中学教师课堂常规》《台江县民族中学中青年教师培养行动计划》等10多项管理制度。

陈立群始终认为，制度大多是用来"堵"的，学校管理中重要的是"导"。习近平总书记在十九大报告中提出"注重扶贫同扶志、扶智相结合"的大扶贫格局。如何在高中教育阶段，把扶贫同扶志、扶智结合起来，带领学生、家长和社会一起形成耕读传家的良好民风。陈立群分别从学生、教师和家长着手，做了多方面的探索。

一是扶学生的志。一些学生靠着国家和社会爱心人士的资助，过着现代生活而不思进取，早恋、抽烟、沉迷手机等现象比东部地区严重得多，这令他备感忧虑。由此，陈立群提出通过"三志教育"来确立学生高远的志向。开展宏志毅行活动，在社会爱心人士的帮助下组织部分学生赴北京游学，提振学生的心气。创设浓厚的立志教育人文氛围，陈立群将自己写的对联挂在教学楼前，如"生可清贫，贫贱不移，读经读史胸怀广宇；志当高远，远辽无畏，修德修行脚踏实地。""立足苗疆，寒窗苦读，读天读地读未来；放眼世界，发奋求知，知己知人知天下。"等等。

二是扶教师的志。陈立群认为，教师担负着育人教书的重任，比知识传授更为重要的是育人，是对学生精神人格的塑造。学生的志取决于教师的志。学校每月开设一次"新苗讲堂"，请教育界的专家学者前来给全校教师进行讲座。开展青年教师"励志演讲"比赛，由学生担任评委，意在让师生志趣相投、教学相长。学校已先后派出五批共100多位教师赴浙江省特色示范高中学习交流，帮助教师开阔眼界、更新理念、提振信心。

三是扶家长的志。台江是"天下苗族第一县"，苗族人口占比达到98%。在走村访户中，陈立群发现，整个村落除了小学外，民房基本都已修缮一新。这说明村民们对后代的教育不够重视，"等、靠、要"思想比较严重。陈立群号召老师们走进寨子，把社会最底层撬动起来，让百姓们充分认识到教育对于改变贫穷落后面貌的重要意义。在中组部帮扶台江工作组的协调下，陈立群亲自培训驻村第一书记。内容包括教育与脱贫、尊师重教、家庭教育等。在县委县政府的大力支持下，高考后，陈立群将教师分成几个组，走进寨子送喜报，大力宣传"考出一个孩子、脱贫一个家庭、带动一个寨子"学有所成的典型事迹，启发村民重视教育。

学校教育，人是目的。陈立群认为，"台江县民族中学是台江县内的最高学府，我们担负着传承苗族文化的历史使命。"基于此，学校还开办了包括"苗歌""苗舞""书法""篆刻""围棋""国学经典"等在内的25个学生社团。

四、中国那么大，总要有人站出来做这件事

中组部部长陈希来校考察调研时，陈立群在汇报中提道："所有的帮扶总是暂时的，所有的支教总是要结束的，关键在于增强贫困地区教育可持续发展的造血功能。"他对自己作为支教教师提出的三项任务是，教好自己的学科，带好所在学科的青年教师，在文化融合的基础上开展积极进取的儒家文化引领。

陈立群曾两度被聘为教育部中学校长培训中心兼职教授，应邀为全国优秀校长研修班授课30余次。台江县教科局为了充分发挥陈立群的名校长引领辐射作用，特聘他为"黔东南州校长教师专业发展培训首席专家"和"教育部中学校长培训中心专家贵州省工作站专家"，并把全县18位初中小学校长分成6批，每批3个，到台江民中陈校长身边跟岗学习。整个黔东南州有16个县市，陈立群到过其中的15个，义务作报告开讲座50余场，受训的校长教师达上万人次。在支教黔东南的同时，2016年5月，陈立群还应邀赴四川省宜宾市进行义务支教。

陈立群为人低调，始终保持着知识分子的傲骨清风。不置一分钱房产，不炒一分钱股票，全身心投入自己所钟情的教育事业。认真读书，潜心教书，静心著书，他撰写和主编了《我的教育主张》《教育的真爱、假爱与错爱》等教育书籍16本。

来到黔东南苗族侗族自治州，他不拿一分钱的工资奖金，至今滴酒不沾，基本不出席饭局。与此同时，他与爱人商量决定，把他获得国务院政府特殊津贴和杭州市杰出人才奖的20多万元钱拿出来，设立《台江县民族中学陈立群奖教金》，分设"爱心奖、责任奖和育才奖"三个奖项，每年每个奖项评选3人，共9人，每人5000元。该奖项目前已发放两个批次。

桃李不言，下自成蹊。陈立群的奉献和努力也得到了社会的广泛赞誉，他曾获评全国首届教育改革创新杰出校长奖、浙江省春蚕奖、杭州市首届感动杭州十大教师、浙江教育2017年十大年度新闻人物、贵州省委评为贵州省脱贫攻坚先进个人。

第九章 宁波—黔西南东西部扶贫协作问题研究

东西部扶贫协作是我国区域经济发展的大政方针，是推进我国西部大开发，促进东西协调发展的重要途径。1996年国务院出台了《国务院办公厅转发国务院扶贫开发领导小组关于组织经济较发达地区与经济欠发达地区开展扶贫协作报告的通知》，在国家政策的统筹安排下，宁波对口黔西南州扶贫协作工作由此开始。在20多年的实践中，双方的扶贫协作工作亮点纷呈、成效突出，被帮扶方黔西南州的社会、经济、民生事业长足发展，双方同兴共荣、互利共赢的长效性合作机制初具雏形，双方的深入合作交流具备了良好的基础。在新时期，随着国家精准扶贫和乡村振兴战略的深入推进，东西部扶贫协作工作又迎来了新的起点、新的目标和新的航程，系统回顾20多年来宁波对口黔西南的扶贫协作工作历程，总结其成功经验，对于把握新时期东西部对口扶贫协作工作的整体方向、明确合作的重点、开创对口双方共赢发展的新局面具有深远而现实的意义。

第一节　宁波—黔西南产业与资源基本情况

一、宁波产业与资源结构情况

宁波位于我国东海之滨，邻近上海和杭州，是世界第四大港口城市，同时也是我国的副省级城市和计划单列市。宁波经济发展水平位列中国大陆前15强，是我国长三角经济圈南翼部分的经济中心。在行政区划上宁波辖两县三市六区，总面积为9363平方千米，2017年户籍人口为596.9万人。

1. 宁波市产业结构情况

宁波是我国长三角南翼经济活动的中心地带，是我国东部沿海地区重要的工商业城市。改革开放以来，宁波依托区位优势和工商业基础，经济实现了腾飞，成为我国经济最发达的区域之一。

宁波虽然港口贸易发达，但是并未发展成为以商贸经济为主体的综合经济体。恰恰相反，凭借雄厚的工业基础实力和发达的港口贸易，宁波发展成为我国重要的制造业中心。2017年宁波地区生产总值为9846.9亿元，第一产业总值为314.1亿元、第二产业为5105.5亿元（其中工业3980亿元）、第三产业为4427.3亿元。三次产业占比如图9－1所示。

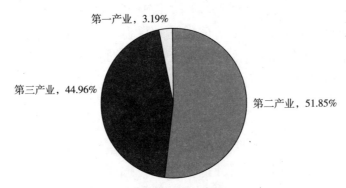

第一产业，3.19%

第三产业，44.96%

第二产业，51.85%

图9－1　2017年宁波三次产业结构

资料来源：根据2017年《宁波国民经济和社会发展统计公报》计算。

从三次产业结构的对比可以看出，宁波农业所占比重极低，农业经济不发达；而以制造业为核心的第二产业在宁波市产业结构中占主导地位。从产业发展增速来看，近年来宁波农业发展迟缓，而第二产业发展也是一直居于领跑地位，宁波现代工业处于一个快速发展时期。具体情况如表9－1所示：

表9－1　2014~2017年宁波三次产业增速情况

年度 产业	2014	2015	2015	2016	2017
第一产业增速（%）	2.0	8.1	7.3	2.1	2.4
第二产业增速（%）	1.7	9.7	6.3	6.5	7.9
第三产业增速（%）	1.3	8.3	6.1	8.1	8.1

资料来源：2014~2017年《宁波国民经济和社会发展统计公报》。

由于制造业发达，宁波产业门类较为齐全。2017 年，宁波销售值排名前五位的产业分别为汽车、电气机械、化学制品、石油加工、纺织服装，具体情况如表 9-2 所示：

表 9-2　2017 年宁波销售值排名前五位产业情况

产业类别	销售值（万元）	占总销售值比重（％）
汽车	23482003	15.2
电气机械	18522002	12.0
化学制品	16014747	10.4
石油加工	13842650	8.9
纺织服装	9128502	6.0

资料来源：《宁波统计年鉴》（2018 年）。

由表 9-2 可知，宁波销售值最高的五大行业在宁波产业体系中都没有绝对的主导优势，五大产业加总也只占宁波总销售值的 52.5%。五大产业之外，紧随其后的是电子设备、通用设备、有色金属加工、塑料制品、黑色金属加工这五大产业，这五大产业同样在宁波工业结构中占据重要地位。多元化的产业构成是宁波经济的重要特征，宁波对某个单一经济形态和产业门类都不具备依赖性，抵御经济周期性波动的能力较强。

从所有制结构分析，宁波表现出的基本特征就是"三足鼎立"，即国有控股企业、民营企业、外资企业在宁波经济体系中都占有重要地位，形成一种典型的三角形经济结构。具体情况如表 9-3 所示。

表 9-3　2017 年宁波国有、民营、外资规模以上企业销售产值

年份	国有及国有控股企业		私营企业		外商投资企业	
	数值（万元）	占比（％）	数值（万元）	占比（％）	数值（万元）	占比（％）
2016	309758738	22.5	53257948	34.4	16089747	10.4

资料来源：《宁波统计年鉴》（2018 年）。

宁波私营企业在经济中占的比重最大，国有及国有控股企业和外资企业同样在宁波经济体系中也占一定比例。私营经济比重较大，是宁波所有制结构的突出特征；同时，各种经济成分都有一定重要比例，也有利于增强经济稳定性。

2. 宁波市资源情况

宁波地处我国海岸线的中段，海岸线总长为 1594.4 千米，是一个典型的滨海城市。从经济开发的视角而言，宁波具有比较优势资源和海洋有着密切关系，其资源优势体现在海洋能源资源、海洋渔业资源、滨海旅游资源、港湾航道资源几方面。

海洋能源资源。宁波毗邻的我国东海海域油气资源丰富，有"东方波斯湾的美誉"，经过测算天然气储量依据可达 5 万亿立方米，原油储量可达到 1000 亿桶。目前，宁波海域建成的"春晓油气田"是我国最大的海上油气田，已探明天然气储量高达 700 亿立方米。同时，宁波沿海部分区域潮差大、波浪高，海洋潮流能、波浪能开发潜力巨大，可成为未来宁波生态环保型能源开发的重点[①]。

海洋渔业资源。宁波所在区域为典型的亚热带季风气候，非常适宜海洋生物群落繁衍生

————————————
① 资料来源：宁波市人民政府官网。

息。分布在宁波附近海域的浮游动物达 167 种、浮游植物 19 种。宁波海洋鱼类资源多达 182 种，具有种类多、数量大、复原能力强的基本特点，宁波拥有猫头洋渔场、渔山渔场、大目洋渔场等大型渔场。此外，宁波可直接用于海产品养殖的潮间带滩涂达 1.87 万公顷，滩涂养殖业发展自然基础良好、发展潜力巨大①。

滨海旅游资源。独特的滨海自然景观和历史文化使宁波拥有丰厚的旅游资源。以松兰山、山红岩、皇城沙滩、旦门山岛为代表的滨海自然景观；以河姆渡遗址、象山石浦渔港、镇海海防历史遗迹为代表的滨海人文景观都是宁波旅游产业开发的重点，可以打造为海洋旅游圈，开发多元化的海洋旅游产品②。

港湾航道资源。宁波紧靠我国东海海域，毗邻长江黄金水道，可供开发利用的岸线资源非常丰富。宁波附近海域水深浪静，冬季不冻，近陆区域开阔宽广，非常适宜开发为深水大港，仅北仑区一地可供开发微港口的海岸线就长达 121 千米。宁波港是我国四大国际中转港口之一，是一个现代化、多功能、综合性深水大港，现有作业泊位 309 座，其中 60 座泊位达到万吨，可与世界上 100 多个国家的 600 多个港口实现通航。港湾航道资源使宁波经济优势明显，宁波对外可辐射环太平洋地区，对内辐射长江流域和华东地区③。

二、黔西南州产业与资源结构情况

黔西南州全称黔西南布依族苗族自治州，位于云贵高原东南端，珠江水系上游。黔西南州是一个少数民族人口众多的地区，全州分布有瑶族、布依族、苗族、仡佬等 34 个少数民族，2017 年全州年末常住人口为 286 万人，人口自然增长率为 10.9‰。黔西南州共辖 1 市 7 县，州政府所在地为兴义市④。

1. 黔西南产业结构情况

黔西南是我国西部欠发达地区，改革开放以来黔西南经济一直保持着持续稳定的增长，尤其是近年来在贵州工业强省、后发赶超战略的推动下，黔西南经济发展成就显著，GDP（国民生产总值）总量由 2010 年的 307.12 亿元增长到 2017 年的 1067.6 亿元，增长了近 2.5 倍，经济结构不断优化，质量效益不断提升。但是横向比较，黔西南经济总量小、工业基础弱、市场化进程滞后的问题依然突出，与东部发达地区城市相比，差距还非常明显⑤。

从三次产业结构来看，2017 年黔西南州生产总值为 1067.6 亿元，其中第一产业占比 19.12%、第二产业占比 31.91%、第三产业占比 48.97%，各产业占生产总值比重如图 9 - 2 所示：

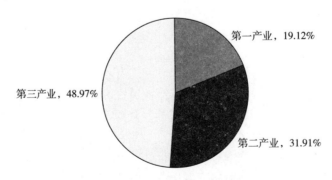

图 9 - 2   2017 年黔西南州三次产业结构

资料来源：2017 年《黔西南州国民经济和社会发展统计公报》。

---

① ② ③   资料来源：宁波市人民政府官网。
④ ⑤   资料来源：2017 年《黔西南州国民经济和社会发展统计公报》。

由图9-2可知在黔西南三次产业结构中，占比重最大的是第三产业，包括旅游、金融、邮电、房地产、交通运输等服务性产业；第二产业也占有重要地位，但是比重偏低，说明黔西南州工业基础还比较薄弱，提升空间还较大。和宁波比，黔西南州三次产业结构的最大特征在于农业占有重要比重，发展山地农业也是黔西南州经济发展的一个重要增长点。

从第一产业的内部结构分析，2017年黔西南州农林牧副渔生产总值为215.05亿元，其中种植业生产总值为128.40亿元，占比60%；畜牧业生产总值为53.98亿元，占比25%；林业生产总值为13.01亿元，占比6%；渔业增加值8.69亿元，占比4%[①]。在黔西南州农业产业结构中，居于基础性地位的还是传统种植业，林业和畜牧业发展空间还较大。

第二产业方面，黔西南州传统优势产业主要是煤、电、酒茶类饮品三大类，其中煤炭相关产业生产总值约118.86亿元，同比上年增长-2%；电力相关产业生产总值约67.34亿元，同比增长24.4%；酒茶等饮品生产总值约21.90亿元，同比增长27%。整体上，黔西南州传统优势产业保持着较快的增长势头，发展形势良好。作为低污染、低能耗的酒茶饮品系列的轻工业还有待深入发展，着力打造成为区域性的特色优势产业。具体情况如表9-4所示。

表9-4　2017年黔西南州传统优势产业发展情况

产业	生产总值（亿元）	同比增长率（%）
煤炭相关产业	118.86	-2
酒、茶、饮料	21.90	27
电、热生产和供应	67.34	24.4

资料来源：2017年《黔西南州国民经济和社会发展统计公报》。

第三产业方面，黔西南第三产业发展的突出特点是旅游业的快速扩张式增长，2017年，黔西南接待旅游总人数达4303.92万人次，同比2016年增长了50.5%；黔西南旅游总收入达342.5亿元，同比2016年增长了51.4%；旅游产业的快速发展为黔西南经济增长注入了新的活力。交通运输业发展成效显著，黔西南州高速公路通车里程总计达431.13千米；铁路总里程达230.08千米，经济发展具备一定的交通基础[②]。

2. 黔西南资源情况

黔西南州地处云贵高原东南端，地形地貌属于典型的低纬度高海拔山区。受西南山区的地质结构和地理气候条件影响，黔西南具有比较优势的资源主要有能源资源、矿产资源、山地生物资源、山地旅游资源。

能源资源。黔西南地处珠江水系南北盘江流域，境内长度在10千米的有102条，且很多流段水势落差大，水能资源丰富，可供开发的水能资源发电量预期可以达到1000万千瓦以上，黔西南水电是全国三大水电基地之一红水河水电基地的核心组成部分。黔西南州煤炭资源储量也非常丰富，目前已经探明的煤炭储量有75.28亿吨，煤炭远景储量高达190多亿吨。黔西南煤炭品质优越，发热量大，是非常优质的电煤[③]。

矿产资源。黔西南矿产资源种类丰富，多达40余种，占到贵州省矿种的一半。其中，金、锑、钼、锌、镁矿储量较高，具有较大的开发利用价值。黔西南被誉为"中国金州"，金矿资源尤为丰富，目前已经探明的金矿储量324.7吨，远景储量高达1000余吨，全州8

---

①② 资料来源：2017年《黔西南州国民经济和社会发展统计公报》。
③ 资料来源：黔西南州人民政府官网。

县均有黄金资源分布，已探明的特大型矿床1处、大型矿床达4处①。

山地生物资源。黔西南是典型的喀斯特地貌山区，动植物群落多为垂直线分布，生物资源表现出多样性的特点。黔西南植物种类多达3913种，被列入珍稀类的植物有300多种，其中油茶、黄连木、乌桕、野葛、木姜子等众多植物都有较大的经济开发价值。中药材方面，黔西南拥有中草药资源达2000余种，其中植物药多达1800种，动物药也有163种；黑草、余甘子、黄精、通草、环草石斛都是黔西南具有特色的药用植物。黔西南野生动物资源丰富，目前境内野生动物多达542种，其中国家一级保护动物有6种，国家二级保护动物多达36种②。

山地旅游资源。独特的山地自然风光和浓郁的民族风情使黔西南旅游资源开发的潜力巨大。目前，黔西南州拥有全国唯一一个少数民族婚俗博物馆，拥有国家级非物质文化遗产5个、省级风景名胜区7个。自然景观方面，黔西南有马岭河峡谷、万峰林、三岔河、万峰湖、笃山溶洞等众多的自然风景名胜。人文景观方面，黔西南有五省会馆、何应钦故居、安龙招堤、刘氏庄园等历史文化遗迹。民族风情方面主要有彝族"火把节"、苗族"采花节"、布依族"三月三"等民族节庆；还有布依族"八音坐唱"、铜鼓十二则等别有风情的少数民族歌舞表演③。

三、宁波市与黔西南州的对比

整体而言，中国经济分为四大板块、三个层次。有东部、中部、西部、东北四个板块；有发达地区、中等发达地区和欠发达地区三个层次，宁波和黔西南州一个是东部发达经济体，一个属于西部欠发达经济体。两地相隔遥远，在地理环境上差异很大，宁波表现出典型的滨海经济特征，而黔西南州表现出典型的山地经济特征。两个城市在资源存量和产业结构方面的对比情况如表9-5所示：

表9-5 宁波市与黔西南州优势资源与产业对比

城市	宁波		黔西南	
	优势资源	优势产业	优势资源	优势产业
资源与产业情况	深海油气资源、海流能源资源、海洋渔业资源、滨海旅游资源、滨海港口资源	汽车制造、电气机械、化学制品、石油加工、纺织服装、海洋捕捞与养殖	水能、电能资源、煤炭资源、金矿、锑矿、镁矿资源、山地生物资源、山地旅游资源	煤炭产业、采矿业、烟叶产业、酒产业、精致茶、供电与供热

由上表的对比可知，宁波与黔西南州在优势资源与优势产业两方面都存在较大的差异性。宁波的优势资源大多和海洋密切相关，近海的区位特征，赋予了宁波丰富的海洋资源；而黔西南的优势资源主要体现在能源矿产和特色生物方面，具有典型的中国西南山区资源结构的特点。

在优势产业方面，宁波工业基础坚实、现代制造业发达，因此优势产业门类较多、优势产业现代化程度高；而黔西南工业化进程滞后，工业基础薄弱，优势产业主要集中在能源矿产和农产品加工两大领域，优势产业现代化进程相对较低。能源矿产和特色农产品的精深加工能力有限，产业链短、附加值不高的问题还较为突出。

①②③ 资料来源：黔西南州人民政府官网。

综合而言，宁波和黔西南两个不同发展程度的经济体在资源和产业构成上存在显著的异质性，二者的帮扶和合作存在较好的客观经济基础。宁波可以充分发挥在人才、科技、市场等方面的优势，通过一定的机制协助黔西南开发能源矿产、特色生物等优势资源，延伸产业链，塑造区域品牌，带动经济发展。而黔西南州也可以抓住东西对口协作的机遇，不断加强配套设置建设、优化市场环境、提升行政效率、扩大交流和宣传面，积极吸引宁波的载能企业、涉农轻工企业入驻黔西南州，开拓出企业新的赢利点，做强做大黔西南传统优势产业。

第二节　宁波—黔西南东西部扶贫协作情况

宁波市与黔西南州在1996年就结对成立东西部扶贫协作关系。20多年来，宁波市为了促进黔西南州社会经济发展，投入资金累计6.59亿元，组织实施了帮扶项目1695个，帮扶工作取得显著成绩。黔西南州在帮扶力量的带动下，基础设施明显改善，公共卫生事业和基础教育得到发展，扶贫攻坚战取得阶段性的胜利，黔西南社会经济发展的步伐不断加快。

一、东西部扶贫协作历程

整体而言，宁波对口黔西南州的扶贫协作的历程可以分为两个阶段。

第一阶段为1996~2012年，本阶段国务院出台了《国务院办公厅转发国务院扶贫开发领导小组关于组织经济较发达地区与经济欠发达地区开展扶贫协作报告的通知》，在国家政策的统筹下，东西部间扶贫协作工作开始起步，宁波与黔西南州之间的帮扶工作由此展开。1996~2012年，宁波投入了大量的人力、物力、财力来助推黔西南州社会经济发展，其中帮扶黔西南州项目1343个，资金累计3.68亿元。宁波援建贵州省105个新农村示范点，39个扶贫示范村；扶持建立了15个上规模的现代农业示范基地；帮助培训了2万多人次的教师、医生和农村技术人员；组织了3万多名劳动力赴宁波就业。宁波对口黔西南扶贫协作第一阶段工作成效突出，工作机制逐步完善、帮扶领域不断拓宽、帮扶模型不断创新，为两个城市间的东西部扶贫协作升华为对口合作打下坚实的基础①。

第二阶段为2013年至今。为了深入推进东西部扶贫协作工作，2013年国务院印发了《关于开展东西部扶贫协作贵州工作的指导意见》，国务院重新划定了东西部扶贫协作结对关系，进一步明确了东西部扶贫协作工作的重点。按照文件要求，宁波市和黔西南州依然结成扶贫协作关系。2013年起，宁波市重新调整对黔西南帮扶政策，按照集中力量、突出重点、做出亮点的基本思路，将帮扶重点集中在产业园区建设、新农村建设和扶贫攻坚方面。2013~2017年，宁波在黔西南州实施帮扶项目累计达360个，投入帮扶资金共2.88亿元，打造了如兴义市南龙古村、普安县联盟村等一批民族特色示范村寨，援建了黔西南州儿童门诊楼、兴义民族师范学院图书科技楼等一批公共服务设施，开展农民科技和就业培训，总计培训人才达6100多人②。

二、东西部扶贫协作工作机制

经过20多年东西部扶贫协作工作的实践，宁波和黔西南东西部扶贫协作已经初步形成了一套系统性的工作机制。

---

①② 资料来源：根据贵州省扶贫办以及黔西南州实地调研收集材料整理。

东西部扶贫协作问题研究

1. 结对帮扶机制

在国家层面的东西部结对帮扶框架下，依据优势互补、统筹安排的原则，宁波所辖 11 个县市区与 11 个市直部门与黔西南州 8 县、3 区和 2 个州直部门形成了结对帮扶关系。结对按照"二对一""三对一"的方式展开，其中宁波市卫计委和旅游局按照"一对一"模式帮扶黔西南州卫计委和旅游局。宁波各县区和市直部门结对帮扶的重点是持续发挥财政资金的引领下作用，着力改善黔西南人民基本生活条件、加速特色农业发展；同时引导双方企业在经贸方面开展合作①。

2. 资金保障机制

东西部扶贫协作需要持续性的资金投入，宁波方面发挥政府财力方面的优势，逐步建立起了东西部扶贫协作的资金保障机制。一方面是建立帮扶资金增长机制，依据宁波市政府出台的《宁波和黔西南州对口合作工作规划（2016—2020）》，宁波市级政府每年安排帮扶资金不低于 1500 万元，各区县政府依据帮扶资金不低于"十二五"平均数的原则来安排帮扶资金。同时，引导和鼓励企事业单位和民间力量参与东西部扶贫协作工作。另一方面是建立帮扶资金管理机制。在帮扶资金方向上，宁波市政府始终坚持以民生建设为重点，资金主要流向黔西南州困难地区、农村和基础，切实解决人民群众的现实问题。宁波方面还出台了《黔西南州东西部扶贫协作资金使用和项目管理办法》，明确了资金使用范围和使用流程，为高效率使用帮扶机制提供了制度依据②。

3. 党政互动机制

自新一轮宁波与黔西南州东西部扶贫协作工作开展以来，两地的党政互访机制也逐步建设起来。2013～2017 年，两地的党政代表团互访常态化开展，有力地促进了双方的交流和协作。2015 年 7 月，宁波市委书记刘奇亲自带团赴黔西南州考察，将两地的东西部扶贫协作关系升级为对口合作关系。黔西南州委副书记穆嵘坤、常务副州长也率团赴宁波考察，使两地的合作关系更加深入。2018 年，宁波市政府与黔西南州政府还签订了《2018 对口扶贫协作框架协议书》，明确要建立起两地党政领导联席会议制度，定期围绕东西部扶贫协作重点工作开展交流。并确定将东西部扶贫协作工作纳入两地政府工作议程，推动东西部扶贫协作工作的高效率开展③。

4. 项目推进机制

项目建设是宁波东西部扶贫协作黔西南州的重要方式，自 1996 年起 20 多年来，宁波在黔西南州实施帮扶项目累计达 1695 个，在帮扶实践中的项目推进机制也日趋完善。宁波市出台了《黔西南州东西部扶贫协作资金和项目管理办法》，对帮扶项目的管理有明确的制度规定。在项目的选择上，明确要并充分听取被帮扶方的意见，并做好实地考察、调研，召开专家咨询会充分论证。在项目申报过程中，明确规范填写《东西部扶贫协作项目建议书》；对多渠道资金项目，要明晰资金整合计划。在项目实施进程中，明确启动期限，并加强对项目建设的管理。项目验收由项目主管部门牵头，联合相关职能部门开展工作，明确验收标准，并以标准开展验收工作④。

5. 社会联动机制

东西发展差距是一个长期性的现实问题，东西部扶贫协作工作也因此有其长期性和艰巨性，需要调度社会各方面力量参与这项工作。从宁波与黔西南州东西部扶贫协作关系形成之初，宁波就注重动员多方面社会力量参与东西部扶贫协作工作。在东西部扶贫协作第一阶段，宁波市政府就动员了宁波籍台胞朱英龙先生、香港赵安忠先生以及香港陈延骅基金会等

---

①②③④　资料来源：根据贵州省扶贫办以及黔西南州实地调研收集材料整理。

～ 212 ～

社会力量参与东西部扶贫协作黔西南州。社会各界捐资援助黔西南州基础教育，壮大了东西部扶贫协作力量。在东西部扶贫协作第二阶段，宁波方面把社会力量联动帮扶制度化，在《宁波市与黔西南州对口合作工作规划》中，明确提出实施社会帮扶工程计划，多渠道、多方式宣传，动员和组织宁波社会各界力量参与对黔西南州的帮扶工作[①]。

三、取得的成效

在中央的统一部署下，宁波市自 1996 年起与黔西南州结成东西部扶贫协作关系。20 多年来，宁波历届政府和社会各界群众怀着对黔西南州人民的深厚感情，全方位开展对黔西南州的帮扶工作，有力地促进了黔西南州社会经济的发展。在 1996～2016 年的 20 年间，宁波对口黔西南州帮扶资金投入累计达 5.6 亿元，建立帮扶项目累计 1657 个。在帮扶双方的共同努力下，1996 年黔西南 GDP 仅为 138.48 亿元，到 2016 年增长到 929.1 亿元，农村居民人均收入由 1996 年的 1006 元增长到 7089 元，东西部扶贫协作 20 年黔西南州经济发展成就显著。20 多年里，宁波与黔西南州扶贫协作范围主要涵盖产业发展、公共事业、基础设施、技能培训、经贸合作等多个方面[②]。

产业发展方面。自东西部扶贫协作关系建立起，宁波投入资金、人力积极帮助黔西南州调整农业产业结构。20 世纪 90 年代末，宁波就帮助黔西南州引进了纯种波尔山羊，并经过品种改良，培育出优良品质在全州大范围示范推广。结合黔西南州的生态环境情况探索出了生态保护与农业发展有机结合的山区养畜的"晴隆模式"。2007～2017 年，宁波通过持续性资金投入和技术扶持，引导建立了兴义市万屯镇杨梅基地、猪场坪乡万亩核桃基地、贞丰县黄花梨基地，通过发展山地特色农业，带动农户脱贫致富，促进黔西南州农业经济加速转型升级。2015 年 3 月由浙江新大集团发起成立了贵州新普股份有限公司，目前公司已投资 8000 多万元，公司将致力于发展长毛兔产业带动农户脱贫致富。宁波方面还投资 1500 多万元帮助建立了兴仁县山地生态农业园，园区一期已竣工，发展态势良好[③]。

民生事业方面。在宁波的帮助下，黔西南州建立了黔西南州社会福利院、兴义一中教学楼、兴义民族师范学院综合楼和宁波图书科技楼、州妇幼保健院、州农村劳动力转移培训中心、兴义中等职业学校科技楼等一批骨干民生工程，有力地推进了黔西南州民生公共事业的发展。宁波市 5 家市级三甲医院还结对帮扶黔西南妇幼保健院等 5 家医院，在医疗设施配备、医护人员培养等方面给予了大量帮助。宁波市政府汇聚各方力量在黔西南建设了一批民族特色示范村寨，如普安县联盟村、兴义市南龙骨村、晴隆县三合村等，特色村寨建设夯实了农村发展的物质基础，丰富了乡村文化，有力地推动了农村民生事业发展。在 2008 年黔西南州遭遇雪灾之际，宁波方面捐款捐物，有力支援了黔西南州的救灾抗灾和灾后重建工作[④]。

人力资源合作方面。宁波和黔西南州在人力资源方面的合作主要形式有干部挂职锻炼、技术人员培训和劳务输出三个方面。2007～2017 年，宁波对黔西南州农村劳动力技能培训累计达 26000 人次，转移农村剩余劳动力 10000 余人。黔西南州累计组织了 600 多人次的基础干部、农村种养大户、骨干教师赴宁波培训和考察，更新观念，提升技能。宁波市累计派出处级以上干部 20 人次赴黔西南挂职交流，其中 1 人挂职黔西南州扶贫办副主任。同时，

---

①③④ 资料来源：根据贵州省扶贫办以及黔西南州实地调研收集材料整理。

② 资料来源：1996 年《黔西南州国民经济和社会发展统计公报》，2016 年《黔西南州国民经济和社会发展统计公报》。

也接收黔西南州 25 人次的干部赴宁波挂职学习，提升行政管理能力和水平①。

经贸合作方面。黔西南特色农产品直销店 2015 年在宁波市正式开业，直销店主要销售黔西南州 8 县市区的 120 多个品种特色农产品，直销店采用市场化模式运作，企业自负盈亏。安龙金州农耕文化园与宁波飞洪蔬菜基地开展农产品营销方面的合作，金州蔬菜已进入宁波 10 多家大型超市。宁波市政府还定期主办浙洽会、消博会、食博会等商贸展销会，积极邀请黔西南州企业入驻，拓宽黔西南州农产品销售渠道。2016 年，黔西南州在宁波成功举办了旅游推介会，推出系列优惠活动，成效显著。2014 年 10 月 16 日宁波与兴义的直飞航班正式开通，两地交流将更为便捷，双边经贸合作将进一步加强②。

第三节　宁波—黔西南东西部扶贫协作的经验

20 多年来宁波对口黔西南州的扶贫协作工作主要经验可以总结为如下几点：

一、加强沟通、增强互信

宁波对口黔西南州东西部扶贫协作工作开展以来，加强沟通、交流一直是双方工作的重点。在政府层面，两地政府从顶层制度设计上就高度重视双向交流。双方建立扶贫协作党政领导定期协商制度，确保每年度都有帮扶领域主要领导到对方实地考察交流。两地政府还组织领导干部到对结方挂职锻炼，加深双方的互信基础。在帮扶项目选择、实施过程中，宁波方面也会充分听取黔西南州方面的意见，在充分论证基础上确定项目实施方案。企业层面，宁波市政府也积极领导本地企业家赴黔西南考察、交流。宁波市企业家协会会长郑瑞法就曾两次带领企业家团队赴黔西南州考察。宁波市企业家联合会也曾赴黔西南州考察，并规划组织相关企业联合开发黔西南州的山地旅游资源。

二、创新制度、提升效率

在多年来的帮扶实践中，宁波和黔西南州不断总结经验，着力创新帮扶工作机制以提升东西部扶贫协作工作的效率。一是宁波与黔西南州构建扶贫协作整体框架下，进一步细化了东西部扶贫协作实施方案，明确所辖各区县市与黔西南所辖区县市结成帮扶关系，并对各区县市帮扶黔西南的工作出台了具体要求。建立了专业部门东西部扶贫协作机制，宁波方面的医疗、教育、旅游、工商联等部门开展行业扶持合作，直接对口黔西南相关行业，着力提升黔西南州相关行业发展水平。二是建立帮扶信息管理制度，宁波方面出台了《黔西南东西部扶贫协作工作信息通报制度》，制度着眼于增进了解，加强交流，明确了信息报送的内容、范围和基本要求，确保帮扶信息及时有效地在各区域各部门间传递，提升帮扶工作效率。三是逐步加强资金和项目的管理。为了确保资金的高效使用和项目的有序开展，宁波出台了《黔西南州东西部扶贫协作资金和项目管理办法》，明确了资金和项目管理基本规范，有助于全面提升资金使用效益和项目质量，推进帮扶工作高效有序开展。

三、面向基层、突出重点

在帮扶实践中，宁波方面始终将改善民生、帮扶困难群众作为帮扶重点。资金、项目主要流向黔西南州的特困地区、偏远山区和农村地区。在帮扶对象上，主要是黔西南州

---

①②　资料来源：根据贵州省扶贫办以及黔西南州实地调研收集材料整理。

的农村贫困群众，帮助贫困群众增收增富，帮助黔西南州打赢脱贫攻坚战一直是宁波东西部扶贫协作工作的重心。在帮扶途径上，宁波方面主要以产业扶贫来提升贫困群众收入水平，以"造血"式帮扶提升黔西南州贫困地区、贫困人口的自我发展能力。宁波方面先后帮助黔西南州引进了波尔山羊、白枇杷、特种杨梅等优质品种；资助建立了刺梨、花卉、魔芋、核桃、黄花梨等特色农产品基地；帮助打造了兴仁县山地生态农业园和安龙出口食用菌农业示范园；在宁波市建立黔西南州农产品直销店，拓展黔西南州特色农产品的销售市场。

第四节 宁波—黔西南东西部扶贫协作的困难和问题

产业合作是东西部扶贫协作的重要途径。在宁波对口黔西南州 20 多年的帮扶实践中，对口双方产业合作取得显著成效，并有力推进了黔西南州的社会经济发展。但是由于宁波与黔西南属于不同的经济体，在经济发展水平、产业结构、市场化进程等方面存在一定的差异性，因此两地间的产业合作也面临一些突出问题。

一、产业合作项目整体数量少、涉及领域窄

产业项目实施可以有效增强西部贫困地区的"造血"功能，提升其内生发展能力。在 1999~2016 年的东西部扶贫协作历程中，宁波对口贵州帮扶项目主要集中在民生设施改善和人力资源合作方面，而涉及产业的项目相对较少。例如，1996~2012 年，宁波对口贵州完成帮扶项目 3500 余个，帮扶项目主要涉及 105 个新农村示范点的建设，1430 所学校和 100 多所医院基础设施的改善，培训农村劳动力 3 万多人次，但是在产业帮扶项目中，建设上规模的生态农业基地只有 15 个，如贞丰县黄花梨基地、兴义市万屯镇杨梅基地、猪场坪乡万亩核桃基地等。在东西部扶贫协作工作中，产业项目方面的帮扶工作还可以进一步加强[①]。

在产业合作领域方面，宁波与黔西南在产业领域的协作相对较窄。从三次产业来看，帮扶产业主要分布在第一产业领域，主要涉及农业园区建设、农业企业引入、农业科技支持等方面。但就第一产业的产业链环节来看，现有帮扶项目主要集中于农业生产领域，体现在优良农畜品种引进，标准化农业生产基地打造等方面。而农产品精深加工、农产品营销网络构建都是黔西南目前急需的，农业产业链中下游环节的合作还有待进一步拓展。

宁波现代工业发达、商贸网络畅达，在第二、第三产业领域开展合作的基础上，可以对黔西南开展一定的帮扶活动，助推黔西南增强工业实力。但是目前对口双方在第二产业领域的合作还较为薄弱，缺少现代工业产业园区建设方面合作，宁波企业赴黔投资规模还有待进一步扩大。第三产业方面，宁波滨海经济体系和黔西南山地经济体系在商贸方面有合作的共赢点，但目前双方商贸活动覆盖面还较小，黔西南在宁波的直销店目前仅有 10 个，双方商贸合作还有待深化；此外，在旅游、金融、保险等领域的合作也有进一步拓展的空间。

二、产业合作制度保障体系有待完善

东西部产业协作需要制度体系作为支撑，各类制度安排的科学性和完备性直接影响到产业合作的效率和实施进度。现阶段，宁波与黔西南的产业合作相关制度还有待进一步完善。

---

① 资料来源：根据贵州省扶贫办以及黔西南州实地调研收集材料整理。

首先，在顶层制度设计方面，虽然国家出台了《关于开展东西部扶贫协作贵州工作的指导意见》，宁波方面有《关于进一步做好东西部扶贫协作贵州黔西南州工作的通知》，相关文件明确了帮扶基本原则、结对关系、重点任务和组织领导，但是产业帮扶方面的帮扶重点、帮扶实施进度、帮扶保障措施方面还有待进一步细化，尤其是帮扶考核标准方面要进一步明确。对于帮扶方而言，有明确的产业帮扶考核标准做参照，可以使产业帮扶工作更有目标性和针对性；对于被帮扶方而言，明确的产业考核标准有利于对接帮扶项目，更高效地开展帮扶工作，增强内生发展能力。因此，进一步完善产业帮扶工作的顶层制度设计意义深远。

其次，帮扶机构设置有待完善。产业帮扶涉及面广，参与主体多，帮扶政策的落实是一个复杂的过程，需要设置专门的岗位，同时配备专业的人员予以保障。1996 年，宁波确立为东部对口帮扶城市后设立了一个正局级别的扶贫机构，下设产业帮扶相关处室协同开展工作。但是进入 2013 年，宁波市机构调整，扶贫办划归市经济合作局，东西部扶贫协作工作开始由经济合作局内设处室管理。随着对西部的帮扶覆盖面扩大，宁波东西部扶贫协作的对象较多，除了贵州的黔西南州和黔东南外，还需帮扶青海、西藏、吉林等地，东西部扶贫协作任务重，工作量大，现有机构设置难以有效整合各类帮扶资源，有待优化。黔西南方面，由于负责产业帮扶工作的主要是州扶贫办，但是由于州政府机构人事变动频繁，负责产业帮扶工作的人员也经常发生变动，因此难以形成一个常态化的工作机制，产业合作工作也因此会受到一定影响。

最后，产业项目管理制度有待优化。虽然宁波方面出台了项目管理相关文件，但是项目管理是一项系统性的过程，需要对口双方协同合作才能高质量完成项目。但是，在实际管理中，宁波与黔西南州项目管理的协调性还有待加强。由于项目管理过程中信息不对称问题较为突出，项目方案编制不完善、项目管理不到位、项目推进困难的现象时有发生。而在被帮扶方也存在重争取、轻落实；部门参与度低、工程进度滞后等情况，产业项目管理体系还有待进一步优化。

三、产业合作中市场主体参与度低

产业是围绕共同产品生产经营而相互关联行业所组成的业态总称。在市场经济条件下，产品供给端的企业和需求端的消费者是产业发展的基础。就东西部扶贫协作而言，只有企业和民众真正参与到产业合作工作中来，长效性的共赢协作机制才能得以建立。但是就目前情况而言，宁波对口黔西南州的产业合作项目中企业和民众的参与程度都还较低。

从产业投资方分析，宁波对口黔西南的东西部扶贫协作实践中，产业项目主要依赖政府推动，通常由政府拟定项目计划、政府投入资金并组织实施。而由于交通、信息、市场等多方面的原因，宁波企业在黔西南州投资项目落地得非常少。能把宁波资金、技术、人才优势和黔西南能源、矿产、劳动力优势结合起来的双赢型项目非常稀缺。相比之下，青岛、深圳在产业帮扶方面走得更远。而实际上，产业的梯度转移是经济发展的客观规律，东部发达地区在经济转型升级的过程中，劳动力密集型产业成本会逐步上升，资本边际收益率会逐步降低，产业有转移内生驱动力；而西部地区要做好的就是优化投资环境、加强配套建设以更好地承接东部产业转移，实现共赢发展。因此，从长远看，宁波企业到黔西南州投资有一定的空间和价值。

从消费角度分析，消费者作为微观经济主体，是产品的主要需求方和劳动力的供给方。宁波的滨海特色产品、黔西南州的山地特色产品有一定的异质化和互补性，两地民众作为消费者互购产品开展经贸合作方面空间较大。但是，目前宁波和黔西南州的商贸合作还存在规模小、覆盖面窄的问题，商贸合作处于一个初级阶段。黔西南州目前在宁波的产品销售主要集中在农产品方面，直销店仅有 10 个，而且都集中在宁波市主城区，周边各区县没有分布；而宁波在黔西南州的特色产品经销店也非常少。对口双方民众对方特色日用产品有市场需求，但是限于商贸合作水平，双边消费市场不能有效拓展。通过机制创新，使双方的特色产品能够深入社区、覆盖区县可以成为未来对口协作的一个重点。

四、被帮扶方产业配套能力有待加强

产业发展的实践表明，区域主导产业的发展不可能孤立进行，必然需要上下游相关的配套产业来做支撑。狭义的配套产业主要指以主产品生产环节为核心，其他配套产品生产环节与其配合形成的内在联系；广义的配套产业除了包括生产环节关联产品的生产外，还包括主导产业发展密切相关的服务、技术、消费市场等要素的供给。例如，宁波汽车制造业非常发达，一个重要因素就是浙江省机车制造相关产业非常发达，从汽车零部件生产、到组装、再到销售都拥有完整的产业链体系，宁波汽车制造业发展有强有力的产业配套支撑。

因为黔西南州是西部欠发达地区，经济总量小、工业基础薄弱，现有工业主要集中在电力、采矿、酿酒等传统领域，产业配套能力滞后。现有的工业体系现代化水平不高、产业化分工程度低、产业链体系也不够完整，承接宁波产业转移配套产品供给明显不足。东部企业在黔西南发展面临着设备零部件、原料、辅料都需要从东部采购，运营成本非常高的困境。以东部某服饰企业为例，该企业有意向投资黔西南设立厂，通过多方考察初步方案已定，但最终因为产业不配套，如生产线一个零部件损坏，维修间隔可能超过一周，时间成本太高，项目在董事会决策时最终放弃。

此外，黔西南州配套性现代服务业也发展滞后。现代产业发展还需要金融、法律、物流、商务、培训、保险等现代服务业支撑，但是黔西南州作为西部欠发达地区主要还是以传统服务业为主，现代服务业才刚刚起步，服务效率也不高。现代服务业发展的滞后也在一定程度上制约了黔西南现代工业的发展。

五、被帮扶方产业投资环境有待进一步优化

在市场经济条件下，企业投资多会从资本边际收益率的角度来考虑。而优越的投资环境，可以大幅减少企业的各项成本，提升企业资本边际收益率，从而使企业投资意愿大为增加。投资环境包括两方面，既有设施建设方面的硬环境，也有制度建设方面的软环境。受经济发展水平的制约，黔西南州投资环境建设还较为滞后，宁波产业转移缺少良好投资环境的支撑。

从硬环境分析，黔西南州的基础设施和公共服务还难以满足投资者的需求。虽然，近年来，黔西南州交通、通信、医疗、教育事业有了较大发展，但是与东部地区相比，差距还非常明显。铁路运输网络还在建设中，铁路运量和运力目前都还有限；中心城市交通体系建设滞后，拥堵现象普遍存在；高等级公路占公路总里程的比重较低，通行能力有待提升；通信网络信号传递质量、传递速度有待提升；各城市优质的教育、医疗、健身、文化娱乐等公共产品的供给也不足，难以满足东部投资商和技术人员的需求。

从软环境分析，黔西南州的法制建设、政务效率、市场环境、人文环境等方面也还有待进一步完善。软环境对投资者至关重要，东部投资商来西部投资多会注重考察软环境。软环境建设不到位，投资者在项目洽谈、项目实施、生产运营中的成本就会明显提升，投资意愿会降低。首先，黔西南州作为西部欠发达地区在法制建设上还不够健全，地方性的法律法规建设还有待加强，使投资商的经营活动有法可依。其次，行政管理效率还有待进一步提升，

行政职能划分有待进一步优化，电子政务建设有待进一步加强。最后，市场环境方面，黔西南市场基础设施建设、市场的智能管理系统、市场的空间布局等方面都和东部地区存在显著差距，加强市场体系建设，优化市场环境应成为黔西南经济工作的一个重点。

第五节　宁波—黔西南东西部扶贫协作的对策建议

一、加强顶层设计，完善制度规范

在宏观制度层面，要进一步明确对口产业协作的主要目标，细化相关政策规划和组织保障制度。制定可操作性强、兼顾双方实际情况的考核标准，明确考核时间、考核内容、考核流程和考核信息传递等具体内容。对宁波和黔西南州现阶段已经建立的部门对接机制、人才交流机制、领导互访机制、社会联动机制、项目管理机制要进一步优化、完善，确保新时代的东西部扶贫协作工作力度不减，有序推进。逐步完善对口产业合作调研制度，引导对口部门、相关企业定期到帮扶方深入开展工作调研，协商帮扶相关事宜，提升帮扶工作的精准性、有序性。

建立宁波与黔西南州东西部扶贫协作联席工作会议制度，约定会议召开周期，通过双方党政主要领导参与的联席会议协商解决东西部扶贫协作中的产业发展、商贸合作、资金扶持、人才交流等重大事宜。完善东西部扶贫协作部门合作机制，明确各部门职责分工，实现总体规划和分类指导的有机结合，有序推进帮扶工作开展。

建立多形式、多层面的交流机制。充分发挥宁波经贸交流网络、现代传媒、会展中心等平台的信息传递功能，着力引导宁波企业、社会团队、专业人才来黔西南州考察洽谈，全面强化双方的产业协作关系。

二、创新协作模式，聚力共赢发展

在原有帮扶工作机制的基础上，着力创新东西部扶贫协作机制，聚力互利共赢型发展，增强东西部扶贫协作的可持续性。

一是探索东部产业加西部市场的产业对接模式。宁波地区在进入工业后发展阶段后，部分产业有向西部地区梯度转移的需求；而贵州省近年来 GDP 增长率居全国前列，处于一个大发展、大建设的时代，对各类产品的供给有强劲的需求。对此，可以引导宁波企业入驻黔西南，贵州在企业产品销售方面给予一定的空间，保障企业产品的市场销路。进而可降低产业配套不足、基础设施薄弱等因素对宁波企业家投资意愿的影响，实现双方的"双赢"。

二是探索东部产业加金融支持的模式。宁波企业赴黔西南州投资面临产业配套不足、基础设施薄弱、公共服务滞后等突出问题，企业家在投资决策上会做慎重考虑。对此，可以借鉴大连帮扶六盘水的经验，对赴黔投资的企业，国家开发银行给予信贷支持，增强企业家投资信心，给予投资企业有力的资金保障。同时，提升黔西南州的金融服务水平，增强企业的运营效率。

三是探索东西部产业链合作模式。产业链是产业上下游之间的内在技术经济联系，具体体现为具有一定逻辑结构的链状组织形态。宁波和黔西南州之间的产业合作，可以依据产业链模式展开。因为产业链各部分对生产要素投入的要求不同，因此可以依托宁波和黔西南州各自的要素禀赋优势，分别开展产业链各环节的运营，同时在产业链各环节空间分离的情况下，通过一定的机制保障产业链运行的有效性。例如，服装产业，宁波有技术、人才、产业配套优势，因此服装制造业的设计、制版、面料供应等上游产业可以由宁波完成；而黔西南州有用工成本低、电力成本低、气候适宜的优势，因此服装产业车缝、大烫、包装等环节可以由黔西南承接；而在下游市场营销环节，可以充分发挥宁波在商贸方面的优势，开展品牌推介，完善分销渠道，开展促销活动，拓宽产成品的市场销路。

三、着力配套建设，增强发展后劲

黔西南州政府要充分认识到加强产业配套建设的重要性和紧迫性，着力将产业配套能力建设纳入到区域发展战略中，将产业配套能力建设列入工业发展的重要内容。重点发展有一定比较优势主导型产业的配套建设，加强大数据、大健康等高科技领域的产业平台能力建设，加强产业配套建设的资金、人力保障力度。

在招商引资时，黔西南州对配套能力强和州域经济关联度高的产业要重点考虑。依据黔西南州能源、生物、矿产资源丰富的特点，在招商引资时首先考虑上游产品配套能力强的特色农产品加工、特种养殖、山地旅游资源开发等项目。其次引进煤化工、有色金属矿冶炼、山地机械制造、输电配电设备制造业等重点产业，依托这些产业带动相关产业发展，锻造出一定的产业配套能力。

对确实产业配套供给不足，但是区域经济发展急需的产业可以考虑全产业链招商。例如，信息产业、现代生态环保产业、现代物流产业是贵州省发展急需的，市场空间大，但是产业发展配给供给、技术服务和人才支撑都较为薄弱，对此可以实施产业链招商，出台优惠政策，吸引主产品企业和相关配套产品企业赴黔投资，吸引人才赴黔工作，着力为产业发展营造良好的环境。

加强市场中介服务体系建设。放宽相关的准入政策，给予信贷扶持，积极发展法律、会计、培训、商贸、保险等方面的中介服务组织。加强中介服务组织工作人员的培训，提高其工作能力；鼓励中介组织主动对接企业，依企业需求提升自我服务能力。规范中介组织经营活动，构建开发、有序的中介服务市场体系。

四、优化投资环境，提升投资效率

继续加大力度推进基础设施建设，完善基础设施，建立基础设施建设资金、人力保障机制，着力夯实经济发展的设施基础。基础设施建设既要有时效性，又要有前瞻性，提升现有设施的利用效率，减少基础设施建设的重复性，避免资源的浪费。针对基础设施建设资金耗费大、建设周期长的基本特点，可以创新投资模式，采用 PPT 模式，积极引导社会资本投资基础设施建设，增强基础设施建设的力量。基础设施建设要突出重点，着眼改善民生和优化投资环境，重点加强交通、医疗、教育、生态等领域的基础设施建设，优化基础设施建设的制度体系，提升管理效率。

加快黔西南州的服务型政府建设进程。可以逐步试点把杭州市的"一站式"政府服务模式引入黔西南州，简化行政审批流程、放宽审批权限，全面提升行政服务效率。进一步整合各部门的行政职责，优化职能配置，着力解决权责不清、分工不明的问题。定期有组织地开展行政人员的培训工作，提高行政人员的业务技能和服务水平，提升行政人员的工作效率。加快电子政务的发展，提升网上信息传递效率。试点网上办公，减少企业的时间成本。

加强法制建设，一方面深入贯彻落实国家有关法律法规，提升干部群众的法律观念。另一方面，要着力健全地方性的法律法规体系，逐步将东西部扶贫协作各项工作纳入法制化轨道，尽力做到有法可依，保障投资者的合法生产经营活动。完善经济纠纷调解仲裁机制，及时解决好各类经济纠纷问题，保障投资者合法权益。

优化市场环境，规定市场秩序。要依据中央和省政府有关文件，全面清理现存的各类面向企业的收费项目，对不合理的要取消。对需要收费的项目，要严格依据国家财政部和省政府划定的标准，在可行的范围内给予东部投资商一定的优惠。着力打破地方保护主义和行业垄断，构建开发、有序、富有活力的市场体系。加强对公共服务企业的日常运营活动管理，使其进一步规划化、高效率化。

第六节　宁波—黔西南东西部扶贫协作的重点方向

选择适宜的产业合作方向是提升对口产业合作效率的关键。产业合作方面的选择主要以发挥区域优势，推进互利共赢为中心展开。宁波是东部发达经济体，现代工业体系较为成熟，有着资本、技术、人才方面的优势；而黔西南是西部欠发达经济体系，经济发展相对滞后，但是作为西南山区省份有能源、矿产、劳动力、气候环境、扶持政策等方面的优势。宁波的载能产业、劳动力密集型产业在条件具备的情况下，可以有序开展产业转移。而黔西南的山地特色农产品、山地旅游景观都有其独特性，在宁波民众中具有一定的市场空间，开展经贸、旅游方面的合作也可成为对口双方合作的一个重要方向，此外，推进西部大开发，实现区域协调发展是我国经济发展的宏观战略；东西部扶贫协作是我国经济发展的大政方针。对东西部对口产业合作而言，企业在投资项目选择上并不一定都以利益最大化为基本原则，企业来黔投资，可能在投资区域选择上不是最优的，不能实现投资收益比的最大化。但是，响应国家政策号召，帮助西部地区发展富民产业，带动西部贫困民众脱贫致富；助力西部地区工业化建设，加速西部地区经济发展，也彰显了企业的道义和担当。

一、第一产业方面的合作

基于以上分析，宁波对口黔西南第一产业合作方向可以作如下考虑：

第一产业在黔西南三次产业中占比高达47.6%，吸纳就业人口多，发展山地高效特色农业也是黔西南产业发展的重点方向，因此在东西部扶贫协作中要继续加强对黔西南州第一产业额扶持力度。宁波方面第一产业占三次产业产值比重仅为3.48%，第一产业相对比较弱，而且其中水海类产品的生产和加工占有重要比例。

因此，一方面在农业合作中政府的项目推动还是应发挥重要作用。继续发挥宁波在资金、科技、人才方面的优势，通过农业产业项目实施帮助黔西南发展中药材、有机茶、油茶、薏仁米、精品水果、有机蔬菜、蔗糖、烟叶、板栗等有地域优势的特色农业，继续强化特色农产品标准化基地建设，延伸农业产业链，扩大特色农产品地域知名度。另一方面，宁波方面至2016年有市级以上农业龙头企业251家，其中国际级龙头企业9家、省级龙头企业35家，龙头企业涉及蔺草制品、水果精深加工、水海产品、速冻蔬菜、茶叶、水煮笋等领域。宁波方面也可以加强和企业间的沟通交流，出台优惠政策，积极引导茶叶、蔬菜、水果精深加工领域的农业龙头企业和其他涉农浙企赴黔投资，壮大黔西南农业实力，助推黔西南农业发展转型升级。

二、第二产业方面的合作

黔西南州能源、矿产资源丰富，同时还拥有电价自主定价权，在载能产业和矿产精深加工产业发展方面有一定的潜力和优势。同时，黔西南劳动力资源较为丰富，劳动力市场价格较东部地区低，因此发展劳动力密集型产业也具备一定的优势。宁波是东部发达经济体，工业化进程起步早，工业体系相对完善。宁波的工业门类主要由机械制造、电子、建材、石油化工、纺织、冶金等组成，其中，石油化工、机械制造、纺织服务为宁波的支柱性产业。近年来，宁波新一代信息技术、新能源汽车、海洋产业、高端装备制造业等新兴战略性产业发展也呈现加速态势。

结合黔西南和宁波产业特点，以及黔西南州产业发展规划，双方在第二产业方面的合作重点可做如下选择。

一是时尚服装产业。充分发挥黔西南劳动力方面的优势，加强配套建设，引导宁波纺织服装龙头企业赴黔投资，为黔西南州创造更多的就业岗位，壮大黔西南纺织工业实力。

二是新能源新材料产业、冶金产业。依托黔西南州在能源和矿产资源方面的优势，鼓励宁波冶金、能源方面的规模企业投资黔西南，重点开发黔西南州矿产资源，延伸资源型产业产业链，提升产品附加价值，推动黔西南资源型产业转型发展。

三是大健康医药产业。通过项目实施着力帮扶黔西南建设大健康医药产业园，引导宁波医药康养企业通过控股、并购、新建等形式投资黔西南药材、养生、现代医疗等产业，全面提升黔西南大健康产业发展水平。

四是现代物流产业。现代物流业是现代工业发展的支撑，通过物流产业项目的合作，夯实黔西南工业化发展的基础，推动黔西南经济转型升级。

五是大数据产业。加大力度帮扶黔西南信息基础设施和大数据发展平台建设。鼓励宁波企业在大数据产业方面与黔西南开展合作，通过平台共建或服务采购等形式，推动黔西南大数据产业加速发展。

三、第三产业方面的合作

首先，深入开展商贸合作。积极引导两地经销商在对口方开设特色产品展销店、批发零售店和直销店，拓展双方特色产品的市场销路。出台政策支持特色产品经销店扩大覆盖面，深入区县、深入社区，更好地满足两地人民群众的特色商品需求。结合贵州省的农产品"泉涌"工程，引导对口双方企业在对方城市主办特色农产品展销会，扩大产品知名度，拓展市场空间。发挥宁波电商平台优势，帮助黔西南州发展农产品电子商务，助推黔西南特色农产品拓宽销路。

其次，着力提升旅游合作水平。依托宁波滨海旅游资源和黔西南山地旅游资源，打造精品旅游路线，提升旅游服务质量，着力开拓两地旅游市场。宁波方面引导企业赴黔投资旅游产业项目，开展宁波旅游产品宣传，吸引贵州游客赴甬旅游。同时，协助黔西南州在宁波主办山地旅游推介会，做好旅游促销活动，开拓客源市场。政府定期组织机关、企事业单位职工赴对口方开展休闲旅游，开拓旅游市场，增进双方友谊。

最后，深入开展教育培训领域的合作。宁波方面定期派驻专业技术人员、干部赴黔西南挂职交流，确定适当的挂职交流时期，增强交流的实效性，鼓励宁波技术人员随甬企入黔工作。引导科技人员和黔西南州高等院校、科研单位合力进行科研攻关。协作黔西南州在宁波设立劳务工作站，定期向黔西南州发布宁波企业用工信息。引导和支持企业面向黔西南州开展订单式技能培训，增强培训的实效性，帮助贫困家庭劳动力就业。

宁波对口黔西南产业合作涉及第一、第二、第三产业多个领域，具体情况如表 9 - 6 所示。

表 9 - 6　宁波对口黔西南产业合作方向分析

产业	协作项目
第一产业	以黔西南州中药材、有机茶、油茶、蔗糖、薏仁米、精品水果、有机蔬菜为重点,协作开展农业园区建设、特色农产品基地建设
第二产业	围绕大健康医药产业、大数据产业、时尚服装产业、新能源新材料产业、冶金产业、物流产业开展招商引资,引导宁波企业通过控股、并购等模式有序开展产业转移。协作打造工业园区,推动东西部产业对接
第三产业	加强旅游协作,协助黔西南打造旅游线路,完善旅游基础设施。强化旅游宣传,鼓励双方企业和个人到对口方开展旅游活动,实现市场互换 深化商贸合作,互相支持在对口方开展特色商品展销、开设特色产品超市和零售店。积极推动对口方特色产品销售网点深入州县、深入社区

第七节　宁波—黔西南东西部扶贫协作的典型案例

东西部扶贫协作典型案例专栏 9 - 1:

宁波——黔西南普安县长毛兔产业合作发展

在宁波与黔西南东西部扶贫协作工作机制建立以来,普安县长毛兔产业助农增收效益显著、发展动能强劲,是扶贫协作产业合作的成功典范。普安县是一个位于贵州省西南部的国家级重点贫困县,贫困人口多、贫困程度深,脱贫攻坚任务艰巨。在宁波东西部扶贫协作黔西南工作机制启动以来,如何发挥区域优势带动民众脱贫致富,是东西部扶贫协作双方面临的现实问题。

为了帮助普安民众脱贫致富,宁波方面依托普安资源和气候优势,于 2015 年 3 月引入贵州新普股份有限公司,在普安县重点发展长毛兔产业。新普公司由浙江新大集团创建,新大集团在原普安德信兔业有限公司的基础上成立了贵州新普股份有限公司。新普公司产业领域涉及长毛兔良种繁殖、种兔供应、兔饲料加工、兔毛回收等多个领域。当前,新普公司在普安县的总投资已达 8000 多万元,建成长毛兔养殖示范基地一个、长毛兔良繁中心一个、长毛兔技术培训中心一个、兔饲料加工厂一个。截至 2018 年,新普公司累计培训农户达 1500 多户,普安县长毛兔存栏总数达 30 多万只、长毛兔养殖户 800 多户。长毛兔产业还产生了一定的区域辐射效应,周边兴义、兴仁等县长毛兔养殖户也达到了 300 多户,产业发展态势良好,如图 9 - 3、图 9 - 4 所示①。

新普公司创新扶贫模式,采用了“公司 + 合作社 + 农户”的产业化经营模式助农脱贫,构建起了长效性的“五提供、一回收、一保底”的利益联结机制,农户的利益得到充分保障,农户与企业合作关系紧密。“五提供”即公司提供培训、种兔、饲料、药品、技术等农业生产的前置性服务,确保农户长毛兔养殖事业能顺利开展;“一回收”即公司和农户签订合同,依据合同约定采用订单模式由公司按时收购农户长毛兔,解决农户销售困境;“一保底”即由政府和公司合作建立长毛兔产业发展风险基金。在长毛兔市场行情

---

① 图片来源: http://m.cnr.cn/news/20160419/t20160419_521916033.html.

走低时，按照 90 元/斤的保底价收购农户兔毛，切实维护农户的利益。此外，对于无发展能力的特困户，公司还建立了保底分红机制，特困户通过"特惠贷"获取资金入股公司，公司按照入股资金的 12% 实施保底分红，保底分红不计公司盈亏情况，特困户收入有了充分的保障。

图 9-3　普安县江西坡长毛兔科技扶贫产业园外景

图 9-4　江西坡镇养殖小区工人正在精心剪优质兔毛

　　作为被帮扶方，普安县政府也积极配合宁波方面的帮扶工作。在长毛兔产业发展过程中，普安县政府和新普公司合作，出台了一系列产业扶持政策，助力产业持续健康发展。一是兔饲料补贴政策，农户采购的兔饲料每斤由政府补贴 0.3 元，减轻了农户的经济负担。二是兔舍笼位补贴政策，新建兔舍笼位达 200 个以上的，每个笼位补贴 60 元。三是小区基础设施建设补贴政策，对合作社建立长毛兔养殖小区的，每个小区给予基础设施补助 15 万元。通过多元化的补助政策，有力地提升了农户发展长毛兔产业的积极性，有力助推了产业的发展。普安长毛兔产业发展进程中，公司与农户、企业间的协作关系如图 9-5 所示①。

①　资料来源：http://www.sohu.com/a/135070273_655822。

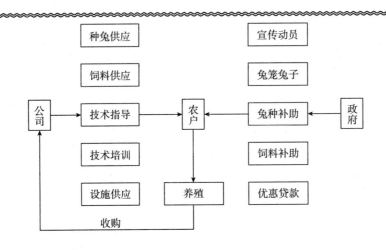

图 9 - 5 普安县长毛兔产业发展合作框架

普安长毛兔产业发展态势良好，助农增收效应显著。2016 年，农户通过发展长毛兔产业，种兔、兔毛的销售收入总计达到了 3500 多万元，其中利润达到 1200 万元，农户从产业发展中得到实惠，养兔户年增收达 2 万元，通过产业带动，农户致富之路越走越宽。宁波对口普安县长毛兔产业发展的成功经验主要有以下几点：

一是龙头带动，增强贫困地区内生发展动力。在东西部扶贫协作进程中，充分考虑双方资源产业优势，通过宁波政府牵线搭桥，引入浙江新大集团入黔投资，大力发展长毛兔产业，构建起集长毛兔生产、加工、销售于一体的产业链体系。通过龙头企业的辐射带动，增强了普安县的内生"造血"功能，构建起长效性的精准脱贫机制。

二是政策引导，着力提升农户兴产富家的积极性。思想解放是区域发展重要的软实力。为了鼓励贫困户开展长毛兔养殖，普安县政府通过多种渠道加强了宣传，提升农户对产业扶贫重要性的认识，引导农户发展特色产业。同时，政府整合好多渠道的扶贫资金，构建起长毛兔养殖的补贴政策体系，降低农户成本，增强农户的致富信心。

三是产业化运作，构建双赢互利的长效性合作机制。在长毛兔产业发展过程中，新普公司采用"公司＋合作社＋农户"的产业化模式开展运营。公司方面负责农户培训、种兔供给、饲料配送、技术服务、市场营销；合作社组织农户开展生产经营，协调农户与公司、政府间的关系，统一采购生产资料；农户负责投入资源，开展生产经营，依据合同，按时、按量地提供长毛兔相关产品。通过保底分红、订单养殖、投资托管三大利益联结机制，农户的收益得到充分保障，脱贫致富的步伐日渐加快。

普安长毛兔产业未来有着良好的发展空间。2015 年，贵州省扶贫办方面编制了《贵州省长毛兔产业化扶贫规划（2015—2020 年）》，对全省长毛兔产业发展做了战略性、前瞻性的谋划，为普安县长毛兔产业的发展理清了思路，明确了方向。今后，新普公司将进一步加强与普安县政府的合作，计划投资 7.88 亿元，扩大长毛兔生产规模到 200 万只，构建起集种兔繁育、兔毛加工、纺织、服装、品牌、营销为一体的长毛兔全产业链；预期年加工兔毛达 500 万吨，生产针织衫 150 万件，生产兔绒大衣 30 万件，长毛兔产业年综合收益能达到 10 亿元。通过产业规模扩大，预期经过三年时间新增就业岗位 1000余个，引领 15000 户农户脱贫致富。长毛兔产业的跨越式发展，将为普安县带来更美好的明天。

第十章 青岛—安顺东西部扶贫协作问题研究

贵州是我国西部多民族聚居的省份，也是贫困问题最突出的欠发达省份，贫困和落后是贵州一直以来的主要矛盾，而加快贵州又好又快发展是贵州当前发展的主要任务。贵州尽快实现富裕，实现与全国同步建成小康社会，是西部和欠发达地区与全国缩小差距的一个重要象征，也是国家兴旺发达的一个重要标志。2016 年 7 月 20 日，习近平总书记在银川主持召开东西部扶贫协作座谈会并发表重要讲话，讲话指出，东西部扶贫协作和对口支援必须长期坚持下去。东西部扶贫协作和对口支援是推动区域协调发展、协同发展、互利共赢、共同发展的大战略，是加强区域合作、优化产业布局、拓展对内对外开放新空间的大布局，是实现先富帮后富、最终实现共同富裕目标的大举措。开展青岛市对口帮扶贵州省安顺市工作，是发挥先富带动后富、促进安顺市经济持续健康发展、逐步实现安顺市脱贫攻坚，进而推动贵州省全面小康的重要举措。

1996 年 7 月，自国家实施东西部扶贫协作工作开展以来，青岛市委、市政府按照党中央、国务院关于开展扶贫协作的决策部署，始终坚持"优势互补、互惠互利、长期合作、共同发展"的原则，长期持续与安顺市开展对口帮扶和交流协作，至今已有 22 年。对青岛及安顺的产业与资源情况进行分析，总结青岛和安顺东西部扶贫协作和对口支援的经验，指出青岛和安顺东西部扶贫协作和对口支援过程中存在的困难和问题，并提出优化扶贫协作和对口支援的对策建议，对形成青岛和安顺东西部扶贫协作和对口支援工作的长效机制有重要现实意义。

第一节 青岛—安顺产业与资源基本情况

一、青岛市产业与资源基本情况

1. 青岛市产业情况

2016 年，全国完成 GDP 总额 744127 亿元，山东省完成 GDP 总额 67008 亿元，青岛市完成 GDP 总额 10011.29 亿元，青岛市 GDP 约占全国比重 1.35%，约占山东省比重 14.94%。其中，青岛市第一产业、第二产业、第三产业对 2016 年青岛市 GDP 的贡献率分别为 3.7%、41.6%、54.7%[①]。可见在山东省 17 个地级市中，青岛市经济发展能力排在前列，且三产结构已经达到高度化的"三二一"格局，经济发展综合能力较强，如表 10 - 1 所示。

表 10 - 1 2016 年青岛市 GDP 及产业结构情况

	全国（亿元）	山东省（亿元）	青岛市（亿元）	青岛占全国比重（%）	青岛占全省比重（%）	产业结构（%）
生产总值	744127	67008	10011.29	1.35	14.94	100
第一产业	63671	4929	371.01	0.58	7.53	3.7
第二产业	296236	30410	4160.67	1.4	13.68	41.6
第三产业	384221	31669	5479.61	1.43	17.3	54.7

资料来源：《山东省统计年鉴》（2017 年）、《青岛市统计年鉴》（2017 年）。

与此同时，青岛市近五年的全市生产总值从 2013 年的 8006.6 亿元增长到 2017 年的 11037.28 亿元，增加了 3030.68 亿元，但是增长率有所下降，从 2013 年的 10% 下降到 2017 年的 7.5%[②]，说明青岛市的经济增长方式在转变，从强调发展速度转为强调发展质量。

（1）农业增长放缓。纵观青岛市近五年来农业产业发展情况，虽然农业仍然是不断增长的，但无论是增加值还是增长率，都处于缓慢增加的状态。根据青岛市 2013~2017 年国民经济和社会发展统计公报统计，可知 2013 年第一产业增加值为 352.4 亿元，增长 2.1%，2014 年第一产业增加值为 362.6 亿元，增长约 2.9%，2015 年第一产业增加值为 363.98 亿元，增长 3.2%，2016 年第一产业增加值为 371.01 亿元，增长 2.9%，2017 年第一产业增加值为 380.97 亿元，增长 3.2%，增长趋势如图 10 - 1 所示[③]。从绝对值上看，五年来青岛市农业增加值上涨了 28.57 亿元，相对五年 GDP 的总体增加值来看，青岛市五年来 GDP 增加值的总和为 3030.68 亿元，农业增加值仅为 GDP 增加值的 0.94%；从增长率来看，近五年来青岛市农业产业平均增长率为 3.06%，GDP 平均增长率为 8.30%，农业产值增长速度也大大低于 GDP 增长速度，农业产业对经济发展的贡献作用微乎其微[④]。

---

① 资料来源：《山东省统计年鉴》（2017 年）、《青岛市统计年鉴》（2017 年）。
② 资料来源：2013 年、2017 年《青岛市国民经济和社会发展统计公报》。
③④ 资料来源：根据 2013~2017 年《青岛市国民经济和社会发展统计公报》计算。

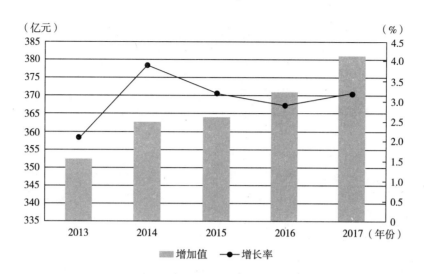

图 10 - 1　青岛市近五年农业发展情况

资料来源：根据 2013 ~ 2017 年《青岛市国民经济和社会发展统计公报》绘制。

1）蔬菜、粮食、水产品增量减少，甚至出现负增长现象。通过对青岛市近五年来的主要农产品蔬菜、粮食以及水产品的增加值进行对比，可以明显发现，除了蔬菜产量增加值有小幅增长外，粮食和水产品均出现负增长的情况（见图 10 - 2）。

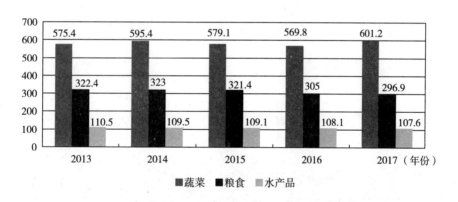

图 10 - 2　青岛市近五年主要农产品增加值

资料来源：根据 2013 ~ 2017 年《青岛市国民经济和社会发展统计公报》绘制。

2）种植、林、牧、渔业增长缓慢。2017 年青岛市农林牧副渔业产值较 2016 年来看有所增加，但是增长速度较为缓慢。其中，2017 年种植业增加值为 214.6 亿元，2016 年为 205.5 亿元，2017 年增长率约为 4.4%，同比增长率上涨 1.9%；2017 年林业增加值为 1.6 亿元，2016 年为 1.5 亿元，同比增长率上涨 2.8%；2017 年牧业增加值 77.9 亿元，2016 年为 82.0 亿元，同比增长率下降 0.3%；2017 年渔业增加值为 86.9 亿元，2016 年为 82.0 亿元，2017 年增长率为 - 1.0%，同比增长率为 - 2.8%，出现负增长[1]。

3）农业基础基本保持不变。对比青岛市 2013 ~ 2017 年农业发展基础，可知，无论是从

---

①　资料来源：2016 ~ 2017 年《青岛市国民经济和社会发展统计公报》。

年末实有耕地面积，还是从有效灌溉面积，或者从农业机械总动力来看，除有效灌溉面积稍有增加外，均没有明显变化。有效灌溉面积方面，2013 年青岛市农业有效灌溉面积共有 30 万公顷，至 2017 年末扩大到 33 万公顷，实现小幅度增长；但在年末实有耕地面积方面，2013 年末为 53 万公顷，2017 年末为 52 万公顷，总量上减少了 1 万公顷；农用机械总动力方面，2013 年青岛市农用机械总动力共有 809 万千瓦，至 2017 年仅有 728 万千瓦，不仅没有增加，甚至存在减少情况①。

（2）虽然工业总产值减少，但工业仍然是重要支撑产业。2013～2017 年，青岛市工业总产值呈现出先减少后增加的趋势，峰值出现在 2015 年，2017 年创下新低（见图 10-3）。2017 年青岛市工业总产值为 13019.73 亿元，规模以上工业增加值增长 7.5%，其中国有控股企业增长 2.5%，集体企业增长 20.5%，股份制企业增长 6.9%，外商及港澳台商投资企业增长 8.1%，私营企业增长 10.7%。

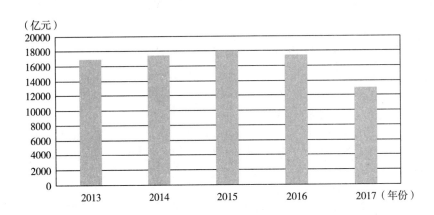

图 10-3　青岛市 2013～2015 年工业总产值

资料来源：根据 2013～2017 年《青岛市国民经济和社会发展统计公报》绘制。

1）规模以上大中型企业发展迅速。纵观青岛市规模以上大中型企业发展历程，可知青岛市工业发展起步早，早在 1998 年青岛市规模以上工业大中型企业资产总额为 767 亿元，职工有近 31 万人，占规模以上工业比重分别为 60.8% 和 45.5%，利润总额占比 82.5%。到 2007 年，经过十年发展，青岛市大中型企业发展到 542 户，占规模以上工业企业单位数的 10.8%，完成工业总产值 4008 亿元，占规模以上工业总产值的 60.3%，比 1988 年提高 10.3 个百分点，实现利税 250 亿元，占全市的 48.5%。直至 2017 年，青岛市产值过 10 亿元的规模以上大中型企业达 243 户，比 2008 年增加 160 户，完成产值占规模以上工业总产值的 45.4%，比 2008 年提高 6.2 个百分点。截至 2017 年底，青岛市规模以上工业主营业务收入 10 亿元以上的企业 160 户，实现主营业务收入占 53.9%，主营业务收入过亿元的企业 1837 户，亿元以上工业企业实现主营业务收入占规模以上工业的 93.3%，实现利润占 92.7%②。

2）装备制造业实力不断增强。青岛市近年来按照做强企业、做大产业的推进路径，逐渐培育出 4 个具有国际竞争力的先进加工制造业集群。一是智能家电产业集群。青岛拥

---

① 资料来源：2013～2017 年《青岛市国民经济和社会发展统计公报》。
② "青岛制造"激情 40 年数字折射青岛工业发展成就［EB/OL］. 新华网，http：//www. sd. xinhuanet. com/sd/2018－10/19/c_ 1123582668. htm，2018－10－19.

有连续 9 年蝉联全球大型家用电器品牌零售量世界第一的海尔集团，出货量高居全球市场第三的海信电视，保持全国同类产品销量第一的冷柜品牌澳柯玛，2017 年青岛家电产业实现产值 1995 亿元，增长 13.2%[①]。二是轨道交通装备产业集群。2017 年全年生产动车组 1512 辆，高速动车组整车制造约占全国的 60%、城市轨道及地铁车辆约占全国的 20%。三是节能与新能源汽车产业集群。全年生产新能源汽车突破 8 万辆。四是海洋制造产业集群。作为全国重要的船舶海工生产基地，海工平台设计制造及总装能力达到世界一流水准，拥有船舶行业的完整产业链，且是全国重要的海洋生物技术和海洋药物研究中心。

3）新兴产业成为新旧动能转换的"助推器"。2017 年上半年，青岛市战略性新兴产业完成产值 1748.2 亿元，同比增长 13.3%，其中规模以上工业完成产值 1703.2 亿元，同比增长 13.1%，产值占规模以上工业总产值比重为 19.8%，拉动规模以上工业产值增长 2.6 个百分点[②]。战略性新兴产业完成增加值 355.6 亿元，同比增长 15.2%，增速高于全市 GDP 7.5 个百分点[③]。其中，以北汽、比亚迪为代表的新能源汽车产业保持高速增长态势，共完成产值 32.1 亿元，同比增长 2.6 倍，增速比去年同期提升 160 个百分点；产值占规模以上工业战略性新兴产业的 1.9%，产值占比是 2016 年底的 3.17 倍。同时，以互联网、物联网、云计算、大数据、CPS（物理信息系统）等为代表的新一代信息技术正在成为新旧发展动能接续转换的强劲引擎，互联网工业城市和国家北方数据中心的建设，取得长足的发展，2017 年上半年共完成产值 504.4 亿元，同比增长 17.8%，占规模以上工业战略性新兴产业的 29.6%，占比提升 2.3 个百分点[④]。

（3）第三产业是拉动经济发展的主导力量。青岛市地处山东半岛南部，东、南紧临黄海，东北与烟台市毗邻，西与潍坊市相连，西南与日照市接壤。海洋资源和风能资源丰富，光能资源较好，具有较高的经济价值和开发利用潜力，是全国重要的经济中心城市。随着转方式调结构步伐的不断加快，青岛第三产业占 GDP 的比重逐年提升，2011 年，青岛第三产业比重达到 47.8%，首次超过第二产业；进入工业化后期发展阶段，随着工业继续向高新技术产业调整，青岛第三产业加快发展，2013 年第三产业比重达到 49.8%，接近 50%，开始占据主导地位。从贡献率来看，2014 年第三产业贡献率达 50.7%，2015 年增长至 52.2%，2016 年提高至 54.1%，2017 年达到 55.4%；但是反观第一产业和第二产业贡献率，均呈不断下降趋势，第一产业贡献率从 2013 年的 4.2% 下降至 2017 年的 3.4%，第二产业贡献率从 2013 年的 46% 下降至 2017 年的 41.2%，可见，第三产业成为青岛市拉动经济发展的主导力量（见图 10-4）[⑤]。具体表现为以批发和零售业、交通运输、仓储和邮政业、租赁和金融服务业为主，住宿和餐饮业和信息传输、计算机服务和软件业，以及其他服务业为辅的产业格局。

---

① 青岛四大优势产业集群竞争力稳步提升［EB/OL］. 青岛晚报，https：//epaper. qingdaonews. com/html/qdwb/20180516/qdwb1188360. html，2018-05-16.

② 厉害！青岛上半年已完成重点项目产值 1748 亿［EB/OL］. 青岛日报，http：//qingdao. iqilu. com/qdyaowen/2017/0903/3671289. shtml，2017-09-03.

③ 资料来源：青岛上半年新兴产业产值轨道交通业占半［EB/OL］. 中华人民共和国商务部，http：//www. mofcom. gov. cn/article/resume/n/201708/20170802635338. shtml.

④ 资料来源：青岛上半年新兴产业产值 1748 亿［EB/OL］. 凤凰资讯网，http：//news. ifeng. com/a/20170828/51778746_0. shtml.

⑤ 资料来源：《青岛市 2013 年、2014 年、2015 年、2016 年以及 2017 年国民经济和社会发展统计公报》.

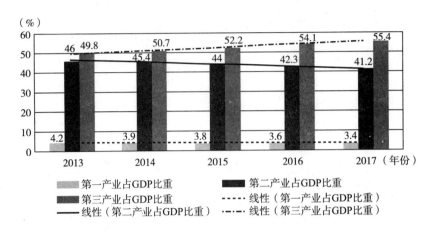

图 10 - 4 2013 ~ 2017 年青岛市三大产业对 GDP 贡献率及贡献趋势

资料来源：2013 ~ 2017 年《青岛市国民经济和社会发展统计公报》。

1）交通运输能力不断加强。2017 年青岛市各种运输方式完成的运输量除水运客运周转量外，均实现增长（见表 10 - 2），客运周转量增长 11.1%，货运周转量增长 10.3%。就水运来看，2017 年青岛市水运货运周转量为 808.1 亿吨千米，同比上涨 11.1%；但是客运周转量有所下降，同比下降 6.6 个百分点。就铁路运输和公路运输来看，铁路客运周转量达到 97.0 亿人千米，增长 17.7%，铁路货运周转量达 183.0 亿吨千米，同比增长 8.1%；公路客运周转量达到 74.4 亿人千米，增长 3.6%，公路货运周转量达 515.9 亿吨千米，同比增长 9.7%。从航空航运来看，青岛市 2017 年末拥有国内航线 157 条，国际航线 27 条，港澳台地区航线 2 条，全年航空旅客吞吐量达到 2321.1 万人次，增长 13.2%；航空货邮吞吐量 23.2 万吨，增长 0.6%[①]。

表 10 - 2 2017 年各种运输方式完成的运输量及增速

运输方式	单位	运量量	增长（%）
客运周转量	亿人千米	171.6	11.1
铁路	亿人千米	97.0	17.7
公路	亿人千米	74.4	3.6
水运	亿人千米	0.2	-6.6
货运周转量	亿吨千米	1507.0	10.3
铁路	亿吨千米	183.0	8.1
公路	亿吨千米	515.9	9.7
水运	亿吨千米	808.1	11.1

资料来源：《2017 年青岛市国民经济和社会发展统计公报》。

2）对外贸易蓬勃发展。青岛作为国家最早开放的 14 个沿海开放城市中的一个，是中国对外交流的主要门户，开放程度较高，且拥有全国第五位、全球第七位的大港——青岛

---

① 资料来源：2017 年《青岛市国民经济和社会发展统计公报》。

港。从 2013～2017 年青岛口岸对外贸易进出口总额情况来看，2013～2016 年青岛市进出口贸易呈波动发展趋势。2013 年青岛口岸对外贸易进出口总额 4716.2 亿元，增长 6.5%，其中出口额 2541.5 亿元，进口额 2174.7 亿元，分别增长 2.9% 和 11%；2014 年，虽然进出口贸易总额完成 4902.2 亿元，增长率为 2.5%，但是进口额出现下降，同比下降了 5.2 个百分点；到 2015 年，进出口贸易总额同比减少 540.9 亿元，同比下降 11.1%，其中进口总额创下下降新高，同比下降 26.3%，2016 年情况有所回升，进出口贸易总额仅同比下降 0.2%。2017 年青岛市进出口贸易出现强势回暖，实现外贸货物进出口总额 5033.3 亿元，同比增长 15.7%，其中出口额 3031.8 亿元，同比增长 7.5%；进口额 2001.7 亿元，同比增长 30.8%。同时，2017 年外贸吞吐量 3.7 亿吨，增长 7.9%，集装箱吞吐量 1831 万标准箱，增长 1.4%，港口吞吐量 5.1 亿吨，下降 0.3%[①]（见表 10 - 3）。

表 10 - 3　2013～2017 年青岛市对外贸易情况统计

年份	进出口		出口		进口	
	总额（亿元）	增长率（%）	总额（亿元）	增长率（%）	总额（亿元）	增长率（%）
2013	4716.2	6.5	2541.5	2.9	2174.7	11
2014	4902.2	2.5	2809.2	9.1	2093.1	-5.2
2015	4361.3	-11.1	2818.2	0.3	1543.1	-26.3
2016	4350.7	-0.2	2821.9	0.2	1528.8	-0.8
2017	5033.3	15.7	3031.8	7.5	2001.7	30.8

资料来源：2013～2017 年《青岛市国民经济和社会发展统计公报》。

3）旅游业发展欣欣向荣。青岛市是一个优美的海岛城市，2017 年青岛市接待游客总人数 8816.5 万人次，增长 9.1%；实现旅游消费总额 1640.1 亿元，增长 14.0%。其中，接待入境游客 144.4 万人次，增长 2.4%；入境游客消费 10.2 亿美元，增长 4.1%。接待国内游客 8672.1 万人次，增长 9.2%；国内游客消费 1468.1 亿元，增长 14.4%。年末拥有 A 级旅游景区 123 处，拥有星级酒店 104 个，拥有旅行社 504 个[②]。

2. 青岛市资源情况

青岛作为国家计划单列市、副省级城市，是我国沿海重要中心城市、沿海开放城市、新一线城市、经济中心城市、国家历史文化名城，是国际性港口城市、滨海度假旅游城市、幸福宜居城市，被誉为"东方瑞士"。青岛作为全国首批沿海开放城市、中国海滨城市、全国文明城市、国家卫生城市、国家园林城市、国家森林城市，也是中国最具幸福感城市，其拥有丰富的自然资源、人力资源以及广阔的市场资源。

（1）自然资源。青岛作为海滨城市，生物资源、海洋资源、淡水资源以及矿产资源异常丰富。

1）生物资源多样。青岛地区植物种类丰富繁茂，是同纬度地区植物种类最多植被建群种最多的地区，共有植物资源种类 152 科 654 属 1237 种与变种。同时，青岛市鸟类资源丰富，青岛市鸟类保护环境志愿者十余年来共采集标本 2000 余份，有 19 目 58 科 159 属 383 种，占全国鸟类 1200 种的 31.9%，占山东省鸟类 406 种的 94.3%，其中属国家一级保护珍

---

① 资料来源：2013～2017 年《青岛市国民经济和社会发展统计公报》。

② 资料来源：2017 年《青岛市国民经济和社会发展统计公报》。

禽 11 种、二级保护鸟 55 种①。

2）海洋资源、淡水资源丰富。青岛市海域面积达 1.22 万平方千米，海岸线 863 千米，其中大陆海岸线 730 千米；海湾 49 处，较大的有胶州湾、琅琊湾、鳌山湾、灵山湾、崂山湾、丁字湾等。且胶州湾、崂山湾及丁字湾口水域营养盐含量高，补充源充足，是多种水生物繁衍生息的场所，异样菌量比大陆架区或大洋区高出数倍乃至数千倍，水中有机物含量较高，尤其是胶州湾一带泥沙底质岸段，是发展贝类、藻类养殖的优良海区，具有较高的经济价值和开发利用潜力。有海岛 69 个，面积最大的红岛已经陆连为半岛，灵山岛是中国北方海拔最高的海岛。同时，青岛市拥有大量淡水资源。青岛市共有河流 224 条，分为大沽河、北胶莱河以及沿海诸河流三大水系。大沽河是胶东半岛最大的河流，干流 179.9 千米，流域面积 6131.3 平方千米②。莱西产芝水库为胶东最大水库，库容 4 亿立方米，胶南藏南陡崖子水库是青岛市重要饮用水源地。

3）矿产资源蕴藏大。青岛市优势矿产资源有石油、黄金、石墨、饰材花岗岩、饰材大理岩、透辉岩、滑石、沸石岩等，资源储量均居山东省前列。黄金主要分布在平度、莱西，莱西山后金矿已成为山东黄金新的增长点。莱西石墨在全国乃至世界范围占有重要地位。青岛花岗岩品级很高，天安门广场的人民英雄纪念碑就是选用市区浮山的石材。崂山盛产黑水晶和海底绿玉。截至 2007 年底，已发现各类矿产（含亚矿种）66 种，占山东省已发现矿种的 44%，其中，有探明储量（资源量）的矿产 50 种，各类矿产地 730 处，占山东省已探明储量矿产的 64.1%，未探明储量的矿产 16 种③。

（2）科教文卫资源丰富。青岛市的经济发展起步较早，发展也快，科教文卫发展也较早，特别是"十三五"以来，青岛市积极推动学前教育、义务教育医疗卫生、社会福利等普惠产业快速发展，多措并举大力发展公办学校、医院等公益性机构服务水平，青岛市科教文卫资源进一步得以丰富。

1）科学教育资源丰富。2016 年末山东省共有人口 9947.00 万，青岛市共有人口 920.40 万，青岛市人口数占山东省的 9.25%，却实现了 GDP 总额 10011.29 亿元，创造了占山东省比重达 14.94% 的国内生产总值，人均财富创造率居山东省前列。此外，青岛科教文卫事业发展迅速，为青岛经济社会发展提供了丰富的人力资源。截至 2016 年末，全市共有普通高校 26 所，中等专科学校和中学共有 377 所，小学共 743 所，特殊教育学校 12 所，幼儿园共有 2094 所，从事教育事业的工作人员共有 13.4 万人；2016 年底共有独立科研机构 57 个，科技人员共有 5722 人，取得科技成果 606 项；从事文化体育业人员有 1.8 万人④。

2）医疗卫生资源较优。首先，医疗卫生人员较多，2017 年末青岛市各类卫生技术人员 7.6 万人，其中医生 3.1 万人。其次，卫生机构覆盖较广，2017 年末全市共有卫生机构（不含村卫生室）3494 处，其中医院、卫生院 410 处，疾病预防控制中心 25 处，妇幼保健机构 12 处，门诊部（所）、诊所、卫生所、医务室 2670 处。最后，拥有床位较多，2017 年末青岛市拥有医疗床位 6.1 万张，其中医院、卫生院床位 5.3 万张⑤。

（3）市场资源。青岛市是中国东部沿海重要的中心城市和港口城市，与日本、韩国隔海

---

①②③ 资料来源：青岛市人民政府官网。

④ 资料来源：2016 年《青岛市国民经济和社会发展统计公报》。

⑤ 资料来源：2017 年《青岛市国民经济和社会发展统计公报》。

相望，1986 年就成为国家计划单列市，拥有省一级的经济管理权限。

1）外贸市场。青岛作为国际性港口城市、沿海开放城市，其市场广阔，主要体现在对外经济方面。2016 年末，青岛实现外贸货物进出口总额 4350.7 亿元，下降 0.2%，其中出口额 2821.9 亿元，增长 0.2%，进口额 1528.8 亿元，下降 0.8%，主要出口的商品为纺织服装、农产品、机电产品以及高新技术产品，各进出口额分别为 473.3 亿元、630.2 亿元、1598.6 亿元、463.2 亿元。2016 年对亚洲、非洲、欧洲、南美洲、北美洲以及大洋洲的多个国家开展对外贸易[①]。

2）国内市场。青岛市拥有全国多家知名的装备制造企业，被誉为中国的"品牌之都"，如海尔、海信、双星、澳柯玛、青啤、颐中、凯联、黄海、青钢、一汽等品牌在国内甚至国外都占有一席之地，且均在行业内处于领军水平，极易获得广大群众的青睐，国内市场广阔。

二、安顺市产业结构与资源基本情况

1. 安顺市产业情况

安顺市地处贵州省地势最为平坦的中西部，耕种条件较好，交通较为发达，是国家"三线建设"时期的重点航空工业城市，贵州是航天航空，精密仪器、机械产品加工和汽车及其零部件生产的重要基地，产业发展平台众多，国家级安顺高新区、民用航空产业国家高技术产业基地、西秀区工业园区、普定循环经济工业基地等园区已具规模，军工装备制造业基础雄厚；同时安顺市冬暖夏凉，气候宜人，风景名胜资源面积占全市国土面积的11.80%，远高于 1% 的全国平均水平，也高于 4.2% 的全省平均水平，是贵州省西线旅游中心，旅游业发展有优势。

2017 年，贵州省完成 GDP 总额 13540.83 亿元，安顺市完成 GDP 总额 802.46 亿元，安顺市 GDP 占贵州省比重达 5.93%。其中，安顺市第一产业、第二产业、第三产业对 2016 年安顺市 GDP 的贡献率分别为 16.91%、33.37%、49.71%。可见在贵州省 9 个地（州）市中，安顺市经济发展能力排在末尾，虽然安顺市三产结构已经达到高度化的"三二一"格局，但是经济发展综合能力还是落后于全省地级市平均水平（见表 10 – 4）。

表 10 – 4　安顺市 GDP 及产业结构情况

	贵州省（亿元）	安顺市（亿元）	安顺占全省比重（%）	产业结构（%）
生产总值	13540.83	802.46	5.93	100
第一产业	2020.78	135.7	6.72	16.91
第二产业	5439.63	267.82	4.92	33.37
第三产业	6080.42	398.94	6.56	49.71

资料来源：2017 年《贵州省国民经济和社会发展统计公报》和 2017 年《安顺市国民经济和社会发展统计公报》。

同时，安顺市 2013～2017 年全市地区生产总值从 429.16 亿元逐年增加到 802.46 亿元，生产总值增加了 373.3 亿元，同比增长率从 2013 年的 15.4% 下降到 12.3%，说明安顺市经济发展方式与青岛市相同，从强调发展速度逐渐转为强调发展质量。

---

① 资料来源：青岛经济发展、山东经济信息网，http：//www.sd.cei.gov.cn/col/col79/index.html，2017 – 10 – 16。

（1）农业持续发展。纵观安顺市近五年农业发展情况可知，2013～2017年安顺市农业产业虽然增长缓慢，但是仍然是呈现持续增长的态势。根据安顺市《2013～2017年国民经济和社会发展统计公报》统计来看，虽然农业仍然是不断增长的，但无论是增加值还是增长率，都处于缓慢增加的状态。2013年农业增加值为61.0亿元，同比增长率为6.3%，2014年第一产业增加值81.6亿元，增加6.8%，2015年第一产业增加值113.1亿元，增长6.5%，2016年第一产业增加值128.7亿元，增长6.2%，2017年第一产业增加值135.7亿元，增长6.7%，增长趋势如图10-5所示[1]。从绝对值上看，五年来安顺市农业增加值上涨了74.7亿元，相对五年GDP的总体增加值来看，安顺市五年来GDP增加值的总和为373.3亿元，农业增加值仅为GDP增加值的20.01%；从增长率来看，近五年来安顺市农业产业平均增长率为6.5%，GDP平均增长率为13.7%，农业产值增长速度约为GDP增长速度的一半，农业产业对经济发展的贡献作用虽然较小却不可忽视。

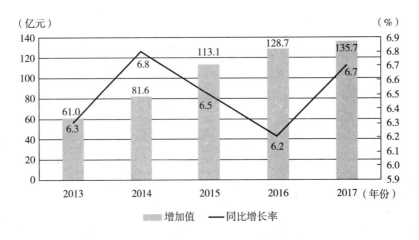

图10-5　安顺市近五年农业发展情况

资料来源：根据2013—2017年《安顺市国民经济和社会发展统计公报》绘制。

1）主要农产品除烤烟外产量稳中有涨。总体来看，五年来安顺市主要农产品产量基本呈逐年增长的趋势。从粮食产量来看，2013年安顺粮食产量为63.13万吨，2014年增长至68.26万吨，2015年较2014年稍有下降，2016年、2017年分别为68.8万吨和67.7万吨，五年间产量虽有波动，但基本保持缓慢上涨的趋势；从蔬菜产量来看，蔬菜产量呈现"一路高歌"的状态，产量不断上涨，从2013年的93.08万吨上升到2017年的158.24万吨；从油菜籽的产量来看，产量同样呈现缓慢增长的态势，2013～2017年五年产量分别为7.84万吨、8.02万吨、8.88万吨、9.28万吨以及9.64万吨；从烤烟产量来看，因烤烟对环境具有一定污染，安顺市对产业结构进行不断调整，烤烟产量自2013年以来不断下降，由2013年的1.9万吨下降至2017年的0.93万吨[2]（见图10-6）。

2）林、牧、副、渔业波动性增长。2013年以来，安顺市林、牧、副以及渔业产值不断增加，林业和牧业作为安顺市农业中的支柱性产业，发展速度较快，分别从产值和增长率来看，产值方面，2013年安顺市林业产值2.38亿元，2017年为19.46亿元，2013年牧业产值为42.37亿元，2017年为94.84亿元，可见林业和牧业产值均为增长态势，且牧业增长空间更为迅猛；2013年林业增长率为5.8%，2017年为8.0%，2013年牧业增长率为7.7%，2017年增长率下降至3.3%，可见从增长率方面来看即使是产值增长最多的牧业，增长速度

①② 资料来源：2013～2017年《安顺市国民经济和社会发展统计公报》。

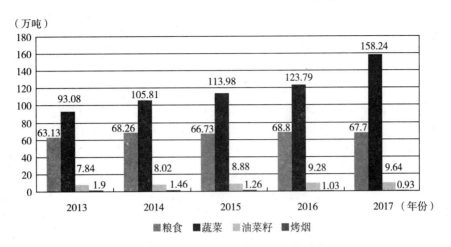

图 10 - 6　安顺市近五年主要农产品产量变化

资料来源：根据 2013～2017 年《安顺市国民经济和社会发展统计公报》绘制。

也出现下降趋势。再从副业和渔业两个发展较为缓慢的产业来看，2013 年农林牧渔服务副业产值 0.59 亿元，增长率为 5.8%，2017 年产值为 14.18 亿元，增长率下降至 2.8%；渔业产值从 2013 年的 2.08 亿元增加至 2017 年的 13.42 亿元，但是增长率同样从 2013 年的 20.3% 下降至 2017 年的 11.4%，可见副业和渔业的增长速度同样减缓[①]。总体来说安顺市林、牧、副、渔业近五年来发展趋势为波动性增长。

（2）工业增长速度减缓。2013～2017 年，虽然安顺市工业总产值增加值在不断增长，但是增长速度在逐渐减缓。2013 年至 2017 年工业增加值分别为 164.45 亿元、189.67 亿元、207.62 亿元、227.12 亿元以及 267.82 亿元，从增加绝对值来看，增加值实现逐年增长的态势；但是从增长率来看，工业产值的增长率总体上却出现逐年递减的情况，2013 年安顺市工业增长率为 18.6%，2014 年下降至 16.0%，2015 年、2016 年继续下降，仅有 13.8% 和 12.5%，2017 年下降速度稍有减缓，为 12.1%（见图 10 - 7）[②]。

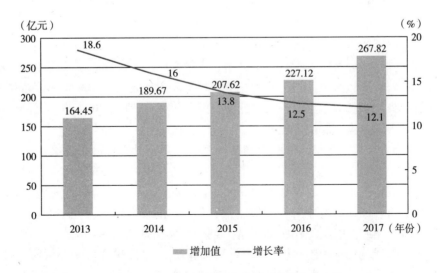

图 10 - 7　2013～2017 年安顺市工业增加值走势

资料来源：根据 2013～2017 年《安顺市国民经济和社会发展统计公报》绘制。

---

①②　资料来源：2013～2017 年《安顺市国民经济和社会发展统计公报》。

1）规模以上工业增长稳中有进。2013～2017 年，安顺市规模以上工业增加值在不断增长，虽然增长速度逐渐减缓，但也稳中有进。2013～2017 年规模以上工业增加值分别为108.56 亿元、129.29 亿元、159.66 亿元、174.63 亿元以及 214.68 亿元，规模以上工业增加值是逐年上涨的；但是规模以上工业产值的增长率出现缓慢下降情况，2013 年增长率为15.5%，2014 年、2015 年、2016 年分别下降至 13.5%、11.8% 以及 11.5%。虽然 2017 年安顺市规模以上工业增长率稍有回升，增加值完成 214.68 亿元，增长 12.1%，且增速排名全省第一，工业投资完成 124.69 亿元，增速排名全省第五，较 2016 年排名提升三位，同时，民营经济增加值完成 538.05 亿元，同比增长 11.19%，增加至 12.1%，但是总体来看规模以上工业增长率还是呈下降趋势（见图 10 – 8）①。

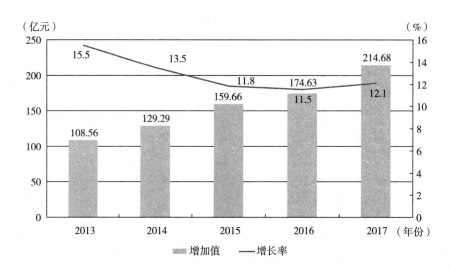

图 10 – 8 2013～2017 年安顺市规模以上工业增加值及其增长速度

资料来源：根据 2013～2017 年《安顺市国民经济和社会发展统计公报》绘制。

2）航空与装备制造业基础夯实。安顺市现有装备制造企业 50 余家，主要是航天航空、汽车制造和普通装备三大类，其中航空类基本为中央在安企业，贵航集团的 49 家全资子公司聚集在安顺。汽车制造和普通装备制造业主要为民营企业。装备制造企业集中分布在西秀区、开发区和平坝县。拥有中航贵州飞机公司、中航黎阳动力公司、贵州平水机械有限责任公司、贵州风雷航空军械有限公司、安大航空锻造有限责任公司、中航贵州安吉精密铸造有限责任公司等中央航空和锻造企业；同时拥有贵航青年莲花汽车公司、贵飞云马汽车工业有限责任公司等国内知名汽车制造企业。

3）特色制药业发展前景好。安顺市拥有特色制药企业贵州百灵企业集团，其依托贵州丰富的药材资源，不断加大科技投入，把中国传统医药与现代科技充分结合，打造民族特色产业，志立于实现科技兴药、品牌立企的目标。目前贵州百灵企业集团拥有一个国家认定企业技术中心，贵州省民族药（中药）口服制剂、复方制剂工程技术研究中心两大研发平台，全国博士后科研工作站、院士工作站两个智力创新软实力建设平台，以及以药物 GAP《中药材生产质量管理规范》、GMP《药品生产质量管理规范》、GSP《药品经营质量管理规范》完整生产技术为体系的服务于企业及行业的国家级药物研发平台，是全国最大的苗药种植、研究、生产、销售企业。

---

① 资料来源：2013～2017 年《安顺市国民经济和社会发展统计公报》。

4）建筑业发展较快。安顺市近五年建筑业发展较快，不仅具有资质等级建筑业企业数量不断增加，建筑业总产值也逐年上涨。2013年末安顺市年末共有资质等级建筑业企业24户，2014年增加至27户，2015年增加至34户，2016年及2017年末数量继续增加，增至52户和67户；此外，安顺市全年建筑业总产值也在不断上涨，2013~2017年末安顺市建筑业总产值分别为13.30亿元、18.07亿元、22.52亿元、30.16亿元以及43.67亿元；同时，安顺市年末建筑业产值的同比增长率也同样表现突出，2013年末建筑业产值同比增长率为61.5%，2014~2017年的同比增长速度虽然有所减缓，但是与工业产值增长率对比可知已达到较高水平，2014~2017年末建筑业产值同比增长率分别为35.9%、24.6%、33.9%和44.8%[①]。

5）工业园区建设成果显著。2017年1~10月，安顺市7个园区累计完成工业总产值517.4亿元，占年度目标60亿元（500万元口径）的79.6%，预计2017年全市园区累计完成工业总产值650亿元，增长35.41%。同时，2017年1~10月，安顺市累计完成工业投资164.55亿元，占年度目标190亿元（500万元口径）的86.6%，预计全年完成投资（500万元口径）190亿元，增长7.95%。

（3）第三产业已然成为安顺市经济发展主导力量。2013~2017年，安顺市第三产业快速发展，增加值不断增加，对经济的贡献率逐年提升。2013~2017年，安顺市第三产业增加值分别为203.72亿元、251.83亿元、304.69亿元、350.16亿元以及398.94亿元，产业不断在增加；但增长率逐年稍有下降，2013~2017年的产值增长率分别为15.4%、16.0%、15.2%、14.5%以及14.2%。对GDP的贡献也在逐年增加，2013~2017年第三产业贡献率分别为47.5%、48.4%、48.7%、49.9%以及49.7%（见图10-9）[②]。

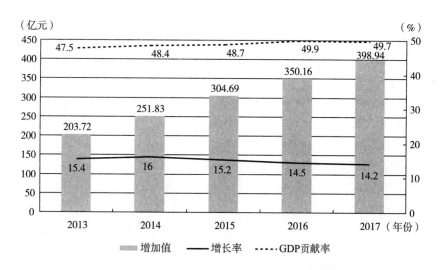

图10-9　2013~2017年安顺市第三产业增加值情况

资料来源：根据2013~2017年《安顺市国民经济和社会发展统计公报》绘制。

1）旅游业发展实力上涨。安顺市近年来旅游业发展迅速，特别是2012年底党的十八大召开以来，把生态文明建设纳入中国特色社会主义事业"五位一体"总体布局后，坚持"绿水青山就是金山银山"的发展理念，大力发展生态旅游、全域旅游特色经济，2013~2017年，安顺市旅游收入显著增加，特别是2015年贵州实现县县通高速以后，旅游产业快

①② 资料来源：2013~2017年《安顺市国民经济和社会发展统计公报》。

速发展。2013～2017 年安顺市旅游人数分别为 2584.05 万人次、3175.16 万人次、3901.64 万人次、5408.28 万人次以及 7464.12 万人次；旅游业创造的收入分别为 249.07 亿元、307.6 亿元、378.35 亿元、545.96 亿元以及 764.67 亿元（见图 10－10）①。

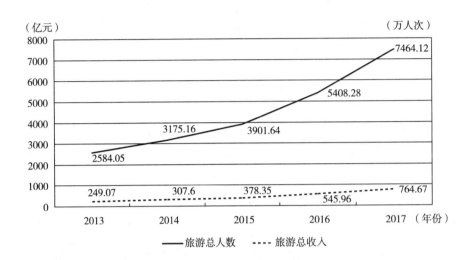

图 10－10　2013～2017 年安顺市旅游人数及收入情况

资料来源：根据 2013～2017 年《安顺市国民经济和社会发展统计公报》绘制。

2）民营经济活力增强。安顺市 2017 年全年民营经济增加值预计累计实现 520 亿元，同比增长 7.46%，累计完成全年市级目标任务的 100%②。全年民间投资额预计累计实现 560 亿元，同比增长 13.44%，累计完成全年市级目标任务的 100%。2017 年，全市期末预计有民营经济主体 15 万户，注册资本 1200 亿元。

3）大数据产业发展迅速。2017 年 1～9 月，安顺市规模以上电子信息制造业总产值完成 109.22 亿元，同比增长 812.81%，完成全年目标任务 642.47%；软件和信息服务业业务收入实现 0.83 亿元，同比增长 34.96%，完成全年目标任务 83%；电信业务总量实现 31.48 亿元，同比增长 141.1%，完成全年目标任务 54.28%③。

4）电子商务服务业稳步提升。2017 年安顺市电子商务服务业交易额实现 59.1 亿元，同比增长 40.4%，完成全年目标任务 75.77%；网络零售额实现 2.54 亿元，同比增长 118.2%，完成全年目标任务 110%。预计全年全市规模以上电子信息制造业总产值完成 115 亿元，软件和信息服务业业务收入实现 1 亿元，电信业务总量实现 40 亿元，电子商务交易额实现 84 亿元，网络零售额实现 3.5 亿元④。

2. 安顺市资源情况

（1）自然资源丰富。安顺煤炭蕴藏量大，水能资源丰富，"水火互济"，是国家重要的能源基地和"西电东送"工程的主要电源点之一；矿产资源丰富，煤炭、地下热水、铅锌矿、铁矿、铝土矿、锑矿、饰面石材（大理石）、重晶石、方解石、水泥配料用硅砂、化工用石灰岩、水泥用灰岩、砖瓦用页岩、建筑用砂等矿产资源，是西南重要的石材、建材生产交易集聚区；生物资源种类繁多，是国家天然林保护、生态建设的重点区域，是贵州中药材主产区，国内最大的苗药生产基地。

---

① 资料来源：2013～2017 年《安顺市国民经济和社会发展统计公报》。
②④ 资料来源：2017 年《安顺市国民经济和社会发展统计公报》。
③ 资料来源：安顺市人民政府官网。

（2）旅游资源多样。安顺市是国家最早确定的甲类旅游开放城市之一，风景名胜资源面积占总面积的 12%，远远高于全国 1%、全省 4.2% 的平均水平。旅游资源不仅面积大、类型多、品位高，而且分布成片成线，相对集中，保护、开发、利用条件极为优越。境内高密度聚集了 3 个国家级重点风景名胜区，1 个国家级森林公园，1 个国家级地质公园，3 个省级风景名胜区，4 个市级风景名胜区。有国家级重点民族村寨 3 个，省级重点民族村寨 300 个，省级艺术之乡 5 个，国家 5A 级景区 2 个，国家 4A 级景区 6 个。汇集山、水、林、洞、谷等旅游资源，集自然观光、休闲体验文化为一体。全市风景区面积达到 950 平方千米。

（3）民族文化资源多彩。安顺市是一个五方杂处、多民族杂居的城市，汉族人口占大多数，布依族次之，苗族人口居第三位，除此之外，还有回族、侗族、彝族等 20 多个少数民族。少数民族人口占全市总人口的 39%[①]。"安顺蜡染""屯堡地戏"已经进入国家级非物质文化遗产保护名录，"屯堡花灯""屯堡山歌"已经进入贵州省非物质文化遗产保护名录；同时拥有"跳花节""四月八""六月六""吃新节""抬亭子"等众多特色少数民族节庆活动。

（4）人力资源相对匮乏。2017 年末贵州省共有常住人口 3580 万人，安顺市共有人口 234.44 万人，安顺市人口数占贵州省的 6.55%，却只实现了 GDP 总额 802.46 亿元，只占贵州省 GDP 的 5.93%，人均财富创造率落后于贵州省平均水平，人力资源和人才资源均较为匮乏。同时 2017 年末安顺市普通高等学校仅有 2 所，专任教师 1023 人，中等职业教育学校 9 所，专任教师 732 人，大中专及高等院校师资力量薄弱[②]。

（5）市场资源较差。安顺市是一个既不临边、又不临海的内陆地区，仅有一个位于珠江水系上游北盘江的镇宁坝草码头可以直接通江达海，且只有一个黄果树机场，现虽开通至北京、上海、重庆、深圳、南京、青岛等 10 余条航线，但是每个航线每天仅有一个航班，对外交流和发展贸易严重受限，市场资源差。

三、双方情况对比

1. 经济总量比较

近年来，安顺市和青岛市经济都取得了长足发展，但安顺市经济发展水平远远低于青岛市。2017 年安顺市生产总值 802.46 亿元，青岛市则达到 10011.29 亿元，安顺市生产总值仅是青岛市的 8.01%；安顺市第一产业、第二产业和第三产业增加值也分别只有青岛市的 36.58%、6.44% 和 7.28%。安顺市和青岛市均实现了三次产业结构调整目标，安顺市三次产业结构为 49.71∶33.37∶16.91，青岛市为 54.7∶41.6∶3.7，但是青岛市第三产业比重高于安顺，第一产业比重远低于安顺市。

2. 资源比较

青岛市临海，是世界水路运输的重要节点，海洋资源、气候资源、农业资源丰富，安顺市属于典型的山地丘陵地区，农业资源较青岛差。

3. 产业结构比较

两地均实现了"三二一"的产业结构调整目标，青岛市三产结构已经达到高度化的"三二一"格局，安顺市产业结构水平相对青岛市低。一是农业方面：安顺的主导产业是粮食、蔬菜、油菜、烤烟等产业，青岛市的农业主导产业是蔬菜、粮食、水产等产业，粮食

---

① 资料来源：安顺市人民政府官网。

② 资料来源：2017 年《安顺市国民经济和社会发展统计公报》。

和蔬菜产业是两地合作和交流最具契合度的产业，另外，安顺市可以从青岛市学习水产养殖方面的管理和经营经验，发展壮大淡水养殖业。二是工业方面：安顺市主要发展装备制造业、白酒、制药等产业，青岛则重点发展新能源汽车、海洋制造业、啤酒为主的装备制造业，同时以互联网、物联网、云计算、大数据、CPS（物理信息系统）等为代表的新一代信息技术正在成为新旧发展动能接续转换的强劲引擎，安顺市可以借鉴海尔、青岛啤酒等大型企业的经营管理经验，也可以加强企业对口合作，同时加大在大数据、云计算等方面的技术共享和合作。三是第三产业方面：青岛临海，长期利用海洋资源发展旅游业，旅游业带动批发和零售业、交通运输、仓储和邮政业、金融服务业和住宿和餐饮业发展，安顺则依托黄果树、屯堡文化、山地特色农业等资源发展旅游业，受资源限制，区域内旅游业发展极不均衡。

第二节　青岛—安顺东西部扶贫协作情况

一、东西部扶贫协作历程

1996 年 10 月，中央召开了扶贫开发工作会议，在《关于尽快解决农村贫困人口温饱问题的决定》中确定了东西部扶贫协作政策，要求青岛市扶贫协作贵州省安顺市。同年，青岛市委、市政府按照党中央、国务院关于东西部开展扶贫协作的决策部署，始终坚持"优势互补、互惠互利、长期合作、共同发展"的原则，长期持续与安顺市开展东西部扶贫协作和交流合作。2013 年新一轮东西部扶贫协作工作启动，按照国务院办公厅《关于开展对口帮扶贵州工作的指导意见》（国办发〔2013〕11 号）要求，为进一步推动东西部扶贫协作和对口帮扶安顺市的发展，7 月，青岛市与安顺市签订《关于进一步开展对口帮扶和经济合作的战略框架协议》。至此，青岛与安顺东西部扶贫协作工作顺利开展 22 年，历经两个阶段。

二、东西部扶贫协作机制

秉承高层推动机制，两市党委、政府高度重视东西部扶贫协作工作，市委常委会、市政府常务会议多次研究部署。两地均成立由市委书记和市长任组长的对口帮扶工作领导小组，两市副市级以上领导互访交流 60 多人次，面对面商讨工作和解决问题，推动东西部扶贫协作全面开展。同时，两市建立合作交流互动机制，建立起"1+N"工作格局，即 1 个市级层面的战略合作协议，多个部门、区县层面的对口合作协议。在青岛市 8 个区（市）与安顺市 7 个区（县）建立"一对一"结对基础上，46 家市直部门（单位）、46 个乡镇（街）、146 个区（市）直部门之间建立合作交流关系。

三、东西部扶贫协作资金

1996～2012 年青岛东西部扶贫协作安顺第一阶段的 16 年来，安顺市共接受青岛市对口帮扶资金 11598.7 万元，实施各类扶贫项目和产业项目 724 个。在 2013 年新一轮对口扶贫工作开展 6 年多以来，两市各级各部门把帮扶合作作为重大政治任务，青岛市连续每年帮扶安顺市 3000 万元，用于各项扶贫项目，帮扶项目覆盖基础设施建设、旅游发展、教育支持、医疗扶助、人才培育以及劳务输出五大方面①。

四、人才交流情况

两地积极推进干部互派挂职交流工作，并建立长期互派干部交流的工作机制。自 2013 年以来，双方组织部门共安排三批 81 名干部到对方挂职锻炼。青岛市相关部门为安顺市对口举办基层干部及各类技术人才培训班 30 余批次、培训人员 1500 余人次②。

五、产业协作情况

结合安顺市矿产资源优势、生态优势，积极引导两地企业开展经济交流与协作，共同推进共建产业园区建设，推动农业发展和旅游观光方面的合作。1996 年，青岛红星集团积极响应国家号召，立足于安顺市碳酸钡储量大的优势，率先到对口帮扶的西部城市落地扎根。在黔 22 年以来，红星公司创造了很多安顺第一。一是 1995 年 6 月，青岛红星集团在镇宁县投资建厂，1996 年投产，当年上缴税收 300 万元，缴税金额排安顺市第一；二是贵州红星发展镇宁工厂是安顺市第一家上市公司；三是有力助推企业所在地安顺市镇宁县当年率先脱贫摘帽。2016 年 12 月，青岛 10 余家企业赴安顺市举行"青岛安顺共建产业园区招商引资签约仪式"。目前，园区已落户企业 191 家，基本形成了以智能终端电子信息、军民融合装备制造、新型建材装配式建筑、新医药大健康四大产业为主导的多元化产业格局。同时，立足于安顺市气候好、环境美的优势，青岛农业科技企业陆续到安顺设立分公司，青岛榕昕牧业就是典型的特色农业企业。其利用安顺市空气质量好、水源充足以及劳动力丰富的优势，在安顺发展肉奶牛养殖加工，目前效益显著。此外，两市共同开展互惠旅游项目，双方民众持身份证可在对方城市优惠旅游③。

第三节　青岛—安顺东西部扶贫协作的经验

东西部扶贫协作是党中央为应对脱贫攻坚战制定的重要战略举措，两市结对帮扶 22 年来，深入贯彻落实中央东西部扶贫协作精神，围绕扩大交往、推动交流、携手小康的精神，着力完善扶贫协作机制，强化扶贫协作措施，加大扶贫协作力度，扶贫协作工作取得了明显成效。主要体现在以下三大方面：

一、以中央精神为引领，创新东西部扶贫合作机制

一是强化组织领导机制。两市市委、市政府以中央文件精神为引领，对对口帮扶工作精心安排，周密部署，多次组织专题会议研究部署，并各自成立专门部门来推进对口帮扶工作，例如，青岛市成立的"对口帮扶合作处"，安顺市成立的"对口帮扶和对外经济合作办公室"，以及在青岛设立了安顺市人民政府驻青岛联络处。同时，青岛市将对口帮扶作为东西部合作的重要布局和实现全面小康社会的战略目标，并将"讲政治、负责任、出成果、共发展"作为东西部合作的重要标志。青岛市政府第 32 次常务会议、市委第 55 次常委会议专题研究对口帮扶工作方案，出台《对口帮扶贵州省安顺市工作方案》《青岛市对口帮扶贵州省安顺市计划（2013—2015 年）》等政策措施；2013 年 8 月，安顺市委、市政府下发《关于进一步推进与青岛市对口帮扶与经济合作有关工作的通知》、2016 年 10

①②③　资料来源：根据贵州省扶贫办及安顺市实地调研收集材料整理。

月，安顺市出台《青岛—安顺"十三五"对口帮扶工作规划（2016—2020 年）》，两市通过出台专项政策以及专项规划的方式，从顶层设计入手，健全组织领导及运作机制，有力推进两市县区（市）结对、部门友好合作、企业参与的全面对接，狠抓青岛与安顺的对口帮扶工作。

二是成立专项工作组。两市党委政府分别成立了由市委、市政府分管领导任组长的工作推进组，研究部署工作、分类抓好工作落实。青岛成立了引企入安和投融资、教育合作、旅游合作、人才培养和交流、现代高效农业（扶贫）示范园区建设、产业园区共建、综合协调七个专项工作推进组，各组按照职责分工，具体落实帮扶合作协议明确的具体工作任务。

三是建立部门联动机制。两市建立起"1 + 30"的帮扶与经济合作工作格局，即 1 个市级层面的战略合作协议，30 个部门、区县层面的对口扶贫合作协议。两市有关部门和区县分别以战略框架协议为统领，立足自身实际展开全方位、多领域友好合作。同时，已结对的县区（市）正在推进建立乡镇层面的对口合作协议。青岛方面，在山东省省委常委、青岛市委书记等各位领导的关心下，将青岛对口帮扶安顺的工作列入全省扶贫协作工作体系，并鼓励全山东省与安顺开展交流合作，实现多渠道、多方位对口帮扶安顺工作。

二、以七项重点工作为抓手，全方位多领域开展东西部扶贫协作

一是整合优势资源共建产业园区。按照国家"鼓励帮扶方在受帮扶地区共建开发区、产业园区和外贸基地，共同招商引资，共同经营管理"的工作部署，2013 年 11 月，在帮扶合作协议的基础上，按照"政府主导、企业主体、市场动作、互利共赢"的共建合作原则，经过青岛、安顺两地政府多次洽商，青岛方面高度肯定了安顺市西秀经济开发区良好的交通区位优势和土地、水电等方面的资源优势，确定以西秀经济开发区为基础，充分发挥青岛、安顺两地资源优势，进行深入广泛的产业合作，共建青岛—安顺产业发展园。目前，《共建产业园建设发展总体规划》已由青岛城市规划设计院编制完成提交安顺市城规委审议，园区总体规划面积 90.4 平方千米，合理布置了工业、居住、商业、行政办公、生态旅游等各类用地。园区将以西秀经济开发区为基础，依托国家新区战略优势，突出东西合作特色，引领安顺市产业功能转型升级。未来的共建产业园区将成为青岛企业外出发展的一个前端基地。2016 年 6 月，共建园区获国家发展改革委、财政部批准为全国循环化改造示范园区①。

二是搭建合作桥梁"引企入安"。安顺市不断出台产业、土地、税收、金融等多项优惠政策，鼓励双方优势互补、互惠互利、共同发展，深化两地经济技术交流合作。1996 年引进从规模来讲是目前世界最大的碳酸钡、亚洲最大的碳酸锶、世界第三大电解二氧化锰生产企业青岛红星化工集团有限责任公司，目前红星集团已累计在黔完成投资 24 亿元，上缴税收超过 20 亿元，年出口创汇从"零增长"到 5000 万美元。2013 年两市规划在安顺共建青岛安顺产业园，2015 年引进世界排名第 75 位的世界 500 强企业德国巴斯夫公司，与青岛宏达塑胶总公司合作建设可降解塑胶和薄膜项目，同时与该项目相关联的 15 个配套项目将陆续开工建设。据不完全统计，两市共有 150 多家企业开展招商推介和经贸洽谈，达成 51 个合作项目，总投资 175.6 亿元，其中已落地项目 13 个，计划投资 28.8 亿元②。

三是加强干部交流和人才培养。自 2013 年以来，两地积极推进干部互派挂职交流工作，并建立起长期互派干部交流的工作机制，截至目前安顺市共派出五批 65 名干部到青岛市挂职学习。在干部培训方面，安顺市先后在青岛举办各类培训班，包括县区领导干部、中青年

---

① ② 资料来源：根据贵州省扶贫办及安顺市实地调研收集材料整理。

干部、非中共干部、执法骨干等共 200 余人次接受了系统的培训教育。青岛市相关部门为安顺市举办 20 余批次基层干部培训班，培训干部 1000 余人次①。

四是教育帮扶构建多元合作格局。两地始终把教育合作作为帮扶工作的基础性工作，既注重解决眼前实际问题，又立足长远发展，找准合作切入点。2017 年 7 月，青岛市委常委、市委高校工委书记、市教育局党委书记、局长邓云锋率团赴安顺市调研考察教育扶贫协作工作，并出席新一轮青岛与安顺教育扶贫协作框架协议签约仪式，共商教育扶贫协作事宜，共谋合作发展大计。双方重新签署新一轮教育扶贫协作协议，协议约定青岛与安顺两市要用心、用情、用力将"青安教育协作"品牌打造成全国教育东西协作的标杆、样板，全面提升安顺教育质量水平，让安顺教育成为贵州领先、全国先进的典范。

五是旅游合作不断深化。两市不断加强旅游合作，在旅游线路规划、旅游产品设计、智慧旅游建设等多方面推进资源共享。大力开展"山海游""婚纱摄影游""节日联动游"，2014 年开通旅游专列，并整合青岛市资源举办了 2015 黄果树国际啤酒节，2017～2018 年针对所有青岛人给出所有景区门票免费、温泉半价的旅游优惠。借助青岛世界园艺博览会平台，举行文化展演及特色旅游产品、农产品展示。同时引进青岛四方机车参与安顺城市轨道交通建设，以提高景区旅客接待能力②。

六是农业合作稳步发展。借助青岛市在农产品开发和销售方面的经验，搭建安顺农产品在青展示、展销平台，多次在青岛组织安顺农特产品展销。安顺茶进入青岛及周边市场。引进集旅游、有机农业种植为一体的"青岛小镇"、青岛榕昕牧场、万亩丹参种植等项目，建成后将大力提升安顺乡村旅游竞争实力。并给予资金扶持，让贫困户开办农村家庭旅馆、农家乐，种植精品水果，为安顺发展现代农业提供示范。例如，位于龙宫风景名胜区内的桃子村，借助青岛市扶贫资金 240 万元，发展农家旅馆已 28 家，2015 年，平均每家旅馆年收入 3 万元以上，人均纯收入 7800 元以上，被国家农业部授予"全国最美丽休闲旅游乡村"称号③。

七是资金帮扶助力精准扶贫。2013 年以来，青岛市共投入帮扶资金 1.5 亿元，面向安顺贫困地区大力开展职业教育、新农村示范建设和扶贫产业园区建设。截至 2016 年，共实施各类项目 138 个，其中在 21 个村实施"四在农家·美丽乡村"创建，并对 7 个农业扶贫产业园区给予扶持。投入 1000 万元开展金融扶贫，通过与银行和担保机构合作，以"微保贷"项目形式，对农业龙头企业进行扶持，助推安顺市脱贫攻坚和新农村建设④。

三、以宣传工作为动力，营造全社会参与帮扶工作良好氛围

一是开展多种宣传活动。自青岛与安顺开展对口帮扶工作以来，青岛市组织中央、省、市 8 家媒体赴安顺调研采访，充分利用青岛宣传平台优势对安顺市旅游文化资源进行宣传报道。2014 年 11 月青岛两岸文化传播公司在《两岸》杂志刊登《生态看黔中·财富新沃土》《西部灵秀——安顺屯堡文化》，推介西秀产业园区、文化旅游情况；积极筹划以"山海情深多彩贵州"为主题的中国山水画创作活动，大力宣传贵州安顺旅游资源和城市形象；协调当地民营企业家组建文化礼品公司，负责在山东省推广和经营安顺市文化旅游礼品服务公司相关产品。两地新闻媒体也开设专题栏目，对两市帮扶与经济合作进行宣传报道，并协调青岛的资源，助力成功举办了首届黄果树国际啤酒节、"山海情韵——青岛美术家赴安顺写生采风"等活动，实现宣传与渠道互补。以青岛《两岸》杂志为平台，推介安顺市区位、资源、气候、文化和旅游资源优势，达到了很好的宣传效果。

---

①②③④ 资料来源：根据贵州省扶贫办及安顺市实地调研收集材料整理。

二是动员社会各界力量参与东西部扶贫协作。青岛各区市、各民主党派、企业分别开展了捐资助学、助困、助老、救灾等活动，社会捐赠资金及物资1100多万元。同时动员青岛企事业机关单位进行捐赠，用于修建希望小学、设立"希望工程爱心助学公益项目"，以及购买教学物资，以帮助部分贫困家庭的孩子顺利完成小初高中学业。同时参与"四在农家·美丽乡村"建设，为改善农村居民环境做出贡献[①]。

第四节　青岛—安顺东西部扶贫协作的困难和问题

虽然青岛与安顺在资金支持、项目帮扶、产业合作、劳务协作和民生改善等多领域、深层次开展全面合作，对口扶贫协作工作取得了明显成效，但仍然存在一些亟待解决的困难及问题。

一、政府层面存在的问题

从政府层面来看，两市存在下列两方面的困难。

1. 项目落地难度较大

从邀请有意向的企业来黔洽谈开始，到签订合作协议，再到项目能够真正落地为止，招商引资是一个漫长的过程，中途会遇到很多由于政策变化带来的不可预计的情况变动，导致项目落地难度较大。例如，安顺市委、市政府在洽谈之初答应给入驻企业的优惠条件有可能难以实现，在制定招商引资优惠政策的时候会涉及相互独立又相互约束的几个行政部门，最为明显的就是国土部门、财政部门、环保部门以及林业部门，项目实际落地时可能会出现工业用地指标缺乏、相应的税收优惠政策难以实现、政府应帮助修建的基础设施缺乏资金、项目落地没有达到环保要求、项目选址可能占用公益林地等问题，这些问题将会阻碍外来企业的顺利引进，而这些困难如果长此以往无法克服，也将损害政府诚信形象，成为制约外来企业落地的重要壁垒。

2. 产业对接存在错位

青岛市不仅有政府资源，还有大量的企业资源、社会组织资源，很多个人也希望去献爱心、做慈善，但是由于双方在产业优势和资源方面存在差异，再加上双方政府可能缺乏对两市的优势资源以及优势产业进行一次系统的梳理，使双方在产业对接上可能存在错位现象，导致出现现阶段两市的产业合作主要集中在传统的农业产业和食品加工方面，却在安顺因三线建设长期以来形成的具有军民融合特色的装备制造业方面，以及两市各具特色的旅游业方面却合作较少的现状。

3. 帮扶资源较为分散

从目前双方合作的情况看，当前双方合作的资源比较分散，聚焦脱贫攻坚的力度有待加强。虽然双方合作协议列举了农业、旅游等"十大"重点帮扶产业，但是在实际操作中受资金量的限制，帮扶产业往往选择产业发展基础相对好、发展优势相对突出的产业，而边远贫困地区的"弱质产业"往往不受重视。同时，在项目落实的过程中，扶贫资金使用往往集中在固定资产或基础设施等方面，产业发展"软实力"提升方面的投入分摊不足。

---

① 资料来源：根据贵州省扶贫办及安顺市实地调研收集材料整理。

二、企业层面存在的问题

从企业层面来看，主要具有以下几个困难。

1. 企业对政府的信心有待加强

安顺政府为吸引企业，制定了大量的对口帮扶企业优惠政策，但是由于当时政府部门间协调困难，企业项目可能出现无法按期落地的情况，或是已经投资后营业情况无法达到预估效益，长期下来，将可能导致引进企业对当地政府信心不足的情况，还可能影响政府的公信力，为以后的招商引资工作带来更多阻碍。

2. 对安顺的优势资源不甚了解

企业在进驻安顺之前没有仔细对安顺市的资源情况和优势产业进行考察，对安顺适合发展的产业了解不够，有可能会出现引进的企业间存在同质化的情况，导致引进企业间形成竞争关系，或者是亲近的企业发展不好，抑或是企业进驻后会因为交通、人才、资源等的制约，导致项目出现难以推进的情况。

第五节　青岛—安顺东西部扶贫协作的对策建议

青岛与安顺对口帮扶20多年来，虽然已经取得一定成效，但尚存在一些不足，为更好地加强两市的扶贫协作与对口帮扶，需要立足青岛市要素资源优势与安顺市发展的不足。从以下几方面加强对口帮扶的合作。

一、聚焦两地资源优势，扩展合作领域

青岛和安顺两地的合作，是在习近平新时代特色社会主义思想的指导下开展的，双方应该保持思想高度统一、认识高度一致，以高度责任感和使命感持续推动两地合作各项工作。充分总结两地资源要素的优势与不足，发挥两地资源、市场、技术等优势，扩展合作领域。一方面，继续深入推进"青岛—安顺共建产业园区"建设，进一步搭建智力帮扶平台，加大园区建设、旅游开发、装备制造、药品研发、大数据等领域人才的培训力度，鼓励支持青岛金融机构、证券、基金等机构入驻安顺市，增加安顺市产业发展金融供给能力和活力。另一方面，加大边远地区弱质产业扶持力度，将资金瞄准安顺市发展基础较差、发展环境比较恶劣的产业，注重产业发展时效、轻政绩。

二、深化政策保障机制，抓好项目落实

会不会落实、能不能落实、落不落实得好，是对口帮扶事业成败的"分水岭"。结合当前青岛和安顺对口帮扶工作的实际情况，健全完善"责任落实、要素保障、高效审批、协调服务、项目助推"五大机制，强势推进重点项目建设，狠抓有效投资落地见效，才能开创两地合作新局面。青岛市对口支援与扶贫协作，安顺市扶贫开发办公室是对口帮扶工作的统筹协调部门，双方应该加强协商与配合，对具体合作事宜及相关事宜提出工作措施，充分借鉴青岛市在企业发展环境营造、人才培育、管理等方面的先进经验，制订更详细的合作协议、计划和跨部门协调制度，保障双方的合作与发展。

三、加强组织领导，明确责任主体

进一步搭建对口帮扶交流平台，分别成立市、区（县）级对口帮扶联络机构，负责对

口帮扶的具体事宜；建立双方领导定期互访机制，定期协商、推进和总结对口帮扶的重大事宜；同时建立对口帮扶信息交流机制，加强对口帮扶工作的信息交流、宣传和表彰，总结对口帮扶工作经验做法和成效，及时向国家和各部门以及社会大众汇报及宣传对口帮扶实况和成效，争取更多支持。应该看到，以政府为主体的扶贫协作工作虽然取得了较好的成绩，但由于企业在对口帮扶中的主体地位并没有真正确立，其作用尚未完全发挥出来。同时，对口帮扶的资金使用、项目落位方面政府主导程序相对复杂，由于政府工作本身的复杂性使帮扶项目落位滞后等情况时有发生，因此，在今后的合作过程中，将帮扶项目的各项权责进行明晰，做到政府、企业、群众、社会组织等各司其职，做到项目推进更加有序。

四、完善合作政策，动员多方参与

青岛与安顺对口扶贫协作是在2012年双方签订的协议上开展的，随着时间的推移，相关政策与现实发展状况之间已经不符，尽管每年开展合作都按照最新的政策落实，但是这种临时政策不利于双方在制度框架下开展长效合作。西部地区经济社会建设长期落后，农业农村发展欠账较多，当前双方合作应该得到更多的支持，在扶贫以外的产业业态，也应该在政策方面给予支持，尽量放开帮扶采取多种形式，组织动员社会各界参与对口帮扶和交流合作，营造良好的对口帮扶氛围，为社会各界参与对口帮扶搭建平台、创造机会和提供机会，动员青岛企业与安顺市贫困县结对帮扶，建立"一对一"结对帮扶关系，开展多种形式的帮扶合作。

第六节　青岛—安顺东西部扶贫协作的重点方向

基于安顺市自有优势资源和优势产业的基础，下一步重点引进的产业方向可以考虑以下几个方面。

一、做大做强现代山地特色高效农业

充分利用安顺市山地资源，发展农业优势产业和第二、第三产业，实现农业"接二连三"，做大做强农产品加工、民族医药、乡村旅游、特色种养、民族文化和生产性服务产业，加快发展蔬菜、马铃薯、烤烟、油茶、核桃、中药材、茶叶、草地生态畜牧业、乡村旅游、农产品加工等产业，增加农户产业链增值收益，加快构建特色优势产业体系。

二、做优做特旅游文化产业

可以充分利用青岛和安顺双方的资源优势和互补优势，以培育和发展旅游市场主体为重点，加大互为旅游目的地的旅游整体形象宣传促销力度，积极支持和鼓励当地旅行社销售对方旅游产品和线路，推进两地有实力旅游企业的合作，共同开发促销有潜力的旅游产品、线路和项目。同时加强两市文化交流与合作，充分发挥青岛文化产业市场、人才和安顺民族民俗文化资源的互补优势，合作开发演艺、传媒等领域文化产业项目，打造安顺专属文化品牌。

三、发展民用航空产业

安顺市是国家"三线建设"时期的重点航空工业城市，是贵州航天航空、飞机及其零部件生产的重要基地。可以依托安顺航空产业基础，结合青岛市集研发、生产、总装、销售

于一体的造船和海洋工程产业链优势，合作发展通用飞机及零部件研发和制造、民用无人机研发及制造、航空培训、航空维修等民用航空产业。

四、创新装备制造业

安顺既是"三线建设"重要城市，又是贵州省精密仪器、机械产品加工和汽车及其零部件生产的重要基地，而青岛市作为全国重要的船舶海工生产基地，在智能家电制造、轨道交通装备、节能与新能源汽车等加工制造业基础雄厚，可以依托青岛和安顺市装备制造业方面的优势，发展具有军民融合特色的新能源汽车等装备制造业。

五、做好新型材料研发制造业

依托安顺碳酸钡、碳酸锶、铅锌矿、铝土矿等矿产储量丰富的基础，集合青岛市化工制造优势，发展钡盐精细化工材料、钛合金及其铸件材料、粉末冶金制动材料、粉煤灰等工业废弃物为主要原料的新型建材研发及制造产业。

六、发展生物医药业

安顺市拥有全国最大的苗药研发、生产，被资本市场誉为"苗药第一股"的贵州百灵企业集团制药有限公司，并且是贵州中药材主产区、国内最大苗药生产基地，而青岛市拥有丰富的教育研发平台和资源，科技转化率高，结合两市苗药储量和科技研发的优势，发展以苗药为重点的生物医药业，合作共建安顺—青岛地道药材基地。

第七节　青岛—安顺东西部扶贫协作的典型案例

东西部扶贫协作典型案例专栏10-1：

精准扶贫走出红星特色之路[①]

2018年是红星集团到西部创业发展的第22个年头。这22年不仅铸就了公司在全球钡盐、锶盐和锰系材料领域有独特竞争力和持久前进力的行业地位，更是走出了一条具有红星特色的产业扶贫之路，被时任国务院总理温家宝称为"东西部合作的典范"。目前，红星集团积极响应习总书记的号召，在精准扶贫、产业扶贫上又一次谱写出新的篇章。

一、产业扶贫，实现互利共赢可持续发展

红星的主业是多品种的钡、锶、锰盐无机化工基础材料，产品广泛用于功能玻璃、电子元器件、一次和二次电池、建材等领域。20世纪90年代初，公司经过艰难探索和科学论证，确定实施到西部资源地区的"西进战略"，即将东部企业的人才、市场、技术、管理优势和西部地区资源优势相结合，再次参与到全球行业的市场竞争中，走出了一条东西结合、共赢发展之路。集团陆续在西部投资建厂：1995年镇宁钡业公司成立，1997

---

① 资料来源：根据青岛红星集团提供资料整理。

年铜梁锶业公司成立，2001 年贵州大龙锰业公司成立，2005 年湖南新晃公司成立，2016年贵州红星电子材料公司成立，完成集团核心产业链条向西部的转移。红星集团"西进战略"，不仅帮助企业实现了快速发展，这种东西优势结合的产业扶贫模式，找准了发展"双赢"的契合点，在推动当地可持续发展方面的巨大优势很快发挥了出来。

1. 当地经济贡献

红星在西部地区的企业，大多通过收购当地破产或搬迁企业改造而成，这种建厂方式，降低了红星的投资成本，盘活了当地存量资产；目前红星集团已累计完成投资 24 亿元，上缴税收超过 20 亿元，年出口创汇从零增长到 5000 万美元。企业发展的同时带动了当地财政、职工收入的提高，以镇宁公司为例，1995 年 6 月，红星在镇宁县投资建厂，1996 年投产，当年上缴税收 300 万元，镇宁县当年脱贫。2001 年，公司上缴税金及附加4400 万元，占当地财政收入 70% 以上，从此有了"一人进红星，全家齐脱贫；两人进红星，全家奔小康"的说法。如今企业员工年均收入从建厂之初的 5800 元增长到目前的近6 万元，很多职工在当地买房买车，生活水平已不能同日而语。

2. 解决社会就业

红星在西部收购破产企业的同时，还解决了原企业职工就业问题，直接减轻社会负担，消除社会矛盾。如位于大龙经济开发区的大龙锰业公司是在收购破产的贵州汞矿大龙氯碱镁厂基础上建成的，公司员工近 1300 人（其中 90% 为原贵州汞矿系统下岗再就业工人以及公司周边失地农民）。目前，在册的当地农村户籍人口达到 2600 多人，产业发展还带动了当地的矿山开发、运输、综合服务业的发展，拉动直接、间接就业人数达 1.5 万人。

3. 扶贫与扶智融合

为参与国际国内市场竞争，打造核心竞争力企业，红星集团在西部建厂初期就将技术、资金、市场意识、管理理念不断输入西部企业，以实现人的全面发展为目标，实施了西部企业人才本地化战略，为当地培养了大批高素质的产业人才队伍。在 20 世纪 90年代建厂初期，由于地处偏远，公司从周边农村招聘的员工，文化水平参差不齐，有的甚至不会写自己的名字。经过 20 多年的学习培训和实践锻炼，该批职工中许多人已走上企业的管理岗位，并带出了一大批生产骨干、技术标兵和管理人才。同时，红星不断招聘全国各地各专业高校本科、硕士和博士毕业生和行业专家长期工作在西部所在企业，为企业人才队伍水平的整体提升和企业的转型发展筑牢了"扶智"根基。

4. 参与社会公益

红星企业除了带动当地产业发展，还积极投身到社会公益事业中去，建立起和当地百姓、政府的鱼水关系。20 多年来，各公司为周边地区建学校、修公路、安装闭路电视、接电、通自来水、帮助失学儿童重返校园，每年坚持开展捐资助学、助困等活动，公益资金支出达 3000 多万元，企业热心公益、扶贫济困的爱心行动，在当地百姓中树立了良好的口碑。

5. 聚集效应明显

随着行业的发展，企业的产品结构不断调整。在 20 世纪 90 年代，红星西部企业主要产品是从原料矿石提炼制备钡、锶、锰等产品，随着行业的发展和技术进步，集团高技术、高附加值新产品不断面世，产品结构不断由基础化工材料向高精尖方向迈进，影响和带动了当地相关产业的优化升级。如公司近年开发的精细类钡盐、锶盐、锰盐系列产品，价值提升 20～30 倍，也使当地资源性产品附加值有了 10 倍以上提升。另外，公司作为当地行业龙头企业，带动了产业链上下游企业的跟进与集聚。以贵州大龙公司为例，公司建厂初期，周边荒芜，几乎没有其他产业。近几年公司抓住新能源市场发展机遇，提前谋划布局，主打产品锰系列材料由 EMD、$MnSO_4$ 等一次电池材料向二次电池材料发展，公司市场规模和影响力不断扩大。根据行业发展趋势和区域发展规划，红星集团瞄准的不仅仅是电池材料生产环节，而是整个产业链条的搭建。2016 年主营正极材料回收、复合氢氧化物、碳酸锂的贵州红星电子材料公司成立，2018 年主营动力电池梯次利用的贵州北新能源公司成立，集团在贵州大龙构建起从矿产资源，到基础材料、电池正极材料，再到退役动力电池梯次利用、报废电池回收及材料再生的国内最完备的新能源材料循环产业链。在红星的带动下，产业链上下游近 20 家企业先后落户大龙开发区，形成了新能源材料产业集群，集聚效应不断扩大，成为大龙开发区产业发展新引擎。

二、农工融合，开启精准扶贫新模式

2017 年党的十九大胜利召开，中国特色社会主义事业进入了新时代，党中央确立了精准扶贫三年攻坚战的明确战略目标，红星集团积极响应习总书记号召，继续发挥企业优势，在充分论证和调查的基础上，确立了在"贵州推广工业辣椒种植及萃取深加工项目"。将以前依托工业进行的产业扶贫模式，扩大到农业扶贫领域，一产和二产融合，扶助的领域宽了，扶助的对象更加精准。

1. 推广种植工业辣椒

辣椒种植以育种、育苗、指导种植、保底收购、工业萃取为保障，预计每亩产值 4000 元以上，农民收益较往年提高近 3 倍。2018 年已种植 1 万亩，带动 1600 多贫困户、近 7000 人参与。2019 年计划种植面积达到 5 万亩，实现产值 2 亿元以上，预计可带动安顺市 1.6 万农户发展，间接带动农民 5 万人，按建档立卡的贫困户计算，预计可带动贫困户 2600 户脱贫，并创建一批县级、乡级特色辣椒高效种植示范基地。

2. 辣椒深加工——辣椒油树脂和辣椒红色素萃取

投资 3.8 亿元，分两期建设日投料 50 吨和 30 吨辣椒油树脂萃取生产线和一条中试生产线，同步建设日烘烤鲜椒 500 吨的烘烤基地。项目建成后可达到年产 1600 吨辣椒油树脂、400 吨辣椒红色素及其他副产品 10000 吨的生产能力，预计年均实现销售收入 4.3 亿元，利税 9500 万元，成为国内首家全方位规模提供高质量辣椒油树脂的生产商。

3. 扶贫新模式

项目运营采用"国有企业＋平台＋合作社＋贫困户"绑定发展的模式，一是发挥外部效应参与精准扶贫，企业与农户直接依靠市场手段来对接，农民种植有了平台兜底收购，销售市场没有了后顾之忧，种植积极性大大增强；二是建立"研发—种植—生产加工—销售—利益分配"全链条产业模式，农民种植由技术人员手把手教授，在提高其科学种植技能的同时，实现了链条各个环节的风险可控。

项目以"12345"扶贫模式实施："1"是指一个核心，以对建档立卡贫困村和贫困人口的帮扶作为扶贫工作的核心，实现精准帮扶；"2"是指建立县、乡特色辣椒高效种植示范基地和鲜椒烘烤两个基地和两条萃取生产线，以此来带动安顺市小农生产方式转为面向市场的现代化生产方式，优化安顺市农业产业结构；"3"是指三项合作，即企业与政府合作，企业与国内一流高校合作，企业与企业合作，广泛凝聚起"政""商""校"力量协同参与精准扶贫；"4"是指四个维度，从"资金、平台、技术、机制"四个维度精准发力，不断完善持续长效的扶贫工作机制；"5"是指五个环节，从"研发、种植、生产加工、销售、后续产品开发"各环节深入开展扶贫项目，努力实现加工带动种植，种植促进加工深层次融合良性发展，最终实现农户、企业双方共赢战略目标。

红星集团赴西部22年发展之路，也是精准扶贫之路。集团在拉动当地经济及各方面发展的同时，发挥着青岛市对口帮扶贵州安顺的桥梁和纽带作用，影响和带动了其他东部企业赴西部投资发展。多年来，企业始终将自身技术、资金、管理、信息等方面的优势与贵州资源优势相结合，找准了产业发展的契合点，形成发展的"共振"，实现了双赢，为企业可持续发展和精准扶贫提供了坚实基础和有力支撑，走出了一条红星特色的产业扶贫之路。

图 10 - 11　青岛红星集团指导安顺市普定县农户种植的工业辣椒

资料来源：安顺市实地调研收集材料。

第十一章 广州—黔南东西部扶贫协作问题研究

自 2013 年广州市与黔南州展开东西部扶贫协作以来，广州市、黔南州两地党委、党政府高度重视，快速高效推动两地全面协作，搭建了联动沟通平台，开拓了东西部扶贫协作"优势互补、长期合作、聚焦扶贫、实现共赢"新局面，广州市在产业共建、民生改善、人才培养等方面对黔南州展开了全方位的帮扶协作，为黔南州持续发展注入了强劲动力。

第一节　广州—黔南产业与资源基本情况

一、广州市产业与资源基本情况

广州是广东省的政治、经济、文化中心，既是"珠三角"和粤港澳大湾区的中心城市，也是"一带一路"的重要枢纽。广州市的产业发展在广东省乃至全国具有重要的引领带动作用。广州市强大的产业发展实力在对黔南州扶贫协作中具有指导性和带动性，因此充分掌握广州市产业发展情况，是研究如何有效进行产业转移，实现东西部扶贫协作的基础。

1. 广州市产业情况

广州市不断优化产业结构，第一、第二、第三产业的结构由 2013 年的 1.25∶34.33∶64.42 调整为 2017 年的 1.03∶27.95∶71.02，农业变动幅度较小，下降了 0.22 个百分点，工业变动较大，下降了 6.38 个百分点，第三产业大幅增长，增长了 6.6 个百分点。三次产业对地区经济的贡献率变化明显，第一产业没有变化，2013 年和 2017 年的贡献率均是 0.3%，但期间呈波动下降趋势，第二产业由 35.0% 下降到 2017 年的 20.5%，第三产业由 64.7% 上升到 79.2%[①]。

（1）农业整体增长缓慢。2017 年，广州市都市农业总收入达到 1912.7 亿元，都市农业总产值 1387.8 亿元，分别比上年增长 0.5% 和 0.4%。拥有 133 家市级以上农业龙头企业，其中 6 家国家级龙头企业，38 家省级龙头企业和 63 个都市农业示范区。农业产业化产值达到 60 亿元，较上年增长 0.5%；农业产业化规模达 13.8%，较上年提高 0.6%[②]。2017 年广州市粮食作物播种面积为 56.12 千公顷，粮食产量 27.34 万吨，肉类总产量 19.22 万吨，分别比上年减少 36.8%、37.4% 和 11.9%[③]。

1）健康食品产量增加。2017 年，蔬菜产量 383.77 万吨，增长 2.6%；园林水果产量 52.81 万吨，甘蔗产量 89.02 万吨，分别比上年增长 6.7% 和 1.7%；水产品产量 47.16 万吨，较上年减少 2.3%（见图 11 - 1）。总体表现为蔬菜产量增长较快，水果和水产品产量增长缓慢[④]。

2）林、渔、牧业缓慢发展。2017 年林业总产值达到 3.66 亿元，较上年增长 - 5.43%，出现负增长；牧业总产值为 56.59 亿元，较上年增长 - 14.0%，出现负增长；渔业总产值为 79.49 亿元，较上年增长 3.64%[⑤]。2013 ~ 2017 年，广州市农业增长幅度较高，而林业、牧业和渔业增长缓慢，甚至有些年份出现负增长现象（见图 11 - 2）。

3）农业机械总动力不断减少。2017 年，广州市农业机械总动力 1371013 千瓦，比 2013 年减少了 5849738 千瓦，其中柴油发动机动力 694307 千瓦，比 2013 年减少了 599362 千瓦，汽油发动机动力 208601 千瓦，比 2013 年减少了 74778 千瓦，电动机动力 458450 千瓦，比 2013 年增加了 98042 千瓦；主要农业机械拥有量降低，大中型拖拉机 328 台，比 2013 年减少了 9 台，小型拖拉机 2917 台，比 2013 年减少了 1779 台，大中型拖拉机配套农具 760 台，比 2013 年增加了 231 台，小型拖拉机配套农具 5210 台，比 2013 年减少了 503 台；农用排灌柴油机 29834 台，农用排灌电动机 17979 台，农用水泵 37104 台，节水灌溉机械 26728 套，

---

① 资料来源：根据广州历年统计年鉴整理。
②③④ 资料来源：2017 年《广州市国民经济和社会发展统计公报》。
⑤ 资料来源：根据《广州市统计年鉴》（2018 年）计算。

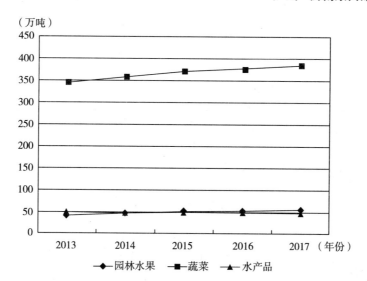

图 11 - 1   2013 ~ 2017 年广州健康食品产量

资料来源：根据《广州统计年鉴》（2014 ~ 2018 年）绘制。

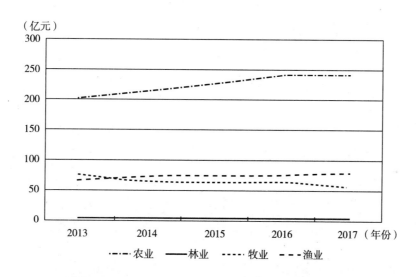

图 11 - 2   近几年广州市第一产业发展情况

资料来源：根据《广州统计年鉴》（2014 ~ 2018 年）绘制。

联合收割机 193 台，分别比 2013 年增加了 6587 台、2280 台、3053 台、8651 套、2 台；渔用机动船 2139 艘，机动脱粒机 14179 台，分别比 2013 年减少了 2 艘、926 台[①]。

4）耕地面积逐年减少。2013 年初耕地总面积 100758 公顷，到 2017 年末减少为 94063 公顷，减少了 6695 公顷。常用耕地面积由 2013 年的 98148 公顷减少到 2017 年的 92108 公顷，减少了 6040 公顷。同时也在大力推进园地改耕地工程，2017 年园地改耕地 85 公顷。2017 年广州市耕地面积较少 2950 公顷，其中国家基建占用 1314 公顷。平均每个农业人口拥有耕地面积不变，2013 ~ 2017 年年均仅为 0.03 公顷[②]。

5）农林渔牧业从业人员逐年减少。基于设备现代化、智能化，以及产业机构调整的缘故，2013 年广州市从事农林渔牧业生产经营户共 364152 户，到 2017 年增加为 411259 户，

---

①②   资料来源：《广州市统计年鉴》（2018 年）。

但从业人员却由 2013 年的 680042 人减少到 2017 年的 650520 人，减少了 29522 人，其中农业由 557905 人减少为 543733 人，林业由 7733 人减少为 7361 人，渔业由 50826 人减少为 45413 人，牧业由 37910 人减少为 31420 人，农林渔牧服务业由 25688 人减少为 22593 人[①]。

（2）工业增速放缓。2017 年，广州市实现工业增加值 5460 亿元，较上年增长 5.2%。规模以上高技术制造业增加值较上年增长 6.2%，其中，医药制造业、航空航天器制造业、电子及通信设备制造业、医疗设备及仪器仪表制造业分别较上年增长 3.5%、4.5%、10.1%、18.8%，而电子计算机及办公设备制造业较上年下降 21.4%。广州市规模以上工业企业利税总额和利润总额分别达到 2221.51 亿元、1309.30 亿元，分别较上年增长 9.8%、11.8%。亏损企业亏损额较上年上升 12.8%；企业亏损面为 15.6%，较上年上升 1.3%（见图 11-3）[②]。

1）工业规模逐年减小，但效益在增加。2013 年，规模以上工业企业 4812 个，到 2016 年减少到 4664 个，受益于工业结构调整和盈利方式多元化，经济效益在逐年增加。2013 年规模以上工业总产值 171987181 万元，到 2017 年增加到 226910619 万元，企业营业收入由 168367739 万元增加到 212465657 万元，主营业务收入由 165067607 万元增加到 208404043 万元，盈利总额由 11053751 万元增加到 13488898 万元，员工劳动率由 289951 人/天增加到 361278 人/天，全部从业人员平均人数由 1534434 人减少到 1276030 人，应付员工薪酬由 9441451 万元增加到 12648031 万元。35 个行业大类中，23 个行业实现盈利同比增长，5 个行业同比增速超过 50.0%[③]。

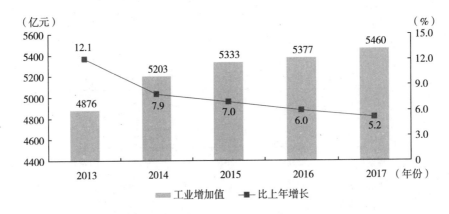

图 11-3　近几年广州市工业增加值及其增长速度

资料来源：2017 年《广州市国民经济和社会发展统计公报》。

2）三大支柱产业稳步发展。2013 年，工业三大支柱产业共有企业 1065 个，其中汽车制造业 244 个，电子产品制造业 409 个，石油化工制造业 412 个，三大支柱产业占广州市比重 22.13%；从业人员 45.09 万人，工业总产值 7964.2 亿元，主营业务收入 7705.62 亿元，利润总额 634.37 亿元。到 2017 年共有企业 1162 个，从业人员 42.92 万人，占全市从业人员的 20.08%，工业总产值 9328.85 亿元，占广州市工业总产值比重 44.57%，主营业务收入 9234.23 亿元，利润总额 773.3 亿元[④]。

3）新兴产业不断壮大。重点培育 5 个千亿级工业产业集群，建设 10 个价值创新园区，

---

① 资料来源：《广州市统计年鉴》（2018 年）。

② 资料来源：2017 年《广州市国民经济和社会发展统计公报》。

③④ 资料来源：《广州市统计年鉴》（2014 年）、《广州市统计年鉴》（2018 年）。

琶洲互联网创新集聚区初具规模，以富士康超世堺为代表的一批重大项目加快建设。实施新一轮工业技术改造，工业企业利润增长 13%。广州市高新技术产品产值增长 9%，战略性新兴产业增长 10%，现代服务业增加值占服务业比重 66%，先进制造业增加值占制造业比重约 64%①，产业向高端高质高兴发展迈出一大步。

4）新产品产量增长快速。符合产业结构和消费需求升级方向的产品增势良好，其中，运动型多用途乘用车（SUV）全年产量 147.33 万辆，同比增长 31.2%；家电产品中的家用电热烘烤器具产量增长 7.6%。与此同时，随着智能、绿色、高端产业的加快发展，新能源汽车、光电子器件、液晶显示屏、工业自动调节仪表与控制系统、工业机器人等新兴产品产量均保持较快增长，全年产量同比分别增长 55.0%、58.3%、13.7%、37.6% 和 21.0%。民用无人机、环保、医疗设备等一批成长中的高新技术产品规模逐渐扩大②。

（3）第三产业快速发展。广州市通过不断优化产业结构，大力发展第三产业，扎实推进产业转型升级。2013 年，广州市 GDP 为 15420.14 亿元，其中第三产业 9964.34 亿元，占比 64.62%；到 2017 年广州市 GDP 实现 21503.15 亿元，其中第三产业达到 15271.69 亿元，占比 69.36%。以交通运输、科技、金融业、现代服务业等为主的第三产业得到快速发展③。

1）交通运输能力不断增强。2017 年全社会货运量 120737 万吨，货物周转量 214221822 万吨/千米，全社会客运量 49442 万人次，全社会客运周转量 23488229 万人/千米，港口货物吞吐量 59012 万吨，白云机场货物吞吐量 234 万吨，旅客吞吐量 6584 万人次。2017 年广州市全社会货运量、货物周转量、客运周转量、港口货物吞吐量、白云机场货物吞吐量和旅客吞吐量分别比 2013 年增加了 44637 万吨、164837911 万吨/千米、2742167 万人/千米、13887 万吨、71 万吨、1753 万人次④。

2）科技发展步伐加快。2017 年，广州新增了 4000 家以上高新技术企业，广州市高新技术企业总量超过 8700 家。2017 年广州实现 11.8332 万件的专利申请量，其中 3.6941 万件发明专利申请，2441 件 PCT 国际专利申请，9345 件发明专利授权，分别同比增长 29.5%、48.7%、21.9%。加大科技创新扶持力度，全社会研发投入增幅超过 20%，占地区生产总值 2.5% 左右。坚持数量扩张与质量提升并举，大力培育发展科技创新主体，新增了 69 万平方米的科技企业孵化器面积和 49 家众创空间，获批成立再生医学与健康省实验室、国家先进高分子材料产业创新中心，美国冷泉港实验室、斯坦福国际研究院落户。举办中国创新大会、创交会、海交会、小蛮腰科技大会、风险投资论坛等高端会议，科技信贷风险补偿资金池撬动银行贷款 60 亿元。专利申请量增长 35% 左右，专利行政执法绩效考核全国第一，广州成为首批国家知识产权强市创建市⑤。

3）金融业快速发展。2013 年，全部金融机构本外币各项存款余额 33838.20 亿元，全部金融机构本外币各项贷款余额 22016.18 亿元。广州市证券市场共有上市公司 60 家，保险机构 610 家，总部 3 家，市场主体 80 家。到 2017 年，全部金融机构本外币各项存款余额 51369.03 亿元，比 2013 年增加了 17530.83 亿元，其中人民币各项存款余额 49332.53 亿元，金融机构本外币各项贷款余额 34137.05 亿元，广州市共有境内上市公司 97 家，保险法人机构 5 家，市场主体 102 家⑥。

---

① 资料来源：《南方日报》，2018 年 1 月 23 日。

②⑤ 资料来源：根据黔南州对外经济协作局提供材料整理。

③⑥ 资料来源：《广州市统计年鉴》（2014 年）、《广州市统计年鉴》（2018 年）。

④ 资料来源：《广州市统计年鉴》（2018 年）。

4）服务业主导地位更加突出。2017 年，广州市 GDP 为 21503.15 亿元，同比增长 7.0%，经济保持中高速增长。其中，第一产业增加值为 233.49 亿元，下降 1.0%，第二产业增加值为 6015.29 亿元，增长 4.7%，第三产业增加值为 15254.37 亿元，增长 8.2%。第三产业继续成为地区经济贡献率的最大力量，达到 79.3%，较上年增加 2.3%。从服务业主要行业来看，信息传输软件和信息技术服务业、其他营利性服务业、交通运输仓储和邮政业引领发展，增加值增速分别为 24.6%、12.0% 和 11.5%；金融业、非营利性服务业增加值均增长 8.6%；批发和零售业、住宿和餐饮业增加值分别增长 5.0% 和 0.8%[①]。

5）新业态蓬勃发展。新业态继续蓬勃发展，出现新的商业模式和新的消费习惯，并逐渐成为全国引领。2017 年，广州市限额以上网上商店零售额增长 19.3%，增速高于社会消费品零售总额 11.3 个百分点；新经营模式跨境电子商务进出口 227.7 亿元，增长 55.1%。网络消费火爆带动快递业快速发展，全年快递业务量 39.33 亿件，同比增长 37.2%；限额以上住宿餐饮业通过公共网络实现的餐费收入增长 50.4%，占限额以上住宿餐饮业餐费收入比重为 2.48%，同比提高 1.12 个百分点[②]。快捷便利的餐饮消费增长较快，快餐服务、饮料及冷饮服务、其他餐饮服务三类营业额合计占广州市限额以上餐饮业法人企业营业额比重为 51.9%，超过正餐份额（占比 48.1%）[③]。

2. 广州市资源情况

（1）旅游资源。2017 年，广州市共有 A 级景区 52 个，其中 5A 级景区 2 个，4A 级景区 26 个，3A 级景区 22 个，2A 级景区 2 个。城市接待过夜旅游人数 6275.62 万人次，较上年增长 5.6%。其中，入境旅游者 900.48 万人次，境内旅游者 5375.14 万人次，分别较上年增长 4.5% 和 5.8%。在入境旅游人数中，外国人 345.74 万人次，香港、澳门和台湾同胞 554.74 万人次，分别较上年增长 4.9%、4.2%[④]。旅游业总收入 3614.21 亿元，增长 12.3%。旅游外汇收入 63.14 亿美元，增长 7.6%；共有星级酒店 342 家，其中五星级 180 家，四星级 22 家，三星级 34 家，二星级 105 家，一星级 19 家；客房 92568 间，床位 137593 张，开房率 67.59%，营业收入 1604622 万元，利润总额 203696 万元；共有旅行社 514 家，从业人员 16203 人，旅行社实现营业收入 2829129 万元[⑤]。

（2）人力资源。

1）教育资源丰富。广东省 97% 的国家重点学科以及 80% 的高校位于广州，既是中国高等教育最发达的城市之一，也是中国南方高校最密集的城市，华南地区的科教中心。2017 年广州市共有学校 1721 所，其中普通高等学校 82 所，中等职业学校 83 所，技工学校 55 所，普通中学 518 所，小学 961 所，特殊教育学校 22 所；共有专人教师 173990 人，其中普通高等学校 61239 人，中等职业学校 8044 人，技工学校 6123 人，普通中学 42976 人，小学 54867 人，特殊学校 921 人[⑥]。

2）医疗先进。2017 年，广州市共有各类卫生机构（不含村卫生室）3126 个，其中，医院 243 个，妇幼保健机构 12 个，专科疾病防治机构 6 个，疾病预防控制机构 17 个，卫生监督机构 14 个。广州市拥有床位 9.02 万张，增长 2.6%，其中医院床位 8.17 万张，增长 3.4%。广州市各类卫生技术人员 14.50 万人，增长 5.1%，其中执业（助理）医师 4.97 万人，注册护士 6.56 万人，疾病预防控制机构卫生技术人员 1495 人，卫生监督机构卫生技术

---

① 资料来源：《广州市统计年鉴》（2014 年）、《广州市统计年鉴》（2018 年）。
② 资料来源：广州日报，http://news.dayoo.com/guangzhou/201801/31/139995_52067137.htm。
③ 资料来源：根据黔南州对外经济协作局提供材料整理。
④ 资料来源：2017 年《广州市国民经济和社会发展统计公报》。
⑤⑥ 资料来源：《广州市统计年鉴》（2018 年）。

人员 433 人①。广州市共有社区卫生服务机构 325 个，社区卫生服务机构床位 0.31 万张，社区卫生服务机构卫生技术人员 1.17 万人；镇卫生院 30 个，镇卫生院床位 0.17 万张，镇卫生院卫生技术人员 0.36 万人。广州市各类医疗卫生机构向社会提供诊疗服务 1.53 亿人次，提供住院服务 299.70 万人次，分别增长 3.5% 和 8.8%②。

3）科技发达。2017 年，广州市共受理 118332 件专利申请，其中 36941 件发明专利，占申专利请量的 31.2%。实现 60201 件专利授权，其中有 9345 件发明专利授权，较上年增长 21.9%。广州市共有 154 个县级及以上国有研究与开发机构、文献机构和科技情报机构。广州市有 50 位在穗院士，其中 22 位中国工程院院士和 19 位中国科学院院士，以及 9 位国外、境外机构获评院士。拥有 25 家国家级企业技术中心，18 家国家工程技术研究中心，19 家国家重点实验室；共有 946 家省级工程技术研究中心，2624 家市级企业研发机构；213 家省级重点实验室，156 家市级重点实验室；6 个国家级、省级大学科技园；119 家科技企业孵化器，6000 家在孵企业；拥有 13.95 万高级专业技术资格人员和 70 万人高技能人才③。

（3）市场资源。

1）社会消费品零售总额持续增长。2017 年，广州市社会消费品零售总额达到 9403 亿元，比上年增长 8.0%（见图 11 - 4）。从城乡地域来看，城镇和乡村消费品零售额分别为 9147.44 亿元、255.15 亿元，分别较上年增长 8.0%、8.2%。从行业差别来看，批发零售贸易业零售额 8259.35 亿元，住宿餐饮业零售额 1143.24 亿元，批发零售业商品销售总额 62164.66 亿元，分别较上年增长 8.3%、5.8% 和 12.0%。此外，广州市限额以上批发零售业通过公共网络实现商品零售额 961.80 亿元，比上年增长 18.6%，拉动社会消费品零售总额增长 1.7%，占社会消费品零售总额的 10.2%④。

2）人民可支配收入增长较快。2017 年，广州市城市常住居民人均可支配收入为 55400 元，农村常住居民人均可支配收入为 23484 元，分别较上年增长 8.8%、9.5%。城市常住居民家庭人均消费支出 40637 元，农村常住居民家庭人均消费支出 18932 元，分别较上年增长 5.8%、7.6%。城乡居民用于娱乐的支出逐年增加，城市常住居民消费支出中教育文化娱乐支出所占比重为 13.3%，农村常住居民消费支出中教育文化娱乐支出所占比重为 9.6%⑤。

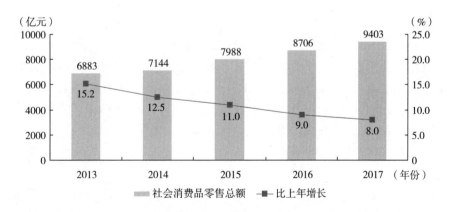

图 11 - 4 近几年广州市社会消费品零售总额及其增长速度

资料来源：2017 年《广州市国民经济和社会发展统计公报》。

---

①②③④⑤ 资料来源：2017 年《广州市国民经济和社会发展统计公报》。

二、黔南州产业与资源基本情况

1. 黔南州产业情况

近年来，黔南州因地制宜不断优化产业结构，三产比重由 2013 年的 15.81∶38.5∶44.14 调整为 2017 年的 17.43∶35.58∶46.99，不断推进绿色经济发展，大力发展山地高效农业和旅游业，第一产业比重增加了 1.62 个百分点，第二产业下降了 2.93 个百分点，第三产业增加了 2.85 个百分点①。

（1）农业健康发展。2017 年黔南州按照中央、省、州一号文件精神部署，以推进农业供给侧结构性改革为主线，以结构调整、规模扩大、品牌创建、市场占领为主要任务，推动第一产业"接二连三"，加快绿色农产品"泉涌"工程建设，有效实现农业、农村和农民增效和增收。

1）现代高效农业园区建设成效明显。2017 年，黔南州共建设了 94 个州级以上农业园区，其中有 57 个省级园区。共有 735 个农业产业化龙头企业，比 2013 年增加了 536 家，已有 406 个龙头企业入驻园区。黔南州共有 5636 个农民专业合作社，比 2013 年增加了 3632 个；877 个无公害产地认定，273 个无公害产品认证获证，21 个绿色农产品申报认定，70 个有机认证基地和产品，14 个地理标志保护农产品。黔南州农业实现增加值 212.72 亿元，比上年增长 6.5%。共有 31.14 万公顷粮食作物种植面积，较上年下降 1.2%。7.88 万公顷油料作物，13.02 万公顷蔬菜种，9 万公顷果园，11.1 万公顷茶园，1.79 万公顷中草药材，分别较上年增长 0.9%、6.9%、43.6%、18.6%、2.6%；烟草种植面积下降幅度较大，为 1.03 万公顷，较上年下降 19.3%。共有 125.53 万吨粮食总产量，较上年下降 1.4%②。

2）林业稳步发展。黔南州通过实施退耕还林、天然林资源保护、石漠化治理、植被恢复造林等工程，共投入林业建设资金 11.7 亿元。完成营造林 101.3 万亩、完成四旁（零星）植树 543 万株、义务植树 630 万株；完成退耕还林工程项目 62.25 万亩；石漠化综合治理中林业营造林 19.83 万亩；天然林保护工程区内 464.8 万亩森林资源得到有效管护；国家级生态公益林 725.21 万亩、地方生态公益林 638.25 万亩得到补偿。2017 年黔南州森林覆盖率达 62.0%③。

3）畜牧业健康发展。全面推行动物防疫工作问责制，将重大动物疫情防控工作落实到人。黔南州畜牧业增加值完成 52.97 亿元，同比增长 4.7%。其中，肉类总产量 20.5 万吨，同比增长 4.3%；猪出栏数 205.1 万头，同比增长 2.7%；牛出栏数 17.4 万头，同比增长 8.2%；羊出栏数 21.2 万只，同比增长 5.9%；家禽出栏数 847.5 万只，同比增长 6.2%④。

4）农业机械总动力不断提高。2017 年，黔南州农机总动力达 317.27 万千瓦，较上年增长 2.02%。完成机耕作业面积 36.17 万公顷，较上年增长 233.67%，机收作业 6.29 万公顷，较上年增长 202.92%。农副产品加工业快速发展，主要产品有茶叶、辣椒、果蔬、畜禽加工及烟草等，2017 年总产值 159.19 亿元，占黔南州工业总产值的 10.44%，同比增长 31.9%⑤。

（2）工业稳步增长。全年工业增加值 306.47 亿元，比上年增长 10.7%。规模以上工业企业 856 户，同比增加 115 户。工业发展持续加速，实现 1524.71 亿元的规模以上工业总产值，较上年增长 18.4%。其中，重工业总产值 1133.62 亿元，轻工业总产值 391.08 亿元，分别较上年增长 15.8%、26.5%。规模以上工业增加值较上年增长 11.6%。工业低耗能发

---

① 资料来源：《广州市统计年鉴》（2014 年）、《广州市统计年鉴》（2017 年）。
②③④⑤ 资料来源：2017 年《黔南州国民经济和社会发展统计公报》。

展成效明显，黔南州规模工业企业综合能源消耗量 315.42 万吨标准煤，规模工业增加值能耗比上年下降 18.4%[①]。

1）工业园区快速建成。2017 年，黔南州工业园区新增 310 户入园企业，建成 67.05 万平方米标准厂房，新增 22851 人工业就业人员。2016 年，规模以上工业企业共有 763 个，工业总产值 1221.94 亿元[②]。

2）企业规模偏小。2016 年，黔南州工业大型企业 3 家，工业总产值 91.65 亿元，营业利润 6.68 亿元，政府补助 1.31 亿元；中型企业 56 家，其中亏损企业 6 家，工业总产值 311.53 亿元，营业利润 23.56 亿元，政府补助 0.27 亿元；小型企业 704 家，其中亏损企业 48 家，工业总产值 818.76 亿元，营业利润 39.86 亿元，政府补助 0.52 亿元；纯小型企业 666 家，其中亏损 41 家，工业总产值 798.21 亿元，营业利润 39.21 亿元，政府补助 0.51 亿元；微型企业 38 家，其中亏损 7 家，工业总产值 20.55 亿元，营业利润 0.64 亿元，政府补助 0.01 亿元。轻工业 232 家，工业总产值 264.48 亿元，营业利润 13 亿元，政府补助 0.37 亿元；重工业 531 家，工业总产值 957.46 亿元，营业利润 57.1 亿元，政府补助 1.37 亿元；农村工业为零[③]。

3）主要产业稳步发展。黔南州主要以建材、化工、资源采选、农副产品加工、冶金等传统产业为主。建材行业，主要分布在 12 个县市，2017 年建材工业总产值 262.85 亿元，占黔南州工业总产值的 17.24%，同比增长 32.7%。化工工业，主要集中在瓮安、福泉两县市，2017 年总产值达 220 亿元，占黔南州工业总产值的 14.43%，同比增长 12.8%，在八大行业中排第二位，仅落后于建材行业生产总值 14.18 亿元。能源工业，2017 年总产值达 186.2 亿元，占黔南州工业总产值的 12.21%，同比增长 1.8%。机械工业，2017 年总产值 159.92 亿元，占黔南州工业总产值的 10.1%，同比增长 10.7%。资源采选业，依托丰富的磷矿资源发展采选业，2017 年总产值 148.53 亿元，占黔南州工业总产值的 9.7%，同比增长 22.4%。农副产品加工业，主要产品有茶叶、辣椒、果蔬、畜禽加工及烟草等，2017 年总产值 159.19 亿元，占黔南州工业总产值的 10.44%，同比增长 31.9%。冶金工业，2017 年产值 50.16 亿元，占黔南州工业总产值的 3.29%，同比减少 14.5%。战略性新兴产业，以医药、装备制造、新材料为主，2017 年总产值 188.17 亿元，占黔南州工业总产值的 12.74%，同比增长 21.3%[④]。

4）工业产品增长较快，企业盈利明显。商品混凝土、塑料制品、十种有色金属、饮料酒、纸制品、中成药、精制茶、磷矿石分别比上年增长 79.7%、60.8%、42.3%、31.1%、28.4%、18.1%、17.8%、16.7%。全年规模以上工业企业产品销售率为 98.75%。工业企业经济效益大幅提高，规模工业企业实现主营业务收入 1215.87 亿元，比上年增长 19.1%；利润总额 61.32 亿元，比上年增长 34.7%[⑤]。

（3）第三产业发展潜力巨大。2017 年，黔南州第三产业增加值 545.38 亿元，增长 14.5%，其中住宿和餐饮业增长 10.6%、金融业增长 14.4%、其他服务业增长 20.7%。人均地区生产总值为 35481 元，同比增长 11.4%。在科技、金融、创新等领域具有一定的发展潜力[⑥]。

1）金融业稳步发展，但规模小。存贷款规模继续扩大。2017 年末，黔南州金融机构各项人民币存款余额 1660.71 亿元，比上年增长 9.2%，其中住户存款 825.27 亿元，比上年增长 14.5%。各项贷款余额 1328.00 亿元，比上年增长 24.6%，黔南州金融机构各项人民币

---

①②⑤⑥　资料来源：2017 年《黔南州国民经济和社会发展统计公报》。

③④　资料来源：《黔南州统计年鉴》（2017 年）。

存款仅为广州（51369.03 亿元）的 3.23%①。

2）工业企业研发能力不断增强，但总量少。2016 年，规模以上共有 R&D 人员 1128 人，其中采矿业有 41 人，制造业 1068 人，电力、热力、燃气及水生产和供应业 19 人。R&D 经费内部支出 33645.9 万元，按资金来源分，政府资金 2540.6 万元，企业资金 30466.6 万元，其他资金 638.7 万元，按支出用途分，经常费支出 24881.2 万元（人员劳务费 6074.3 万元），资产性支出 8764.7 万元，其中土建工程 69.8 万元，仪器设备 8694.9 万元；R&D 经费外部支出 1723.0 万元，其中对境内研究机构支出 1574.7 万元，对境内高等学校支出 86.6 万元，对境内企业支出 61.7 万元。规模以上工业企业专利申请数 746 件，其中发明专利 327 件；有效发明专利数 652 件，其中已被实施 292 件，境外授权 14 件，专利所有权转让及学科数 2 项，发表科技论文 55 篇，拥有注册商标 188 件，其中境外注册 10 件，形成国家或行业标准数 17 项。规模以上工业法人单位办研发机构有 23 个，机构人员 547 人，其中博士毕业 29 人，硕士毕业 133 人，机构经费支出 19503.7 万元，仪器和设备原价 20899.7 万元，其中进口 1659.6 万元。规模以上工业法人单位新产品开发 86 项，新产品开发经费支出 15090.4 万元，新产品产值 351241.1 万元，新产品销售收入 340649.5 万元，其中出口 178348.5 万元②。

3）工业技术改进不断提升，但力度不够。2016 年规模以上工业法人单位技术获取和技术改造情况力度不够，引进境外技术的消化吸收经费支出 204.3 万元，主要是医药制造业；购买境内技术经费支出 1508 万元，主要是化学原料和化学制品制造业，少量用于有色金属冶炼和压延加工业（5 万元）和通用设备制造业（3 万元）；技术改造经费支出 24038.6 万元，其中化学原料和化学制品制造业 23511.5 万元，纺织业 150 万元，非金属矿物制品业 135.1 万元，通用设备制造业 112 万元，酒、饮料和精制茶制造业 90 万元，有色金属冶炼和压延加工业 30 万元，农副食品加工业 10 万元③。

2. 黔南州资源情况

（1）自然资源。

1）地形地貌。黔南州以山地和丘陵为主。平均海拔 997 米，最高海拔为 1961 米（都匀斗篷山），最低海拔高度为 242 米（罗甸下大弯口）。受高原地形影响，黔南州垂直地域性景观明显，植被景观丰富，地貌复杂，州内 97% 以上的面积为高山、峡谷和丘陵。岩溶地貌广泛发育，峰林、峰丛较多，溶洞、暗河密布，是世界上喀斯特地貌分布最广、类型最全的地区之一。独特的喀斯特地貌，景观复杂多样，具有较高的欣赏价值和科学研究价值。

2）气候水文电力。黔南州年平均气温 17.1℃。平均降雨量 1324.4 毫米，年平均日照时数 1119 小时，年均相对湿度 79.1%。夏季凉爽，冬季湿冷，属于亚热带温暖湿润季风气候，为各种动植物的繁殖提供了良好的气候及栖息条件。黔南州夏季气候清凉湿润，与周边的四川、重庆夏季炎热的气候形成了鲜明对比，是适合避暑的胜地，也适宜展开旅游活动。州内河流属于长江流域和珠江流域，形成乌江、都柳江、沅江和红水河四大水系，中小型河流有 200 多条，流域面积达到 26193.2 平方千米，黔南州水资源理论蕴藏量 420.8 万千瓦，水能技术可开发量 180.5 万千瓦，装机容量 73.35 万千瓦，年发电量 23.69 亿千瓦时④。

3）生物森林。黔南州动植物资源丰富，类型多样。黔南州有野生动植物 1700 多个种类，其中医药用的植物达到 1000 多种，包含有天麻、杜仲等具有重要开发价值的植物品种，

---

① 资料来源：2017 年《黔南州国民经济和社会发展统计公报》。
②③ 资料来源：《黔南州统计年鉴》（2017 年）。
④ 资料来源：黔南州人民政府官网，http://www.qiannan.gov.cn/。

为医药工业发展提供了较好的原料基地。州内生长有野生动物 400 多个种类，其中还包括猕猴、大鲵等国家级珍稀动物。黔南州森林面积 1004.8 千公顷，森林覆盖率高达 62.0%，森林蓄积量 4256.12 万立方米①。丰富的森林资源让黔南州成为适合休闲的天然氧吧，为生态旅游、养生保健、研学旅游的发展提供了良好的基础优势。

4）矿产资源。黔南州拥有丰富的矿产资源。目前已探出的有磷、煤、硅等 50 多种矿物，其中还储藏有处于全省前列的锌矿、水晶石等矿产。黔南州磷矿的储量达 8 亿吨，成为我国特大型磷矿山之一。国家投资建成的瓮福矿肥基地，是中国最大的磷矿肥基地。

（2）民族文化黔南州是一个多民族聚居的地方，居住着以布依族、苗族为主体的汉、水、瑶、毛南等 37 个民族，其中少数民族人口约占 55.16%。由于地理位置和人文环境的独特性，使该地区拥有着绚丽多姿的少数民族文化和形式多样的民族风情，其中最具代表性和独特性的有布依族、苗族、水族、瑶族和毛南族。黔南州少数民族非物质文化如《水书习俗》《水族婚俗》《布依族扫寨》《鼓龙鼓虎长衫龙》《苗族芦笙长鼓舞》《水族端节》《水族马尾绣》《响蒿舞》《愿灯》等入选了国家非物质文化遗产名录，都是各少数民族最具代表性和影响力的民族文化结晶。黔南州各少数民族节庆活动 200 多个，包括祭祀性、纪念性、娱乐性等类型，各具特色和意义。丰富多彩的民族节庆活动、奇特神秘的婚俗文化、样式繁多的民族服饰、风情独特的民族歌舞等都可成为旅游活动中的大卖点。

（3）旅游业快速发展。旅游资源丰富，2016 年，黔南州共有世界自然文化遗产 1 处，国家重点名胜风景区 4 处，国家级自然保护区 1 个，国家自然保护区面积 21285 公顷，省级自然保护区 1 个，省级自然保护区面积 21266 公顷，县级自然保护区 16 个，国家及文物保护单位 4 处。A 级景区共 44 家，其中 5A 级景区 1 家，4A 级景区 7 家，3A 级景区 32 家，2A 级景区 4 家。国家级少数民族特色村寨 20 处，省级民族特色村寨 30 处，全国农业旅游示范点 2 处②。旅游接待能力不断提升，共有旅行社 64 个，共有旅行社职工 620 人，较上年增长 51.2%。共有星级饭店 61 个。年末客房数 64575 间，床位 123261 张，开房率 85%，实际住宿人次数 182.1 万人次，实际住宿天数 383.42 万人天，分别较上年增长了 13.73%、27.35%、51.79%、93.31%、93.31%。旅游效益快速增长，2016 年黔南州接待旅游总人数 6708.98 万人次，较上年增长 40.8%，入境旅游总人数 175740 人次，较上年增长 20.2%，其中外国人 81580 人次，较上年增长 17.5%，港澳同胞 65547 人次，较上年增长 22.8%，台湾同胞 28613 人次，较上年增长 22.5%。平均每人逗留天数 2.1 天，较上年增长 21.4%，平均每人每天消费支出 130.15 美元，较上年增长 1.7%。国内旅游总人数 6691.41 万人次，较上年增长 40.8%，旅游收入总额 603.04 亿元，较上年增长 42.7%，其中国际旅游外汇收入 5268.02 万美元，较上年增长 30.5%，国内旅游收入 599.41 亿元，较上年增长 42.8%③。

（4）人力资源。

1）教育较落后。2017 年，黔南州继续实施全面改善义务教育薄弱学校基本办学条件项目工程。办学条件更加完善，各类教育协调发展，教育支出 77.40 亿元，同比增长 6.7%。教育支出与 2017 年 GDP 相比为 6.7%，占公共财政预算支出的 20.5%。黔南州教职工数 54176 人，专任教师数 45508 人。其中，幼儿园教职工 12597 人，专任教师 7706 人；小学教职工 18338 人，专任教师 16713 人；初中教职工 11168 人，初中专任教师 10284 人；普通高中教职工 6817 人，专任教师 6377 人；中等职业学校教职工 2073 人，专任教师 1886 人；特

---

① 资料来源：黔南州人民政府官网，http://www.qiannan.gov.cn/。

② 资料来源：黔南州旅游发展委员会官网，http://www.qntour.gov.cn/。

③ 资料来源：《黔南州统计年鉴》（2017 年）。

殊教育教职工 217 人，专任教师 197 人；工读学校教职工 11 人，专任教师 11 人；普通高等院校教职工 2955 人，专任教师 2334 人。普通高校 7 所，中等职业教育学校 17 所，普通中学 176 所，普通小学 534 所①。

2）医疗欠发达。医疗机构少，2016 年，黔南州共有医疗机构 2574 个，其中共有医院 96 个（综合医院 80 个，中医医院 10 个，专科医院 6 个），基层医疗卫生机构 2375 个［社区卫生服务中心（站）25 个，卫生院 230 个，村卫生室 1944 个，门诊部 1 个，诊所、卫生所、医务室 175 个］，专业公共卫生机构 99 个［疾病预防控制中心 13 个，妇幼保健院（所、站）14 个，采供血机构 2 个，卫生监督所（中心）13 个，计划生育技术服务机构 57 个］，其他卫生机构 4 个（医学在职培训机构 2 个，其他 2 个）。共有床位数 18525 张。专业技术人员少，黔南州共有卫生人员 21992 人，其中卫生技术人员 16796 人［执业（助理）医师 4706 人，其中执业医师 3703 人；注册护士 4912 人；药师（士）607 人；技师（士）875 人，其中检验师 636 人；其他人员 2881 人］，其他技术人员 480 人，管理人员 1004 人，工勤人员 753 人。人均拥有的医疗资源少，每千人口拥有卫生技术人员 5.15 人，每千人口拥有执业（助理）医师 1.19 人，每千人口拥有注册护士 1.89 人②。

3）科技欠发达。2016 年，黔南州自然科学研究与开发机构共有 3 个，分别是黔南州林科所、黔南州农机所、黔南州农科所，共有从业人员 62 人，其中科研人员 39 人（高级职称 10 人，中级职称 19 人，初级职称 3 人，其他人员 7 人），其他职工 23 人。经费收入 2017.8 万元，全部为政府拨款，经费支出 1889.6 万元。科技获奖情况不多，2016 年获省科技进步奖 3 项，其中二等奖 1 项，三等奖 2 项，州科技进步奖 39 项。黔南州共有专业技术人员 59377 人，其中事业单位 58393 人（正高 19 人，副高 4965 人，中级 26979 人，初级 22712 人，未评聘专业技术职务 3541 人），国有经济企业有 984 人（副高 27 人，中级 158 人，初级 589 人，未评聘专业技术职务 203 人）③。

（5）市场资源。

1）消费品市场保持活跃。2017 年实现社会消费品零售总额 279.14 亿元，比上年增长 12.6%。按经营地统计，城镇消费品零售额 253.70 亿元，增长 12.7%；乡村消费品零售总额 25.44 亿元，同比增长 11.7%。从消费形态看，餐饮收入 35.45 亿元，增长 15.8%；商品零售 243.70 亿元，增长 12.1%。全年完成进出口总额 30277 万美元，比上年增长 26.0%。全年居民消费价格比上年上涨 0.6%。在监测的八大类商品及服务项目中，有 7 类上升、2 类下降。其中，食品烟酒上升 0.7%、居住上升 0.7%、医疗保健上升 4.0%④。

2）运输能力加强。普通国省干线公路项目开工 22 个 590 千米，建成 433 千米；建成农村公路 2543 千米；完成农村公路安全生命防护工程 3723 千米；建成"组组通"公路 3501 千米。"南翼"5 条高速公路工程总体形象进度达 70%；在建高速公路项目达 9 个 640 千米（黔南境内 390 千米）。黔南州高速通车里程达 847 千米。水运建设投资首次突破亿元大关，安全生产形势持续稳定，水上交通连续 12 年保持"零事故"。县级客运站联网售票实现全覆盖。新增农村客运班线 50 条、车辆 510 辆。2017 年，黔南州拥有公共（电）汽车数 1005 辆、出租汽车数 4051 辆。公路旅客发送量 33451.5 万人，比上年增长 20.5%；货运量 35462 万吨，比上年增长 24.3%；客运周转量 313.8 亿人千米，比上年增长 3.9%；货运周转量 446.46 亿吨千米，比上年增长 13.8%⑤。

3）城镇居民生活水平缓慢提高。2017 年，黔南州城镇常住居民人均可支配收入 28565

---

①④⑤　资料来源：2017 年《黔南州国民经济和社会发展统计公报》。
②③　资料来源：《黔南州统计年鉴》（2017 年）。

元，比上年增长9.6%。城镇居民人均生活消费支出18207元。农民人均可支配收入大幅度提高。2017年，黔南州农村常住居民人均可支配收入9746元，比上年增长10.2%。人均生活消费支出9281元，比上年增长1.7%①。

三、广州市—黔南州基本情况对比

1. 产业互补

（1）广州先进制造业的互补。广州的先进制造业包含汽车产业、冶金工业、船舶工业、机电工业、石油化工、智能装备和高端装备。而黔南州主要的工业行业是医药制造业、酒饮料和精制茶制造业、非金属矿物制品业、非金属矿采选业、烟草制品业等行业。一是黔南州依托园区共建，引进广州先进制造业的龙头企业落地园区，充分发挥龙头企业的带动和集聚作用。二是可依托黔南州现有的工业，引进相关上下游产业入驻园区。

（2）广州高新技术产业引领。广州的高兴技术产业包括企业孵化、软件产业、科技服务、电子信息和再生资源。而黔南州科技产业不发达，一是黔南州要加大科技创新的投入力度，鼓励科研创新，加大科技人才的培养力度，定期输送企业家、高级技工等人才到广州学习，提升科研创新能力。二是鼓励广州科技企业入驻黔南，引进相关产业。

（3）广州现代服务业的带动。广州的现代服务业很发达，包括电子商务、金融服务、旅游业、文化创意、商务会展和现代物流几方面。黔南州地理区位在贵州省内凸显，但现代服务业发展并未充分借势区位优势。

（4）黔南州农土特产品持续供给。近几年广州产业结构不断优化，2017年，三次产业比重由上年的1.21∶29.85∶68.94调整为1.09∶27.97∶70∶94，第一产业比重下调0.12个百分点，为黔南州的农产品输入打开了市场；第二产业下调1.88个百分点，说明黔南州具有引进第二产业的机会；第三产业同比提高2个百分点，说明广州大力发展第三产业，黔南州可充分借助广州第三产业发展的经验。

（5）黔南州具有竞争力的生产成本优势。相比珠三角地区，黔南州在土地成本、电价成本、人力成本等方面具有明显的优势。目前珠三角地区劳动力成本已达到5000元以上，而黔南州劳动力成本大约为2500~30000元/月，劳动力成本相差较大。从广州开发区与都匀开发区的对比可以看出，黔南州的生产成本非常具有竞争力。

2. 资源差异

（1）气候资源差异。广州属海洋性亚热带季风气候，全年平均气温为20~22摄氏度，7~9月最热，12~2月为阴凉的冬季。黔南州属于亚热带温暖湿润季风气候，平均气温16℃，夏季凉爽，冬季湿冷。夏季，黔南州可成为广州避暑胜地，冬季广州可成为黔南州避寒胜地。

（2）人文资源差异。黔南州居住着以布依族、苗族为主体的汉、水、瑶、毛南等37个民族，其中少数民族人口约占55.16%。由于地理位置和人文环境的独特性，该地区拥有着绚丽多姿的少数民族文化和形式多样的民族风情，其中最具代表性和独特性的有布依族、苗族、水族、瑶族和毛南族。近年来黔南州积极发展少数民族村寨旅游，不断深入挖掘少数民族文化，越来越多游客到黔南旅游。

（3）旅游资源差异。广州旅游资源丰富，类型多样，A级景区总数比黔南州多，但两个地区旅游资源有本质差异，黔南州民族文化资源和生态旅游资源相对广州具有优越性、差异性和差异性，但品牌效应差，而广州的旅游品牌已经形成，且具有优质旅游软硬件和旅游

---

① 资料来源：2017年《黔南州国民经济和社会发展统计公报》。

管理方式。

根据以上内容，整理出广州市与黔南州产业结构与资源情况比较（见表11-1）。

表11-1　广州市与黔南州产业结构与资源情况比较

类型 / 地区		广州市	黔南州
产业	第一产业	农业整体增长缓慢；健康食品产量和需求量增加；农业机械总动力不断减少，但农机总动力高；耕地面积逐年减少；农林渔牧业从业人员逐年减少	现代高效农业快速推进；畜牧业健康发展；农业机械化程度不断提高，但农机总动力偏低
	第二产业	工业增速放缓；三大支柱产业快速发展；新兴产业不断壮大；新产品产量快速增长	工业园区快速建成，工业企业规模偏小，主要传统产业（建材、化工、资源采选、农副产品加工、冶金）稳步发展，但精深加工、创新不足
	第三产业	交通运输能力持续增强；科技发展步伐加快；金融业持续扩大；服务业主导地位突出，新业态蓬勃发展	交通条件持续改善；工业企业研发能力不断增强，但总量小；金融业稳步发展，但规模小
资源	自然资源	亚热带季风气候，水系发达，旅游资源丰富	亚热带湿润季风气候，电力资源丰富，森林覆盖率高，矿产资源丰富，自然资源和少数民族文化旅游资源丰富
	人力资源	教育、医疗和科技先进且发达，劳务需求量大	教育、医疗和科技欠发达，劳务供给量大
	市场资源	市场资源广阔，社会消费品零售总额持续增长，人均可支配收入持续增加	社会消费品零售总额持续增加，但总量小；城乡居民生活水平不断提高

第二节　广州—黔南东西部扶贫协作情况

2013年以来，广州市委、市政府按照"到2020年确保实现黔南州整体脱贫与全国同步实现全面小康社会"的总体目标要求和"充分发挥政府主导作用、市场主体作用，一手抓对口帮扶，一手抓交流合作"的工作思路，不断推进扶贫协作黔南州工作，取得了阶段性成效①。

2013年广州市帮扶黔南州无偿专项资金建设项目25个，总投资3785万元，其中通组道路项目14个，校园基础设施项目1个，人畜饮水及灌溉项目5个，其他项目5个②。

2014年广州市帮扶黔南州无偿专项资金3200万元，建设项目22个，其中17个通组道路项目，2个校园基础项目设施，其他项目3个。经贸合作方面，2011~2014年，广州市企业到黔南州投资项目32个，总投资69亿元，到位资金27.3亿元，涉及种植业、商贸物流、加工、旅游等产业③。

2015年广州市帮扶黔南州无偿专项资金建设项目29个，总投资5101.46万元，项目建设内容主要是公路建设、职业学校基础设施建设等。经贸合作方面，2015年黔南州组织参加了第23届广州博览会，现场签约项目35个，项目总投资98.9亿元，涉及农业产业园、种植业、农产品加工、乡村旅游等农林产业领域④。

2016年广州市帮扶黔南州无偿专项资金9600万元，建设项目26个，其中5个通村组道

---

①②③④　资料来源：根据黔南州对外经济协作局提供材料整理。

路项目，11 个乡村旅游项目，2 个养殖业基础设施项目，1 个扶贫产业园区项目，3 个教育基础设施建设项目，1 个医疗卫生项目，其他项目 3 个。截至 2106 年底，黔南州与广州客商签约 23.14 亿元，到位资金 13.54 亿元，建成投产 14 家企业①。

2017 年，项目建设方面，广州市财政投入 1.3479 亿元帮扶资金，目前黔南州申请广州市 7000 万元的帮扶资金，申报项目 17 个，其中"四在农家·美丽乡村"项目 8 个、种养殖项目 2 个、易地搬迁扶贫后续扶持项目 1 个、人才交流培训合作项目 6 个②。

总体上看，广州市帮扶黔南州的无偿专项资金主要用于民生、教育、医疗等方面的帮扶，重点在于优化黔南州贫困地区的基础设施建设，在助推黔南州脱贫攻坚上发挥了重要作用，但在产业方面的帮扶资金投入较少。尽管黔南州通过积极参加广州博览会，在广州举办各种招商推介会等方式，积极引进广州企业和资金，但双方在产业合作方面的空间仍然巨大，尤其是在吸引广州市企业参与黔南州产业发展的力量还需加强。

第三节　广州—黔南东西部扶贫协作的经验

一、政府高位推动

一是两地政府密切沟通。广东省、广州市两级党委政府格外重视对口协作工作，党政注定要领导亲自过问、亲自协调，推动对口协作纵深推进。在双方党政互动交流的推动引领下，两地之间交流互动日益频繁，帮扶形式的持续拓展，形成了"党政主导、各方参与"的大协作格局。二是广州出台系列文件推动。出台了《广州市人民政府黔南州人民政府东西部扶贫协作框架协议（2016—2020 年）》《广州市与黔南州对口帮扶合作三年行动方案（2017—2020 年）》等，有效保障和推动东西部扶贫协作的工作开展。三是帮扶细化。在区县结对的基础上，探索推进镇街结对、村村结对和村企结对，已有黄埔区、南沙区、越秀区、海珠区、白云区 5 区的 19 个镇（街道）、17 个村（社区）与黔南州结成对子，实现帮扶进准化。

二、加大扶贫力度

2013 年、2014 年，广州帮扶黔南州项目共 51 个，资金 6200 万元；2015 年，申请广州帮扶资金 3400 万元，申报项目 29 个；2016 年，广州市继续加大对黔南扶持力度，投入帮扶资金 3600 万元，主要用于民生项目建设、执业教育扶贫、干部培训等。此外，从 2016 年开始连续 5 年，广东省和广州市两级财政每年每县提供帮扶资金 1000 万元，帮扶黔南州 6 个国定贫困县；另外，黄埔区计划 3 年新增投入帮扶资金 1 亿元，带动贫困户精准脱贫。2016 年以来，广州共投入帮扶资金 2.3079 亿元，其中 2016 年实施帮扶项目 26 个，投入资金 0.96 亿元，2017 年广州市财政投入帮扶资金 1.3479 亿元。截至目前，除涉及干部培训和项目管理费 350 万外，其余 2.2729 亿元全部用于贫困村、贫困户基础设施和教育、医疗等项目建设，资金和项目用于贫困村的比例达到了 98.5%。同时，各区投入结对帮扶资金 3540 万元，其中黄埔区单独增拨 2200 万元。近日，广州市又明确对携手奔小康的另外 4 个片区县（贵定、龙里、惠水、瓮安）在年内各增拨 1000 万元资金帮扶③。

①②③　资料来源：根据黔南州对外经济协作局提供材料整理。

三、加强人才交流

两地积极开展"青年人才交流""院士专家服务黔南行"等活动，实施"优才放学计划""广州专家博士团交流培训"等项目，取得了良好效果。2013～2015年，与广州市组织开展干部培训26期1024人（次）。在华南农业大学举办黔南州扶贫系统业务干部培训班，对黔南州扶贫系统干部、乡镇扶贫工作站业务人员和壮大村级集体经济示范村的业务人员进行培训。2013～2014年，黔南州共有56位年轻干部到广州市进行一年的跟岗学习。另外，有21位高层次人才到广州访学研修。其中，2013年选派8名，2014年选派13名。广州市还派出干部到黔南州开展挂职锻炼。2015年上半年，黔南州与广州市联系开展干部培训3期150人次，黔南州29名扶贫系统干部职工参加广州市协作办的东部城市对口支持西部地区人才培训班。2016年，与广州市共计展开培训10期，培训了1995次。2017年，黔南州向广州实际交流37人次，教师、医生、科技、文化、社会工作等方面专业技术人才交流247人次；领导干部培训9场，共培训黔南州党政领导干部472人次；举办专业技术人才培训23场，培训专业技术人才约4500人次，组织专业技术人员384人次到广州参加培训学习。广州援黔14名市（县）副处级干部分别挂任市〔县政府常委、副市（县）〕长。实际引进广州市各类技术人才3名，分赴黔南13市（县、区）支医、支教、支农。广州有关学校、医院分别与黔南州42所学校13所医院开展结对帮扶工作。黔南州邀请广州市11名教育、医疗骨干到黔南州挂任副校长、副院长；邀请10余批次专家赴黔南指导工作。黔南州派出9名副校长、副院长到广州挂职学习，组织专业技术人员384人次到广州参加培训学习①。

四、加强产业协作

2017年，黔南州把共建产业园区作为对口协作的主要平台，按照飞地产业园区建设模式，推动各县（市）广州产业园区建设。目前都匀经济开发区与广州开发区按照"政府主导、企业主体、市场运作互利共赢"的原则，规划共建黔南·广州产业园，重点打造战略性产业发展平台；南沙区政府投入6000万元支持黔南物流建设，2017年11月开通"贵州—南沙"国际物流大通道。黔南州把招商引资作为对口协作的主攻方向，充分利用广州这个大平台、大窗口，大力开展招商引资，积极承接珠三角地区产业转移。2017年，依托广州各类会展平台，密集开展招商推介，引进88家广东企业来黔南投资，协议投资额190亿元。黔南州把推动"黔货出山"作为对口协作的主要突破点，在广州市的帮助下，引入了广东粤旺、中农联控股等一批农业龙头企业建设农业基地和涉农流通平台，持续开展宣传营销，推动黔南优质农产品进入广州大市场。2017年1～10月，黔南州共向广州市场销售各类农产品达18万吨，销售金额5.06亿元。黔南州把旅游合作作为对口协作的主要内容，双方签订了旅游合作框架协议，共享旅游推介平台，恢复并加密广州至荔波航线航班，制定面向广东游客的优惠政策，推动旅游持续升温。2017年前三季度，黔南旅游的广东省游客达187.2万人次②。

五、劳务精准协作

一是与广东省形成了《"广黔劳务协作红棉计划"工作方案》，确定未来3年"12338"工作计划（签订1个协议，建立2个机制，构建3个平台，选定30家企业，每年提供不少

---

① ② 资料来源：根据黔南州对外经济协作局提供材料整理。

于 8000 个岗位），形成制度保障，不断扩大帮扶范围。二是以"春风行动""就业援助月"等各类招聘活动为载体，组织开展"广黔同心·携手同行"农村劳动力专场招聘活动，广州企业提供就业岗位。2017 年促进了黔南州农村富余劳动力转移就业 79281 人，跨地区有组织劳务输出 5381 人。三是搭建广黔就业信息平台，实现广州黔南就业机制无缝衔接，就业岗位及时推送。广州向黔南提供远程见工系统软件、系统账号及 5 个远程见工点网络租赁费用，协助黔南州建成 5 个县级远程见工点，进一步拓展劳动者就业渠道。2017 年，组织广州专场招聘会 13 场，广州市提供就业岗位 17971 个。四是重点关注贫困人口就业脱贫，2017 年黔南累计向广州提供了 4132 人的贫困人口就业意愿信息，向广州输出建档立卡贫困劳动力 700 人，实现劳务收入 369.8 万元。广州帮助黔南州荔波、长顺、福泉等县（市）举办家政、烹饪等针对农村劳动力为主的培训班 4 期共 209 人，其中贫困人口参加培训 50 人，训后实现就业 19 人①。

第四节 广州—黔南东西部扶贫协作的困难和问题

一、社会力量发挥不足

东西部扶贫协作充分发挥了政府的主导作用，在助推地区脱贫上起到了重要作用。广州市帮扶黔南州的无偿专项资金主要用于民生、教育、医疗等方面，人民生活一定程度上得到提高，但在产业帮扶方面的资金不足，且只靠政府资金用于产业帮扶也是远远不够的。黔南州依托广州市帮扶平台，引进了一些企业，双方在产业合作取得了一定成效。而广州市作为中国发达城市之一，具有大量优秀的企业、先进的技术、优秀的人才等，但广州市与黔南州双方政府在鼓励、引导广州市社会力量参与黔南州产业发展、产业合作等方面的力量有待加强。

二、园区共建力度不够

黔南州积极与广州市对接共建园区工作，都匀市经济开发区、惠水县经济开发区、瓮安县、独山县等积极开展园区共建工作。调研发现，两地政府在园区共建中发挥了极大作用，同时积极引进广州企业落地黔南州，但是企业发展仅靠政府推动是不可行的，也不符合市场规律。尽管黔南州在贵州省九个地州市的区位优势明显，但产业规模小，且很多产业未形成产业链，许多广州企业、产业转移到黔南州的成本高，企业效益与在广州市周边转移并无太大差异，甚至低于落地广州周边的效益。因此，尽管已建成大量园区，但源于物流成本、产业链不连续等原因，许多企业并未选择落地黔南州。

三、落地企业用工难

广州市、黔南州两地政府积极推动广州企业落地黔南州，当前，黔南州用工成本在 2500 ~ 30000 元/月，对广州的企业落地是一种吸引。而珠三角的用工成本为 5000 元/月，对于黔南州青年人外出是一种吸引，甚至东部城市的工资在 2500 ~ 30000 元/月，还是会有许多青年人往东部发达地区务工，留在本地务工的青年人较少，这是落后地区年轻人向往发达地区的心理因素。调研发现，落地企业普遍出现用工难问题，一是专业技术人员用工难，

---

① 资料来源：根据黔南州对外经济协作局提供材料整理。

一些高新技术产业普遍需要文化程度较高、动手能力较强的年轻人，而在园区周边地区的年轻人少。二是劳动密集型企业用工难，许多劳动密集型企业在具体落实东西扶贫协作，帮助贫困户脱贫方面有很大的推动作用，但这类企业在用工方面存在较大竞争，主要是落地企业数量多与劳动力不足的问题。因此，如何留住黔南州本地青年人，培养一批专业技术职工，吸引外地人员到黔南州务工将是影响企业可持续发展的重要因素之一①。

四、黔南州农产品产业链有待完善

广州市近年来不断优化产业机构，不断压缩农业比例，对绿色有机农产品的需求不断增加，而黔南州源于特殊的区位、气候等，具有发展山地高效农业的基础和优势，能为广州提供充足的农产品。但当前黔南州农产品发展还存在以下问题：一是当前黔南州农产品生产的标准化、规模化不高，缺乏具有带动效应的龙头企业，并未形成农产品品牌效应，市场发育程度低。二是农户并未抱团发展，未形成农业合作社，因此农户对市场情况不清楚，盲目种植，产品滞销情况时有发生，抵抗市场风险能力低。三是农产品精加工程度低，农产品多为初级产品，在市场并不具备竞争优势，缺乏精加工的企业和技术。四是缺乏冷链物流的资金和技术，新鲜果蔬类产品难以实现远距离运输，运到广州的物流成本高，因此在广州本地销售并不具备竞争优势。

第五节　广州—黔南东西部扶贫协作的对策建议

一、优化投融资机制

一是完善财税支持政策。政府财政金融支持要重点向扶贫项目倾斜，健全生态补偿专项转移的支付资金。进一步完善产业扶贫的金融支持政策，通过借助资本市场的活力，不断拓宽产业扶贫项目的资金来源，探索发行专项债券。二是创新金融方式。充分发挥"政府＋企业＋农户"的产业扶贫模式，通过政府引领，积极调动社会巨大资金库，用于产业扶贫项目，有效补充政府资金不足的问题，充分发挥企业的积极能动性和活跃性，创新产业发展模式，实现村民能参与、能共享产业发展的利益，实现人人增收，全面脱贫。三是通过采用建设—经营—转让（BOT）模式、政府与社会资本合作（PPP）等方式，鼓励两地民间资本积极参与产业发展、民生、教育、医疗等建设，助推黔南州脱贫。

二、加快园区共建

一是继续支持以都匀经济开发区、广州产业园为重点的园区共建，推动粤桂黔高铁经济带合作试验区（贵州园B区）建设，引进广汽集团、广药集团、广州港集团等高新技术、大健康生物医药、商贸物流等企业，采取投资建设配套分厂、运营分部、集散中心、技术研发中心等形式落户黔南。二是充分借助广州市在产业发展、管理先进、技术优越和人才充实等方面的力量，依托广州自贸区的建立和贵广高铁的联通，多举措鼓励和吸引广州的企业、机构、商协会到黔南州考察投资。三是依托都匀经济开发区的核心优势，双方共同建设广州·黔南产业园区，建设内陆地区物流中转站（中心）、保税区或保税仓库。逐步将黔南州打造成为特色装备制造基地、新型能源基地和特色轻工业及农产品加工基地，通过密切的产业

---

① 资料来源：根据黔南州对外经济协作局提供材料整理。

合作，实现双方互利共赢。四是对于能够吸引贫困人口就业的企业，给予最大的政策和资金支持，并加强企业帮扶的相关宣传，号召广大企业加入脱贫攻坚战中。五是进一步完善两地政府的帮扶政策和体制机制，让企业愿意来，进得来，留得下并发展好。六是充分利用广州市优越的平台，如广博会、广交会等，展示黔南州特色资源，吸引相关上下游企业落户黔南州。七是加快黔南州招商引资力度，加快走出去、引进来的频率，不断优化营商环境，吸引相关企业加入到黔南州的社会、经济和文化发展中。

三、提高企业员工福利

一是黔南州政府要加强宣传，通过对比就近、就地就业与外出就业的差异，通过实际对比突出就近、就地就业的益处，吸引本地劳务人员。二是企业要不断优化员工工作的软硬件环境，硬件方面，为员工提供舒适的生产、生活环境，创新性地给员工提供购房、住房补贴等；给予员工子女教育补贴、员工父母养老补贴等；软件方面，为员工打通能力提升的渠道，为员工提供畅通的升职空间。三是政府可以给予在本地员工一定的就业补贴，多渠道吸引本地员工。

四、延长农产品产业链

一是加快农业提质增效，鼓励广州农业研究机构与黔南州合作，采用先进的技术，推动农产品优质、高效发展，进一步推动黔南州绿色农产品的高效发展。二是加快广州市的农业企业落户黔南，利用其先进的技术，不断优化黔南州农产品产业链，助推黔南州农产品规模化、品牌化发展。三是利用广州市优越的区位优势，通过畅通线上线下销售渠道，助推黔南州农产品通过广州走向全国。

五、共建商贸物流体系

一是不断完善龙里贵州快递物流园、龙里龙铁物流园、龙里双龙农产品物流园、龙里万豪总部、福泉铁路物流中心、福泉大德汽车城、福泉国际陆港的建设，共同将黔南州打造成大西南物流中转中心，畅通广州市与黔南州的物流通道。二是充分发挥"大数据 + 物流"，不断创新服务产品，助推线上线下现代物流业快速发展。实现县（市）有电商（物流）运营中心、乡（镇）有服务站，村有服务点的三级服务网络，以物流配送、物流信息中心、农副产品信息化平台等为支撑辅助，推动"黔货出山、洋货入黔"。三是积极举办中国物流（都匀）国际峰会，通过学习、吸收国内外先进物流发展理念，不断创新黔南州物流业发展的新思路。四是加快黔南州物流网络体系和物流信息化建设，推进物流作业标准化建设，大力发展冷链物流，助推脱贫攻坚和农产品泉涌工程。

第六节 广州—黔南东西部扶贫协作的重点方向

通过以上分析，明确了广州市与黔南州在产业和资源上的差异，依靠广州先进的技术、充足的资金，以及黔南州较为广阔的劳务市场和相对低廉的土地成本，双方可在以下几方面加强合作，着力加强黔南州有效承接广州市产业转移的力度，助推双方经济发展（见表11 –2）。

表 11 - 2　广州市与黔南州产业合作的重点方向

序号	产业合作重点方向
1	现代农业（蔬菜种植、茶叶、种桑养蚕）
2	农副产品精深加工业（茶叶、辣椒、果蔬、禽畜、烟草等）
3	高端装备制造业（汽车、钢铁）
4	轻工行业（生活用纸、电池制造、包装制品等）
5	新能源、新材料、节能环保产业（水电、风力发电）
6	大健康、生物医药产业（中药材种植、中药和民族药、生物制药、化学药、医疗器械及医用材料等）
7	纺织行业（民族民间工艺品、纺织服装及服饰等）
8	化工行业（磷化工、煤化工、精细化工）
9	建材行业（石材生产、水泥制品、建筑装饰及功能建材等）
10	资源采选业（磷矿开采）
11	电子信息产业（智能端产品制造，集成电路、电子元器件与电子材料业，大数据采集、存储、加工及分析等业务）
12	商贸物流（冷链物流、物流基地建设）
13	文化旅游产业（景区提升、乡村旅游开发、旅游接待中心建设、农旅一体化）
14	电子商务平台建设（农村电商）

第七节　广州—黔南东西部扶贫协作的典型案例

东西部扶贫协作典型案例专栏 11 - 1：

黔南·广州产业园区①

随着黔南·广州产业园的落户建设，粤桂黔高铁经济合作带试验区（贵州园 B 区）也成功获批，同时超前谋划适应广东（贵州）产业园落户都匀市经济开发区（以下简称我区）建设积极开展下列相关工作。

一是按照我区开发建设范围的规划调整为 57.5 平方千米，根据新的产业规划，黔南·广州产业园初步划定以洛邦、大坪、东冲三个产业聚集区为平台，突出"发展先进制造、文体旅+生物医药、高新技术+现代轻工业"的总体思路，以洛邦区、大坪区、东冲区为载体，形成产业集聚。2017 年全区共签约项目 49 个（签订投资协议 40 个，框架协议 9 个），签约资金达 258.35 亿元［其中新引进省外（境外）项目 32 个，项目签约资金 223.03 亿元］，新引进开工在建项目 24 个，实现新增投产项目 12 个；完成新增州外到位资金 121.39 亿元（占州任务数 85 亿元的 142.81%，其中省外境内完成 64.83 亿元），同比增长 24.47%；固定资产 81.65 亿元，同比增长 10.07%。在建项目 103 个，总投资 489.06 亿元，其中产业类有广得利药用空心胶囊生产项目等 28 个项目，城市开发类有碧桂园、鸿申翡翠城、杉木湖畔、丽景国际商城综合体等 10 个房地产开发公司及足球小镇四合院酒店、足球小镇快捷酒店、巨升艺术酒店、沁和园半山度假酒店等 12 个酒店共计 22 个项目，城市基础设施及其他配套类有黔南州公共卫生服务中心、贵州省电子信息技师学院、州医院、州中医院、综合农贸市场、燃气干线、市政路网及供水等 53 个项目。

---

① 本节资料由都匀市经济开发区提供。

二是以东西部扶贫协作为契机，加强广州市合作。在前期调研的基础上，签订《广州开发区管理委员会与都匀经济开发区管理委员 2017—2020 年产业园区共建框架协议》。双方就招商引资、产业转移、产业合作、园区共建、干部交流、咨询指导六方面内容达成一致意见，主要通过共同组建凯德东升招商公司作为平台，遵循市场规律，以市场化运作进行运营，实现合作共赢、利益共享、风险共担。州委和广州市黄埔区委就对口帮扶工作形成《黔南州委、黄埔区委关于黔南州与广州市黄埔区（广州开发区）对口帮扶对接座谈会备忘录》（备忘录〔2017〕11 号），进一步达成共识。黄埔区（广州开发区）充分发挥在园区规划建设、园区管理营运、招商引资、招才引智、建设融资等方面的经验和优势，以黔南·广州产业园等为基础，以规划为引领，以创建国家级开发区为目标，以"一区多园"建管模式为方向，与都匀经济开发区在园区规划、园区基础设施建设、园区功能配套、园区产业对接等方面深度合作，辐射带动黔南州其他产业园区发展。由广州开发区金融控股集团有限公司与我区、黔南州国企共同发起设立基础设施投资基金，促进产业园区开发建设。

三是建章立制，为园区开发建设提供制度保障。完成《黔南广州产业园区发展规划（2017—2025 年》编制工作，黔南州委、州政府出台了《关于加快黔南广州产业园发展的实施意见》（黔南党发〔2017〕8 号）和《黔南广州产业园招商引资办法》（"黄金 20 条"），我区研究制定了《都匀经济开发区影视文化扶持办法》《都匀经济开发区促进先进制造业发展办法》《都匀经济开发区促进现代服务业发展办法》《都匀经济开发区促进高新技术产业发展办法》《都匀经济开发区促进新医药大健康养生养老产业发展办法》，进一步完善细化奖励扶持办法和兑现细则流程，确保奖励政策能及时兑现。

四是推动设立产业基金。州级层面，由黔南州、广州开发区两级财政共同出资组建了都匀经济开发区产业发展资金池，其中 2017 年 1 亿元、2018 年 2 亿元、2019 年 2 亿元、2020 年 3 亿元，专用于兑现黔南广州产业园招商引资奖励。区级层面，广州开发区与我区共同设立黔南凯得东升产业发展投资基金，基金规模 1 亿元，通过多种形式放大至 5 亿元，扶持入园企业做大做强。南沙区政府决定投入 0.6 亿元支持黔南物流建设，打开黔南到南沙的出海物流大通道，促进两地物流产业发展。针对入园的产业项目，我区还与有关企业分别共同设立中科东升新兴产业基金 1.5 亿元、贵州富德体育文化产业基金 15 亿元的产业建设基金和产业引导基金，以推动产业发展。

五是加强资源整合和人才培养。广东科技金融促进会在黔南州设立分会，并在黔南·广州产业园挂牌；我区聘请了 10 名行业资深人士为招商顾问，为我区申报国家级开发区提供指导，同时到我区举办两次招商引资业务培训；广州凯得公司与黔南东升公司共同组建凯得东升招商公司，并派遣 5 名年轻同志分别到广州开发区五大国有平台公司挂职学习。同时，实施"雁归兴区"工程，充分发挥黔南优蓝人力资源开发有限公司的作用，建立人才储备库和信息平台，在园区搭建"工人之家"服务平台，切实为产业发展解决人才短缺和招工难的问题。同时围绕区内产业布局，充分利用乡镇集体用地及农户宅基地资源，流转土地建设园区租赁型住房，保障工人有房可住。同时年内完善人才公寓、"工人之家"、员工食堂等要素配套建设。探索工业地产投资经营模式，在上半年启动中小企业孵化器建设，为中小微企业提供孵化平台，为大学毕业生和社会有识之士提供创业平台，为园区工人提供住宿保障。另外，根据州委、州政府印发了《关于支持都匀经济开发区创新发展的实施意见》精神，正在拟定干部人事改革方案，试行全员岗位聘任制，实现人尽其才，激发干部干事激情，促进各项事业加快发展。

六是根据 2017 年广东、贵州两省扶贫协作工作的战略部署，拟在都匀经济开发区建设广东（贵州）产业园。我区结合实际，超前谋划广东（贵州）产业园建设相关承接工作，并结合招商引资研究并草拟了《广东（贵州）产业园都匀经济开发区招商引资优惠政策办法总则（征求意见稿）》及《广东（贵州）产业园、都匀经济开发区促进先进制造业发展奖励细则（征求意见稿）》等七个配套细则，目前正在征求意见过程中，优惠政策出台后，将进一步增强全区招商引资的动力。

七是结合全区在建、拟建、谋划项目实际情况，按照城市建设、产业发展和基础设施配套三大类梳理重大工程和重点项目，编制项目建设三年行动计划。2018～2020 年，全区总体安排 196 个项目，按照计划建成年限倒排工期，争取三年开工建设重大工程和重点项目 105 个，建成 151 个，计划完成投资 535.29 亿元。其中，2018 年开工 57 个，建成 84 个，计划完成投资 164.26 亿元，其中续建项目 91 个；2019 年开工 31 个，建成 45 个，计划完成投资 188.60 亿元；2020 年开工 17 个，建成 22 个，计划完成投资 182.43 亿元。

八是加强开发区与都匀市的联动发展。前期都匀市和开发区经过多次沟通和交流，于 2018 年 3 月 4 日召开市、区联动发展联席会议，讨论通过《关于都匀市和都匀经济开发区联动发展的实施意见（讨论稿)》，建立市、区联动发展工作机制，成立联动工作领导小组，分别设置政策保障和综合服务组、产业发展及招商联动组、城市规划建设联动组、土地开发利用联动组四个小组，以加强都匀市、开发区在招商引资、产业发展、城市规划建设、土地开发利用、服务保障等各方面工作联动发展。

图 11-5　黔南·广州产业园落户企业：广州纳丽公司①

---

① 资料来源：http://www.dykkfq.gz.cn/doc/2018/02/22/1169983.shtml。

图 11 - 6　黔南・广州产业园落户企业：广州驰远智能科技公司①

---

①　资料来源：http：//www.dykfq.gz.cn/doc/2018/02/22/1169983.shtml。

第十二章 广州—毕节东西部扶贫协作问题研究

2013 年,《国务院办公厅关于开展对口帮扶贵州工作的指导意见》明确了深圳市对口帮扶毕节市。截至 2016 年,深圳市聚焦"推进扶贫开发攻坚、增强基本公共服务能力、深化经济技术交流合作、加强干部和人才培养交流"四个重点,以创新务实的举措推进了东西部扶贫协作工作。2016 年 9 月调整广州市扶贫协作毕节市工作以来,两地认真贯彻中央决策部署,落实广东和贵州省委、省政府要求,切实推进扶贫协作,并取得了阶段性成效。2016 年 10 月 8 日,中共广州市委、中共毕节市委专题会议纪要中指出广东省委、省政府决定由广州市扶贫协作毕节市,是认真贯彻党中央、国务院关于精准扶贫精神的实际行动,也是与时俱进落实东西部扶贫协作座谈会要求的具体体现,更是毕节市借力帮扶助脱贫、携手共建奔小康的一次难得的历史机遇,对推动毕节市"脱贫攻坚、同步小康"将产生重大而深远的现实意义。

第一节　广州—毕节产业与资源基本情况

一、广州市产业与资源基本情况

详细情况请参见第十一章第一节广州市产业与资源基本情况。

二、毕节市产业与资源基本情况

1. 毕节市产业情况

毕节市 2017 年实现地区生产总值 1841.61 亿元，同比增长 11.7%。按产业划分，第一产业增加值 378.61 亿元，同比增长 6.8%；第二产业增加值 692.2 亿元，同比增长 10.1%；第三产业增加值 770.8 亿元，同比增长 15.6%。第一产业增加值占地区生产总值比重为 20.6%；第二产业增加值占地区生产总值比重为 37.6%；第三产业增加值占地区生产总值比重为 41.8%。人均地区生产总值为 27690 元，比上年增加 3146 元[①]。

（1）农林牧渔业。2017 年，农林牧渔业实现增加值 401.48 亿元，比上年增长 6.7%。其中，种植业实现增加值 254.78 亿元，比上年增长 6.6%；林业实现增加值 20.36 亿元，比上年增长 8.6%；畜牧业实现增加值 100.77 亿元，比上年增长 6.8%；渔业实现增加值 2.69 亿元，比上年增长 7.4%；农林牧渔服务业实现增加值 22.88 亿元，比上年增长 5.3%[②]。

表 12-1　2013~2017 年农林牧渔业增加值　　　　单位：亿元

指标名称	2013 年	2014 年	2015 年	2016 年	2017 年	比上年增长（%）
农林牧渔业	196.3	241.8	324.7	365.5	401.48	6.7
种植业	129.6	167.9	204.4	227.5	254.78	6.6
林业	3.3	4.4	15.8	18.4	20.36	8.6
畜牧业	57.6	62.8	83.3	96.1	100.77	6.8
渔业	1.0	1.2	1.9	2.3	2.69	7.4
农林牧渔服务业	4.7	5.4	19.4	21.1	22.88	5.3

资料来源：2017 年《毕节市国民经济和社会发展统计公报》。

2017 年，粮食作物种植面积 67.16 万公顷，比上年减少 1.2%；油菜籽种植面积 6.85 万公顷，比上年增长 4.4%；烤烟种植面积 3.36 万公顷，比上年减少 6.6%；蔬菜及食用菌种植面积 21.55 万公顷，比上年增长 12.0%。2017 年，粮食总产量 260.18 万吨，比上年减少 1.0%。其中，夏粮产量 68.72 万吨，比上年增长 1.2%；秋粮产量 191.46 万吨；烤烟产量 5.70 万吨；油菜籽、蔬菜及食用菌产量分别为 13.90 万吨和 253.18 万吨，分别比上年增长 0.6% 和 14.3%[③]。

---

①②③　资料来源：2017 年《毕节市国民经济和社会发展统计公报》。

表 12 – 2　主要农作物产品产量和播种面积

指标名称	产量（万吨）	比上年增长（%）	面积（万公顷）	比上年增长（%）
粮食作物	260.18	– 1.0	67.16	– 1.2
夏粮	68.72	1.2	28.30	– 0.2
秋粮	191.46	– 1.8	38.86	– 2.0
玉米	103.73	– 2.2	16.84	– 2.7
稻谷	25.93	– 2.6	4.00	– 4.3
小麦	9.85	– 6.1	5.30	– 3.9
薯类	91.84	1.9	27.56	2.2
油菜籽	13.90	0.6	6.85	4.4
烤烟	5.70	– 15.6	3.36	– 6.6
蔬菜及食用菌	253.18	14.3	21.55	12.0

资料来源：2017 年《毕节市国民经济和社会发展统计公报》。

2017 年，肉类总产量 38.77 万吨，比上年增长 4.6%。其中猪肉产量 32.17 万吨，比上年增长 3.8%；牛肉产量 3.52 万吨，比上年增长 10.0%；羊肉产量 0.64 万吨，比上年增长 5.3%；禽肉 2.43 万吨，禽蛋产量 3.45 万吨，比上年增长 3.8%。年末生猪出栏 351.12 万头，比上年增长 3.9%[①]。

（2）工业。2017 年，实现工业增加值 545.95 亿元，比上年增长 9.3%。规模以上工业增加值 455.5 亿元，比上年增长 10.6%。其中，轻、重工业增加值分别为 111 亿元和 344.53 亿元，占规模以上工业增加值的比重分别为 24.4% 和 75.6%；国有控股企业实现增加值 151.81 亿元，占规模以上工业增加值的比重为 33.3%；私营企业实现增加值 196.57 亿元，占规模以上工业增加值的比重为 43.2%[②]。

2017 年，全市规模以上工业主营业务收入 952.95 亿元，增长 22.8%；实现利润 39.28 亿元，比上年增长 69.7%；实现利税 109.55 亿元，增长 44%。工业产销率为 98.68%[③]。

表 12 – 3　规模以上工业主要产品产量

指标名称	单位	2017 年产量	比上年增长（%）
发电量	亿千瓦时	400.79	4.1
卷烟	亿支	207.50	1.2
白酒	千升	12770.00	36.4
水泥	万吨	1253.33	3.8
商品混凝土	万立方米	762.63	32.5
服装	万件	3916.00	30.2
汽车	万辆	8.33	2.3
锂离子电池	万只	8272.22	52.0

资料来源：2017 年《毕节市国民经济和社会发展统计公报》。

---

①②③　资料来源：2017 年《毕节市国民经济和社会发展统计公报》。

（3）第三产业发展潜力巨大。

1）旅游发展。2017年，旅游总人数7740.87万人次，比上年增长40.9%，实现旅游总收入641.71亿元，比上年增长44.4%①。

表12-4　2013~2017年旅游业总人数、总收入

指标名称	2013年	2014年	2015年	2016年	2017年
旅游总人数（万人次）	2801.1	3403.3	4093.8	5494.3	7740.87
旅游总人数比上年增长（%）	23.0	21.0	20.0	34.0	40.90
旅游总收入（亿元）	207.6	255.6	312.6	444.5	641.71
旅游总收入比上年增长（%）	27.0	17.0	22.0	42.0	44.40

资料来源：2017年《毕节市国民经济和社会发展统计公报》。

2）交通运输和邮电通信。2017年，年末公路通车里程3.19万千米，比上年增长0.6%。其中高速公路通车里程757千米。毕节飞雄机场共开通了21条航线，通达23个城市；完成旅客运输量111万人次，比上年增长51.4%，货物吞吐量1056吨，比上年增长146%。机动车保有量82.64万辆，比上年增长19%。其中私人汽车保有量40.27万辆，比上年增长28.8%；私人轿车保有量16.86万辆，比上年增长27%②。

2017年，实现通信业务收入33.51亿元，比上年增长5.7%。年末移动电话用户518.55万户，固定电话用户17.6万户、互联网用户379.91万户。2017年，完成邮政业务总量4.14亿元，比上年增长26%；邮政业务收入4.45亿元，比上年增长27%。快递业务总量985.99万件，比上年增长53.2%；快递业务收入1.71亿元，比上年增长42%③。

表12-5　2013~2017年邮政业务总量、总收入

	2013年	2014年	2015年	2016年	2017年
快递业务量（万件）	148.29	250.03	357.51	642.40	985.99
比上年增长（%）	—	68.60	43	79.70	53.20
快递业务收入（万元）	3224.15	6244.71	8030.96	11998.41	17050.66
比上年增长（%）	—	93.70	28.60	49.40	42
邮政行业业务总量（万元）	17235.33	21703.18	25815.24	32867.85	41409.73
比上年增长（%）		23.80	19	27.30	26
邮政行业业务收入（万元）	18719.80	24942.21	28318.40	35046.38	44494.42
比上年增长（%）	—	27.50	13.50	23.80	27
邮政函件（万件）		772.41	497.12	481.69	653.93
比上年增长（%）	—	—	-35.60	-3.10	35.80
邮政包裹（万件）		7.34	4.50	1.10	1.20
比上年增长（%）	—	—	-38.70	-75.60	9.10

资料来源：2017年《毕节市国民经济和社会发展统计公报》。

①②③　资料来源：2017年《毕节市国民经济和社会发展统计公报》。

3）教育和科技。2017年，学前教育三年毛入园（班）率为86.9%，比上年提升2.8个百分点；小学适龄儿童入学率为99.7%（其中女童入学率99.6%）；初中阶段毛入学率为102%；高中阶段毛入学率为87.7%，比上年提升0.9个百分点；高等教育毛入学率达42.4%，比上年提升5.9个百分点。小学辍学率为0.2%，初中辍学率为0.9%。人均受教育年限达8.6年，比上年提高0.3年。小学寄宿生17.36万人，寄宿率达20.9%；初中寄宿生26.49万人，寄宿率达59.4%[①]。

截至2017年末，建成国家农业科技示范园区1个、省级农业科技示范园8个；国家级高新技术产业化基地1个、高新技术企业增至10家；省级科技企业孵化器1个；省级众创空间2个、市级众创空间6个。累计建成省级工程技术研究中心2个、省市共建工程技术研究中心（重点实验室）4个，市级工程技术研究中心7个，市级重点实验室3个。科技型企业备案增至485家。2017年，专利申请1129件，比上年增长73.4%；授权专利420件，比上年增长2.4%；有效发明专利突破173件，比上年增长13.3%[②]。

4）文化和卫生。2017年，新建广电光缆2.93万千米，新建61个乡镇广播影视综合服务站。完成8个高山无线发射台站基础设施建设，新增"广电云"用户25.12万。广播电视农村直播卫星用户116.88万户，有线数字电视用户56.33万户。广播综合覆盖率92.0%，其中农村广播综合覆盖率91.9%。电视综合覆盖率95.1%，其中农村电视综合覆盖率95.0%[③]。

2017年末共有医疗卫生机构4887个，其中综合医院223个、中医院13个、专科医院29个、疾病预防控制中心10个、妇幼保健院10个、卫生监督所9个、采供血机构2个、社区卫生服务中心36个、乡镇卫生院240个、村卫生室4059个。全市共有卫生专业技术人员30409人，每千人拥有护士1.5人。全市各级医疗机构共有床位数36232张，每千人床位数3.9张。全面建成市县乡村四级医疗预防保健网络，建成市县乡一体化远程医疗服务体系，初步建成"15分钟城市社区医疗健康服务圈"和"30分钟乡村医疗健康服务圈"[④]。

2. 毕节市资源情况

（1）自然资源。

1）地形地貌。毕节市地处北纬26°21′~27°46′，东经103°36′~106°43′。位于贵州省西北部，扼川滇黔三省交通要冲，北接四川泸州市，西邻云南昭通市、曲靖市，东靠贵州贵阳市、遵义市，南接贵州六盘水市、安顺市，为乌江、赤水河、北盘江的发源地。地形地貌独特，自然资源丰富，气候宜人，开发前景广阔[⑤]。

毕节市地层出露较齐全，从元古界震旦系至新生界的第四系地层均有分布。地质构造复杂，褶皱断裂交错发育。岩溶地貌形态多样，在区内分布次序为：东部峰林、谷地、峰丛、缓丘、洼地—中部峰丛、槽谷、丘陵洼地—西部高原、岩溶、缓丘、盆地。境内出露的岩石以沉积岩为主，面积2.49万平方千米，占全市总面积的92.81%；岩浆岩较少，约0.19万平方千米，占全市总面积的7.19%；沉积岩中以碳酸盐岩类居多，占全市总面积的62.2%；煤系砂页岩占15.6%；紫色砂页岩和紫红色砂泥岩占12.9%；泥质岩类占2.1%。市内地势西高东低，山峦重叠，河流纵横，高原、山地、盆地、谷地、平坝、峰丛、槽谷、洼地、岩溶湖等交错其间。境内平均海拔1600米，最高处位于赫章县珠市彝族乡的小韭菜坪，海拔2900.6米；最低处位于金沙县与仁怀县、四川省古蔺县交界的赤水河谷鱼塘河边，海拔

---

①②③④　资料来源：2017年《毕节市国民经济和社会发展统计公报》。

⑤　资料来源：毕节市人民政府官网，http://www.bijie.gov.cn/。

457 米①。

境内气候特别，夏无酷暑、冬无严寒，季风气候比较明显，降雨量较为充沛，立体气候突出。全市各县区多年（1951～1998 年）平均温度为 10～15℃，最高为金沙县。最低为威宁彝族回族苗族自治县；年日照时数为 1096～1769 小时，最多为威宁彝族回族苗族自治县；无霜期为 245～290 天，金沙、织金两县最长；年均降水量为 849～1399 毫米，最多为织金县，最少为赫章县。海拔相对高差大，垂直气候变化尤为明显，山上山下冷暖不同，高原平地寒热各异，利于多种动植物生长②。

2）矿产资源。全市年降水总量 277.96 亿立方米，每平方千米平均降水 103 万立方米；年径流变化为 300～1000 毫米，河川径流总量多年在 130 亿立方米左右。水能资源理论储量 221.21 万千瓦，其中属长江流域的 214.67 万千瓦，属珠江流域的 6.54 万千瓦。水能资源可开发装机容量 160.08 万千瓦，占理论蕴藏量的 70.2%③。

3）生物资源。市境内有苔类植物近 100 种，蕨类植物 34 科 130 种，裸子植物 9 科 22 种，被子植物 155 科 1809 种，粮食作物 21 种 950 个品种，其中豆类 7 种 277 个品种；油料作物 7 种 64 个品种；蔬菜有 56 种 395 个品种；药用植物 1000 多种，主产半夏、天麻、茯苓、党参、杜仲；有各类草场 745 万亩，野生牧草 45 科 378 种，森林覆盖率 44.06%；畜禽种类多，黔西马和可乐猪驰名全国；鱼类 74 种，脊椎动物 387 种，黑颈鹤、白鹤属国家珍稀保护鸟类。全市有 7 个县区属全国生漆基地县，5 个县区属全国烤烟基地县，2 个县属全国核桃基地县④。

4）矿产资源。境内有煤、铁、铅锌、硫、黏土、高岭土、铝土、磷、硅石、重晶石、砂岩、石膏、稀土、彩石、白云岩、锑、镍、钴土、锰、铜、萤石、碧石、玛瑙等 40 种矿源。其中煤储量 364.7 亿吨，居贵州全省之首；铁矿探明含储量 2.27 亿吨，占全省探明储量的 51.7%；铅锌矿查明中型矿床 3 个、小型矿床 13 个；硫铁矿有大型矿床 4 个、中型矿床 1 个；磷块岩储量 14.3 亿吨，织金县为省内四大磷基地之一。至 2009 年已开发的矿产资源有煤、铁、硫、铅锌、磷、锰、铜等 30 多种⑤。

5）旅游资源。境内旅游资源丰富。国家级风景名胜区织金洞，为世界上开发供游览的最大最美溶洞，与黄果树、龙宫、红枫湖组成贵州西部的旅游黄金环线；国家级森林公园百里杜鹃，总面积 125.8 平方千米，杜鹃品种达 60 余种，阳春季节，繁花似锦；国家自然保护区草海，是与滇池齐名的高原淡水湖之一，面积 27.5 平方千米，有鸟类 155 种，其中属国家一级保护的 5 种、二级保护的 11 种，草海被誉为云贵高原的明珠、"鸟的乐园"；国家级风景区"九洞天"，7 千米伏流连九洞，集古、奇、秀、险、幽于一体；西电东送重点工程洪家渡水电站建成后，形成蓄水面积 80 多平方千米的高原湖泊支嘎阿鲁湖（原名水西湖），湖光山色，美不胜收，经开发将变成一道亮丽的旅游风景线；贵州屋脊赫章韭菜坪风景名胜区，面积 26.5 平方千米，有贵州第一峰、千亩石林、万亩草场，自然景观秀美、奇险，更有浓郁的民族风情点缀，是第五批省级风景名胜区；赫章野马川、纳雍总溪河樱桃熟坠枝头，金沙、黔西连片金黄油菜花绽放时，更是人们踏青的去处；赫章可乐、威宁中水是古夜郎文明探幽寻秘之地；七星关城区中华苏维埃人民共和国川滇黔省革命委员会旧址、林口镇"鸡鸣三省"等红色旅游景点，是进行爱国主义、革命传统教育的圣地。此外，市内广阔的岩溶地貌，绮丽的自然风光，众多的名胜古迹，著名的革命遗址，浓郁的民族风情，均是旅游开发的宝贵资源⑥。

（2）市场资源。

---

①②③④⑤⑥　资料来源：毕节市人民政府官网，http://www.bijie.gov.cn/。

1）消费品市场保持活跃。2017 年，完成社会消费品零售总额 381.98 亿元，比上年增长 12.3%。按经营单位所在地分，城镇消费品零售额为 296.09 亿元，比上年增长 12.8%；乡村消费品零售额为 85.89 亿元，比上年增长 10.5%。按行业分，批发业为 15.07 亿元，比上年增长 53.6%；零售业为 326.56 亿元，比上年增长 9.9%；住宿业为 8.07 亿元，比上年增长 17.5%；餐饮业为 32.29 亿元，比上年增长 22.7%。按消费形态分，餐饮收入 36.57 亿元，比上年增长 21.4%；商品零售 345.41 亿元，比上年增长 11.4%①。

2）开放型经济。2017 年，实际利用外资总额 2.62 亿美元，比上年增长 19.5%；新成立外商投资企业 5 个，比上年增长 150%。进出口总额 2.05 亿美元，比上年增长 120.2%。其中出口总额 2.05 亿美元，比上年增长 124%。引进省外实际到位资金 1450 亿元，比上年增长 20%；引进省外项目 788 个，比上年增长 47%；引进项目合同约定投资 1579.29 亿元，比上年增长 4.1%。

3）人民生活与社会保障。2017 年，城镇新增就业 6.39 万人，比上年增长 1.7%，其中失业人员再就业 1.6 万人。年末城镇登记失业人数 1.44 万人，城镇登记失业率 3.4%，比上年下降 0.6 个百分点②。

居民消费价格比上年上涨 1.5%。按类别分，食品烟酒类下降 2.0%，衣着类下降 0.1%，居住类上涨 8.5%，生活用品及服务类下降 2.1%，交通和通信类上涨 1.3%，教育文化和娱乐类下降 0.3%，医疗保健类上涨 6.8%，其他用品和服务类基本持平③。

三、东西部扶贫协作城市产业与资源基本情况对比

1. 广州市的优势和需求

（1）优势方面。

1）经济体量大。2017 年 GDP 达 2.15 万亿元，人均 GDP 达 15 万元，在全国 GDP 前十强城市中仅次于上海、北京、深圳，排名第四。一般公共预算收入达 1533 亿元；城市和农村居民人均可支配收入分别达 55400 元、23484 元，分别高出全国平均水平 21566 元、11515 元④。

2）产业集群强。三次产业结构比为 1.09∶29.97∶70.94，第三产业占比位列全国前三，产业之间互成链条，已形成 10 个千亿级产业集群和 26 个百亿级产业集群，民营企业突破 50 万户⑤。

农业方面，已进入"高质、高产、高效"和"专业化、商品化、社会化"发展阶段，2017 年农业总收入达 1912.7 亿元。工业方面，已形成外向型现代工业体系，2017 年工业增加值达 5459.69 亿元，全国 40 个工业行业大类中广州有 34 个。三产方面广州作为华南地区金融中心，已进入全球金融中心指数体系，并在全球排名第 32 位，商业网点超过 10 万个，其"广交会"被誉为"中国第一展"⑥。

3）科技水平高。科技人才资源集聚效应突出，"千人计划"等高端创新人才超过 300 人，高级职称专业技术人才总量达 20 万人。教育和医疗卫生资源丰富，有高校 86 所，科研机构 150 多个，中职学校与企业联合开办"订单培养班"178 个；有各类医疗卫生机构 3806 个，三级医院 54 家，全国百强综合医院 9 家，国家临床重点专科 143 个⑦。

4）营商环境好。区位条件得天独厚，是全球港口和机场同时进入前 20 名的 6 个城市之一，全国对外贸易的重要港口的"南大门"。作为"千年商都"，开放且包容，市场经济体

---

①②③　资料来源：2017 年《毕节市国民经济和社会发展统计公报》。

④⑤⑥⑦　资料来源：根据贵州省社科院赴毕节市人民政府调研座谈会部门交流发言材料整理。

系发育比较成熟。政府管理高效有序，社会治理法制化程度高，制度执行力强，用专业的人做专业的事。围绕"人的城镇化"探索出城市建设的"广州模式"，2017 年举办了"世界城市日"活动。文化底蕴深厚，软实力较强，其"爱的 GDP"让市民很有获得感和幸福感。

（2）需求方面。

1）对优质农产品及中药材的需求。据广州市江南市场 2017 年 9 月的蔬菜销售统计数据显示，日均交易量达 778.3 万公斤，其中外地蔬菜占 94.84%。另外，广州清平中药材市场是全国 18 个中药材交易市场之一，加之广州居民向来有以药入膳的习惯，对食药两用类农产品及中药材的需求量也很大[①]。

2）对旅游目的地的需求。广州人基本上每年都要外出旅游。据中国旅游研究院《2016 中国出境旅游大数据》显示，广州在出境旅游出发城市中排名第四，仅 2016 年上半年组团出境旅游游客数就超过 145 万人次。

3）产业和企业扩张发展的需求。随着经济总量不断膨胀和转型升级深入推进，加之数量庞大的企业及商业市场对原材料产品的需求，相关产业和行业必然要求越出广州地区乃至广东范围，在更大空间拓展和延伸，建立生产基地和纵深腹地。

4）科技人才队伍实践拓展的需求。人社部《关于加强基层专业技术人才队伍建设的意见》（人社部发〔2016〕57 号）要求"推广中小学教师，卫生等重点领域专业技术人才晋升高级职称须有 1 年以上农村基层工作服务经历的说法"。以医疗卫生领域为例，广州现有 13.8 万医疗卫生技术人员，对具备 1 年以上基层服务经历而满足晋升条件的需求较为广泛。另外，劳务需求量也比较大，仅 2017 年上半年在广州人力资源市场进场登记的供需规模就接近 200 万人次[②]。

2. 毕节市的优势和需求

（1）优势方面。

试验区优势明显，中央、省十分关心和重视，23 个国家部门出台了 28 项差别化支持政策。从发展潜力看，后发优势也比较明显。

1）具备大发展的交通基础。高速公路已实现"县县通"通车里程达 720 千米，公路通车总里程 3.17 万千米，乡乡通油路、村村通公路、组组通公路即将实现；铁路从无到有，通车里程已达 576 千米；飞雄机场已与北上广深等 20 座城市通航，2017 年旅客运输量达 108 万人次，基本构建了大进大出的交通格局，川滇黔渝结合部的区位优势日益彰显，为大发展奠定了坚实基础[③]。

2）具备发展优质农产品的先天优势。冬无严寒，夏无酷暑，属亚热带季风性气候，水热资源丰富，加之"一山有四季，十里不同天"的立体气候特征，生物种类丰富多样，药用植物和野生动物均超过 1000 种，盛产核桃、辣椒、白蒜、天麻、竹荪、杜仲、五倍子等特色农产品和中药材。现有耕地 1867.62 万亩，各类草场 745 万亩，今年全市调减低效玉米种植面积 183 万亩以上，用于发展经济价值相对较高的蔬菜（香葱）、马铃薯、食用菌、茶叶、中药材、经果林等农特产品，具备了发展优质农产品和食药两用类药材的先天优势[④]。

3）具备打造旅游目的地的优质资源。独特的喀斯特地貌千姿百态，生态环境持续向好，空气质量优，环境污染少，森林覆盖率已达 52.8%，是天然"大空调""大氧吧"。有"地球彩带"百里杜鹃，世界地质公园"织金洞""高原明珠"草海等优质旅游资源，民族文化、历史文化、红色文化绚丽多彩，推进旅游全域化，打造旅游目的地前景广阔。

4）具备承载高科技产业发展的基础条件。已建成工业园区 9 个，103 平方千米，建成

[①②③④] 资料来源：根据贵州省社科院赴毕节市人民政府调研座谈会部门交流发言材料整理。

标准厂房 600 余万平方米。同时，还规划建设 11 个物流园区，可容纳 10 万人的金海湖新区职教城初步建成。已获批建设"国家新能源汽车高新技术产业化基地""国家新型工业化产业示范基地"，《毕节试验区国家新型能源化工基地规划》已获国家能源局批复。能矿资源富集，黔西煤制乙二醇，纳雍煤制清洁燃料等现代煤化工项目正加快推进。获认证的高新技术企业有 10 家，锂电池、装备制造、电子信息、新能源、新材料、新型能源化工、生物产业等高新领域已有一定发展基础[①]。

（2）需求方面。

1）农产品和文化旅游走出去寻找大市场的需求。随着乡乡镇镇建农业园区，尤其是农业产业结构调整步伐不断加快，农业产业规模不断壮大，农产品产量增大，种类增多，急需拓展销售市场。同时，随着文化旅游加快发展，也急需拓宽市场。

2）争取建立国家高新技术开发区的需求。毕节市委、市政府正争取把毕节经济开发区打造成国家高新区。目前，开发区包括正在建设的"毕节·广州产业园"急需引进电子信息、新型建材、装备制造、新能源汽车等高新技术产业和优强企业，通过打造国家高新区，带动全市其他工业园区升级发展。此外，规划建设的 326 个农业园区也急需引进蔬菜、马铃薯、食用菌、中药材等方面的科技型农业龙头企业，尤其需要引进生物产业领域的高新企业入驻。

3）引才引智的需求。教育方面，按生师比标准，教师累计缺口 16007 人，其中幼儿园 16262 人、中职学校 2074 人、普通高中 1914 人，急需在校企联合、人才定向培养、合作办学等方面争取支持。医疗卫生方面，职业医师缺额 15000 人，执业护士缺额 18000 人，公共卫生人员缺额 6500 人，肿瘤、微创、心胸外科、麻醉、眼耳鼻喉等专业人才奇缺，急需在专科联盟、重点学科建设、全科医生培养等方面争取支持。园区建设、城市规划等领域也急需引才引智[②]。

4）创新治理模式和金融机制的需求。急需借鉴广州市的经验做法，强化法治思维，提升治理能力，健全优质高效的服务体系，优化政务服务环境。急需借鉴广州融资平台建设模式，推进平台公司实体化转型发展，提高金融服务实体经济的能力水平。

第二节　广州—毕节东西部扶贫协作情况

一、农业产业东西部扶贫协作工作进展情况

1. 加强合作交流

（1）"走出去"与广州形成良好的合作关系。毕节农产品开拓广州市场方面，得到了广州市商务委等部门的大力支持。在两地商务部门的紧密合作框架下，商务局主要领导多次率队深入广州各大超市和餐饮协会等农产品流通领域企业考察对接，大力推销毕节市绿色优质农特产品，使毕节的农产品获得了广州企业及消费者的广泛认可。

2017 年 2 月 28 日，由贵州省政府主办的贵州绿色优质农产品广州展示推介会在广州东方宾馆举办，毕节商务局组织了全市具有代表性的 17 家企业共 50 余款毕节绿色优质农产品参加了展示推介，促进毕节市 3 家农产品生产加工企业与 7 家外地企业签订购销合同 1007

---

① ②　资料来源：根据贵州省社科院赴毕节市人民政府调研座谈会部门交流发言材料整理。

万元，4 家农产品生产加工企业与 9 家外地企业达成意向签约 2230 万元①。

2017 年 6 月 1 日，在毕节（广州）招商引资助推脱贫攻坚推介会暨广东省贵州毕节商会成立大会上，成功签约毕节农产品贸易项目 85 个，共计 14.31 亿元。同步在广州白云国际会议中心举办的乌蒙山宝·毕节珍好优质特色农产品展销会集中展示展销了毕节市 190 多个名优农产品，仅半天时间现场销售收入近 10 万元，并与 20 余家采购企业达成 6000 多万意向合作协议②。

2017 年 6 月 14~17 日，组织 20 余家农特产品企业参加第六届广州国际食品食材展，收获颇丰，现场销售金额 10 余万元③。

2017 年 8 月 25~28 日，组织 10 家农特产品生产企业参加第 25 届广州博览会，产生意向性订单 17 个，协议金额 1134.9 万元，现场交易金额 11.2 万元④。

2017 年 11 月 10~19 日，组织 10 家农产品生产企业参加 2017 广州国际美食文化节活动，达成意向协议 10 余个，意向协议金额 1500 余万元，现场销售近 40 万元⑤。

（2）"请进来"对接与广州签订了稳定的供货订单。为推动产销对接形成稳定的销售渠道，毕节市商务局多次邀请广州市商务委、广州市餐饮协会、广州市江南果蔬菜市场等单位和企业，赴毕节市农产品生产加工企业洽谈，通过努力，广州市商务委 2 次率广州市农产品流通企业 60 余家赴毕开展产销对接，广州市餐饮协会 2 次率广州市餐饮企业赴毕开展产销对接，前后共推动毕节市农产品生产企业与广州农产品销售企业形成合作订单 15 个，协议金额 6 亿余元⑥。

（3）农业方面对接成效显著。如广州某大型制药企业已与毕节乌蒙山某大型药材企业签订三年药材采购协议，首批采购 50 吨药材；广州某餐饮企业与毕节珍好农产品开发有限公司开展合作，已采购毕节七星关区大萝卜约 10 吨；番禺区供销社与毕节市威宁县、赫章县供销社签署农特产品三年采购合作框架协议，在一些电商平台上增设"贵州特产"专栏和专区，并通过线下商场、平价商店等多渠道展销。线上、线下农产品销售势头良好。同时，成立毕节绿色农产品广州（华南片区）营销联盟，将广州企业家邀请到毕节市绿色优质农产品营销大队伍，利用他们的渠道资源，助力毕货出山⑦。

2. 推进招商引资

为实现扶贫工作由"输血型"到"造血型"转变，广州市集中优势资源，着力帮助毕节做好农业招商引资工作。目前已有 10 多家企业有意在毕节市投资、合作发展农业，且部分项目已投资建设或签约。如广州某大型批发市场于 2016 年 12 月在毕节市赫章县注册 1000 万元成立了某农业科技开发有限公司，在毕节市开展马铃薯等农产品的良种培育、基地种植及加工销售等业务，努力实现三年内培育上市的目标，为当地脱贫做更大贡献；贵州某云科技公司计划在毕节建设"互联网＋农业"全产业链融合项目，打通当地农业从种植到销售、从品质到安全、从物流到金融、从引入外来企业到孵化本土创客的全产业链。由广州某生物科技有限公司设立的贵州某生物科技有限公司在大方县投资办厂，投资规模 4 亿元⑧。

3. 搭建展示平台

广州市大力推介毕节的现代山地高效农业产业，通过举办 2017 毕节市（广州）招商引资项目推介会暨广东省贵州毕节商会成立大会和参加 25 届广州博览会等活动，仅以此在广州多方面、多层次展示"毕节印象"。

4. 建设展销窗口，夯实产品进粤稳定通道

毕节与广州相距数千千米，路途遥远，山川阻隔，一定程度上限制了产销对接工作的开

---

①②③④⑤⑥⑦⑧　资料来源：根据贵州省社科院赴毕节市人民政府调研座谈会部门交流发言材料整理。

展。为了更直观地向广州市民展示和销售毕节市的绿色优质农特产品，毕节市商务局选择广州主要的农产品销售场所，大力建设农产品分销中心和展销窗口等农产品销售载体，推动形成了稳定的农产品进入珠三角销售的通道。其中，在广州市花都区建设贵州省农产品（广州）分销中心1个（占地2300平方米），已于2017年10月18日正式运营；在广州江南果蔬批发市场建设农产品销售专区1个（占地2500平方米）；在广州胜佳超市76个点设置以"花海毕节·品味乌蒙"为主题的广州胜佳超市毕节优质农产品专区76个，已于2017年6月1日开始陆续运营，已实现销售毕节鸡蛋等优质农产品2000余万元；在广州兴安超市设置毕节莜茶等农特产品销售专区40余个，已于2017年7月陆续开始运营，已销售毕节优质农产100余万。在深圳市海吉星农产品批发市场建成毕节农产品（深圳）分销中心1个，占地1000平方米，已吸纳全市70余款农特产品入驻展销。已初步打开了毕节市农产品销售珠三角市场的渠道①。

5. 建立联系机制

广州市农业局和毕节市农委双方建立农业交流合作联席会议制度，会议原则上每年举办一次以上，研究解决区域农业帮扶合作的协调和重大事项的推进，建立部门内衔接落实制度，双方有关负责部门加强相互间的协商与衔接落实，对具体合作项目及相关事宜提出工作措施，制订合作计划，落实提出的合作事项。

二、工业能源产业东西部扶贫协作工作进展情况

毕节市工业能源委提出：一是要做好毕节工业项目谋划工作，对大数据信息产业类、清洁环保高耗能类、劳动密集类等产业，帮助有序承接转移；二是做好项目服务工作，对于广州市产业转移项目按照"一事一议""全程服务"的要求，落实好各项优惠政策，全面做好保障；三是积极探索广州与毕节产业合作模式，以东西部扶贫协作为契机，合作共建毕节·广州产业园，找准切入点推动广州企业与毕节企业达成合作共识；四是希望广州政、企与毕节政、企加强回访互动，在项目合作上有新突破。

广州某轻工集团：广州某轻工集团可依托现有出口业务，为毕节某实业电动车、节能光源和毕节其他出口的产品提供出口贸易帮助；可帮助毕节市农特产品拓展市场，特别是毕节核桃、天麻等特色农特产品；有意愿投资毕节市电动汽车充电桩建设项目。

广州某药业集团：针对毕节中草药种植优势，广州某药业集团愿与毕节某药业企业合作，达成了以广州某药业集团下属采灵芝公司采购毕节某药业赫章基地中药材的合作协议，广州某药业集团表示全面落实广州国资委明确的帮扶工作，并提出在毕节市开展医药药房托管试点合作，实行药品统一采购和配送。

广州某汽车集团：针对毕节某新能源汽车生产起步期，在技术、人才、管理等方面相对落后的实际，广州某汽车集团可派员到毕节某新能源汽车集团开展指导产品开发、技术支持等方面的业务。毕节某新能源汽车集团也可派员到广州某汽车集团进行中高层管理人员、技术人员的跟班学习培训，从而解决毕节某新能源汽车在技术、人才、管理等方面匮乏的问题。

广州某无线电集团：广州某无线电集团作为广州市国有企业，主要业务有军、民用无线电通信设备制造、金融服务外包及金融服务业等。广州某无线电集团与毕节市在金融服务外包、智慧城市建设方面可以进行东西部扶贫协作。

此外，在贵州省省委、省政府和省经信委、广东省省委、省政府和广东省经信委及中国

---

① 资料来源：根据贵州省社科院赴毕节市人民政府调研座谈会部门交流发言材料整理。

国电集团公司的共同努力下，2016 年 5 月 27 日国家发展改革委下发了《国家发展改革委关于南方电网 2016 年西电东送及省间交易计划的复函》（发改运行〔2016〕1132 号），明确将贵州毕节织金电厂送广东深圳 30 亿千瓦时电量单独列出，增加贵州送广东电量计划。贵州电网公司从 2016 年 7 月开始安排"毕电送深"电量，2016 ~ 2017 年共输送电量 56.13 亿千瓦时。2018 年 4 月 12 ~ 14 日广东省经信委和广州市工信委等工作人员一行赴毕节调研电力生产和供电能力情况，并召开座谈会，调研组指出，一是要重点研究将毕节威赫电厂示范项目作为毕节专送广州的电源点；二是在毕节现有输送电量基础上，帮助解决单列向广州市增加直供电量；三是在"西电东送"的基础上，新增"毕电送穗"产业扶贫项目，建立"毕电送穗"产业扶贫基金，以此来支持毕节以产业带动脱贫。

三、旅游产业东西部扶贫协作工作进展情况

据初步统计，2017 年广东赴毕节旅游人次 180 万人次，同比增长 40%，旅游收入 22 亿元，同比增长 45%，对毕节市旅游产业发展起到了积极推动作用①。

1. 建立帮扶联动，沟通机制

按照"四个一"东西部扶贫协作措施，在实现资源共享、市场联动、信息互通、客源互送等方面达成了帮扶工作共识，双方签订了合作框架协议，并建立了日常联络机制，及时通报两市旅游发展情况，协调解决存在的问题和困难。

2. 搭建旅游产品，市场营销合作平台

组织广州市相关部门、旅游业界和新闻媒体赴毕节市各县实地考察旅游产业建设情况，为毕节市各县旅游项目招商搭建平台。毕节市针对广东市场制定了《毕节市旅游优惠活动方案》，内容包括毕节市国有景区对广东籍游客免收门票政策、旅游航空优惠政策、旅游团队组客绩效奖等。由广州市旅游局、毕节市旅游局和广东省第一扶贫协作工作组共同主办的"百企千团十万广东人游贵州"活动启动，拉开了十万广东人游毕节的序幕。

与广州某旅游集团签订东西部扶贫协作协议，广之旅在线上线下推出一系列符合广东游客的毕节旅游新产品，提升毕节在广州旅游市场的人气，"以旅游先行"助力东西部扶贫协作工作，2018 年启动组客赴毕节旅游工作，预计将组织赴毕节旅游人次达到 5000 人以上②。

3. 拓宽毕节旅游品牌宣传推广渠道

在广州国际旅游展览会支持并提供了四个毕节市标准展位，毕节市借助广州国际旅游展览会展示推介"洞天福地·花海毕节"旅游资源，加强了与广州旅游业界的交流。提供香港红磡车站两块广告牌，有效提升"洞天福地·花海毕节"港澳境外市场旅游品牌的知名度。

4. 启动旅游人才培训工作

组织广州旅游学者、专家走进毕节，送教上门，对各县（区）旅游行政管理部门、旅游景区、旅游饭店、旅行社管理人员及市旅游局相关科室人员共 100 余人进行了培训，针对毕节旅游发展情况做旅游营销和品牌策划，传授广州发达地区旅游产业的信息和经验，有效提升了毕节市旅游从业人员业务水平③。

组织广州市金牌导游赴毕节对各县区旅游行政管理人员、旅游景区讲解员、导游人员共 150 余人开展培训，培训内容包括旅游服务礼仪、导游发音技巧及导游词编写要求、人际沟通和服务技巧、景区讲解等，切实提高了毕节市导游人员的综合素质④。

---

①②③④ 资料来源：根据贵州省社科院赴毕节市人民政府调研座谈会部门交流发言材料整理。

四、教育产业东西部扶贫协作工作进展情况

广东省教育局安排5所学校与毕节市县（区）学校结对帮扶，分别是：广东省华南师范大学附属中学结对帮扶威宁民族中学，华南师范大学附属小学结对帮扶赫章二小，广州市第十八中学结对帮扶纳雍县第三中学，广州市天河中学结对帮扶纳雍县第四中学，广东仲元中学帮扶赫章县第三中学。广州工程技术职业学院与毕节工业职业学院达成东西部扶贫协作合作意向①。

广州某股权投资基金管理有限公司2017～2018学年拟向毕节市纳雍县、威宁县和赫章县捐赠100万元用于帮助三县成绩优秀且家庭经济困难的高中贫困学生顺利完成学业，目前第一批50万元的资金已于2017年3月6日到位，教育局资助中心已按合作协议要求有序开展，后续待某股权投资基金管理有限公司审核确认，并向省教育发展基金会打入第二批资金50万元后，毕节市教育局认真组织各县按照要求进行公示和发放②。

选派毕节市40名中小学骨干校长和30名小学语文教师赴广州大学培训，本次培训推进了参训校长和教师专业素质的提升，促进了广州先进的教育理念、管理理念和课堂教学方法在毕节的传播③。

开展2018年互派干部挂职工作，互派9名校长到对方学校挂职。各东西部扶贫协作学校积极互访，开展了丰富多彩教育交流活动，增加了毕节市学校的"造血"功能④。

五、医疗卫生产业东西部扶贫协作工作进展情况

2017年6月，为全面推进帮扶工作，广州市卫生计生委和毕节市卫生计生委互访协商，正式确立建立覆盖双方市、县（区）各级各类医疗卫生机构的全方位东西部扶贫协作体系。

（1）毕节市22个市、县医疗卫生单位分别与广州市23个医疗卫生单位建立一对一帮扶关系，签订细化帮扶协议。确立了"一年打基础，两年有变化，三年大提升"的工作目标，大力实施"走出去、请进来"战略，以人才培养，"5＋2"重点学科和远程医疗建设为重点，从行政业务管理、人才交流、业务培训、学科建设等多领域入手，开展多层次医疗帮扶。在具体帮扶中，各支援受援单位深入对接、立足实际，本着"广州所能、毕节所需、毕节所能、广州所需"的原则，以学科建设、人才培养为切入点，实施"扶智"为主的科学精准帮扶⑤。

（2）广州市各帮扶单位倾力支持，向支援单位选派专家团队驻点开展医疗帮扶，重点支持医院管理指导、医疗技术"传帮带"及医学人才培养，免费接受受援医院医疗骨干人员进修，支援、受援单位双方派驻干部挂职，以治理帮扶带动医疗卫生服务能力提升。

（3）2017年以来，毕节市各级卫生计生行政部门，医疗卫生单位已经派出193名业务骨干赴广州市支援单位进修学习，其中医疗业务骨干中长期进修143人次，管理骨干短期培训50人次；广州市毕节市卫生计生行政部门，医疗卫生单位广泛开展领导干部、骨干人员互相挂职，挂职期限半年至一年，目前双方互挂人员达50余人。各支援单位共计派出各类医疗卫生专家173人次到受援单位开展工作指导，开展教学查房275次，开展手术示教545人次，指导帮助开展新技术新项目13项，指导建设重点学科56个，义诊超10000人次。毕节市第一人民医院与广州医科大学附属第二医院联办研究生班，首批招收学员25人，已经正式开班⑥。

在广州市各支援单位的倾力支持下，毕节市各级医疗卫生机构发展迅速，取得了明显成

①②。③④⑤⑥　资料来源：根据贵州省社科院赴毕节市人民政府调研座谈会部门交流发言材料整理。

效。为大力夯实东西部扶贫协作各项保障举措，分别印发了《关于进一步强化市直医疗卫生单位对接广州市东西部扶贫协作工作的通知》及《关于深入推进县（区）卫计系统与广州市东西部扶贫协作工作的通知》。各受援医院大力强化后勤保障工作，主要领导亲自部署，为支援单位专家提供舒适的工作和生活环境，住宿房间必须齐备生活起居所需物品和日常家用电器，确保居住环境安全、卫生。让支援单位专家生活无忧，体会家的感觉，安心在毕节工作。

六、人力资源东西部扶贫协作工作进展情况

1. 人力资源市场建设

2017年人力资源市场建设帮扶工作已基本完成。中国南方人才市场与毕节市就业局签订了《人力资源市场东西部扶贫协作合作协议》，并举行了中国南方人才市场毕节市分会场授牌仪式，中国南方人才市场捐赠5万元市场建设帮扶资金①。

2. 职业技能培训

2017年，在毕节工程应用技术学院举办职业能力建设和职业技能鉴定师资培训班，毕节市职业技能鉴定机构，职业培训学校的40名教师参加培训。在广州举办基层人社干部培训班，毕节市30名人社干部参加培训。在广州举办卫生系统管理人员培训班，毕节市50名卫生系统人员参加培训②。

3. 高校毕业生就业

2017年5月13日，广州市人社局、毕节市人社局、贵州工程应用技术学院在七星关区联合主办了"广黔同心·携手同行"毕节市高校毕业生专场招聘会暨贵州工程应用技术学院2017届毕业生供需见面会。招聘会共有来自省内外的140家企业进场招聘，提供就业岗位5157个，其中广州市企业18家，提供就业岗位1429个。各大中专院校毕业生4000多人次进场求职，现场达成就业意向749人③。

4. 劳务招聘

2017年5月12日，广州市人社局、毕节市人社局、黔西县人民政府共同在黔西县行政中心广场举办"广黔同心·携手同行"农村劳动力专场招聘会。现场有31家企业进场招聘，提供就业岗位5505个，约5000余人进场参加招聘会，初步达成就业意向1200余人。5月27日，毕节市人社局组织广州港集团到精准扶贫帮扶点赫章县双坪乡举办贫困劳动力专场招聘会，共提供237个就业岗位，吸引了全乡600余名劳动力进场求职，现场达成就业意向143人，其中建档立卡贫困家庭劳动力45人④。

七、科技资源东西部扶贫协作工作进展情况

2017年6月，广州市科创委、广州开发区、中山大学、华南农业大学、广东省生物工程研究所及广州市康和药业6个单位和企业组成11人的考察团，赴毕节市调研考察并对接交流2018年科技帮扶项目需求。考察到赫章县、织金县、七星关区和金海湖新区时，重点针对刺梨、核桃、竹荪和新能源汽车产业进行了考察调研⑤。

2017年11月，广州市科创委与贵州某农业科技有限公司（七星关区）、华南理工大学签订了《毕节市刺梨精深加工关键技术研发及产业化》项目任务书，广州市财政资助经费100万元。针对已在毕节市大面积种植生产的中药材刺梨，在现有刺梨汁、刺梨饮料、刺梨酒、刺梨果脯等产品的基础上，支持开展精深加工技术研究，进一步开发中高端刺梨健康系

---

①②③④⑤ 资料来源：根据贵州省社科院赴毕节市人民政府调研座谈会部门交流发言材料整理。

列产品，提升刺梨产品科技含量和附加值，提高刺梨种植生产效益[①]。

第三节　广州—毕节东西部扶贫协作的经验

广州东西部扶贫协作毕节以来，两地认真贯彻中央决策部署，落实广东和贵州省委、省政府要求，切实推进扶贫协作，取得了阶段性成效。

一、组织保障坚强有力

广东省、贵州省和广州、毕节两市党委政府高度重视。广东省委主要领导亲自率队赴毕节调研，省政府主要领导亲自会见毕节党政代表团，广州市委、市政府主要领导亲自带头推动帮扶工作。毕节市党政主要领导两次率党政代表团到广州对接工作。双方成立了工作机构，制订了帮扶规划，建立了党政联席会议制度，积极推进扶贫协作。截至目前，两市召开了党政联系会议5次，完成互访256多批3200多人次[②]。

二、真金白银极大支持

2016年广州帮扶毕节5个国家贫困县的10个项目已基本完工；2017年，广州共安排财政援助资金9144.84万元（其中安排5000万元支持毕节5个国家贫困县用于美丽乡村建设），广东省社会各界共向毕节捐赠近31亿元（其中恒大集团捐赠30亿元），主要用于发展产业、易地搬迁、学校建设等，实施项目101个，帮助6501人脱贫。2017年12月，涉及2016年项目资金的使用已通过广东省审计厅派出审计组审计[③]。

三、产业合作深入推进

2017年，引导广东落地毕节投资企业93家，实施项目434项，实际投资12.23亿元，带动10.15万人脱贫。两市签订了"毕节·广州产业园"合作共建框架协议，毕节市出台了推进园区建设发展的实施意见。广州的多家企业与毕节市相关企业签订合作协议。广州市协调南航将广州至毕节航班加密为每日1班，毕节出台了广东游客、广东旅行社组团赴毕节旅游优惠政策，两地旅游部门共培训旅游管理人才150余名，开展"百企千团百万老广游毕节"活动。毕节接待广东游客186.5万人次，同比增长42.25%。组织毕节企业到广州参加"贵州绿色农产品风行天下"推介会和广州美食街等展会，举办"乌蒙山宝·毕节珍好"等优质特色农产品展销会，在广州某市场开辟专销档口，在广州花都区建立分销中心，在156个超市设立体验营销专区。广州某市场拟投资16亿元在威宁、大方等县建设蔬菜基地10个，项目建成后将有力地推动当地农业产业结构调整。2017年，以鸡蛋、辣椒、果蔬、马铃薯、食用菌等为主的农产品在广州市场实现销售5.9万吨，销售额逾5.7亿元[④]。

四、劳务输出携手同行

两地人社部门签订了《人力资源市场东西部扶贫协作合作协议》，共同推进"广黔同心·携手同行——12338广黔劳务协作红棉计划"大型劳务协作活动。截至目前，两地合作（含H集团帮扶）共举办100期劳务培训班，培训34754人次，其中贫困人口就业培训34573人次；共举办197场招聘会，向贫困户提供21.26万个就业岗位；帮助建档立卡贫困

---

①②③④　资料来源：根据贵州省社科院赴毕节市人民政府调研座谈会部门交流发言材料整理。

户 27078 人实现就业脱贫①。

五、小康行动结对帮扶

截至目前，广州市荔湾、天河、番禺、花都、增城、南沙 6 个区已与毕节市 10 个县区完成帮扶结对，各结对县区之间均由主要领导带队开展了互访交流，签订了合作框架协议，其中南沙区重点帮助推进"毕节·广州产业园"建设；两市已建立乡（镇、街道）结对帮扶关系 25 对，贫困村（社区）结对帮扶关系 30 对。启动了"千企帮千村"活动，广州多家企业已与毕节市相关贫困村建立结对帮扶关系②。

第四节　广州—毕节东西部扶贫协作的困难和问题

广州市—毕节市东西部扶贫协作取得了引人注目的成绩，同时在此过程中也存在许多的问题和困难。

从农业产业来看，需要对重点绿色农产品在东西部市场的销售渠道、主要产品、规模数量、质量价格等方面开展全面摸底调查。应该学习以销定产、以销促产、产销结合等方面的经验做法，研究毕节市重点绿色产品创新产销对接机制的办法措施。要创新营销模式，针对广州市场开展产销对接，推动毕节市各县区的优质农产品在广州每一个东西部扶贫协作区都形成定点销售，真正实现毕节市优质农产品泉涌广州。要进一步强化毕节农产品（广州）销售窗口建设。要进一步强化冷链物流基础设施建设。目前毕节市的农产品冷链还没有形成规模，没有质量认证，没有冷链物流的支持，毕节市无法对广州的顾客提供更好的服务。需要积极推动和帮助有发展潜力的企业在毕节市内开展冷链物流基础设施项目建设，推动毕节市冷链物流现域覆盖。

从工业能源产业来看，毕节作为西部欠发达地区，工业发展起步较晚，基础薄弱，传统产业发力不足，新兴产业支撑不力，全市虽建设了 9 个产业园区，但园区内企业规模小，产业结构不够合理。需要广州市帮助指导毕节产业发展，以产业为纽带，帮助毕节试验区有序承接广州等沿海发达地区大数据、电子、手机终端产品及其零配件生产为主的电子信息产业；LED 系列、新能源电池生产为主的新能源；以轻纺服装、轻工劳动密集型和无污染的高载能以及新型建材、装备制造等产业转移。拟在毕节市内电厂附近规划建设高载能产业园区，对广州梯度转移的资源深加工，高载能、新型建筑建材、劳动密集型等企业按规定实行电价优惠。

从旅游产业来看，需要进一步与广州市旅游局对接，借助广州招商平台发布毕节旅游招商投资项目。引进有实力有创意的广州企业到毕节投资旅游产业，让广州旅游强势企业把毕节的资源转换成为优质的旅游产品。

从医疗产业来看，应该继续强化与广州市卫生计生委的对接，建立科学严密的跟踪管理和考核机制，按月调度和交换工作信息。应该强化医疗技术帮扶，在各帮扶医院的支持指导下，市级公立医院建成 1～2 个重点学科；县级公立医院全部设置康复医学科，建立儿科、新生儿科，完成急诊医学科、重症医学科及其他 5 个重点学科建设；每个县（区）依托县级受帮扶医院或单独建立建成 1 个体验、病理诊断、医学影像中心，承担本区域基层医疗卫生机构的检验检查服务；县级建成胸痛中心；100% 县级综合医院达到二级甲等综合医院标准，其中，40% 县级综合医院达到三级综合医院建设标准，80% 县级中医院达到二级甲等中

---

①② 资料来源：根据贵州省社科院赴毕节市人民政府调研座谈会部门交流发言材料整理。

医院标准；100% 县级医院电子病历应用评级达到国家二级或以上标准。依托现有医疗帮扶关系，加大向县（区）基层（乡镇卫生院、社区卫生服务中心）的帮扶工作延伸①。

从教育产业来看，毕节市派教师赴广州培训回来后，如何运用到日常教学工作中需要进一步的跟踪。多媒体教室建成后，如何通过网络促进两地教师的交流、学生的互动需要进一步的跟踪。

从人力资源方面来看，要继续做好广州、毕节两地城镇职工基本医疗保险跨省异地就医即时结算后续相关工作，切实提高两地医疗就医即时结算工作的质量和水平。

从科技资源方面来看，需要与广州市农业局在农业新品种、新技术的引进试验和示范、技术培训、宣传推广等方面展开密切合作，为毕节市提供必要的支持和帮助。加强在农业科学技术研究、示范推广方面的合作。

第五节　广州—毕节东西部扶贫协作的对策建议

一、进一步完善工作机制

充分发挥毕节市委、市政府领衔对接的龙头作用和对广办、扶贫办、广州办事处、试验区联络联系办、投资促进局"四办一局"统筹对接的主力作用，按季度召开会议调度和推进帮扶协作工作。充分用好用足广州市帮扶的资源，加快全市脱贫攻坚步伐。

二、进一步突出协作重点

1. 突出产业对接

做好产业布局，争取从广州引进物流、医药食品、旅游类龙头企业。着力发展高端生态农业，强化"乌蒙山宝·毕节珍好"品牌保护开发，打造特色农业品牌。加快壮大文化旅游产业，用全域化、集团化思路做出大手笔、大格局。

2. 突出市场对接

加大毕节农产品功效体系建设，深入研究广州市场需求特点，组织策划农产品多层次、多品种推介和产销对接，"菜单式"开拓市场，抓好农产品走进广州市公共机构、农贸市场和大型超市的跟进落实，建立稳定的销售渠道。打造"快旅慢游"服务体系，吸引更多广州和广东游客。

3. 突出金融对接

争取广州融资平台企业与毕节平台企业结对，协调广州市属国有企业入股毕节平台企业。争取广州帮助引进 1~3 家新三板挂牌企业或正在排队的 IPO 企业，协调广州某证券公司帮助培育，包装毕节本土企业在资本市场融资。

4. 突出人才对接

支持县区、市直单位尤其是医院、学校、科研院所结合实际探索柔性引才引智机制，并给予适当奖补。协调广州市选派一批复合型人才赴毕节产业园区、金融、规划、学校、医院等单位挂职 1 年以上；拓宽干部互派交流领域。

三、进一步优化营商环境

结合"不忘初心、牢记使命"主题教育和"脱贫攻坚作风建设年""产业招商突破年"

---

① 资料来源：根据贵州省社科院赴毕节市人民政府调研座谈会部门交流发言材料整理。

和全市正在开展的"大兴调查研究之风，大兴真抓实干之风，大兴勤俭节约之风""三个大兴"活动，把 2018 年作为"环境建设年"，组织开展"作风大整顿，服务大提升，环境大改善"专项行动，强化现有招商引资和产业政策的执行、落实和兑现。

四、进一步狠抓对接落实

在两市党政联席会议制度基础上，争取建立常态化沟通机制，深化交流互访。对照广州东西部扶贫协作毕节五年规划确定的各项目标任务及会商确定的协作事宜，明确责任主体，完成时限和质量要求，实行"销账管理"。

五、持续扩大帮扶成效

加强两地对接，以清单、项目为抓手，积极推动项目落地和工作落实；以国家、省对东西部扶贫协作考核指标为引领，制定毕节市 2018 年考核相关方案，加大对县区和市直相关部门的考核力度，确保 2018 年帮扶工作成效更加突出。

六、持续加强帮扶力度

按照国家对东西部扶贫协作指导意见，持续推进组织领导、人才交流、产业合作、劳务协作、资金支持、携手奔小康 6 个方面规定动作的完成，在园区共建、旅游帮扶等方面做出亮点。

七、加强帮扶工作总结宣传

注重平时工作总结提炼，形成可学习、可复制、可借鉴、可推广，具有广黔特色的东西部扶贫协作工作经验。

第六节　广州—毕节东西部扶贫协作的重点方向

本课题组首先对广州市与毕节市的产业与资源的统计数据进行了分析比较，接着在毕节市政府的大力支持下对毕节市政府相关工作人员进行了小组访谈，然后对毕节产业园区引进的广州企业进行了实地考察，对企业管理者以及互派行政管理人员做了深度访谈。因此不仅学习到了广州市与毕节市在东西部扶贫协作中的宝贵经验和知识，而且了解到了许多相关部门在具体工作中遇到的困难和期待解决的问题。本课题组希望通过本次调研，进一步推动广州市与毕节市的东西部扶贫协作工作，准确地找到下一步双方在东西部扶贫协作工作中的重点方向。广州市与毕节市的东西部扶贫协作需要以市场为导向，推动两市经济发展。关于下一步广州市与毕节市在产业与资源合作的重点方向，可以做以下总结：

表 12-6　广州市与毕节市产业与资源合作的重点方向

序号	产业与资源合作重点方向
1	现代农业： 合作发展农业项目，广州发挥优势资源帮助毕节农业产业招商引资； 通过广交会等平台展示毕节高效山地农业产品； 着力发展高端生态农业，强化"乌蒙山宝·毕节珍好"品牌保护开发，打造特色农业品牌

序号	产业与资源合作重点方向
2	电力行业： 建立"毕电送穗"产业扶贫基金； 对广州梯度转移的资源深加工，高载能、新型建筑建材、劳动密集型等企业按规定实行电价优惠
3	高端装备制造业： 广州在无线电通信设备制造及金融服务业等方面对毕节提供帮扶
4	新能源、新材料、节能环保产业： 对广州大数据信息产业类、清洁环保高耗能类、劳动密集类等产业，有序承接转移； 合作共建毕节·广州产业园； 在新能源汽车方面对毕节的企业进行技术帮扶
5	大健康、生物医药产业： 加强与广州药业企业的合作，扩大中药材的销售量； 广州药业企业在毕节市开展医药药房托管试点合作，实行药品统一采购和配送
6	商贸物流： 毕节市各县区的优质农产品在广州每一个东西部扶贫协作区都形成定点销售； 开展冷链物流基础设施项目建设，推动毕节市冷链物流现域覆盖 扩大广州餐饮业对毕节农产品的采购； 在广州的超市设立毕节农产品展示窗口； 建设"互联网+农业"全产业链融合项目
7	文化旅游产业： 借助广州招商平台发布毕节旅游招商投资项目； 引进有实力有创意的广州企业到毕节投资旅游产业； 打造"快旅慢游"服务体系，吸引更多广州和广东游客
8	电子商务平台建设： 发挥广州的优势资源在电子商务平台上增设"贵州特产"专栏

第七节　广州—毕节东西部扶贫协作的典型案例

东西部扶贫协作典型案例专栏12-1：

【恒大集团帮扶在毕节】
六大措施精准到位　真抓实干掷地有声[①]

在全国政协的支持、鼓励下，2015年12月，恒大集团与大方县签订协议，计划无偿投入30亿元，用3年时间帮助大方县18万贫困人口全部稳定脱贫。从2017年5月开始，恒大集团还主动承担毕节市其他6县3区的帮扶工作，计划再无偿投入80亿元，共计无偿

---

① 资料来源：人民网—贵州频道，http://gz.people.com.cn/n2/2017/1202/c222152-30987818.html。

投入 110 亿元扶贫资金，并派出 2108 人的扶贫团队常驻县、乡、村，确保到 2020 年帮扶毕节市 92.43 万贫困人口全部稳定脱贫。截至目前，恒大已累计捐赠到位资金 40 亿元，各项精准扶贫措施全面展开。

恒大集团从以下方面入手：

在产业扶贫方面，恒大集团结合当地实际，发展蔬菜、肉牛、中药材和经果林等特色产业，为每个贫困户配备至少两个产业项目，并引进上下游龙头企业，形成"龙头企业＋合作社＋贫困户＋基地"的帮扶模式，实现"供、产、销"一体化经营，帮助贫困人口就地脱贫。目前，已开工建设蔬菜、肉牛、中药材、经果林产业化基地 476 个，投入使用 453 个；设立 1 亿元的 H 集团产业扶贫贷款担保基金，担保总额 10 亿元，已为 334 个蔬菜、肉牛等专业合作社发放贷款 4.4 亿元；已引进 43 家上下游龙头企业。

图 12 - 1　恒大产业扶贫毕节市大方县

资料来源：恒大集团官网，http：//www.evergrande.com/。

易地搬迁扶贫方面，针对住在深山老林里面，路不通、水不通、电不通，房子不遮风、不挡雨的贫困群体，恒大集团结合新型城镇化和新农村建设，建设带产业依托的新农村，并配备家私家电等基本生活用品，实现贫困户拎包入住，每户配建 2 栋蔬菜大棚，同时配备肉牛养殖、乡村旅游等作为"第二产业"，民族小镇配建商业街，同时就近配建农牧基地，确保贫困户"能脱贫、稳得住"，目前 50 个新村已建成并交付使用。

教育扶贫方面，恒大集团通过建学校、强师资、设基金，全方位补足当地教育资源缺口，已建成 11 所小学、13 所幼儿园、1 所完全中学和 1 所职业技术学院，并全部投入使用。另外，与清华大学合作引进优质教育资源，目前远程教学平台已投入使用，已培训 550 名教师及管理干部。设立的恒大集团大方教育奖励基金已奖励资助 400 名偏远山区优秀教师、600 名贫困家庭优秀学生。

图 12 – 2　恒大异地搬迁扶贫当地村民

资料来源：恒大集团官网，http://www.evergrande.com/。

　　吸纳就业扶贫方面，恒大集团针对贫困家庭实际情况，组织职业技能培训，吸纳贫困家庭劳动力到恒大集团及战略合作企业就业。目前已培训17700人，已吸纳就业14730人，就业人员年人均工资4.2万元。在贫困家庭创业扶贫方面，恒大集团设立了3亿元的"恒大集团大方贫困家庭创业基金"，三年内分期分批，以贴息和奖补等形式鼓励贫困家庭创业，帮助3万人脱贫致富。

图 12 – 3　恒大吸纳就业扶贫

资料来源：恒大集团官网，http://www.evergrande.com/。

　　特困群体生活保障扶贫方面，恒大集团援建了 1 所慈善医院、1 所养老院、1 所儿童福利院，且都已竣工交付。除此之外，还设立了 2 亿元"恒大集团大方慈善基金"，为孤寡老人养老就医、困境儿童生活学习和贫困家庭就医提供了补助。另外，还为 14140 名特困人群每人购买一份固定收益的商业保险，补足当地低保标准与脱贫标准之间的差额，实现直接脱贫。恒大集团员工还以"一助一"方式，对大方县的 4900 余名农村留守儿童、困境儿童和孤儿进行帮扶。

　　派出 2108 人扶贫队伍，常驻一线助力脱贫攻坚。为了壮大扶贫力量，恒大集团从全集团系统抽调 321 名干部和 1500 名扶贫队员增援扶贫前线，与大方县原有 287 人的扶贫团队组成 2108 人的扶贫队伍，派驻到县、乡、村，与当地干部群众并肩作战，工作到村、包干到户、责任到人，助力毕节脱贫攻坚。

图 12 - 4　恒大扶贫队伍

资料来源：恒大集团官网，http：//www.evergrande.com/。

第三篇

东西部扶贫协作相关法律和规范性文件

一、中央东西部扶贫协作相关法律和规范性文件

中央东西部扶贫协作相关法律和规范性文件

发文机构	文件名称	文号	发布时间
中共中央、国务院	《关于打赢脱贫攻坚战的决定》	中发〔2015〕34号	2015.11.29
中共中央、国务院	《关于打赢脱贫攻坚战三年行动的指导意见》	中发〔2018〕16号	2018.6.15
国务院	《关于印发"十三五"脱贫攻坚规划的通知》	国发〔2016〕64号	2016.12.2
中共中央办公厅、国务院办公厅	《关于创新机制扎实推进农村扶贫开发工作的意见》的通知	中办发〔2013〕25号	2013.12.18
中共中央办公厅、国务院办公厅	《关于进一步加强东西部扶贫协作工作的指导意见》	中办发〔2016〕69号	2016.12.7
中共中央办公厅、国务院办公厅	《脱贫攻坚责任制实施办法》	中央全面深化改革领导小组第二十七次会议审议通过	2016.10.17
国务院办公厅	《关于开展对口帮扶贵州工作的指导意见》	国办发〔2013〕11号	2013.2.7
国务院办公厅	《关于进一步动员社会各方面力量参与扶贫开发的意见》	国办发〔2014〕58号	2014.12.4
国务院办公厅	《关于创新农村基础设施投融资体制机制的指导意见》	国办发〔2017〕17号	2017.2.17
国务院办公厅	《关于深入开展消费扶贫助力打赢脱贫攻坚战的指导意见》	国办发〔2018〕129号	2019.1.14
国务院扶贫开发领导小组办公室、国家发展和改革委员会、农业部等16部门	《关于促进电商精准扶贫的指导意见》	国开办发〔2016〕40号	2016.11.4
国务院扶贫办、中央组织部等13部门	《关于开展扶贫扶志行动的意见》	国开办发〔2018〕45号	2018.11.19
国务院扶贫开发领导小组	关于印发《东西部扶贫协作考核办法(试行)》的通知	国开发〔2017〕6号	2017.8.8
国务院扶贫开发领导小组	《中央单位定点扶贫工作考核办法(试行)》的通知	国开发〔2017〕7号	2017.8.8
文化部	关于印发《中西部地区文化市场综合执法能力提升三年(2014—2016年)行动计划》的通知	文市发〔2014〕13号	2014.3.17
人社部、财政部、国务院扶贫开发领导小组办公室	《关于切实做好就业扶贫工作的指导意见》	人社部发〔2016〕119号	2016.12.2
国家发改委等八部委	《关于支持"飞地经济"发展的指导意见》	发改地区〔2017〕922号	2017.5.12
民政部、财政部、国务院扶贫办	《关于支持社会工作专业力量参与脱贫攻坚的指导意见》	民发〔2017〕119号	2017.6.27
教育部、国务院扶贫办	关于印发《深度贫困地区教育脱贫攻坚实施方案(2018-2020年)》的通知	教发〔2018〕1号	2018.1.15

二、贵州省东西部扶贫协作相关法规和规范性文件

贵州省东西部扶贫协作相关法规和规范性文件

发文机构	文件名称	文号	发布时间
贵州省人大常委会	《贵州省扶贫开发条例》	贵州省第十一届人民代表大会常务委员会第三十三次会议通过	2013.1.18
贵州省人大常委会	《贵州省大扶贫条例》	贵州省第十二届人民代表大会常务委员会第二十四次会议通过	2016.9.30
中共贵州省委、贵州省人民政府	《关于坚决打赢扶贫攻坚战　确保同步全面建成小康社会的决定》	黔党发〔2015〕21号	2015.10.16
中共贵州省委、贵州省人民政府	《关于落实大扶贫战略行动坚决打赢脱贫攻坚战的意见》	黔党发〔2015〕27号	2015.12.16
中共贵州省委、贵州省人民政府	《2017年脱贫攻坚春季攻势行动令》	黔党发〔2017〕5号	2017.2.9
中共贵州省委、贵州省人民政府	《2017年脱贫攻坚秋季攻势行动令》	黔党发〔2017〕22号	2017.8.30
中共贵州省委、贵州省人民政府	《2018年脱贫攻坚夏秋攻势行动令》	黔党发〔2018〕21号	2018.7.20
贵州省人民政府办公厅、国家卫生计生委办公厅	《关于印发黔医人才计划工作方案》的通知	黔府办函〔2016〕231号	2016.11.1
贵州省人民政府办公厅、国家卫生计生委办公厅	《关于印发进一步加强医疗卫生对口帮扶助推贵州省全面提升医疗卫生服务能力工作方案》的通知	黔府办函〔2016〕247号	2016.12.3
贵州省人民政府办公厅	《关于打赢种植业结构战略性调整攻坚战》的通知	黔府办函〔2018〕19号	2018.1.24
贵州省扶贫办	《关于做好全省东西部扶贫协作项目库建设有关工作》的通知	黔扶通〔2018〕2号	2018.2.14
贵州省扶贫办	《关于做好贵州绿色农产品"黔货出山"对口帮扶城市产销调度工作》的通知	黔扶通〔2018〕7号	2018.3.15
贵州省扶贫办、贵州省财政厅	《关于完善扶贫资金项目公告公示制度的实施意见》的通知	黔扶通〔2018〕26号	2018.7.10
贵州省扶贫办	关于印发《贵州省2018年东西部扶贫协作工作要点》的通知	黔扶领办通〔2018〕7号	2018.4.9
贵州省扶贫办	关于印发《东西部扶贫协作和对口帮扶贵州工作总体规划（2016—2020年)》的通知	黔扶领办通〔2018〕3号	2018.7.20

三、上海—遵义东西部扶贫协作相关法律和规范性文件

上海—遵义东西部扶贫协作相关法律和规范性文件

发文机构	文件名称	文号	发布时间
中共上海市委、上海市人民政府	中共上海市委上海市人民政府印发《上海市助力对口地区打赢脱贫攻坚战三年行动计划》	沪委发〔2018〕20 号	2018.8.2
上海市人民政府	《上海市对口支援与合作交流"十二五"规划》	沪府发〔2011〕49 号	2011.8.9
上海市人民政府	《上海市国内合作交流"十三五"规划》	沪府办发〔2016〕28 号	2016.6.21
上海市委办公厅、上海市政府办公厅	《市对口支援与合作交流工作领导小组办公室关于上海东西部扶贫协作和对口支援工作管理办法（试行）》	沪委办〔2018〕28 号	2018.8.1
贵州省人民政府办公厅	《贵州省人民政府关于支持遵义综合保税区创新发展的意见》	黔府发〔2018〕25 号	2018.8.20
上海市对口支援与合作交流工作领导小组办公室	《关于深化携手奔小康行动的工作意见》	—	2019.1.31
上海市卫生健康委员会	《上海市健康促进扶贫工作方案》	—	2019.1.9
上海市对口支援与合作交流工作领导小组办公室	《上海市对口支援与合作交流专项资金资助社会力量参与对口支援工作的实施细则（试行）》	沪合组办〔2017〕23 号	2017.9.16
上海市对口支援与合作交流工作领导小组办公室	《上海市对口支援与合作交流专项资金资助企业投资项目实施细则》	沪合组办〔2014〕30 号	2014.9.25
上海市对口支援与合作交流工作领导小组办公室	《上海市对口支援与合作交流专项资金资助重要课题研究实施细则》	沪合组办〔2014〕35 号	2014.12.3
上海市对口支援与合作交流工作领导小组办公室	《上海市对口支援与合作交流专项资金资助人力资源培训项目实施细则》	沪合组办〔2014〕31 号	2014.10.15
遵义扶贫办	《遵义市东西部扶贫协作考核办法》	—	2017.12.14
遵义扶贫办	《关于举全市之力 集全市之智 聚全市之能广泛动员社会力量参与脱贫攻坚的实施方案》	—	2018.11.22
遵义市政府办	《遵义市加快家庭服务业发展的实施意见》	遵府办发〔2018〕12 号	2018.5.28
遵义扶贫办	《2018 年脱贫攻坚工作要点》	遵扶领〔2018〕1 号	2018.4.25
遵义扶贫办	《遵义市开展脱贫质量年工作方案》	遵扶领〔2018〕6 号	2018.4.25
遵义市投资促进局	《关于深入推进东西部扶贫协作工作的实施方案》	遵市投资通〔2018〕4 号	2018.1.30
上海、贵州、遵义三地红十字会	《2018—2020 年对口帮扶框架协议》	—	2018.1.10
遵义市政府办	《遵义市发展蔬菜产业助推脱贫攻坚三年行动方案（2017—2019 年）》	遵府办发〔2017〕71 号	2017.9.21
遵义市政府办	《遵义市方竹产业助推脱贫攻坚实施方案（2017—2019 年）》	遵府办发〔2017〕75 号	2017.9.21
遵义扶贫办	《上海市对口帮扶贵州省遵义市工作计划（2013—2015 年）》	—	2013.1.7

四、大连—六盘水东西部扶贫协作相关法律和规范性文件

大连—六盘水东西部扶贫协作相关法律和规范性文件

发文机构	文件名称	文号	发布时间
大连市人民政府办公厅	大连市人民政府办公厅关于印发《对口帮扶六盘水市工作规划（2016—2020年）》的通知	大政办发〔2016〕27号	2016.4.1
大连市人民政府办公厅	《大连市人民政府办公厅关于大连市对口帮扶六盘水市工作规划（2016—2020年）的补充意见》	大政办发〔2017〕55号	2017.4.18
大连市对口帮扶协作工作领导小组办公室　六盘水市扶贫开发领导小组办公室	《大连市对口帮扶六盘水市高层联席会议制度》	—	2017.6.12
大连市对口帮扶协作工作领导小组办公室　六盘水市扶贫开发领导小组办公室	关于印发《大连市六盘水市东西部扶贫协作资金项目管理办法（试行)》的通知	六盘水扶领办发〔2018〕45号	2018.9.20
大连市人民政府经济合作交流办公室　大连市财政局	关于印发《大连市对口帮扶六盘水市2016—2020年援助资金增长机制办法》的通知	大经合办发〔2017〕54号	2017.6.9
六盘水市扶贫开发局	六盘水市扶贫开发领导小组办公室关于落实《2017年大连市对口帮扶六盘水市工作计划》的通知	六盘水扶领办发〔2017〕30号	2017.7.17
六盘水市旅游发展委员会	市旅游发展委关于印发《2018年东西部扶贫协作旅游互动工作计划》的通知	六盘水旅〔2018〕1号	2018.1.17

五、苏州—铜仁东西部扶贫协作相关法律和规范性文件

苏州—铜仁扶贫协作相关法律文件和其他规范性文件

发文机构	文件名称	文号	发布时间
—	《苏州·铜仁对口帮扶合作帮扶协议》	—	2013.5
苏州市政府	《苏州对口帮扶铜仁实施计划（2013—2015年）》	—	2013.9
—	《苏州铜仁对口帮扶合作框架协议》	—	2013.9
—	《苏州铜仁教育对口帮扶合作协议》	—	2013.9
—	《苏州铜仁卫生对口帮扶合作协议》	—	2013.9
—	《苏州铜仁人才战略合作框架协议》	—	2013.9
—	《铜仁市、苏州市共建产业园区框架合作协议》	—	2015.5.16
苏州市政府	《苏州对口帮扶铜仁工作五年规划（2016—2020年）》	—	2016
—	《苏州·铜仁农产品对口帮扶合作协议》	—	2016.5
—	《苏州对口帮扶铜仁"新三百工程"——百位艺术家帮扶铜仁工作方案》	—	2016.5
—	《苏州市人民政府 铜仁市人民政府东西部协作和对口帮扶合作框架协议（2016—2020年）》	—	2016.10.9
—	《苏州市人民政府铜仁市人民政府东西部协作和对口帮扶合作框架协议（2016—2020年）》	—	2017.3
—	《苏州市人大常委会铜仁市人大常委会友好交流与合作备忘录》	—	2017.3
—	《中共铜仁市委办公室铜仁市人民政府办公室印发关于进一步加强苏州对口帮扶助推铜仁脱贫攻坚工作方案的通知》	—	2017.3
—	《2017年苏州对口帮扶铜仁市工作要点》	—	2017.3
—	《铜仁市人民政府办公室转发苏州市人民政府办公室关于印发2017年苏州市对口帮扶铜仁市工作要点的通知》	铜府办发〔2017〕93号	
铜仁市市委办、市政府办	《关于积极主动对接苏州扎实落实对口帮扶重点工作的实施意见》	—	2017.7.19
—	《铜仁市人民政府办公室印发铜仁市关于江苏省苏州市对口帮扶项目和资金管理办法的通知》	铜府办发〔2017〕128号	2017.8.26
—	《东西部扶贫协作助推脱贫攻坚合作协议》	—	2017.12.11
—	《"梵净山珍·健康养生"铜仁农特产品供销合作协议》	—	2017.12.11
—	《苏州·铜仁茶叶产销对接合作协议》	—	2017.12.16
铜仁市委办公室、铜仁市人民政府办公室	《铜仁市东西部扶贫协作工作实施方案》	—	2017.12
—	《苏州对口帮扶铜仁园区共建与产业转移工作方案（2017—2020）》	—	2017
—	《苏州对口帮扶铜仁农产品供销协作工作方案（2017—2020年）》	—	2017

发文机构	文件名称	文号	发布时间
—	《铜仁市旅游发展委员会关于推进苏州旅游协作工作方案（2017—2020 年）》	—	2017
—	《中共铜仁市委组织部关于深化苏州铜仁人才合作的工作方案》	—	2017
—	《关于对接苏州落实就业对口帮扶重点工作扎实推进两地劳务协作工作方案》	—	2017
—	《铜仁·苏州产业园区建设扶贫合作备忘录》	—	
—	《市委办　市政府办印发关于发挥资本市场助推脱贫攻坚实施方案》的通知	铜党办发〔2017〕7 号	2017.1.24
铜仁市政府	《市政府关于推进总部经济发展的若干政策意见》	铜府发〔2017〕17 号	2017.7.31
铜仁市政府	《市政府关于扩大对外开放积极利用外资实施意见》	铜府发〔2017〕16 号	2017.7.31
—	《市委市政府关于加强人才培养引进加快科技创新的意见》	—	2017
—	《推进工业实体经济政策办法》	—	2017
铜仁市政府办公室	《关于引进苏州等东部地区企业及关联企业来铜投资优惠政策》	铜府办发〔2017〕176 号	2017
铜仁市政府办公室	《关于促进消费增长的实施意见》	铜府发〔2017〕21 号	2017.9.11
铜仁市政府办公室	《铜仁市创新农产品产销对接机制提高产业扶贫精准度和实效性实施方案的通知》	铜府办发〔2017〕157 号	2017.10.31
—	《关于落实 2017"贵有真情·感恩有你"〈多彩贵州风〉对口帮扶城市优惠政策的通知》	铜旅通〔2017〕14 号	2017
—	《2018 年苏州市对口帮扶铜仁市工作要点》	—	2018.4
铜仁市委办公室铜仁市人民政府办公室	《关于印发铜仁市招商引资优惠政策暂行办法补充意见的通知》	铜委办字〔2018〕7 号	2018.1.23
碧江区	《农副产品冷链物流交易中心合作协议》	—	2017.12.11
碧江区	《食品包装新型材料项目合作协议》	—	2017.12.11
万山区	《苏州高新区—铜仁市万山区共建产业园区框架协议》	—	2018.3.12
万山区	《产业合作框架协议（2018—2020 年）》	—	2018.3.12
万山区	《农业协作框架协议（2018—2020 年）》	—	2018.3.12
旅发委	《2018 铜仁市旅游发展委员会·同程旅游"新旅游"战略合作》框架协议	—	2018.3.12
扶贫开发领导小组	《铜仁市扶贫开发领导小组关于印发铜仁市 2018 年东西部扶贫协作工作要点的通知》	铜扶领〔2018〕5 号	2018.3.27
人社局	《苏州市、铜仁市扶贫协作就业岗位信息交互管理办法》	—	2018 年上半年
人社局	《苏州铜仁就业岗位信息交流制度》	—	2018 年上半年
人社局	《2018 年苏州铜仁劳务协作工作计划》	—	2018 年上半年
人社局	《东西部扶贫协作深化合作劳务输出协作工作实施方案》	—	2018 年上半年

六、杭州—黔东南东西部扶贫协作相关法律和规范性文件

杭州—黔东南东西部扶贫协作相关法律和规范性文件

发文机构	文件名称	文号	发布时间
中共浙江省委办公厅、浙江省人民政府办公厅	《关于浙江省助力东西部扶贫协作地区脱贫攻坚的实施意见》	浙委办发〔2018〕32 号	2018
浙江省科学技术厅	《浙江省科学技术厅关于组织开展东西部科技扶贫协作工作的通知》	浙科发成〔2018〕131 号	2018.8.4
浙江省财政厅、浙江省发展和改革委员会	《浙江省财政厅 浙江省发展和改革委员会关于印发浙江省东西部扶贫协作资金管理办法的通知》	浙财建〔2018〕95 号	2018.8.23
浙江省人力资源和社会保障厅、浙江省对口支援工作领导小组办公室、浙江省财政厅	《浙江省人力资源和社会保障厅等三部门关于进一步推进东西部扶贫劳务协作的通知》	浙人社发〔2018〕124 号	2018.11.29
浙江省发展和改革委员会	《浙江省发展和改革委员会关于印发浙江省东西部扶贫协作项目管理办法（修订）的通知》	浙发改帮扶〔2018〕109 号	2018
杭州市人民政府办公厅	《市政府办公厅关于印发杭州市对口帮扶贵州省黔东南州工作计划（2013—2015 年）的通知》	杭政办函〔2013〕194 号	2013.11.26
杭州市人民政府办公厅	《杭州市人民政府办公厅关于印发杭州市对口帮扶贵州省黔东南州"十三五"规划的通知》	杭政办函〔2016〕114 号	2016.10.17
杭州市委办公厅	《关于杭州市助力对口帮扶地区脱贫攻坚的实施意见》	市委办发〔2018〕49 号	2018
杭州市财政局、杭州市对口支援工作领导小组办公室	《杭州市对口帮扶贵州省黔东南州援建资金管理暂行办法》	杭财建〔2013〕863 号	2013.8.30
杭州市人力资源社会保障局、市财政局、市对口支援办联合制发	《关于进一步加大东西部就业扶贫政策支持力度的通知》	杭人社发〔2018〕260 号	2018.12.5
杭州市财政局、杭州市审计局、杭州市对口支援领导小组办公室	《关于印发〈杭州市对口黔东南州及恩施州扶贫协作资金管理办法〉的通知》	杭财建〔2018〕90 号	2018.9.17
黔东南州人民政府	《黔东南州人民政府驻杭州办事处主要职责、内设机构和人员编制规定》	—	2013.9.13
黔东南州人民政府	《黔东南州人民政府关于进一步加强招商引资工作的意见》	黔东南府发〔2016〕18 号	2016.7.8
黔东南州人民政府办公室	贵州人民政府办公室关于印发《黔东南州杭州市东西部扶贫协作项目管理办法》《黔东南州杭州市东西部扶贫协作资金使用管理办法》的通知	黔东南府办发〔2018〕29 号	2018.6.26
—	《杭州市助推黔东南州打赢脱贫攻坚战三年行动实施方案（2018—2020 年)》	—	2018.3.26

七、宁波—黔西南东西部扶贫协作相关法律和规范性文件

宁波—黔西南东西部扶贫协作相关法律和规范性文件

发文机构	文件名称	文号	发布时间
宁波市人民政府办公厅	《宁波人民政府办公厅关于印发2015年度宁波市经济合作工作绩效评价实施办法的通知》	甬政办发〔2015〕96号	2015.6.9
宁波市人民政府办公厅	《宁波市与黔西南州扶贫协作三年行动计划（2018—2020年）》	甬政办发〔2018〕87号	2018.6.28
宁波市人民政府办公厅	《2018年宁波市与黔西南州扶贫协作工作要点和任务分解》	甬政办发〔2018〕86号	2018.6.28
宁波市人民政府办公厅	宁波市人民政府办公厅关于印发《宁波市专家服务管理办法的通知》	甬政办发〔2018〕108号	2018.8.27
黔西南州人民政府办公室	《关于成立黔西南州人民政府驻宁波招商分局的通知》	州府办发〔2013〕102号	2013.9.5
中共普安县委办公室	关于印发《普安县2018年长毛兔产业发展脱贫攻坚行动作战方案》的通知	普委办〔2017〕162号	2017.12.6
宁波江北区人民政府办公室	江北区人民政府办公室关于《助力扶贫协作地区脱贫攻坚工作的实施意见》	北区委办〔2018〕53号	2018.5.18
宁波市农业局	《关于做好农业对口帮扶工作的通知》	甬农发〔2018〕66号	2018.6.11
黔西南州人民政府办公室	关于印发《浙江省宁波市居民（职工）赴黔西南州旅游（疗休养）优惠和组团奖励办法（暂行）》的通知	州府办发〔2018〕29号	2018.7.24
宁波市人力资源和社会保障局	《关于加大东西部扶贫协作对口地区就业扶贫政策支持力度的通知》	甬人社发〔2018〕104	2018.9.14
宁波市科学技术局	《宁波市与黔西南州科技扶贫协作三年行动计划（2018—2020年）》	甬科社〔2018〕77号	2018.9.28
宁波市民政局	《关于广泛引导和动员社会组织参与对口帮扶地区脱贫攻坚的通知》	甬民发〔2018〕144号	2018.11.5

八、青岛—安顺东西部扶贫协作相关法律和规范性文件

青岛—安顺东西部扶贫协作相关法律和规范性文件

发文机构	文件名称	文号	发布时间
—	《青岛市对口帮扶安顺市工作规划（2016—2020 年）》	—	—
青岛市人民政府、安顺市人民政府	《关于进一步开展对口帮扶与经济合作的战略框架协议》	—	2013.7
—	《青岛市对口帮扶贵州省安顺市工作方案》	—	2013
青岛市人民政府办公厅	《青岛—安顺市对口帮扶计划（2013—2015 年）》	—	2013
—	《青岛市与安顺市旅游结对帮扶工作方案》		
—	《青岛—安顺"十三五"对口帮扶工作规划（2016—2020 年）》		
—	《青岛—安顺产业发展园合作共建优惠政策》	—	
—	《关于推进青岛—安顺产业发展园合作共建优惠政策》	—	
安顺市人民政府办公厅	《安顺市与青岛市对口帮扶与经济合作工作方案》	安顺市办发〔2014〕1 号	2014.1.9
—	《安顺市人民政府、青岛市人民政府东西部扶贫协作助推脱贫攻坚合作协议》	—	
—	《关于规范和加强与青岛市教育帮扶协作的实施意见》	—	
—	《青岛市黄岛区人民政府关于印发黄岛区对口帮扶贵州省安顺市经济开发区工作方案的通知》	—	2015.5.28
—	《青岛·安顺教育扶贫协作框架协议》	—	

九、广州—黔南东西部扶贫协作相关法律和规范性文件

广州—黔南东西部扶贫协作相关法律和规范性文件

发文机构	文件名称	文号	发布时间
中共黔南州委、黔南州人民政府	《关于加快黔南·广州产业园发展的实施意见》	黔党发〔2017〕8 号	2017.5.8
广州市对口支援办公室	《广州市人民政府　黔南州人民政府　东西部扶贫协作和对口帮扶合作框架协议（2016—2020 年）》	—	2016.11.2
黔南州扶贫开发局、黔南州财政局	《关于加强广州市与对口帮扶黔南州财政资金和项目管理的补充通知》	黔南财农〔2017〕98 号	
广州市黄埔区、贵州省三都县	《广州市黄埔区　贵州省三都县 2017—2020 年对口帮扶合作框架协议》	—	2017.3.21
广州市、黔南州	《广州市　黔南州人才对口帮扶合作协议》	—	2017.3.25
广州市海珠区、贵州省瓮安县	《广州市海珠区　贵州省瓮安县 2017—2020 年对口帮扶合作框架协议》	—	2017.5.26
广州市黄埔区、贵州省独山县	《广州市黄埔区　贵州省独山县 2017—2020 年对口帮扶合作框架协议》	—	2017.6.8
广州市越秀区、贵州省长顺县	《广州市越秀区　贵州省长顺县 2017—2020 年对口帮扶合作框架协议》	—	2017.7
越秀区人民政府、罗甸县人民政府	《越秀区人民政府　罗甸县人民政府东西部扶贫协作和对口帮扶合作框架协议》	—	2017.7.7
广州市白云区、贵州省平塘县	《广州市白云区　贵州省平塘县 2017—2020 年对口帮扶合作框架协议》	—	2017.7.7
广州市白云区、贵州省荔波县	《广州市白云区　贵州省荔波县 2017—2020 年对口帮扶合作框架协议》	—	2017.7.7
南沙区人民政府、龙里县人民政府	《南沙区人民政府　龙里县人民政府 2017—2020 年对口帮扶合作框架协议》	—	2017.8.3
南沙区人民政府、惠水县人民政府	《南沙区人民政府　惠水县人民政府 2017—2020 年对口帮扶合作框架协议》	—	2017.8.3
南沙区人民政府、贵定县人民政府	《南沙区人民政府　贵定县人民政府 2017—2020 年对口帮扶合作框架协议》	—	2017.8.3
—	《广州市与黔南州对口帮扶合作三年行动方案（2017—2020 年）》	—	2017.9
—	《广州市教育局对口帮扶黔南州教育局实施方案》	—	
—	《黔南州东西部旅游扶贫协作工作方案》	—	
—	《黔南州东西部扶贫协作农产品产销工作方案》	—	

十、广州—毕节东西部扶贫协作相关法律和规范性文件

广州—毕节东西部扶贫协作相关法律和规范性文件

发文机构	文件名称	文号	发布时间
广东省委办公厅、广东省人民政府办公厅	《关于进一步加强东西部扶贫协作工作的实施意见的通知》	粤办发〔2016〕32号	2016
中共广州市委、中共毕节市委	《中共广州市委　中共毕节市委专题会议纪要》	广毕会纪〔2016〕1号	2016
广州市人民政府、毕节市人民政府	《广州市人民政府　毕节市人民政府东西部扶贫协作和对口帮扶合作框架协议（2016—2020年）》	—	2016
广州市人民政府、毕节市人民政府	《广州市—毕节市两地人力资源和社会保障局东西部扶贫协作和对口帮扶合作协议（2016—2020年）》	—	2016
广州市人民政府、毕节市人民政府	《广州市对口帮扶贵州省毕节市五年规划（2016—2020年）》	—	2016
广州市人民政府、毕节市人民政府	《广州·毕节东西部扶贫协作助推脱贫攻坚合作协议》	—	2017
广州市人民政府、毕节市人民政府	《广州·毕节东西部扶贫协作三年行动方案（2018—2020年）》	—	2018
中共广州市委办公厅、广州市人民政府办公厅	《关于贯彻落实〈进一步加强东西部扶贫协作工作的实施意见〉的通知》	穗办〔2017〕7号	2017
毕节市市委、市政府	《关于加快推进毕节·广州产业园建设和发展的实施意见》	—	2017.10
毕节市人民政府	《2017年广州市人力资源和社会保障局对口帮扶贵州省毕节市、黔南州工作计划》	—	2017
毕节市人民政府	《贵州对口帮扶城市旅游优惠政策》	—	2017.2.23
毕节市人民政府	《毕节市人民政府关于委托恒大集团帮扶毕节市实施易地扶贫搬迁工程的通知》	毕府发〔2017〕9号	2017.6.7
毕节市人民政府	《毕节市恒大集团帮扶实施易地扶贫搬迁工程项目管理办法》等四个办法的通知	毕府办发〔2018〕9号	2018.1.23
广州市对口支援办公室　广州市财政局	《广州市对口支援办公室　广州市财政局关于印发〈广州市对口帮扶贵州省扶贫协作资金使用管理办法〉的通知》	穗援〔2018〕292号	2018

发文机构	文件名称	文号	发布时间
—	《广东省各级财政支持东西部扶贫协作资金安排方案》	粤财预〔2016〕439号	2016
—	《广州市财政局关于转发广东省各级财政支持东西部扶贫协作资金安排方案的通知》	穗财行〔2016〕391号	2016
毕节市扶贫办公室、毕节市财政局	《广州市对口帮扶毕节市资金和项目管理办法（试行）》	毕扶办〔2017〕101号	2017.11.3
—	《广州市2018年对口帮扶贵州省毕节市、黔南州建档立卡贫困劳动力转移就业工作方案》	—	2018
毕节市就业局、中国南方人才市场	《人力资源市场对口帮扶合作协议》	—	
广州市与毕节市、人力资源和社会保障局对口帮扶工作联席会议	《广州市—毕节市劳务协作对口帮扶合作框架协议（2018—2020年）》	—	2018
—	《2017年至2019年广州市民政局帮扶毕节市民政局意向书》	—	2017
—	《毕节·广州产业园发展规划》	—	
毕节金海湖新区管理委员会	《金海湖新区招商引资优惠政策（试行）》	—	2018.8.10
—	《广州市荔湾区詹天佑小学与毕节二十小结对帮扶协议》	—	2018
—	《2018年度对口帮扶黔南州、毕节市农产品检测技术人员培训工作方案》	—	2018
—	《广州市文化广电新闻出版局与毕节市文体广电新闻出版局对口帮扶合作框架协议》	—	2017

注："—"代表无相关信息。

大事记

1979 年，中共中央召开全国边防工作会议，中共中央政治局委员、中央统战部部长乌兰夫作了题为《全国人民团结起来，为建设繁荣的边疆，巩固的边防而奋斗》的报告。

1982 年，国家计委、国家民委在银川市召开"经济发达省、市同少数民族地区对口支援和经济技术协作工作座谈会"。

1983 年，国务院以国发〔1983〕7 号文件批转了《经济发达省、市同少数民族地区对口支援和经济技术协作工作座谈会纪要》，强调对口支援必须坚持"共同发展"和"互利互惠"的方针，坚持"经济效益与互助风格的有机结合"的原则。

1984 年，国家经委、国家计委、国家民委和国家物资局召开"全国经济技术协作和对口支援会议"，增加了上海支援新疆、西藏，广东支援贵州，沈阳、武汉支援青海等对口支援任务，强调要坚持"平等协商、互惠互利、互相支援、共同发展"的原则。

1986 年，中央设立国务院贫困地区经济开发领导小组（1993 年更名为国务院扶贫开发领导小组），标志着政府主导的区域开发式扶贫正式启动，拉开了政府主导的有组织、有计划、大规模的扶贫开发行动的序幕。

1991 年，国家民委转发了《全国部分省、自治区、直辖市对口支援工作座谈会纪要》，明确指出"对口支援不同于一般的经济技术协作和横向联合，它是一项有领导、有组织、有计划的，不以营利为目的而以帮助少数民族地区加快发展作为己任的既有经济意义又有政治意义的工作，应按照'支援为主，互补互济，积极合作，共同繁荣'的原则进行"。

1994 年，国务院出台了旨在使当时全国农村 8000 万贫困人口在 2000 年之前脱贫的《国家八七扶贫攻坚计划（1994—2000 年）》。这是中国历史上第一个有明确目标、明确对象、明确措施和明确期限的扶贫开发行动纲领，标志着中国扶贫开发进入了攻坚阶段。

1996 年，中央召开扶贫工作会议，总结《国家八七扶贫攻坚计划（1994—2000 年）》实施以来的经验，印发《中共中央、国务院关于尽快解决农村贫困人口温饱问题的决定》，对扶贫政策和措施进行调整：进一步明确农村扶贫的"四到省"原则，即资金到省、权力到省、任务到省、责任到省，明确规定按期不能完成扶贫目标的地方政府官员就地免职；大幅增加扶贫投资；确定 10 个对口帮扶的省、区、市，要求沿海的省、市用多种形式支持西部的 10 个贫困省、区；取消对东部贫困县的支持；推广小额信贷项目；强调扶贫到户；逐渐重视特殊群体的贫困问题；加强扶贫监测。

1996 年，中央政府启动了东西扶贫协作工作。《国务院扶贫开发领导小组关于组织经济较发达地区与经济欠发达地区开展扶贫协作报告》提出，将北京、天津、上海、广东、江苏、浙江、山东、辽宁、福建、"四市"（大连、青岛、深圳、宁波）分别与内蒙古、甘肃、云南、广西、陕西、四川、新疆、青海、宁夏、贵州结为对子，在人才、技术、资金、信息、物资交流、经济技术合作、企业帮扶、劳务合作和社会力量等领域开展扶贫协作。

1996 年，《中共中央、国务院关于尽快解决农村贫困人口温饱问题的决定》将"结对帮扶"进一步明确称为"对口帮扶"。

1996 年 10 月，福建省委、省政府按照中央东西扶贫协作的战略部署，成立了对口帮扶宁夏回族自治区领导小组，时任福建省委副书记的习近平同志担任组长。

1997 年 4 月 15 日，由时任福建省省长的贺国强、时任福建省委副书记的习近平率领的福建省党政代表团一行 35 人到达银川，开始对宁夏为期 6 天的对口扶贫考察。4 月 18 日至 21 日，习近平走访了同心县河西镇建新村吊庄搬迁户，参观了海原县冯川村窖蓄微灌技术示范区、西吉县梯田建设、隆德县土圆井建设，考察了西吉县新营淀粉厂，慰问了当地贫困家庭。习近平同志集中两省区干部群众的经验和智慧，发表了一系列讲话和指导意见，在实践中形成了全国东西扶贫协作的"闽宁模式"。

2001 年，中央出台了《中国农村扶贫开发纲要（2001—2010 年）》。在这一纲领性文件的指导下，农村扶贫工作进入了综合性扶贫开发的大扶贫时代。

2002 年，国务院扶贫开发领导小组确定由珠海、厦门两市对口帮扶重庆。

2008 年，国务院扶贫办颁布《2008 年东西扶贫协作工作指导意见》，优先把集中连片特殊困难地区纳入对口帮扶范围。

2010 年，对浙江、四川、天津、甘肃、辽宁、青海、上海、云南、山东、重庆、新疆、厦门、珠海 13 个省区市的东西扶贫协作关系进行了调整，具体安排是：山东省的东西扶贫协作任务由原帮扶新疆 10 个县调整为帮扶重庆市国家扶贫开发工作重点县，原对口帮扶重庆的厦门、珠海分别调整至甘肃临夏回族自治州、四川凉山彝族自治州，浙江与四川的东西扶贫协作扩大到四川甘孜藏族自治州、阿坝藏族羌族自治州、凉山州木里藏族自治县，天津与甘肃的东西扶贫协作扩大到甘肃省甘南藏族自治州、武威市天祝藏族自治县，辽宁与青海重点推进西宁市和海东地区的东西扶贫协作。至此，东西扶贫协作首次实现了对全国藏区的全覆盖。

2011 年，中央制定和出台了《中国农村扶贫开发纲要（2011—2020 年）》，这是我国农村扶贫开发领域又一具有指引性的重要政策，标志着我国在上一阶段扶贫工作圆满完成后进入一个新的起点。

2012 年 1 月 12 日，国务院颁布《关于进一步促进贵州经济社会又好又快发展的若干意见》。

2013 年 2 月 4 日，国务院办公厅颁布《关于开展对口帮扶贵州工作的指导意见》。

2013 年 5 月 7 日，国家发展改革委和贵州省人民政府联合在贵阳召开新一轮对口帮扶贵州工作启动会，标志着东部 8 个经济发达城市对贵州除贵阳以外的 8 个市（州）首次实现了"一对一"对口帮扶，为加快贵州扶贫攻坚和经济社会发展，特别是主推贵州与全国同步全面建成小康社会凝聚了广泛的正能量。贵州省委书记、省人大常委会主任赵克志致辞，国家发改委副主任杜鹰出席会议并讲话，省委副书记、省长陈敏尔讲话。

2013 年 5 月 28 日，上海市、大连市、苏州市、杭州市、宁波市、青岛市、广州市、深圳市 8 个经济发达城市与贵州省按照党中央、国务院的要求和部署，全面展开对口帮扶贵州工作。

2013 年 5 月 29 日，国家发展改革委下发《对口帮扶贵州规划编制工作大纲》，8 个帮扶城市按照此文件要求结合自身实际或组织力量对计划进行修改、完善，或委托本市专业机构重新编制了对口帮扶计划。

2013 年 6 月 17 日，贵州省扶贫开发小组召开"研究推进对口帮扶工作专题会议"。

2013 年 7 月 3～5 日，上海市对口帮扶遵义市第一次联席会议在沪召开。

2013 年 8 月 20 日，2013 年对口帮扶贵州工作联席会议在贵阳市召开。贵州省人民政府副秘书长张家团代表省人民政府到会致词，上海市、大连市、苏州市、杭州市、宁波市、青岛市、广州市、深圳市 8 个帮扶城市承担对口帮扶工作部门，贵州省扶贫开发小组相关成员单位负责人和受帮扶 8 个市（州）扶贫办负责人参加会议。会议听取了贵州省扶贫开发小组办公室主任叶韬关于新一轮对口帮扶工作总体进展情况通报，规划编制专家组专家关于《对口帮扶贵州工作总体计划（2013—2015 年）》编制情况的说明，贵州省扶贫办有关负责人关于对口帮扶有关工作制度编制情况的说明，并进行了座谈讨论。

2013 年 9 月，8 个帮扶城市编制完成 2013～2015 年对口帮扶计划。8 个市级计划明确了 2013～2015 年 8 个帮扶城市"一对一"对口帮扶贵州 8 个市（州）的总体思路、计划目标和主要任务，确定了帮扶资金规模和重点帮扶项目安排，提出了保障措施。

2013 年 10 月 16～19 日，中共中央政治局委员、上海市委书记韩正，上海市委副书记、市长杨雄率上海市党政代表团在黔开展对口帮扶考察，与贵州省委书记、省人大常委会主任赵克志，省委副书记、省长陈敏尔等贵州省党政领导举行了座谈，并赴对口帮扶的遵义市开展了实地调研。

2014 年 1 月 9～12 日，"2014 年上海对口支援地区暨西部地区特色商品迎春博览会"在上海展览中心举办。

2014 年 3 月 2 日，贵州省委省政府在北京召开"对口帮扶贵州工作恳谈会"。贵州省委书记赵克志主持并致词，上海市委副书记、市长杨雄，省委副书记、省长陈敏尔，国务院扶贫办主任刘永富以及国家发改委巡视员王心怀，大连市委副书记、市长李万才，杭州市委副书记、市长张鸿铭，青岛市委副书记、市长张新起，深圳市委副书记、市长许勤，苏州市委副书记、市长周乃翔，宁波市委常委、常务副市长寿永年，广州市委常委、副市长陈志英分别讲话。贵州省委副书记李军，副省长刘远坤参加会议。

2014 年 3 月 24 日，江苏省苏州市对口帮扶贵州省铜仁市工作座谈会在贵州省铜仁市召开。江苏省委书记罗志军，贵州省委书记赵克志出席会议并讲话。苏州市和铜仁市主要负责同志分别介绍了两市经济社会发展情况及对口帮扶工作情况。江苏省委常委、苏州市委书记蒋宏坤，江苏省委常委、省委秘书长樊金龙，江苏省副省长史和平，贵州省领导廖国勋、袁周、刘远坤出席会议。

2014 年 5 月 15 日，2014 年对口帮扶贵州工作联席会议在贵阳举行。贵州省副省长刘远坤出席并作重要讲话，省扶贫办副主任袁振华主持会议。上海市、大连市、苏州市、杭州市、宁波市、青岛市、广州市、深圳市 8 个对口帮扶城市相关部门负责人，贵州省有关部门和受帮扶市（州）负责人参加会议。

2014 年 6 月 22～25 日，宁波市党政代表团赴黔考察访问，与贵州省、黔西南州党政领导举行了座谈交流，并到对口帮扶的黔西南州实地开展对口帮扶工作。

2014 年 7 月 8～11 日，由杭州市委副书记、市长张鸿铭率领的杭州市党政代表团一行赴贵州省考察调研新一轮对口帮扶工作。7月8日，贵州省委副书记、省长陈敏尔在贵阳会见杭州市党政代表团一行。贵州省副省长刘远坤参加会见。

2014年11月19日，国务院办公厅颁发《关于进一步动员社会各方面力量参与扶贫开发的意见》。

2015年3月2日，贵州省委省政府在北京召开2015年对口帮扶贵州工作恳谈会。就进一步深化对口帮扶工作进行座谈。国务院扶贫办郑文凯副主任，国家发改委地区经济司刘少军副司长，上海市政府副秘书长吴建融，大连市政府副市长卢林，苏州市政府副市长王鸿升，杭州市市委常委、副市长范辉，宁波市政府副市长李关定，青岛市政府副市长董晓莉，广州市政府副秘书长刁爱林、深圳市政府副秘书长朱廷峰参加会议。受贵州省委书记赵克志，省委副书记、省长陈敏尔的委托，副省长刘远坤出席会议并讲话，省扶贫办主任叶韬主持会议。

2015年3月23～25日，由广东省委常委、深圳市委书记王荣，深圳市市长许勤率领的深圳市党政代表团一行到贵州考察访问。24日下午在贵阳市召开了"贵州—深圳对口帮扶工作交流座谈会"，贵州省委书记、省人大常委会主任赵克志，省委副书记、省长陈敏尔出席会议并讲话，省领导廖国勋、刘远坤、黄康生参加座谈会。

2015年4月25～26日，由山东省委常委、青岛市委书记李群，青岛市委副书记、市长张新起率领的青岛市党政代表团一行到贵州考察访问。25日下午，贵州省委书记赵克志，省委副书记、省长陈敏尔在贵阳会见了青岛市党政代表团一行，省领导孙永春、张广智、刘远坤参加会见。

2015年5月16～17日，由江苏省省长李学勇率领的江苏省党政代表团到贵州考察访问。贵州省委书记赵克志、省长陈敏尔会见代表团一行，共商进一步加强苏黔合作，深化对口帮扶工作，并分别陪同代表团在铜仁市、贵阳市的考察。16日下午，在铜仁市召开了"江苏省苏州市对口帮扶贵州省铜仁市工作座谈会"。江苏省人大常委会副主任史和平、省政府秘书长张敬华等领导参加考察，贵州省委常委、贵阳市委书记陈刚，副省长刘远坤，省委秘书长刘奇凡、省政府秘书长唐德智等分别陪同考察并参加会见。

2015年6月7～8日，由中共辽宁省委常委、大连市委书记唐军，大连市委副书记、市长肖盛峰同志率领的大连市党政代表团一行赴贵州省考察。贵州省委书记赵克志、省长陈敏尔会见代表团一行，共商进一步深化对口帮扶工作。省领导陈刚、刘远坤参加会见。随后，代表团一行在刘远坤副省长的陪同下，赴六盘水市考察工作，在六盘水市召开了"大连市对口帮扶贵州省六盘水市工作座谈会"。

2015年7月1～4日，由中共浙江省委常委、宁波市委书记刘奇同志率领的宁波市党政代表团一行赴贵州省考察访问。贵州省委书记赵克志、省长陈敏尔会见代表团一行，共商两地合作发展大计，就进一步深化对口帮扶工作达成共识。省领导陈刚、刘远坤参加会见。随后，代表团一行先后在刘远坤副省长、陈鸣明副省长的陪同下，赴黔西南州考察工作，在兴义市召开了2015年"宁波市·黔西南州对口合作座谈会"。

2015年7月6～10日，上海市政协主席吴志明、副市长时光辉率领上海市代表团赴贵州省考察访问。6日，贵州省委书记赵克志，省委副书记、省长陈敏尔，省政协主席王富玉在贵阳会见了上海市代表团一行。省人民政府副省长刘远坤、省政协副主席孙国强参加会见。随后，代表团一行在省人民政府副省长刘远坤、省政协副主席孙国强的陪同下，赴遵义市考察工作，并召开了"上海市·遵义市座谈交流会"。

2015年7月23～25日，贵州省委书记赵克志深入遵义市务川自治县、正安县、道真自治县调研"三农"和扶贫开发等工作。7月25日，贵州省委书记赵克志在正安县主持召开上海市援黔干部座谈交流会，与上海市援黔干部进行座谈交流。

2015年10月16日，贵州省委办公厅颁布《关于坚决打赢扶贫攻坚战确保同步全面建成小康社会的决定》。

2015年11月29日，中共中央国务院颁布《关于打赢脱贫攻坚战的决定》。

2015年12月5日，贵州省委办公厅颁布《关于落实大扶贫战略行动坚决打赢脱贫攻坚战的意见》。

2016年5月7~8日，由中共山东省委常委、青岛市委书记李群，青岛市委副书记、市长张新起同志率领的青岛市党政代表团一行赴贵州省考察访问。贵州省委书记陈敏尔、省长孙志刚会见代表团一行，共商进一步深化对口帮扶工作。黄家培副省长参加会见并陪同代表团一行赴安顺市考察工作，在安顺市召开了"青岛·安顺对口帮扶座谈会"。

2016年5月11~13日，由上海市委副书记应勇、市政府副市长时光辉率领的上海市党政代表团到贵州考察访问。11日，贵州省委书记、省人大常委会主任陈敏尔，省委副书记、省长孙志刚在遵义会见上海市代表团一行，省委副书记、省委政法委记谌贻琴，省领导刘奇凡、刘远坤、孙潮参加会见。12日上午，谌贻琴副书记、刘远坤副省长陪同上海代表团考察，并出席了"上海·遵义对口帮扶工作座谈会暨第四次联席会议"。

2016年7月20日，中共中央总书记、国家主席、中央军委主席习近平在银川主持召开东西部扶贫协作座谈会并发表重要讲话。他强调，东西部扶贫协作和对口支援，是推动区域协调发展、协同发展、共同发展的大战略，是加强区域合作、优化产业布局、拓展对内对外开放新空间的大布局，是实现先富帮后富、最终实现共同富裕目标的大举措，必须认清形势、聚焦精准、深化帮扶、确保实效，切实提高工作水平，全面打赢脱贫攻坚战。

2016年9月3日，中央政治局委员、广东省委书记胡春华率领广东省党政代表团赴贵州省考察访问，并在毕节市召开了"贵州·广东扶贫协作联席会"。广东省委常委、常务副省长徐少华，广东省委常委、广州市委书记任学锋出席会议。贵州省委书记陈敏尔主持会议，省委副书记、省长孙志刚讲话，省委常委、秘书长刘奇凡，副省长刘远坤等参加会议。

2016年9月4日，在贵州—广东扶贫协作座谈会之后，广州市与黔南州、毕节市分别召开了扶贫协作座谈会，继续深入交流对接，研判新形势下东西部扶贫协作，明确各项重点工作，经充分协商达成诸多共识。广东省委常委、广州市委书记任学锋出席会议，广州市副市长蔡朝林主持座谈会，黔南州、毕节市党政主要领导及贵州省相关部门负责人参加会议。

2016年10月9日，东西部扶贫协作和对口帮扶贵州工作联席会议在贵阳召开，贵州省委书记、省人大常委会主任陈敏尔，国务院扶贫办主任刘永富出席会议并讲话。会议强调，要深入贯彻习近平总书记在东西部扶贫协作座谈会上的重要讲话精神，认真总结对口帮扶好经验好做法，深刻把握扶贫协作新形势新要求，齐心协力打造东西部扶贫协作升级版，携手推动"十三五"对口帮扶贵州工作落地生根、开花结果。贵州省委副书记、省长孙志刚主持会议，省政协主席王富玉，省委副书记、省委政法委书记谌贻琴出席，辽宁省委常委、大连市委书记唐军，浙江省委常委、常务副省长袁家军，山东省委常委、青岛市委书记李群，广东省副省长蓝佛安讲话，贵州省领导刘奇凡、张群山、傅传耀出席，副省长刘远坤汇报了新一轮对口帮扶贵州工作情况。

2016年11月1日起，《贵州省大扶贫条例》正式开始施行①。

2017年1月8日，贵州省委农村工作会议暨全省扶贫开发工作会议在贵阳召开。会议

---

① 2013~2016年的大事记根据贵州省扶贫开发领导小组办公室的《山海携手谱华章 东西协作奔小康——新一轮对口帮扶贵州工作资料汇编（2013-2016年）》编写而成。

深入学习贯彻习近平总书记关于"三农"和扶贫开发工作的重要讲话和指示精神，全面贯彻中央农村工作会议、全国扶贫开发工作会议精神，总结2016年全省"三农"和扶贫开发工作，分析当前形势，部署2017年工作。会议传达了省委书记陈敏尔在省委常委会研究"三农"和扶贫开发工作时的重要讲话精神。省委副书记、省委政法委书记谌贻琴，副省长刘远坤出席会议并讲话，省人大常委会党组副书记、副主任傅传耀，省政协副主席李汉宇出席。

2017年2月，贵州省政府批复《贵州省"十三五"脱贫攻坚专项规划》，《规划》明确了"十三五"时期贵州省脱贫攻坚指导思想、攻坚目标、重点任务和保障措施，提出了打赢脱贫攻坚战的时间表和路线图。

2017年2月3日，贵州省扶贫开发领导小组召开会议，传达学习习近平总书记在河北考察脱贫攻坚工作时的重要讲话精神，结合前期脱贫攻坚暗访督查情况，研究部署今年脱贫攻坚工作。省委书记、省人大常委会主任、省扶贫开发领导小组组长陈敏尔主持会议并讲话。省长、省扶贫开发领导小组组长孙志刚讲话，省委副书记、省委政法委书记、省扶贫开发领导小组副组长谌贻琴，省领导陈刚、李再勇、刘远坤、周建琨出席会议。会议听取了脱贫攻坚省际间交叉考核、第三方评估和省领导、各市州、贵安新区党政领导脱贫攻坚暗访督查情况汇报，讨论了整改落实措施和建议。省扶贫开发领导小组成员，省直有关部门、各市州和贵安新区主要负责同志出席会议。

2017年2月9日，贵州省委、省政府下发《2017年脱贫攻坚春季攻势行动令》，明确攻势时间2017年2～4月，共3个月。以"精准"为基本攻略，以问题和项目为导向，选准定好主体工作，查漏补缺，进一步提高攻坚精准度，做到扶贫对象、产业、方式、成效再精准。

2017年2月28日，贵州省省政府召开全省脱贫攻坚春季攻势推进会议。省长孙志刚出席会议并讲话。省领导秦如培、陈鸣明出席会议，副省长刘远坤主持会议。会议以电视电话会议和电视直播形式开到村，省有关部门和单位主要负责同志在主会场参会，各市（州）、贵安新区、县（市、区）、乡（镇）、村负责同志和驻村干部共7万余人在分会场参会或收看电视直播。

2017年4月7～8日，贵州省省长孙志刚深入遵义市桐梓县、绥阳县、凤冈县、余庆县调研。他强调，要深入学习贯彻习近平总书记关于脱贫攻坚系列重要讲话精神，按照中央和省委部署要求，全面落实精准扶贫精准脱贫方略，纵深推进大扶贫战略行动，用绣花的功夫抓实各项任务，以优异成绩迎接党的十九大和省第十二次党代会胜利召开。省政府秘书长唐德智，遵义市、省有关部门负责人参加调研。

2017年5月5日，贵州省扶贫开发领导小组召开会议，传达学习中央关于2016年省级党委和政府扶贫开发工作成效考核情况的通报，研究部署下步脱贫攻坚工作。省委书记、省人大常委会主任、省扶贫开发领导小组组长陈敏尔主持会议并讲话。省长、省扶贫开发领导小组组长孙志刚，省政协主席王富玉，省领导秦如培、夏红民、李邑飞、李再勇、孙永春、李岷、刘远坤、何力、陈海峰出席会议。省扶贫开发领导小组成员，省直有关部门主要负责同志参加会议。

2017年5月9日，贵州省省长孙志刚到安顺市西秀区、普定县、安顺经济技术开发区调研。他强调，要深入学习贯彻习近平总书记关于脱贫攻坚系列重要讲话精神，全面落实省第十二次党代会部署，坚持精准扶贫、精准脱贫基本方略，深入推进大扶贫战略行动，把产业扶贫摆在突出位置，选准产业主攻方向，迅速扩大产业规模，创新产销对接机制，带动更多贫困群众持续增收、稳定脱贫，以优异成绩迎接党的十九大胜利召开。省政府秘书长唐德智，安顺市、省有关部门负责人参加调研。

2017年5月13日，贵州省第三次大扶贫战略行动推进大会在贵阳召开，省委书记、省人大常委会主任陈敏尔，省委副书记、省长孙志刚出席会议并讲话。会议强调，全省上下要深入学习贯彻习近平总书记关于脱贫攻坚重要讲话精神和指示要求，更加精准扎实推进大扶贫战略行动，来一场脱贫攻坚"大比武"，比责任担当，比路径方法，比干部作风，比精神状态，比群众获得感，确保今年脱贫攻坚再战告捷，以优异成绩迎接党的十九大胜利召开。省政协主席王富玉出席会议，省委常委、常务副省长秦如培主持会议，省委常委，省人大常委会副主任，省政府副省长，省政协副主席，省级脱贫攻坚督导组组长参加会议。

2017年6月7~8日，贵州省省长孙志刚来到他定点包干脱贫攻坚的极贫乡镇黔西南州晴隆县三宝彝族乡调研。他强调，要深入学习贯彻习近平总书记扶贫开发重要战略思想，按照中央和省委决策部署，坚持把脱贫攻坚作为头等大事和第一民生工程，强力推进大扶贫战略行动，深入开展脱贫攻坚"大比武"，在精准上下功夫，在创新上下功夫，在落实上下功夫，坚决打赢脱贫攻坚战，以优异成绩迎接党的十九大胜利召开。省政府秘书长任湘生，黔西南州和省有关部门负责同志参加调研。

2017年6月27日，贵州省委召开常委会议，学习贯彻习近平总书记在深度贫困地区脱贫攻坚座谈会和在山西考察工作时的重要讲话精神，传达学习全国扶贫办主任会议精神，研究部署脱贫攻坚和改革发展稳定工作。省委书记、省人大常委会主任陈敏尔主持会议并讲话，省委副书记、省委政法委书记谌贻琴，省委常委、省人大常委会、省政府、省政协和省检察院有关领导参加会议。

2017年7月1日，贵州省省长孙志刚来到毕节市纳雍县，调研防汛救灾和脱贫攻坚工作。省政协副主席、毕节市委书记周建琨陪同调研，省政府秘书长任湘生，毕节市和省有关部门负责人参加调研。

2017年7月3日，贵州省委书记、省人大常委会主任陈敏尔深入黔东南州凯里市下司古镇，调研旅游产业发展和脱贫攻坚工作。他强调，要深入学习贯彻习近平总书记在深度贫困地区脱贫攻坚座谈会上的重要讲话精神，认真落实省第十二次党代会部署要求，充分发挥旅游业在脱贫攻坚中的重要作用，做足做好旅游扶贫这篇大文章，让旅游红利更多更好地惠及人民群众。省领导李再勇、刘远坤，省有关部门、黔东南州和凯里市主要负责同志参加调研。

2017年7月3日，贵州省省长孙志刚来到黔南州三都水族自治县调研。他强调，要深入学习贯彻习近平总书记扶贫开发重要战略思想，认真落实中央和省委、省政府决策部署，强力实施大扶贫战略行动，扎实开展脱贫攻坚"大比武"，加快民族地区脱贫攻坚步伐，绝不能让一个少数民族在全面小康进程中掉队。省政府秘书长任湘生，黔南州和省有关部门负责人参加调研。

2017年7月6日，贵州省省长孙志刚主持召开省政府常务会议，学习贯彻习近平总书记在深度贫困地区脱贫攻坚座谈会上的重要讲话精神和国务院扶贫开发领导小组第十八次全体会议、全国扶贫办主任会议精神，落实省委要求，研究加快推进全省深度贫困地区脱贫攻坚工作；研究贵安新区建设绿色金融改革创新试验区等工作。副省长钟勉、刘远坤、陈鸣明、何力、卢雍政、郭瑞民出席会议。省直有关部门负责人参加会议。

2017年7月13日，贵州省脱贫攻坚督查初步意见反馈会在贵阳召开。环境保护部副部长、督查组组长赵英民反馈督查意见，省委副书记、省长孙志刚出席会议并讲话，省委副书记、省委政法委书记谌贻琴主持，全国总工会书记处书记、督查组副组长赵世洪出席，副省长刘远坤汇报贵州省脱贫攻坚工作。国务院扶贫开发领导小组脱贫攻坚督查组成员，贵州省有关部门、安顺市、黔南州和平坝区、独山县负责同志参加会议。

2017年7月召开的全国东西部扶贫协作经验交流会上，贵州作了经验交流发言。在国家对东西部扶贫协作工作首次考核中，贵州省在西部10个省区市中排位第三，位列"较好"等次；中西部14个市州中遵义市、铜仁市、安顺市和黔南州位列"好"的等次。

2017年8月6日，贵州省深度贫困地区脱贫攻坚工作推进大会在贵阳召开，省委书记、省长孙志刚出席会议并讲话。他强调，要深入学习贯彻习近平总书记系列重要讲话精神和治国理政新理念新思想新战略，全面落实习近平总书记在深度贫困地区脱贫攻坚座谈会上的重要讲话要求，牢固树立"四个意识"，切实扛起政治责任，落实基本方略，转变工作作风，实干、苦干、加油干，坚决打赢深度贫困地区脱贫攻坚这场硬仗，绝不辜负习近平总书记的牵挂嘱托和人民群众的殷切期盼，以优异成绩迎接党的十九大胜利召开。省政协主席王富玉出席会议，省委副书记、省委政法委书记谌贻琴主持会议。省委常委、省人大常委会、省政府、省政协领导班子成员和党组成员，省军区、省法院、省检察院、省武警总队主要负责同志参加会议。

2017年8月7日下午，贵州省深度贫困地区脱贫攻坚工作推进大会在贵阳闭幕。省委书记、省长孙志刚出席总结会议，省委副书记、省委政法委书记谌贻琴作总结讲话，省委常委、省人大常委会、省政府、省政协领导班子成员和党组成员，省军区、省法院、省检察院、省武警总队主要负责同志出席。

2017年8月15日，贵州省脱贫攻坚工作会在赤水市召开，副省长刘远坤出席会议并讲话。

2017年8月20～21日，中共中央政治局委员、上海市委书记韩正，上海市委副书记、市长应勇率上海市党政代表团到贵州省考察，并在遵义举行沪遵扶贫协作第六次联席会议。韩正在会上讲话，贵州省委书记、省长孙志刚陪同考察并讲话，省领导谌贻琴、唐承沛、龙长春、刘远坤等参加。

2017年8月20～21日，广州市委副书记、市长温国辉率队赴黔南州开展对口帮扶考察，贵州省副省长郭瑞民陪同。

2017年8月21～22日，广州市委副书记、市长温国辉率队赴毕节市开展对口帮扶考察，贵州省副省长何力陪同。

2017年8月29日，东西部扶贫协作经验交流会在北京召开。中共中央政治局常委、国务院总理李克强做出重要批示。国务院副总理、国务院扶贫开发领导小组组长汪洋出席会议并讲话。

2017年8月30日，中共贵州省委、贵州省人民政府下发《2017年脱贫攻坚秋季攻势行动令》，攻势时间为2017年9月1日至11月30日，共3个月。大抓全省深度贫困地区脱贫攻坚工作推进大会各项部署落实，重点是7个方面的任务落实。

2017年9月14日，贵州省东西部扶贫协作电视电话会议召开。会议传达全国东西部扶贫协作经验交流会精神，贯彻落实省委常委会意见和要求，安排部署贵州省东西部扶贫协作工作。

2017年10月17日，贵州省扶贫办党组成员、副主任张涛主持召开全省东西部扶贫协作工作座谈会，上海、大连、苏州、杭州、宁波、青岛、广州市援黔挂职干部工作队队长、受帮扶8个市（州）承担扶贫协作工作分管领导同志和业务科长、省扶贫办东西协作与定点帮扶组有关同志参加座谈会。

2017年11月23日，"贵州脱贫攻坚群英谱"发布仪式在贵阳举行，集中推出了104名涵盖扶贫、教育、科技、交通、水利、医疗卫生、生态环保等不同行业、不同领域，具有很强时代性、真实性、代表性、群众性的先进典型。省委书记孙志刚出席。省领导刘晓凯、唐承沛、慕德贵、夏红民、李邑飞、李再勇、李珉、刘远坤、陈海峰参加。参加活动的还有，部分党的十九大基层和生产一线代表，省直有关部门负责同志，全省优秀共产党员、优秀党务工作者、先进基层党组织、先进劳动模范、基层党员和各界干部群众代表300余人。

2017年12月9日，贵州省委书记、省扶贫开发领导小组组长孙志刚主持召开省扶贫开发领导小组会议，总结今年脱贫攻坚工作，研究谋划明年工作。孙志刚强调，要深入学习贯彻党的十九大精神和习近平总书记在参加贵州省代表团讨论时的重要讲话精神，坚持把脱贫攻坚作为头等大事和第一民生工程，以脱贫攻坚统揽经济社会发展全局，鼓足干劲，再接再厉，真抓实干，坚决打好脱贫攻坚"四场硬仗"，推动脱贫攻坚工作不断取得新的更大成效。省领导唐承沛、秦如培、李再勇、龙长春、刘远坤、陈鸣明、卢雍政、周建琨出席会议。各市（州）党委书记、贵安新区党工委书记、省有关部门负责人参加会议。

2017年12月10日至12日，贵州省委副书记、代省长谌贻琴率贵州省代表团在上海市、江苏省开展东西部扶贫协作对接工作。中共中央政治局委员、上海市委书记李强会见谌贻琴一行，上海市委副书记、市长应勇参加会见。江苏省委书记娄勤俭，省委副书记、省长吴政隆会见代表团。李强代表上海市委、市政府感谢贵州长期以来对上海的支持帮助，对贵州近年来经济社会发展取得的成就表示祝贺。在上海市举行了《上海市人民政府遵义市人民政府关于加强东西部扶贫协作助推脱贫攻坚合作协议》签字仪式；在苏州市召开了扶贫协作工作联席会，铜仁市政府与苏州市政府签署了《东西部扶贫协作助推脱贫攻坚合作协议》等。

2017年12月12～14日，贵州省副省长陈鸣明率贵州省代表团赴浙江省杭州市、宁波市开展东西部扶贫协作对接工作。

2017年12月12日，贵州省副省长卢雍政率安顺市政府和省有关单位负责人到青岛市对接东西部扶贫协作工作，并考察了部分拟入安顺投资企业；同日，卢雍政在青岛出席贵州·青岛产业合作对接座谈会并致辞。

2017年12月12日，贵州省副省长卢雍政率贵州省代表团赴大连考察访问，大连市政府与六盘水市政府签署东西部扶贫协作助推脱贫攻坚合作协议。辽宁省委常委、大连市委书记谭作钧，卢雍政出席签约仪式，大连市市长肖盛峰、六盘水市市长李刚分别在协议书上签字。签字仪式前，肖盛峰与贵州省代表团进行座谈。

2017年12月13～14日，贵州省副省长刘远坤率队赴广州对接东西部扶贫协作工作，与广州市有关方面就产业园区建设，组织农业生产企业到毕节市和黔南州建设生产基地，帮助贵州省农产品进入广州市场等扶贫协作事宜达成新的共识，并签署了广州市与毕节市、黔南州新的扶贫协作协议。

2017年12月26日，贵州省脱贫攻坚表彰暨秋季攻势总结电视电话会议在贵阳召开，省委书记、省扶贫开发领导小组组长孙志刚出席会议并讲话。

2018年1月2日，贵州省委常委会召开会议，传达学习中央农村工作会议精神和全国扶贫开发工作会议精神，研究贵州省贯彻落实意见。省委书记孙志刚主持会议并讲话。省委副书记、代省长谌贻琴，省政协主席王富玉，省委常委、省人大常委会、省政府、省政协、省检察院有关负责同志等参加会议。

2018年2月10日，贵州省副省长卢雍政到定点帮扶极贫乡镇水城县营盘乡走访慰问困难群众。

2018年2月11～12日，贵州省副省长吴强到极贫乡（镇）册亨县双江镇调研脱贫攻坚工作，走访慰问贫困群众和基层扶贫干部。

2018年2月12日，贵州省委副书记、省长谌贻琴到定点帮扶极贫乡镇安顺市镇宁自治县简嘎乡开展扶贫慰问调研。

2018年2月12日，贵州省副省长陶长海到极贫乡镇从江县加勉乡走访慰问困难群众。

2018年2月12日，习近平总书记在打好精准脱贫攻坚战座谈会上的讲话中指出推进多方力量参与扶贫。强调坚持政府投入的主体和主导作用，深入推进东西部扶贫协作、党政机关定点扶贫、军队和武警部队扶贫、社会力量参与扶贫。

2018年2月24日，贵州省扶贫开发工作会议暨脱贫攻坚"春风行动"启动会议召开，省委书记、省人大常委会主任孙志刚，省委副书记、省长谌贻琴作批示。副省长吴强出席并讲话。

2018年3月16~17日，贵州省副省长卢雍政到定点联系贫困县水城县，调研产业扶贫、脱贫攻坚春风行动、产业大招商突破年等工作。

2018年3月19日，贵州省副省长吴强赴盘州市调研指导农业产业结构调整和脱贫攻坚工作。

2018年3月24~25日，贵州省委副书记、省长谌贻琴来到扶贫联系点黔东南自治州丹寨县，深入田间地头、学校医院、厂房车间、建筑工地调研脱贫攻坚工作。

2018年3月30日，习近平总书记主持中共中央政治局会议，听取2017年省级党委和政府脱贫攻坚工作成效考核情况汇报，对打好脱贫攻坚战提出要求。安排部署脱贫攻坚工作，发出了攻坚克难、较真碰硬、真抓实干的脱贫号令。

2018年4月9日，贵州省扶贫开发领导小组办公室印发《贵州省2018年东西部扶贫协作工作要点》。明确2018年11项重点任务；出台省级加强工作统筹的任务清单，台账化、清单化推动工作落实。

2018年4月24日，铜仁市2018年东西部扶贫协作工作会议召开。市委常委、副市长查颖冬，副市长胡洪成出席会议。

2018年5月2~4日，浙江省委书记、省人大常委会主任车俊率浙江省代表团来贵州省考察对口扶贫协作和合作发展。贵州省委书记、省人大常委会主任孙志刚，省委副书记、省长谌贻琴参加活动。

2018年5月4日，国开行广东分行联合广州市协作办组织16家广东省优质企业赴贵州开展东西部扶贫协作投资对接活动。

2018年5月7日，贵州省委常委会召开会议，专题研究2017年贵州省党委和政府扶贫开发工作成效考核国家反馈问题整改落实措施，对打赢打好精准脱贫攻坚战提出要求。省委书记、省人大常委会主任孙志刚主持会议并讲话。省委副书记、省长谌贻琴，省政协主席刘晓凯，省委常委、省人大常委会、省政府有关负责同志，各市（州）党委负责同志、省有关部门负责同志参加会议。

2018年5月18日，上海市委副书记、市长应勇率领的上海市代表团到达遵义市，与贵州省委副书记、省长谌贻琴等贵州省党政领导举行沪遵扶贫协作联席会议，并共同见证了双方劳务协作、产业扶贫及金融扶贫框架协议的签署。

2018年5月31日，习近平总书记召开中央政治局会议，审议通过《乡村振兴战略规划（2018—2020年）》和《关于打赢脱贫攻坚战三年行动的指导意见》，它们是未来三年打赢打好脱贫攻坚战的指导思想和行动指南。

2018年6月5日，广州·毕节东西部扶贫协作工作联席会议在广州召开。会议强调，要坚持以习近平新时代中国特色社会主义思想为指导，深入贯彻习近平总书记在东西部扶贫协作座谈会上的重要讲话精神，提高政治站位，深化务实合作，全力推动广州毕节东西部扶贫协作工作再上新台阶。广东省委副书记、广州市委书记任学锋，毕节市委书记、市人大常委会主任周建琨出席并讲话。广州市委副书记、市长温国辉主持并介绍广州市经济社会发展和对口帮扶情况，毕节市委副书记、市长张集智介绍毕节市经济社会发展和广州对口帮扶情况。

2018年6月12日，浙江省杭州市民政局与贵州省黔东南州民政局签订《东西部扶贫协作对口帮扶框架协议》签约仪式在凯里市举行，实施五大"工程"。浙江省杭州市民政局局长何凌超和贵州省黔东南州民政局局长朱长林等出席。对口帮扶协议明确以点面结合、"集团化"作战的方式继续对口帮扶黔东南州，形成区县（市）结对、业务处室结对、基层单位结对、社会力量补充的"四结对"对口帮扶格局。

2018年6月22日，杭州市黔东南州东西部扶贫协作联席会议在杭州召开。浙江省委常委、杭州市委书记周江勇主持会议并讲话，杭州市委副书记、市长徐立毅通报杭州市对口帮扶黔东南州工作情况及下步工作打算。杭州市人大常委会主任于跃敏，杭州市领导许明、戴建平、毛溪浩、汪小玫、丁狄刚等出席会议。

2018年6月23～24日，辽宁省委副书记、省长唐一军率领辽宁省党政代表团赴贵州省进行全面深入对接。24日，贵州省委书记、省人大常委会主任孙志刚会见了辽宁省党政代表团一行。23日，辽宁省（大连市）与贵州省（六盘水市）东西部扶贫协作工作会议在六盘水市召开，辽宁省委副书记、省长唐一军，贵州省委副书记、省长谌贻琴出席会议并讲话。辽宁省委常委、大连市委书记谭作钧，六盘水市委书记王忠汇报扶贫协作相关工作。

2018年7月4日，全国东西部扶贫协作工作推进会在北京召开，传达学习习近平总书记重要指示精神，签署2018年东西部扶贫协作协议，安排部署下一阶段重点工作。中共中央政治局委员、国务院扶贫开发领导小组组长胡春华出席会议并讲话。他强调，要深入贯彻习近平总书记在银川东西部扶贫协作座谈会上的重要讲话精神，按照党中央、国务院决策部署，把握新形势、适应新要求，聚焦脱贫、务实推进，推动东西部扶贫协作再上新台阶。

2018年7月8日，生态文明贵阳国际论坛2018年年会"生态文明与反贫困"高峰会第二分论坛在兴义市国际会展中心举行，主题为"基层治理、生态宜居与乡村振兴"。论坛开幕式由兴义市委常委、市委组织部部长黄晨主持，贵州省黔西南州委常委、兴义市委书记许风伦致辞，并在黔西南州人民政府副州长郭峻等嘉宾的见证下，与贵州省社会科学院院长吴大华研究员一起为兴义反贫困干部学院揭牌。

2018年7月16日，贵州省旅游扶贫工作推进会在黔东南州从江县召开。省委书记、省人大常委会主任孙志刚出席会议并讲话。省委副书记、省长谌贻琴主持。省领导赵德明、刘捷、龙长春、何力、卢雍政、李汉宇，省军区政委李辉参加会议。

2018年7月19日，广东省委副书记、广州市委书记任学锋，市委副书记、市长温国辉在穗会见黔南州委书记唐德智，州委副书记、州长吴胜华率领的黔南州党政代表团一行。随后，两市召开2018年东西部扶贫协作工作联席会议，并签署东西部扶贫协作三年行动方案。温国辉、唐德智出席会议并讲话，吴胜华，广州市委常委、常务副市长陈志英介绍两市经济社会发展和对口帮扶情况。

2018年7月20日，贵州省委、省政府下达2018年脱贫攻坚夏秋攻势行动令。

2018年7月24日，贵州省脱贫攻坚"夏秋攻势"暨全面解决农村饮水安全问题攻坚决战行动正式启动，副省长吴强出席启动会议并讲话。

2018年7月31日，铜仁市召开2018年东西部扶贫协作工作推进会，会议传达了7月30日苏州·铜仁扶贫协作联席会议精神，通报了东西部扶贫协作半年工作开展情况。市委副书记、市委政法委书记张涛出席会议并讲话，市领导查颖冬、王飚、胡洪成、龙海出席会议。

2018 年 8 月 8 日，贵州省脱贫攻坚工作专班巡视整改部署会在贵阳召开。省委副书记、省长谌贻琴出席会议并讲话，副省长吴强主持会议。

2018 年 8 月 8 日，贵州省委常委、常务副省长李再勇赴毕节市织金县、百里杜鹃管理区调研乡村振兴战略推进情况，并召开座谈会就打好脱贫攻坚夏秋攻势、农业产业结构调整和实施乡村振兴等工作提出要求。

2018 年 8 月 9 ~ 10 日，贵州省副省长卢雍政率省投资促进局、六盘水市政府赴广州、深圳开展产业大招商活动。

2018 年 8 月 9 日，贵州省副省长、省产业大招商工作领导小组副组长卢雍政出席在广州市举行的 2018 "贵洽会" 走进珠三角产业扶贫招商座谈会并致辞。

2018 年 8 月 10 日，贵州省 2018 年东西部扶贫协作推进暨项目观摩会在贵阳召开。省委副秘书长、省扶贫办主任李建出席会议并讲话。会议由省扶贫办副主任张涛主持，广州市、宁波市、大连市、上海市、杭州市、苏州市、青岛市 7 个帮扶城市负责东西部扶贫协作工作的部门负责人及业务处长，7 个帮扶城市援黔工作队领队，贵州省扶贫开发领导小组部分成员单位负责人，遵义市、六盘水市、安顺市、毕节市、铜仁市、黔东南州、黔南州、黔西南州承担扶贫协作工作部门主要负责同志参加会议。

2018 年 8 月 11 ~ 12 日，广东省委常委、广州市委书记张硕辅，市委副书记、市长温国辉率广州市党政代表团赴贵州省黔南州和毕节市，考察扶贫协作项目，慰问贫困群众，并分别召开东西部扶贫协作党政联席会议，对接推进扶贫协作工作。贵州省副省长吴强，毕节市委书记、市人大常委会主任周建琨，黔南州委书记唐德智，黔南州委副书记、州长吴胜华，毕节市委副书记、市长张集智参加有关活动。

2018 年 8 月 20 日，中共中央政治局委员、上海市委书记韩正，市委副书记、市长应勇率领的上海市党政代表团在贵州省遵义市，与贵州省委书记孙志刚等贵州省党政领导举行沪遵扶贫协作联席会议，并亲切看望慰问了上海第二批援黔干部。

2018 年 8 月 20 ~ 21 日，江苏省代表团到贵州省考察，推动扶贫协作和合作发展。20 日上午，两省在贵阳举行经济社会发展暨苏铜对口帮扶座谈会，并签署一系列合作协议。贵州省委书记、省人大常委会主任孙志刚，江苏省委副书记、省长吴政隆，贵州省委副书记、省长谌贻琴出席会议并讲话，省委常委、省委秘书长刘捷参加，副省长吴强主持。

2018 年 8 月 24 ~ 25 日，广东省副省长叶贞琴率队前往贵州省毕节市、黔南州调研对接东西部扶贫协作工作，贵州省副省长卢雍政、吴强先后陪同调研。

2018 年 8 月 27 ~ 29 日，贵州省党政代表团赴广东省学习考察，深入贯彻落实习近平总书记关于推进东西部扶贫协作的重要指示要求，共商扶贫协作和合作发展事宜。27 日，广东·贵州扶贫协作工作座谈会在广州举行。广东省委书记李希主持会议并讲话。贵州省委书记、省人大常委会主任孙志刚讲话，省委副书记、省长谌贻琴介绍贵州经济社会发展情况。广东省政协主席王荣，贵州省政协主席刘晓凯，广东省委副书记任学锋出席。广东省委常委、常务副省长林少春介绍广东经济社会发展情况。

2018 年 8 月 28 日，贵州·深圳经贸交流座谈会在深圳举行，贵州省政府、深圳市政府共同签署了合作框架协议。贵州省委书记、省人大常委会主任孙志刚讲话，贵州省委副书记、省长谌贻琴介绍贵州经济社会发展和改革开放情况，贵州省政协主席刘晓凯出席。广东省委副书记任学锋主持，广东省委常委、深圳市委书记王伟中介绍深圳经济社会发展和改革开放情况。贵州省领导赵德明、刘捷、龙长春、卢雍政、吴强、周建琨，深圳市市长陈如桂参加。

2018 年 8 月 30 日，贵州省委副书记、省长谌贻琴主持召开省政府常务会议，传达学习国务院扶贫开发领导小组第三次会议及全国扶贫办主任座谈会精神，听取贵州省脱贫攻坚存在问题"五个专项治理"情况汇报；研究全省禁毒工作；审议《贵州省财政综合考核奖励办法》等文件。

2018 年 9 月 13～14 日，黔西南州统一战线对接团赴宁波市对接东西部扶贫协作工作，并召开座谈会。中共宁波市委常委、市委统战部部长胡军出席并讲话。中共黔西南州委常委、州委统战部部长罗春红出席并讲话。

2018 年 11 月 10～11 日，国务院扶贫办副主任欧青平赴贵州省出席长江上游水土保持委员会第十七次会议。孙志刚书记、谌贻琴省长、吴强副省长亲切会见。11 月 11 日，欧青平副主任专程赴贵州省扶贫办召开座谈会。省委副秘书长、省扶贫办主任李建向欧青平副主任一行汇报了 2018 年全省脱贫攻坚工作情况。

2018 年 11 月 10～30 日，十二届贵州省委脱贫攻坚"回头看"专项巡视反馈会分别在盘州市、务川自治县、石阡县、雷山县、普定县、镇宁自治县 6 个县（市）召开。会议通报了专项巡视综合情况，移交了巡视发现扶贫领域问题线索。省委巡视工作领导小组成员分别出席反馈会并讲话，被巡视党组织主要负责同志进行表态发言。

2018 年 11 月 16～17 日，广东省委书记李希，省委副书记、省长马兴瑞率广东省党政代表团到贵州省考察，深入学习贯彻习近平新时代中国特色社会主义思想，坚决贯彻落实习近平总书记关于东西部扶贫协作和对口支援工作的重要指示精神，就进一步做好对毕节、黔南的扶贫协作工作进行协商交流对接。贵州省委书记、省人大常委会主任孙志刚，省委副书记、省长谌贻琴参加有关活动。

2018 年 11 月 19 日，贵州省委副书记、省长谌贻琴率贵州省代表团赴上海市对接扶贫协作工作。中共中央政治局委员、上海市委书记李强，上海市委副书记、市长应勇会见谌贻琴一行。上海市委常委、市委秘书长诸葛宇杰，上海市副市长彭沉雷，副省长吴强参加。

2018 年 11 月 20 日，贵州省代表团赴江苏省苏州市对接扶贫协作工作，双方举行江苏（苏州）贵州（铜仁）扶贫协作工作座谈会。贵州省委副书记、省长谌贻琴讲话，受江苏省委书记娄勤俭、省长吴政隆委托，江苏省委常委、苏州市委书记周乃翔主持并讲话。贵州省副省长吴强参加。

2018 年 11 月 21 日，贵州省代表团赴浙江杭州市、宁波市对接扶贫协作工作，双方举行浙江（杭州、宁波）贵州（黔东南、黔西南）扶贫协作工作座谈会。浙江省委副书记、省长袁家军，贵州省委副书记、省长谌贻琴讲话。浙江省委常委、常务副省长冯飞主持。贵州省副省长吴强参加。

2018 年 11 月 22 日，贵州省委常委会召开会议，学习贯彻落实中共中央政治局委员、广东省委书记李希同志率广东省党政代表团到贵州省对接粤黔扶贫协作时的重要讲话精神，研究部署推进贵州省东西部扶贫协作工作。省委书记、省人大常委会主任孙志刚主持会议并讲话。省委副书记、省长谌贻琴，省政协主席刘晓凯，省委常委、省人大常委会、省政府有关负责同志参加会议。

2018 年 11 月 26 日，贵州省副省长吴强率省扶贫办、省商务厅、省农业农村厅及六盘水市、安顺市政府负责同志，赴大连市考察对接东西部扶贫协作工作，辽宁省副省长张雷热情接待了贵州代表团一行，双方召开辽宁省（大连市）·贵州省（六盘水市）扶贫协作工作座谈会。

2018 年 11 月 27～28 日，贵州省副省长吴强率团赴青岛考察对接东西部扶贫协作考察工作，受到山东省副省长于杰热情接待。

2018 年 11 月 27 日，贵州省委常委会召开会议，听取省政府党组关于赴上海江苏浙江对接扶贫协作工作情况的汇报，研究推进东西部扶贫协作，审议《贵州省十大千亿级工业产业振兴行动方案》。省委书记、省人大常委会主任孙志刚主持会议并讲话，省委副书记、省长谌贻琴，省委常委、省人大常委会、省政府、省政协有关负责同志，省法院院长、省检察院检察长参加会议。

2018 年 12 月 3 日，铜仁市召开东西部扶贫协作工作安排暨培训会。

2018 年 12 月 3 日，贵州省脱贫攻坚"冬季充电"进一步深化农村产业革命主题大讲习启动仪式在修文县六屯镇现代农业产业园召开。省委书记、省人大常委会主任孙志刚作批示。省委常委、省委宣传部部长慕德贵讲话，副省长卢雍政宣读批示。

2018 年 12 月 6 日，安顺市东西部扶贫协作工作专题会议召开。安顺市委副书记吴刚平出席会议并讲话。市委常委、副市长夏正启主持会议。

2018 年 12 月 26 日，贵州乡村振兴产业扶贫高峰论坛在贵阳举行。来自省内外的100 余名农学、经济学等领域的专家学者围绕"精准扶贫与可持续发展""脱贫攻坚面临挑战""深度地区脱贫办法""乡村旅游助力脱贫"等内容展开热烈讨论，从多学科角度为贵州乡村振兴产业与脱贫攻坚战出谋划策。

2019 年 1 月 6 日，为确保已实现脱贫退出的县（市、区）、乡镇和行政村（以下简称已退出贫困地区）巩固脱贫成果，已脱贫群众实现稳定脱贫，贵州省扶贫开发领导小组下发了《贵州省巩固提升脱贫成果的指导意见》的通知，有效防止边脱贫、边返贫，进一步提升脱贫质量。

2019 年 1 月 16 日，中共贵州省委召开省委农村工作会议暨全省扶贫开发、农村人居环境整治工作会议。省委书记、省人大常委会主任孙志刚做了题为《牢记嘱托　感恩奋进　坚决夺取决战决胜的全面胜利》，省委副书记、省长谌贻琴作了题为《坚持农业农村优先发展　奋力夺取脱贫攻坚战决战之年根本性胜利》的重要讲话。

2019 年 1 月 27 ~ 31 日，贵州省第十三届人民代表大会第二次会议在贵阳召开，省委书记、省人大常委会主任孙志刚发表了题为《万众一心　众志成城　誓夺决战之年根本性胜利》的重要讲话。

后 记

  为贯彻落实习近平总书记在东西部扶贫协作座谈会上的重要讲话精神，进一步提升东西部扶贫协作工作成效，在贵州省发展和改革委员会、贵州省扶贫办的指导与支持下，贵州省社会科学院课题组编撰了《东西部扶贫协作问题研究——以贵州省为例》一书（以下简称本书）。

  本书以贵州和结对城市在东西部扶贫协作过程中存在的问题为研究对象，以产业合作为研究侧重点，由总论、专题调研篇、相关法律和规范性文件、大事记四部分组成，以达到为国家和地方政府提升东西部扶贫协作精准性、强化实效性提供决策参考的目的。

  本书的策划、编写和审定由笔者和贵州省社会科学院对外经济研究所副研究员刘杜若博士、贵州民族大学副教授黄景贤博士主持，贵州省社会科学院工业经济研究所助理研究员游建民负责日常的组织、协调和编务工作。参加本书撰写的作者有：

  刘杜若，1984 年生，汉族，贵州贵阳人，厦门大学经济学博士，中国社会科学院世界经济与政治研究所·贵州省社会科学院联合培养博士后，现任贵州省社会科学院对外经济研究所副研究员，贵州与瑞士发展比较研究中心副主任，CSSCI 期刊《国际经贸探索》《贵州社会科学》匿名审稿人，在 CSSCI 期刊《财贸经济》《国际贸易问题》《南开经济研究》《国际经贸探索》等发表《贸易开放对我国制造业工人工资的影响研究——来自个体微观调查的证据》等论文共七篇，获得中国博士后科学基金一等资助，主持福建省社科规划课题"贸易开放对工资的影响研究：理论机制、证据与对策"，贵州省社科规划课题"东西部扶贫协作背景下贵州与对口城市产业合作的问题与对策研究"。论文《贸易开放对我国制造业工人工资的影响研究——来自个体微观调查的证据》获人大复印报刊资料全文转载，《地区贸易自由化进程对个体工资变动的影响——基于 CHNS2000—2011 年个体微观数据的实证研究》获人大复印报刊资料和《中国社会科学文摘》转摘。负责撰写本书第一章（第一节、第二节和第四节）、第三章。

  黄景贤，1979 年生，汉族，山东烟台人，东京经济大学工商管理学博士，现任贵州民族大学外语学院副教授，已在国际核心期刊（EI、ISTP 检索）发表论文 A Study for the Strategy of International Express Delivery Enterprise，Research on the Formation and Development of Japan Express Industry 等五篇，《快递企业的商业模式创新》专著已获得贵州民族大学 2018 年学术著作出版基金支持，主持贵州省科技厅软科学项目"跨境电子商务创新与发展研究"获得国家留学基金委日本文部省博士生国费奖学金一项。负责撰写本书第二章（与吴大华合作）、第十二章、第三篇（广州—毕节部分）、大事记。

娄伟，1969 年生，汉族，河南新蔡人，中国人民大学哲学博士，中国社会科学院农村发展研究所博士后，中国社会科学院城市发展与环境研究所区域经济研究室副主任、副研究员，出版《情景分析理论与方法》等专著五部，在《人口·资源与环境》《中国人口科学》等核心期刊上发表论文 30 多篇，主持"可再生能源城市理论研究"等国家社科基金项目两项。负责撰写本书第四章。

盛广耀，1969 年生，汉族，江苏铜山人，中国社会科学院城市发展与环境研究所城市与区域管理研究室主任、研究员，出版《城市化模式及其转变研究》等著作多部，发表《中国省际人口流动网络的演化及其解释》《区域经济增长的多重关联效应及其实证检验》等论文及研究报告近百篇，主持国家社科基金项目一项、省部级课题 10 余项，课题研究成果曾获 2011 年铁道科技奖一等奖。负责撰写本书第四章。

宋迎昌，1965 年生，汉族，山西大同人，中国科学院地理科学与资源研究所人文地理学专业博士，华东师范大学中国行政区划研究中心博士后，现任中国社会科学院城市发展与环境研究所研究员，兼任中国社会科学院大学城市经济学专业博士生导师、中国城市经济学会常务理事、中国城市规划学会区域规划与城市经济专业委员会学术委员、中国行政区划与区域发展促进会专家委员会委员，出版《都市圈战略规划研究》《城市管理的理论与实践》等专著四部，发表《城市化大潮下的农村真的衰落了吗？》《新时代要做好"撤县设市"的大文章》等学术论文 70 多篇，主持国家社会科学基金项目"荒漠化与沙尘暴的综合防治模式及其验证"一项，中国社会科学院创新工程课题四项，完成地方城市政府委托研究项目 20 多项。负责撰写本书第四章。

游建民，1988 年生，汉族，河南周口人，贵州大学经济学硕士，现任贵州省社会科学院工业经济研究所助理研究员。在省级以上公开出版物发表论文多篇，其中在《江西财经大学学报》《贵州社会科学》等 CSSCI 期刊上发表论文 2 篇。研究成果多次获得省领导批示，且被省政府采纳，进入决策。主持完成贵州省社会科学院青年课题一项，参与完成国家社科基金重大项目"基于'互联网+'新动能的我国绿色制造体系构建研究""基于产业链的我国后发地区的西部地区现代产业发展新体系构建研究"两项，省部级课题两项，主持完成贵州省社会科学院青年课题一项。负责撰写本书第一章（第三节）、第五章、第三篇（上海—遵义部分）。

林玲，1982 年生，汉族，贵州威宁人，贵州大学经济学硕士，现任贵州省社会科学院对外经济研究所副研究员。发表论文《大数据环境下中小企业纳税信用评价系统的建设与应用探讨》《贵州省第三产业发展问题研究》等 10 余篇。主持及参与课题 20 余项，主持省软科学项目"贵州煤炭资源清洁高效开发利用问题研究"，参与省社科规划招标项目"新形势下贵州减贫摘帽对策措施研究""贵州推进扶贫开发新途径、新方法研究"等，主持地厅级课题四项。负责撰写本书第六章、第三篇（大连—六盘水部分）。

梁艳菊，1980 年生，汉族，河北灵寿人，四川大学在读博士研究生，现任贵州民族大学商学院副教授，出版《城市规模对城镇居民收入增长的影响研究》专著一部，发表《新农村建设中社会保障制度的构建》、City Scale's Effects on Income of Urban Residents in Different Industries—Based on the Empirical Evidence of CHIP2009 等论文 14 篇。负责撰写本书第七章、第三篇（苏州—铜仁部分）。

　　罗以洪，1968 年生，土家族，重庆市酉阳人，电子科技大学管理科学与工程博士，现任贵州省社会科学院区域经济研究所副研究员，贵州省大数据政策法律创新研究中心副主任，中国区域经济学会少数民族地区经济专业委员会理事，贵州省大数据管理局专家库专家。在国家自然基金委 A 类核心期刊《管理科学学报》《技术经济》《经济日报》等发表文章 10 多篇，出版专著一部。负责或参与了"贵州省'十三五'工业发展规划""贵州省数字经济规划""贵州省'十三五'现代服务业发展总体规划"等多项经济发展规划课题，主持国家课题一项，省级课题三项，省领导指示圈示课题四项，有的成果得到了省级主要领导的肯定性批示，负责执行主编的蓝皮书及编著主要有《贵安新区发展报告（2015—2016）》，《贵安新区发展报告（2016—2018）》，《贵州省民营企业社会责任蓝皮书（2017—2018)》，《贵州省民营经济改革开放 40 年（1978—2018)》等。负责撰写本书第八章、第三篇（杭州—黔东南部分）。

　　柳一桥，1980 年生，汉族，湖南华容人，西南民族大学博士，中国社会科学院农村发展研究所·贵州省社会科学院联合培养博士后，现任贵州师范学院商学院副教授。发表《德国农业职业教育对我国新型职业农民培育的启示》《美国、法国和以色列农业水价管理制度评析及借鉴》等论文五篇，主持贵州省社科基金项目一项，贵州省领导指示圈示课题一项。负责撰写本书第九章、第三篇（宁波—黔西南部分）。

　　周欢，1990 年生，汉族，贵州安顺人，贵州大学管理学硕士，现任贵州省社会科学院城市经济研究所助理研究员，发表论文《贵州现代山地特色高效农业发展路径分析及对策研究》《民族地区财政支出、固定资产投资与经济增长——基于民族县面板数据分析》等八篇，主持贵州省科技厅软科学项目"促进高质量发展的县域创新能力评价指标体系"一项，2017 年度省领导圈示课题"贵州山地高效农业发展路径探究"一项，参与"贯彻落实省第十二次党代会报告重大专项调研"课题两项，其中"生态文明建设与殡葬改革研究"获得一等奖。负责撰写本书第十章、第三篇（青岛—安顺部分）。

　　罗艳，1987 年生，布依族，贵州都匀人，中国地质大学（武汉）地理学硕士，现任贵州省社会科学院城市经济研究所助理研究员，发表文章《贵州旅游扶贫的现状与优化》《贵州旅游扶贫的体制机制研究》等五篇，主持贵州省领导圈示课题"全域旅游背景下贵州旅游扶贫路径研究"一项。负责撰写本书第十一章、第三篇（中国、贵州、广州—黔南部分）。

　　课题组主要由来自中国社会科学院城市发展与环境研究所，贵州省社会科学院对外经济研究所、城市经济研究所、工业经济研究所，贵州民族大学、贵州师范学院等科研院校的专业科研人员组成。经过对贵州省八个市（州）和对应的东部沿海七个扶贫协作城市进行了实地走访、调研，课题组凝练材料、剖析问题，历时一年完成了本书的撰写工作。在本书的撰写过程中，课题组得到贵州省发展和改革委员会、国务院办公厅政务信息工作网、贵州省扶贫开发办公室、贵州省人民政府驻外办事处以及贵州八个市（州）和东部沿海七个扶贫协作城市发展改革委、农业、商务、经信、教育、卫计、旅游等相关部门的大力支持和帮助。贵州省社会科学院院省合作经费为本书的出版提供了资助。中国社会科学院学部委员、城市发展与环境研究所所长、中国社会科学院大学教授、博士生导师潘家华研究员支持并指导本课题的研究，并欣然为本书作序，在此一并致以最衷心的感谢。

　　本书定稿后，我们与中国社会科学院经济管理出版社取得了联系，按照经济管理出版社图书出版体例，进行了一个多月的修改，并补充了一些素材和最新数据。谨此，向经济管理出版社的大力支持和编辑的辛勤工作表示诚挚的谢意！

吴大华
2019 年 2 月 1 日于甲秀楼